Ursula Schlüter

Meine frühen Reisen

Erinnerungen, Tagebücher, Briefe

agenda Verlag
Münster
2022

Bibliografische Information der Deutschen Nationalbibliothek
Die Deutsche Nationalbibliothek verzeichnet diese Publikation
in der Deutschen Nationalbibliografie; detaillierte bibliografische
Daten sind im Internet über http://dnb.dnb.de abrufbar.

© 2022 agenda Verlag GmbH & Co. KG
Drubbel 4, D-48143 Münster
Tel. +49-(0)251-799610
info@agenda.de, www.agenda.de

Druck und Bindung: TOTEM, Inowroclaw, Polen

ISBN 978-3-89688-757-3

Inhalt

Vorwort

Langsam zuckelt und holpert mein Motorroller durch die schmalen, festgefahrenen Spurrillen der wenigen Autos. Trägt mich 1959 als junge Frau über Tausende von Kilometern auf Schotter-Pisten und abenteuerlichen Wegen von Europa nach Asien und Afrika. Bis hinein in die Basare von Istanbul, Damaskus und Kairo und weiter in den Süden des Sudan. Das ist der Start in mein Reiseleben.

Doch ich sollte beim Beschreiben meines Lebens, meiner vielen waghalsigen Reisen, von vorne anfangen: mit meiner *Kindheit und Jugend* als Einführung und als erklärenden Hintergrund in und für dieses Buch.

„Du musst schreiben, Dein Leben aufschreiben. Das darfst Du nicht alles für Dich behalten. Deine frühen Reisen per Roller in den Orient 1959, alleine, mit 24. Und dann, einige Jahre später, 1966 hast Du Dich aufgemacht auf dem Landweg nach Indien! Und all die vielen Reisen, die danach folgten: durch Asien und Afrika! Du musst berichten von Deinen „6o Jahren durch 6o Ländern". Von den „2oo-Tausend" Kilometern per Bahn, Bus, Boot, per Anhalter und zu Fuß auf den Straßen und Pisten dieser Welt. Von den Menschen, von Pagoden, Tempeln und Moscheen, von Landschaften und alten Kulturen, von bunten Märkten und Basaren, von Nächten in Zügen und Pilgerherbergen. Auch vom „Warden 25" im Government-Hospital in Colombo und vom Schlimmsten: Wie man Dir in Bombay Dein ganzes Geld geklaut hat! Berichten musst Du von den vielen Abenteuern, von der Schönheit und dem exotischen Zauber der Länder und Kontinente dieser frühen Zeit. Aber auch von Strapazen, Elend, Hunger und Krankheit musst Du erzählen. Nicht zu vergessen die selbstverständliche Hilfsbereitschaft der Menschen unterwegs, die diese Reisen erst möglich gemacht haben. Wie oft warst Du in lebensbedrohlichen Situationen bei Fahrten mit dem Roller, oder von wilden Hunden angefallen? Du musst berichten, wie Du als junge Frau alleine all das gemeistert hast! Auch ohne die „Hilfsmittel" der heutigen Zeit wie Reiseführer, gute Straßen, Unterkünfte, an jeder Ecke eine Tankstelle. Handys gab es damals noch nicht und somit keinerlei Information!"

Allein der Bericht über meine Reisen der ersten zehn Jahre von 1958 bis 1968, die mein weiteres Leben prägten, wird ein Buch füllen und wird hier beschrieben. Mit 85 Jahren bin ich immer noch unterwegs. Meine Erzählungen und Erfahrungen können vielen jungen Menschen ein Vorbild sein, Mut machen, etwas zu wagen.

„Worauf wartest Du? Fang einfach an, leg los! SCHREIB!"

So drängen mich Freunde nun seit Jahren endlich anzufangen, mein Leben aufzuschreiben. Ich habe schon begonnen, vor langer Zeit. Habe einen Tag in der südlichen Türkei beschrieben. Die Motorrollerfahrt 1959 in den Vorderen Orient nach Damaskus. Aber dabei ist es dann neben kleineren Artikeln auch geblieben.

Beim Beschreiben der ersten großen Reise von 1959 bis 1962 kommen so viele Erinnerungen wieder zu Tage, dass ich es selbst kaum glauben kann, wie ich Damaskus doch irgendwann erreicht habe. Über Schotterpisten, ohne Infos über Tankstellen, Unterkünfte, Straßenzustand und Wetter. Und den vielen Gefahren, denen ich ausgesetzt war... Die einzige Verbindung zur Heimat waren Briefe, wenn sie dann überhaupt ankamen.

Ich scheue etwas davor zurück, mein Leben zu beschreiben, meine Reisen, meine Träume. Meine ganz persönlichen Empfindungen und Sehnsüchte der Welt mitzuteilen, in ein Buch zu packen, sie preiszugeben und öffentlich zu machen. Ab dann gehört das alles nicht mehr mir allein.

Und wie beschreibt man überhaupt ein Leben? Wo ist der Faden, an dem man sich entlang schlängelt? Ist es die ausgewogene Mitte, sind es die Spitzen, die nach oben oder unten ausschlagen, also die Höhen und Tiefen erfassen? Natürlich sind sie es, die das schreibende Erzählen interessant machen. Nur vor der ganzen „Technik", der Form des Schreibens, die damit verbunden ist, habe ich etwas Bammel.

Wie schreibt man? In der Ich-Form? In Gegenwart oder Vergangenheit? Springt man hin und her, überlässt es dem Augenblick des Niederschreibens, dem Gedanken- und Erinnerungsfluss? Schreibt man per Hand, auf meiner alten Reiseschreibmaschine oder am Computer? Wo fängt man an? Ganz von vorne, mit den ersten Kindheitserinnerungen oder gleich mitten drin beim Reisen? Fragen über Fragen. Eine schwierige Sache das Schreiben.

Nachts kann ich manchmal ganze Seiten füllen, wenn sie kommen, die Erinnerungen, Gedankenmomente. Wenn sie heraussprudeln, sich fast überschlagen, kann ich nur aus dem Bett sausen, mir Kuli und Papier schnappen, schnell schreiben und sie festhalten, ehe sie wieder fort sind, sich verflüchtigen oder überlagert werden.
Wenn ich bis zum Morgen warte, sind sie verschwunden, haben sich in tiefere Schichten des Bewusstseins zurückgezogen, an welches man wohl nur bei totaler Entspannung heranreicht. So sind in der Stille der Nacht so manche Seiten, Texte und Schilderungen der Reise entstanden.

Irgendwann habe ich mit dem Schreiben angefangen, habe Tagebücher und Briefe gesichtet, und habe deren Inhalt mit meinen Erinnerungen verwoben. Daraus entstand dieses Buch. Immer wieder angefeuert von Freunden und Bekannten, denen ich über viele Jahre bei Dia-Abenden aus meinen Tagebüchern berichtet habe.

In den ersten Jahren des Reisens waren es nur kleine, dünne Heftchen, in denen ich meine Gedanken festhielt. Oftmals nicht vollständig, aber mit genauer Beschreibung der Tagesausgaben. Das ist wohl meinen geringen Mitteln und meinem von Kindheit an gelerntem Sparen geschuldet. Ich war ein Kriegskind, dazu noch die Tochter eines Künstlerpaares, das immer in Geldnot war.
Am Anfang war es nur stichwortartiges Festhalten der Tagesrouten. Später wurden die Tagebücher größer und dicker: ich begann ausführlicher Routen, Erlebnisse, Eindrücke und die kulturellen Be-

sonderheiten der verschiedenen Länder festzuhalten. Denn im Laufe der Jahre entwickelte ich neben Abenteuerdrang, auch Interesse an den geschichtlichen Besonderheiten einzelner Landstriche. Ich war jung, hatte keine Ahnung von der Welt da draußen, den Menschen, keine Sprachkenntnisse, bin ins kalte Wasser gesprungen, einfach losgefahren. Am Anfang meiner Reisen habe ich mich treiben lassen, habe im Augenblick gelebt, das Fremde in mich aufgenommen, beobachtet und Eindrücke durch Fotos festgehalten. Ich habe mal einzelne, besonders spannende Tage und Abschnitte ausführlicher beschrieben. Das Fotografieren entwickelte sich langsam. Ich bekam ein Auge für das Erfassen von Motiven, ausgewogene Bildanordnungen. Ich möchte den Leser auf eine Reise durch Zeit, Länder und Kontinente, durch die prägendsten Jahre meines Reiselebens mitnehmen: durch meine *Kindheit und Jugend* und kurz mit auf die erste Rollerfahrt 1958 durch Spanien und Portugal.

1959 per Roller eine drei Jahre dauernde Fahrt über Damaskus nach Süd-Ägypten und weiter per Boot auf dem Nil bis Malakal, im Süd-Sudan. 1966 durch Indien, sieben Monate lang. Per Bahn, Bus, Boot, per Anhalter und zu Fuß. Über das ehemalige Jugoslawien, Griechenland, die Türkei, Persien, Afghanistan und Pakistan nach Indien. Dann kreuz und quer durch dieses Riesenreich. Auf dem Hinweg durch den Norden der einzelnen Länder, zurück durch den Süden.

Die erste Reise-Zeit wird nicht lückenlos beschrieben werden, aber die Höhepunkte und das Interessanteste, meine ganz persönlichen Eindrücke, Empfindungen, alles, was Reisen und Leben ausmacht, werde ich hier schildern. Fremde Länder, andere Kulturen. Dazu gehören auch Strapazen, Gefahren, Hunger und Krankheit. Aber auch Mut und Energie, immer weiterzumachen, in schwierigen Situationen nicht aufzugeben. Gute Gesundheit, eine ganz große Portion Neugier, Vertrauen in Menschen, vor allem in mich selbst, waren Voraussetzungen für das Gelingen des Unterfangens „Leben". Dafür bin ich unendlich dankbar.

Mein Reiseschwerpunkt der letzten 20 Jahre war Südostasien. Heute, mit 85 Jahren, ist das Reisen schon manchmal etwas beschwerlich. Trotzdem startete ich meine fünfte Burmareise im Januar 2020.

Teil I

Kindheit und Jugend

Da bin ich nun angekommen auf diesem Erdenball, 1935, hineingeworfen ins Leben, und lande im fünften Stock eines Mietshauses
auf der Hammer Straße in Münster. Ein Maienkind, noch im Frieden geboren. Mein Bruder Willy ist schon da, und zwei weitere Geschwister sollen folgen. Die Familie ist komplett und haust in einer
Dachmansarde. Es gibt nicht viel Platz, und auch kein Fenster zum
Rausgucken für uns Kinder. Daher ist der beste Platz auf den Knien
meines Vaters, wenn er mir mit erhobenem Zeigefinger meine kleine Welt und die Dinge um mich herum erklärt. Meine Mutter sorgt
für ihre Küken und mein Vater, freischaffend, der christlichen Kunst
verpflichtet, versucht, die Familie über Wasser zu halten. So verbringe ich die ersten Jahre in der Enge dieser Wohnung. Später soll dann
aus meiner kleinen Welt der schrägen Wände und Dachlukenfenster
die große, weite Welt der Ferne und der Reisen werden. Aber bis
dahin ist es noch eine lange Zeit und es passiert vieles.

Meine ersten Erinnerungen sind: Krieg. Schlafen in voller Kleidung,
Fliegeralarm, Verdunkelung, Nächte im Luftschutzkeller, Angst. Da
ist unser Küchentisch, um den wir Kinder Fangen spielen, oder bei
Entwarnung draußen der Platz vor der Josefskirche. Am Tag nach
den Bombennächten gehört uns die Straße, und die Bombensplitter,
goldglänzend und scharfkantig, sind Tauschobjekte gegen Abzieh-
bildchen und Wehrmachtsanstecknadeln. Meine Eltern, getraut 1933
von Pfarrer Bullmann aus der Josefspfarre, leben mit uns Kindern
ein Künstlerleben. Es ist hart, und so liegt manchmal ein „Päckchen
vom heiligen Josef" mit Lebensmitteln vor unserer Tür. Ich werde in
Münster eingeschult. Kurz darauf wird die Familie auseinanderge-
rissen. Es ist die Zeit der Kinderlandverschickung. Kinderreiche Familien kommen, wie in unserem Fall, aus den großen Städten nach
Bayern aufs Land und werden bei Fremden einquartiert. Dort sind
wir vor Bombenangriffen sicher. So landen mein ältester Bruder und
ich bei verschiedenen Familien in Wolnzach. Meine Mutter mit den

beiden Jüngsten findet ein Zimmer in Siegsdorf. Mein Vater bleibt im Norden, da er den Auftrag hat, ein Marienbild im Chor einer Ochtruper Kirche zu malen. Während dieser Zeit wohnt er bei einer Töpferfamilie und lernt dabei den Baron von Oer kennen. Das „Haus Egelborg" in Legden ist der Stammsitz dieser Familie. Auch die Wasserburg „Haus Wonung" in Nienborg-Heek gehört dem Baron. Mein Vater kann diese, gegen Instandsetzung, für zehn Jahre pachten. Sie liegt einsam im Wald im westlichen Münsterland, steht seit 1924 leer und ist ziemlich heruntergekommen.

Eine Wasserburg „Haus Wonung"

Es gibt kein fließendes Wasser, die Türen funktionieren nicht, die Fenster sind zerbrochen und die Toilette befindet sich im Garten. An Heizen ist auch nicht zu denken. Die Wasserburg ist zuletzt von Mitgliedern eines Arbeitsdienstes bewohnt worden. Dieses „Märchenschloss", wie mein Vater es beschreibt, sollte unser neues Zuhause werden. Nur knapp entgeht unsere Habe dem Bombenhagel auf Münster im Oktober 1943. Unser Haus an der Hammer Straße Nr. 77 hat es erwischt. Kurz vorher findet jedoch unser Umzug nach Nienborg-Heek statt. So kommen wir nach und nach zurück und ziehen dort ein. Hier sind wir sicher vor dem Krieg, aber alles andere ist Abenteuer pur.

Zuerst kehrt meine Mutter mit den beiden Jüngsten zurück, etwas später auch mein Bruder und ich. Wir beiden werden von meinem Vater und der Tochter des nebenan wohnenden Försters mit Bollerwagen und Stalllaterne vom Bahnhof abgeholt. Es ist Abend geworden, schon dunkel. Es geht durch einen finsteren Wald, über die umlaufende Gräfte, die das Wasserschloss ringsum begrenzt. Zwei Brücken mit weißen Toren führen auf das verwilderte Gelände. Über eine breite Freitreppe geht es die knarrenden und ausgetretenen Holzstufen hinauf. Oben empfängt uns Mutter bei Kerzenlicht mit Pfannkuchen und schließt ihre Kinder nach langer, langer Zeit wieder in ihre Arme.

Sie sind mir alle etwas fremd geworden, Eltern und Geschwister. Ob ich damals Heimweh gehabt habe, daran kann ich mich nicht erinnern. Auch weiß ich nicht mehr, wie lange ich in der Fremde verbringen musste. Vielleicht ein halbes oder ein Jahr? Es gibt noch einen Brief von der Zeitpflegemutter, worin sie meine Eltern um „Kleidung für das Kind Ursula" bittet. Ich bin aus allem herausgewachsen, gehe mit den Bauernkindern barfuß zur Schule und zum Kühehüten. Auch auf den Feldern muss ich helfen.

Jetzt bin ich wieder bei meinen Eltern und Geschwistern, in einer neuen Umgebung. Der Krieg geht weiter, nur auf dem Lande ist er nicht so präsent.

Dort bin ich aufgewachsen, auf dieser westfälischen Wasserburg, so typisch für das Münsterland, inmitten der Wälder und Felder des Barons von Oer gelegen. In dieser „Idylle" verbringe ich meine Jugend, besuche die Dorfschule, wo ich während der acht Jahre keine Freundin finde. Wir sind „die aus der Stadt", und dann noch die Kinder eines Künstlers. Wir werden gehänselt und gemieden. Wir sind und bleiben die Fremden, all die Jahre.

Es waren nicht nur fröhliche, sichere Kindertage. Wir sind im Laufe der Zeit und notgedrungen zu Entdeckern und Sammlern geworden. Die Familie muss leben.

Mein Vater ist durch und durch Künstler und mit seinen modernen Arbeiten dem Zeitgeschmack weit voraus. Dementsprechend häufig ist die Ablehnung seiner Entwürfe für die Innenausstattung der Kirchen. So müssen wir Kinder zum Lebensunterhalt beitragen. Durch Sammeln und Pflücken von Beeren, Pilzen, Ähren und Kartoffeln. Wir wissen, wo die besten Plätze für Blaubeeren und Himbeeren sind, wo die dicksten Brombeeren zum Pflücken auf uns warten und an welchen Stellen wir Pilze finden.

Oft haben uns die Bauern in Wichum beim Ährenlesen von ihren Feldern gejagt, doch wir brauchten Korn für die Hühner und Enten, und Kartoffeln für das Schwein. Einmal, das Ährenlesen dauerte mir zu lang, hockte ich mich, ungesehen von meinen Geschwistern, in ein Hafergarbenhäuschen, zog eine Garbe zu mir hinein, strippte sie ab in meinen Korb, und schwuppdiwupp war er voll. Da wir katholisch sind, habe ich später diesen Diebstahl gebeichtet. Bereut habe ich ihn aber nicht, zumindest nicht von ganzem Herzen. Ich bin mir wohl der Ungerechtigkeit des Lebens bewusst.

Auch Hamstern ist uns nicht fremd. Es gibt viele große Höfe in Wichum, einer Bauernschaft in Nähe des Dorfes. „Wir sind die Schlüters von Haus Wonung, haben sie nicht etwas zu essen für uns?" So ist unser Sprüchlein, aufgesagt an den Scheunentoren, den Türen oder Fenstern der Höfe. Oft hält uns ein Hund vom Näherkommen ab. Die Bauern kennen uns schon. Meistens bekommen wir etwas: Endstücke von Schinken, Schwarten, Speck und Kartoffeln. Stolz präsentieren wir es abends unserer Mutter, aufgebaut zu einer Pyramide auf einem Keramikteller. Wir sind glücklich, Mutter strahlt und auf den Eintöpfen der nächsten Zeit schwimmen wieder Fettaugen.

Auch Bucheckern bleiben nicht von unserer Sammelleidenschaft verschont. Ein Zentner muss es sein, sonst werden sie in der Nienborger Mühle nicht gemahlen. Die Dinkel, ein kleiner Flusslauf am Ende des Dorfes, treibt die Wassermühle an. In diesem Flüsschen lernen wir auch Schwimmen.

Das Auflesen der Eckern im nahen Buchenwald, auf Knien liegend, auf der feuchten Erde und unter den Blättern suchend, ist ein mühsames Unterfangen. Am Anfang füllt sich der Sack ja noch einigermaßen flott, aber dann, als es so auf die 40 Kilo zugeht, nimmt er kaum noch an Gewicht zu. Die Eckern trocknen so vor sich hin und wir Kinder verlieren fast den Mut. Aber dann ist es soweit. Der Zentner erreicht, den Sack aufs Fahrrad gepackt und zu dritt schieben wir es voller Stolz durchs Dorf zur Mühle. Der Müller nimmt uns den Sack ab und sagt: „In einer Woche könnt ihr das Öl abholen." Wir sind überglücklich ob der zwölf Flaschen besten Öls. Mutter hat uns versprochen, an diesem Abend soll es Reibeplätzchen geben, soviel wir essen können. Mein Bruder bringt es auf 24 Stück. Es ist ein Festtag, einer der wenigen, an dem wir uns satt essen können.

Sonst wird uns nämlich das Brot zugeteilt, welches wir durch Schlangestehen beim Dorfbäcker erstehen. Oftmals gibt es nur das gelbe Maisbrot. Wir laufen in Holzschuhen, wie die Dorfkinder auch. Wenn sie durchgelaufen sind, werden alte Zeitungen hineingelegt. Der Holzschuhmacher hat seine Werkstatt direkt neben der alten Schule. So schickt Mutter uns dorthin, um zu fragen, wann nun endlich unsere Holzschuhe fertig sind. Wir werden immer wieder vertröstet, oft wochenlang. Genauso ist es beim Klempner. Wir müssen monatelang auf ein fehlendes Ofenrohr warten. So lange qualmt es in unserer Küche. Wir haben nämlich keine Naturalien zum Tauschen oder zum Beschleunigen. In der Kirche am Sonntag wird mir immer schlecht. Die Luft ist geschwängert vom Duft der Weihrauchampel, die fleißig geschwungen wird. Und so muss ich oft die Kirche verlassen, an allen Bänken und Gesichtern entlang, ich habe mich geschämt.

Beim Förster nebenan gibt es uralte Eichen, die Früchte werden gesammelten, um das Schwein damit zu füttern. Auf jeden Fall wiegt das Tier dreieinhalb Zentner beim Schlachten. Da hängt es jetzt auf einer Leiter, gut sichtbar, an die Hauswand gelehnt. Denn die Försterfrau von nebenan traut uns Städtern die Aufzucht nicht zu. Doch meine Mutter meint, wenn ich vier Kinder großgezogen habe, schaffe ich das auch bei einem Schwein.

Mein Schulweg

Durch den Buchenwald, mit seinen hohen Stämmen, führt mein Weg zur Schule. Wie oft sehe ich im Morgendämmern hinter Bäumen und Büschen Gestalten, die meine lebhafte Fantasie und Vorstellungskraft hervorzaubern. Beim Näherkommen lösen sie sich in Nichts auf. Weiter führt mein Weg über die Donau-Brücke. Dort bleibe ich oft stehen, schaue dem quirligen Flüsschen nach, wie es über die Steine rauscht, Blätter und Hölzchen und auch meine Spucke mit auf die Reise nimmt, wer weiß wohin. Dann führt das kleine Pättchen durch die Wiesen, wo riesige Kühe auf beiden Seiten hinter Zäunen stehen und mich aus ihren großen, braunen Augen anschauen. Ich habe Angst, traue mich nicht an ihnen vorbei, und komme häufig zu spät zur Schule. Der Weg führt weiter über die Dinkelbrücke, auf der Straße zwischen Nienborg und Heek entlang, am Bäcker vorbei, durch das Burgtor zur alten Schule.

Die „Burg-Nienborg" besteht aus Kirche, den umliegenden Amtmannshäusern aus Baumberger Sandstein und dem „Hohen Haus", heute die Landes-Musikschule. Zu diesem Ensemble gehört auch die alte Schule aus Fachwerk in die ich gehe. Im „Hohen Haus" befindet sich das „Amt Nienborg", an der Dinkel gelegen, zuständig für die sozialen Belange meiner Familie. Von dort kommt auch die teilweise finanzielle Unterstützung und manchmal auch etwas zu Weihnachten für uns Kinder. In einem dieser schweren Jahre lehnte man die weihnachtliche Hilfe ab. Meine Mutter ist darüber sehr traurig. Mein ältester Bruder empfindet es dermaßen ungerecht, sodass er nachts von der Dinkel her durch ein offenstehendes Fenster einstieg und sämtliche Stempel in die Dinkel geworfen hat! Erst Jahre später hat er uns davon erzählt.

In der alten Dorfschule huschen die Mäuse an den Wänden und Bänken entlang. Nur wenn die Bauernkinder genügend Holz mitbringen, kann der in der Mitte stehende Eisenofen befeuert werden, sonst friert man eben. Die große, stattliche Lehrerin geht durch die Reihen, bleibt bei mir stehen und zieht häufig meinen hochgerutschten Rock wieder züchtig über die Knie. Bis zur vierten Klasse verbringe ich die Zeit in der alten Schule, dann wird eine neue gebaut. Jetzt werden Mädchen und Jungen getrennt unterrichtet. Die Lehrer sind auch etwas aufgeschlossener. Außer den Hauptfächern Lesen, Schreiben, Rechnen, Religion, Erdkunde und Handarbeiten habe ich nicht viel fürs Leben mitbekommen. Leider ist die Zeit und auch die finanzielle Situation meiner Eltern nicht so, dass ich eine weiterführende Schule besuchen kann. Mein späteres Leben hat mir all das gegeben, was mir keine Realschule oder Uni vermitteln konnte. Reisen ist ein guter Lehrmeister – auf allen Gebieten.

So wachse ich auf zwischen Schule, Sorgen für die jüngeren Geschwister und Helfen im Haushalt. Die Wasserburg ist groß, besteht aus einem alten Teil von 1632 und dem neueren, der um die Jahrhundertwende erbaut wurde. Hier wohnen wir. Unten gibt es drei große, hohe Räume, die späteren Ateliers meines Vaters. Darüber liegt unsere Wohnung. Auch ein Bad, am Anfang ohne Wasser. Ganz oben schlafen wir Kinder, wo ich mir mit meiner jüngeren Schwester ein Zimmer teile. An der Wand neben meinem Bett hängen zwei lange Seidenbehänge, die der Onkel meines Vaters um 1900 vom Boxeraufstand aus China mitgebracht hat. Diese schmalen, bemalten Stoffbahnen bewegen sich bei jedem Umdrehen im Bett. Sie stellen Jagdszenen und Landschaften aus dem alten China dar, wie ich sie dann viele Jahrzehnte später auf meinen Reisen in Asien in natura gesehen habe. Vielleicht haben sie damals schon, in Kindertagen, meine Fantasie hervorgerufen und beflügelt.

Ich muss in meiner Jugend viel arbeiten und teilweise den Haushalt führen, da meine Mutter häufig krank war. Samstags ist Putztag, das Haus ist groß und muss von oben bis unten gefegt und gewischt werden. Auch Bohnerwachs und ein schwerer Bohnerblock kommen zum Einsatz.

Meine Eltern haben das Gelände innerhalb der Gräfte gerodet, ein Koniferenbeet und einen Gemüsegarten angelegt. In der Mitte steht eine weitverzweigte Eibe, in der später unsere Schaukel hängt. Neben der Gräfte leuchten im Frühjahr die hellen Kerzen der riesigen Kastanie. Wir müssen auch im Garten helfen und die Tiere versorgen: Enten, Gänse, Hühner und ein Schwein. Irgendwann lief uns auch ein Rehkitz zu. Im Sommer haben wir kannenweise das Wasser aus der Gräfte geschleppt, die Beete bewässert und dabei die kleinen Kaulquappen gefangen. Im Winter war der zugefrorene Wassergraben unsere Schlittschuhbahn.

Mein Vater gründet hier auf der Wasserburg seine private „Schule für christliche Kunst": die „Schlüterschule". Die unteren, hohen Räume sind ideale Ateliers. So kommen dann auch interessierte junge Leute, die dem Krieg in den Städten entgehen wollen. Sie wohnen bei den umliegenden Bauern oder im Dorf. Mein Vater unterrichtet sie in Zeichnen, Malerei, Plastik und Bildhauerei. Sie zahlen Schulgeld, aber oftmals bleibt es auch aus. Da mein Vater Künstler und Idealist ist, macht er sich wenige Gedanken über die finanzielle Lage seiner Familie. So ist es an meiner Mutter, für die Alltäglichkeiten des Lebens zu sorgen. Und auch wir Kinder sind gefordert mitzuhelfen bei der Gartenarbeit, dem Versorgen des Viehs, dem Organisieren von Lebensmitteln und Suchen von Brennmaterial.

Samstags ist Badetag, es gibt eine kleine Zinkwanne. Das Wasser wird auf dem Küchenherd heiß gemacht und eimerweise ins höhergelegene Bad geschleppt. Zuerst kommen die beiden Jüngeren in die Wanne, dann wir Älteren, da schwimmt dann schon ein undefinierbarer Film auf der Wasseroberfläche. Während der Woche übernimmt ein Waschlappen und kaltes Wasser die tägliche Reinigung.

Heute kaum noch vorstellbar bei der übertriebenen Hygiene. Wir haben, so wie wir lebten, nahe an und mit der Natur, noch Abwehrkeime entwickelt. Das half mir wohl auch später auf meinen Reisen, die von der Sauberkeit her, eine Herausforderung waren und heute noch sind.

Erster Ausflug

Eines Tages führen uns die Eltern geheimnisvoll ins Schlafzimmer. Sie sagen, sie wollen uns eine Freude machen: eine Radtour . Es liegen schon einige Dinge auf der großen Holzkommode. Wir Kinder stehen um die Truhe herum und bestaunen was dort liegt. Kompass, Fahrradpumpe, Taschenlampe, Taschenmesser und andere nützliche Gegenstände. Aber wir haben doch nur ein Rad, wie soll das gehen? Mein Vater besorgt noch ein zweites und drittes, denn nur mein größerer Bruder und ich sollen an dieser Reise teilnehmen. Der Grundstein für das spätere Reisen ist gelegt.

Es geht nach Lingen-Laxten, ins Emsland, wo der Pastor meinem Vater für ein Marienbild noch 50 DM schuldet. Doch wo sollen wir schlafen? Natürlich beim Bauern im Stroh oder auf langen, schmalen Leiterwagen im Hof. Die Katzenwäsche am Morgen wird an der Pumpe erledigt und sonst gibt es ja auch noch die Ems, die uns auf dieser Strecke begleitet. An einem Sonntagmorgen trudeln wir in Lingen ein, rechtzeitig zum Beginn des sonntäglichen Hochamtes. Als dieses zu Ende ist, bekommen wir von der Haushälterin des Pastors köstlichen, westfälischen Stuten und Rosinenbrot mit ganz dick Butter drauf. Die Fahrt hat sich gelohnt, mein Vater bekommt sein ausstehendes Geld. Das war unser erster Ausflug in die große, weite Welt.

Ich kann mir gut vorstellen, wie mein Vater damals, 1942, aus Münster kommend, zum ersten Mal „Haus Wonung" sah. Es muss ihm nach den Bombennächten der Stadt wie ein Traum, wie das Wiederfinden eines verlorenen Paradieses, vorgekommen sein. Und so schwärmt er auch in seinen Aufzeichnungen, „von seinem Dornröschen, umgeben von einer Gräfte, mit der alten, mächtigen Rotbuche an ihrem Ufer, die ihre Krone weit über das Dach des alten Teils der Wasserburg streckt. Ein verwildertes Gelände liegt innerhalb der Gräfte. Zwei Brücken führen über den Wassergraben und Steinpfeiler tragen die beiden Tore, die abends geschlossen wurden."
    Auch eine mächtige Kastanie säumt des Ufer. An deren Stamm ich mich mit meinem jüngeren Bruder presse, als wieder einmal die Jabos, die Tiefflieger, über uns hinwegbrausen. In der Nähe einer kleinen Tannenschonung liegt nämlich gegen Kriegsende die Abschussrampe der V 2. Natürlich ist das geheim, aber wir Kinder, die in den umliegenden Wäldern zu Hause sind, die jede Wiese, jedes Waldstück, jedes Feld kennen, wissen genau, wo diese Rampe ist. Es ist für uns auch immer ein „Schauspiel", wenn wieder nach kurzer, offizieller Warnung eines dieser Vernichtungsgeschosse sich mit rotglühendem Schweif über die dunklen Tannen erhebt. Sie werden nach London hinübergeschickt. Wir sind uns erst viel später dieses

Dramas bewusst geworden. Es gingen auch einmal sämtliche Fensterscheiben durch den Luftdruck zu Bruch, sogar der Tannenbaum fiel einfach um. Man hatte uns nicht Bescheid gegeben, Fenster und Türen zu öffnen.

Gegen Kriegsende haben sich noch die oberen Militärs in den Ateliers meines Vaters einquartiert. Frauen sind auch dabei. Und so wird unser Klavier nach unten befördert und Musik und Lachen klingen zu uns herauf. Gegen Abend zieht der Tross weiter, unter Mitnahme von Schinken und Speck aus unserem Vorrat. Mein Vater rast dem Konvoi mit seinem Fahrrad hinterher, stellt die Schuldigen und kommt mit dem Geklauten zurück.

Kriegsende

Es ist Ostersonntagmorgen, 1945. Die Amerikaner fahren mit einem Panzer auf unseren Hof. Wir müssen alles stehen und liegen lassen und zum Förster nach nebenan gehen. Dann setzen Geschosskämpfe ein zwischen den Befreiern und den in einem nahen Wäldchen versteckten letzten Deutschen. Die Kugeln rasen vor unserer Nase her und die eine oder andere trifft die Scheune des Försters und setzt sie in Brand. Ich werde nie das Schreien der Tiere, der Pferde, der Kühe und der Schweine vergessen. Es kann bei dem Kugelhagel keiner heraus, um sie freizulassen. Später können wir ins Haus zurück. Ein Panzer bleibt auf unserem Hof stehen, ich sehe zum ersten Mal einen schwarzen Menschen. Die Soldaten sind sehr nett zu uns Kindern und schenken uns Schokolade. So etwas kennen wir nicht. Einige Tage später stellt man meinen Vater an die Hauswand. Zwei Männer in Uniform stehen vor ihm, einer mit dem Gewehr im Anschlag. Meine Mutter und ich sehen dies vom Flurfenster aus, wir haben Angst. Nach kurzer Zeit kann mein Vater gehen. Man hat ihn zur Abschussrampe der V 2 befragt. Aber, wir wissen ja nichts Genaues.

Als ich einmal vom Milch holen in der nahen Molkerei am Bahngleis vorbeimuss, sehe ich viele, ausgemergelte Gestalten am Zaun stehen. Sie kommen angelaufen, zeigen auf meine Milchkanne, ich gebe sie ihnen, sie haben Durst. Jetzt komme ich mit der leeren Düppe zurück. Später erfahre ich, es sind Fremdarbeiter, die hier in der Mittagshitze in ihren gestreiften Kitteln, auf den Weitertransport warten. Es bleibt auch einmal ein Güterzug mitten im Sommer auf einem Abstellgleis stehen. Aus den Waggons tropft es, vielleicht Butter oder Öl – jedenfalls ist es kein Wasser, sondern Fett. Wir Kinder sind ja überall, bekommen alles mit, sind schon aufs Organisieren fixiert. Und so laufen wir mit Gefäßen zum Zug, um die kostbare Flüssigkeit aufzufangen. Auch Kohlen werden auf diese Art von uns organisiert.

Die ersten Flüchtlinge kommen aus Schlesien. Frauen und Kinder werden im alten Teil des Hauses einquartiert. Männer sind nicht dabei. Auch wir müssen einige Zimmer abgeben, sie werden von der Militärregierung beschlagnahmt. Nun sind wir nicht mehr alleine, es gibt buntes Leben auf der Wasserburg, das hat sie schon lange nicht mehr erlebt. Dornröschen erwacht. Sie erwacht und bietet jetzt nicht nur uns, sondern auch den Geflüchteten aus dem Osten Sicherheit, Heim und Bleibe. Die Frauen, dunkelhaarig mit langen Zöpfen, tragen weit schwingende Röcke in mehreren Lagen übereinander. Die Kinder sind uns bald Spielgefährten. Im Hof ist immer was los. An die etwas andere Aussprache haben wir uns bald gewöhnt. Wir finden auch Freunde, schneller als bei den Dörflern über all die Jahre. Im Herbst, wenn einiges Federvieh dran glauben muss, kommen die Frauen zu uns und wir haben an langen Winterabenden in der Küche zusammen Federn geschlissen. Dazu macht selbstgebrannter Schnaps die Runde. Es sind lustige Abende. Über die ganze Küche hat sich ein weicher, weißer Federflaum gelegt; er hängt auch an unserer Kleidung und kitzelte in der Nase. Mit Fegen und Wischen ist er kaum wegzubringen.

In der Weihnachtszeit werden nächtelang Plätzchen gebacken. Die jüngeren Geschwister glauben ja noch an das Christkind. Ich kann mich nicht mehr erinnern, wie lange ich daran geglaubt habe. Es ist jedenfalls eine schöne, spannende und geheimnisvolle Zeit. Und wenn es dann Weihnachtsmorgen ist und das Glöckchen erklingt, dürfen wir ins Wohnzimmer. Der Baum erstrahlt, mein Vater spielt auf dem Klavier und wir stehen im Kreis und singen dazu. Erst dann dürfen die Geschenke ausgepackt werden. Am Abend nehme ich dann meine Puppe, die jedes Jahr ein neues Kleid bekommt, oder die neuen Schlittschuhe mit ans Bett, um sie beim Aufwachen ganz nah bei mir zu haben. Meine Mutter verstand es, uns Kindern mit kleinen Dingen eine Freude zu machen. So war Weihnachten für uns immer der Höhepunkt des Jahres.

Ich habe das Pech, das älteste Mädchen zu sein. So muss ich meiner kränkelnden Mutter immer mehr im Haushalt helfen, mich um die die jüngeren Geschwister, den Garten und das Vieh kümmern. Für mich selbst, für Spielen und Freizeit, gibt es kaum noch Raum. Nur am Sonntagnachmittag zwischen Mittagessen und Kaffeetrinken habe ich etwas Zeit für mich. Da habe ich die Abenteuerbücher von Karl May verschlungen und meine Fantasie auf die Reise geschickt. Trotz der vielen Arbeit – Kochen, Waschen, Putzen – sehne ich mich danach, bei den Spielen der Kinder im Hof dabei sein zu können. Sehnsüchtig stehe ich oftmals am Abend am Flurfenster, hätte so gerne da unten mitgemacht. Doch da wartet noch der Riesenabwasch auf mich und der Herd muss auch noch mit Asche gewienert werden. So falle ich meistens todmüde ins Bett. Im Winter herrschen in den Schlafzimmern Minusgrade, sie können nicht geheizt werden. Die Betten sind eisig, ich bekomme kalte Füße, der Atem gefriert am Inlett und Eisblumen verzieren die Fenster.

Da ich dies schreibe, mich erinnere, verklärt die Zeit all das. Es sind trotz allem Eingespannt sein schöne, freie, behütete, und interessante Jahre, die meine Kindheit und Jugend geprägt haben. Sie haben mich auch auf das Leben vorbereitet, mit all seinen Unwägbarkeiten. Unsere Familie lebte sehr einfach, konnte mit wenig auskommen. Von meiner Mutter habe ich die praktischen Dinge, von Vater das Musische, Künstlerische mitbekommen. Ich finde, es ist eine ganz gute Mischung. Beides hat mir geholfen, in meinem Leben zurechtzukommen, es selbst in die Hand zu nehmen, mich nicht auf andere zu verlassen. Für mich war immer das Wichtigste frei und unabhängig zu sein.

Die finanzielle Lage meiner Familie hat sich auch nach Kriegsende nicht gebessert. Man fing zwar an, neben dem Wohnungsbau auch die Kirchen wiederaufzubauen, aber für die Innenausstattung war dann meistens kein Geld mehr da. So muss ich notgedrungen zu unserem Unterhalt beitragen. Es gibt nur eine Fabrik, die Baumwollspinnerei und Weberei der Gebrüder Laurenz in Epe. Hier habe ich in der Flyerei gearbeitet, das ist eine Vorstufe des Spinnens. Es ist harte Arbeit und eine staubige Angelegenheit, denn die feinen Fusseln, die überall schweben, setzen sich in Mund, Nase und in die Augen. Es wird in Schichten gearbeitet, Früh- und Spätschicht. Der Weg, sieben Kilometer hin und sieben Kilometer wieder zurück, wird per Rad zurückgelegt, das heißt, eine Fahrt verlief immer im Dunkeln. Das Schlimmste sind die Winter bei Eis und Schnee und dann noch bei Nacht. Wie oft bin ich gestürzt! Dreieinhalb Jahre habe ich dort gearbeitet und so die Familie miternährt.

Nach Kriegsende 1945 läuft die Schule meines Vaters immer schlechter. Die jungen Menschen zieht es wieder zurück in die Städte. Mein Vater versucht sich im Verkauf von so genannten „Sparplatten" für den Herd oder in Zeitschriften-Abos. Aber er ist kein Geschäftsmann – er ist Künstler.

1955 bekommen wir wieder eine Wohnung in Münster in Bahnhofsnähe. Die Schlüterschule geht dem Ende entgegen, da sich zu der Zeit keine Städte oder Institutionen bereitfinden, mit finanziellen Mitteln oder mit Räumlichkeiten den Untergang zu verhindern. Später hat mein Vater dann stundenweise Kunstunterricht an weiterführenden Schulen gegeben. Das ist, nebst Sozialhilfe, finanzielle Sicherheit. Meine Mutter erzählt mir Jahre später, dass das eigentlich die unbeschwerteste Zeit für sie war. Es war ein monatlicher Betrag, mit dem sie auskommen konnte.

Münster, eine fremde Welt

Ein halbes Jahr nach dem Rückzug meiner Eltern in die Stadt gebe ich meinen Job in der Fabrik auf. Ich hoffe auf eine Stelle in einem Geschäft. Mit dem Fahrrad fahre ich nach Hause in die elterliche Wohnung. Ich bin wieder bei meiner Familie – aber auch in einer großen Stadt, die ich nicht kenne. Alles ist mir fremd, ich komme vom Land. Die Wohnung ist klein, eng; mir fehlt die Weite, die Freiheit, die Wälder, die Natur. Ich sehe nur die vielen Häuser, die Straßen, die Geschäfte, die fremden Menschen. Ich komme mir verloren vor. Und ich bin arbeitslos, die Stelle habe ich nicht bekommen. Jetzt stehe ich auf der Straße: keine Arbeit, nichts gelernt, kein Beruf. Ein junges Mädchen in einer Stadt, einfach so hineingeworfen vom beschaulichen Land in die harte Wirklichkeit der damaligen Zeit, in ein Umfeld, in dem mir alles fremd ist. Ich bin zwanzig, ohne Nachbarskinder, keine Schulfreundin, keine Freunde. Alles mir Bekannte habe ich hinter mir gelassen. Da sind nur meine Familie, diese große, fremde Stadt und unsere kleine Wohnung. Aber auf der anderen Seite bin ich auch gespannt, auf das Neue, was auf mich zukommt, auf diesen neuen Lebensabschnitt.

Ich melde mich beim Arbeitsamt. Dort macht man mir zwei Vorschläge: eine kurze Ausbildung in Stenographie und Schreibmaschine oder aber ein Crashkurs in Sachen Hotelfach. Bei letzterem, so sagt man mir, könne ich auch im Schwarzwald oder an der See Arbeit finden.

Den zweiten Vorschlag nehme ich an mit dem Gedanken, dann auch mal etwas Anderes zu sehen als immer nur die gleichen vier Wände eines Büros. Eingesperrt sein in einem Raum, geht gar nicht nach der jahrelangen Freiheit, die ich als junger Mensch genossen habe.

Über andere Berufsmöglichkeiten habe ich nicht nachgedacht, es hätte wohl auch nicht viel gegeben bei meinem ‚Volks-Schulabschluss'. Nicht zu der damaligen Zeit. Außerdem muss ich Geld verdienen, um davon leben zu können und meine Eltern unterstützen. Bei dem Gedanken Schwarzwald oder die See gibt es zumindest ein Stück Unabhängigkeit, mal hier oder dort zu arbeiten. Ich entgehe somit auch der Enge der elterlichen Wohnung, denn ich muss mir mit meiner jüngeren Schwester wieder ein Zimmer teilen. Neben zwei Betten steht auch noch der riesige Arbeitstisch meines Vaters in dem kleinen Raum. So ist auch das ein Grund, die Hotellaufbahn einzuschlagen, etwas mehr Freiraum zu haben.

Ich fahre also drei Monate lang nach Bad Hamm, um mich dort im Schlosshotel in die Geheimnisse von Essen und Weinkunde und allem, was dazu gehört, unterrichten zu lassen. Dort treffe ich erstmals auf andere junge Frauen. Ich bin noch sehr schüchtern, einfach ein Mädel vom Land.

Mein erster Job

Nach drei Monaten habe ich den Kurs bestanden. Sofort kann man mir eine Stelle in Bad Liebenzell, im Schwarzwald vermitteln. Ich bin glücklich, in die Welt hinaus zu kommen. Im „Deckers Oberen Bad Hotel" nehmen mich dann die sogenannten „Saaltöchter" unter ihre Fittiche und bringen mir die Kunst des Servierens bei. Einmal in der Woche kann ich mit meinem Fahrrad den Ort und die Umgebung erkunden. Ende Oktober ist die Saison zu Ende. Ich habe viel gelernt, auch den Umgang mit anderen Menschen. Von dem verdienten und gesparten Geld kaufe ich mir Kleidung und einen hellbraunen Koffer aus echtem Leder. Per Zug geht es zurück nach Hause, aber in Köln mache ich Zwischenstopp. Es ist Abend geworden, als der Zug zu Füßen des mächtigen Doms in den überdachten Bahnhof einfährt. Da stehe ich, ein junges Mädchen mit dem Koffer in der Hand, unschlüssig vor einer Anzeigentafel. Ich suche ein Hotel. Ein älterer Herr kommt mir zu Hilfe. Er empfiehlt mir das Domhotel, „ein gutes Haus für allein-reisende, junge Damen", meinte er, und deutet auf die andere Straßenseite. Es sind nur ein paar Meter bis dorthin.

Ein livrierter, älterer Herr nimmt meinen Koffer, hält mir die Tür auf, und da bin ich auch schon in einer ganz anderen Welt. Es gibt kein Zurück mehr, ich kann nicht davonlaufen. Ich sitze in der Falle, es wird teuer werden. Hier werde ich als Dame behandelt. Man trägt meinen Koffer aufs Zimmer, ich staune, da kann auch das alteingesessene Hotel im Schwarzwald nicht mithalten. Aber kann ich mich auch als Dame in einem solchen Haus bewegen? Als Dame? Das Zimmer ist wunderbar, hat einen kleinen Balkon mit Blick auf den Dom. Luxus pur. Verglichen mit den Hotels und Guesthouses oder den Kaschemmen, in denen ich all die Jahre während meiner vielen Reisen nächtigen werde. Eine total andere Welt. Im Moment genieße ich sie, auch den Service beim Abendessen. Da weiß ich ja, welches Besteck für welchen Gang bestimmt ist. Doch bei mir gibt es an diesem Abend nur einen Gang, alles andere ist zu teuer. Am nächsten Morgen falle ich fast aus dem Bett, so laut dröhnen die Domglocken neben mir.

Ich bin in Köln, im Domhotel, damals und sicher auch heute noch die erste Adresse in dieser Stadt. 5O DM die Nacht. Ein Wochenlohn. Wahnsinn!

Dann komme ich nach Hause, teile wieder das Zimmer mit meiner Schwester. Ich freue mich und entdecke allmählich meine Stadt. Doch ich muss wieder Arbeit finden, aber mit einem guten Zeugnis in der Tasche dürfte das kein Problem sein. Dieses halbe Jahr in der Fremde hat mich heranreifen lassen, mich sicherer gemacht im Umgang mit Menschen und Situationen.

In meiner Heimatstadt Münster hat 1956 gerade das Stadttheater nach dem Krieg neu eröffnet. Im unteren Bereich gibt es die Theaterklause, einem späteren Bistro ähnlich. Dort sucht man eine Serviererin. Ich kann sofort anfangen. Das ist eine ganz andere Welt, die Welt des Theaters mit seinen Schauspielern, dem Ballett. Ich kenne sie bald alle, auch die illustren Gäste, die in den Pausen und am Schluss der Vorstellung noch auf ein Glas Wein hereinkommen. Das gefällt mir, ein wenig Theaterluft schnuppern, der großen weiten Welt da draußen ein wenig näherzukommen.

Weiterhin wohne ich zu Hause, gebe Kostgeld ab und spare jeden Pfennig. Ich habe ein Ziel vor Augen: einen Motorroller. Er würde mir mehr Freiheit verschaffen, meinen Radius der Erkundigungen wesentlich vergrößern. Ich spare jeden Pfennig. Es ist die Zeit der Petticoats und der weitschwingenden Röcke, der toupierten Haare und der Ballerinas. Hin und wieder gehe ich zu Tanztees in den Kaiserhof, aber meistens enttäuscht wieder nach Hause.

Es ist auch die Zeit des Aufbruchs, der Jugendherbergsidylle und Lagerfeuerromantik, der ersten Verliebtheiten. Ich mache erste Fahrten per Rad in die nähere Umgebung zum Haltener Stausee und weitere nach Amsterdam. Hier wohne ich in der Jugendherberge, bestaune die Grachten und die düsteren Gemälde von Rembrandt im Rijksmuseum. Es ist nur ein erstes Schnuppern, wo mir der Wind um die Nase weht, und ich mit jedem Kilometer mehr Freiheit gewinne. Mit einem Roller könnte ich mich weiter wagen in unbekannte Gebiete, in den Süden, der Sonne entgegen, ins Abenteuer. Aber eigentlich ist man ja immer mitten drin im Abenteuer *Leben*, egal wie es aussieht, nichts Vorgeplantes, alles dem Zufall überlassendes Tages und Moment Geschehen. Immer offen für die kleinen Dinge am Wege, die Lebenszufälle, das, wohin der Wind und die Sehnsucht einen treibt.

Jahre später ist es dann soweit. Ich habe genügend Geld gespart durch meinen Job im Theatercafé, auch dank der großzügigen Trinkgelder, und kann mir einen Motorroller kaufen. Es ist eine NSU Lambretta, beige-orange. Jetzt steht mir ein weiteres Stück der Welt offen.

Gedanken zu den Anfängen meiner Reisen

Wenn ich mich heute frage, was der Anfangsgrund war, was es war, das mich trieb, mich antrieb. Zu meiner ersten Reise per Motorroller durch Spanien und Portugal und all den vielen, die folgen sollten? Ich weiß es nicht zu sagen, zumindest nicht sehr konkret. Vielleicht war es die Sehnsucht nach Freiheit und Abenteuer, nach Rauskommen aus dem Alltag, aus der Stadt, wieder Natur um mich zu haben. Wahrscheinlich auch, um der Enge der elterlichen Wohnung und den damaligen Verhaltensvorstellungen zu entfliehen, denen man als junger Mensch, besonders als junges Mädchen, unterworfen war. Sehnsucht nach der Ferne, nach dem Fremden, Ungewissen, angetrieben wohl auch von jugendlicher Unbekümmertheit, nicht unbedingt Leichtsinn. Das Erbe meiner Eltern hat sicher auch zu meinem Fernweh beigetragen. Mein Vater hat damals, 1958, mit ganz geringen Mitteln das Mittelmeer umrundet. Mein um ein Jahr älterer Bruder war schon 1955 per Rad bis zum Libanon gekommen. Ich habe also gute Vorbilder.

Da ist auch die Sehnsucht nach Neuem, nach Sonne und Wärme, dem Fahrtwind auf dem Roller, der meine Haare im Winde flattern, der mich intensiver an allem Geschehen um mich herum teilhaben lässt. An Gerüchen, Geräuschen, an der Nähe zur Natur, Hitze und Kälte ausgesetzt, Wind und Wetter preisgegeben. Keine schützende oder einengende Hülle um einen wie in einem Auto oder einem Flieger. Immer voll im Geschehen, mittendrin, hautnah, mit allen Sinnen, mit aller Lust. Auch mit aller Last, die ein solches Unterfangen, Reisen, automatisch mit sich bringt. Das Verspüren einer großen Freiheit überwiegt alles!

Das kulturelle Interesse kommt erst viel später. Damals ahne ich noch nichts von den historischen und geschichtlichen Besonderheiten der verschiedensten Länder, von ihrer Kultur. Ich weiß nichts vom Islam, von griechisch-orthodoxen Kirchen. Ich habe auch noch nie etwas von Moscheen und Tempeln gehört. Der Geographie und Geschichtsunterricht der Dorfschule reichte nicht bis in die ferne, weite Welt. Ich bin also „arm an Wissen" wie eine Kirchenmaus. Auch kann ich keinerlei Sprachen. Wie soll ich mich verständlich machen? Das alles ist komplettes Neuland für mich und gilt es zu entdecken und zu meistern. Ich ahne auch noch nichts von den Gefahren und Strapazen, die auf mich zukommen werden. Worüber man nichts weiß und es nicht kennt, darüber macht man sich auch keine Gedanken. Die habe ich mir eigentlich nie gemacht, die wären wahrscheinlich nur hinderlich gewesen oder hätten mich nicht spontan handeln lassen, hätten eine solche Reise in Frage gestellt.

Wenn man lange überlegt, erschließen sich einem Wenn und Aber, Für und Wider. Dann werden Probleme und Gefahren ins Bewusstsein geschwemmt, werden konkret, zerren einen hin und her, bringen einen zum Denken und Nachdenken: Was kann und könnte alles passieren? Als junge Frau im Orient, per Roller, alleine, unbekannte Länder, Menschen, Sitten und Gebräuche. Es gibt nichts, an dem ich mich orientieren kann, keine Vorbilder. Ich kann mich nicht verständlich machen, habe kaum Kartenmaterial, geschweige denn einen Reiseführer. Ich bin zwar im ADAC, aber der hilft bei einer Panne auf den Pässen des Montenegro oder im damals unzugänglichen Taurus Gebirge in der Südtürkei auch nicht weiter. Handys zur schnellen Hilfe weltweit gab es damals noch nicht. Auch heute reise ich noch ohne diese Errungenschaft der neueren Zeit. Der einzige Kontakt: Briefe an meine Eltern.

Ich bin auf mich allein gestellt mit viel Vertrauen in die Menschen, aber auch mit einem natürlichen Empfinden für Gut und Böse. Meine Eltern wissen, dass sie sich auf mich verlassen können. Und dieses Vertrauen in Menschen und Situationen ist für mich wohl der beste Schutz, einfach entwaffnend im wahrsten Sinne des Wortes. Mir ist auf all meinen Reisen nie etwas Wesentliches passiert.

Und so starte ich im Mai 1958 per Motorroller. Für Spanien und

Portugal habe ich eine ausgearbeitete Route vom ADAC. Nur für die zweite große Reise, 1959 nach Damaskus, geplant für ein halbes Jahr, mit 1000 DM Ersparnissen in der Tasche gibt es keinerlei Reiseliteratur. Keine Hinweise auf Straßenzustände, Häufigkeit der Tankstellen, Unterkünfte oder andere Infos. Beim Fassungsvermögen eines Rollers und einem fünf Liter Reservekanister sind das unheimlich wichtige Details. In Venedig, in Athen und Istanbul gibt es eine Jugendherberge, doch sonst muss ich jeden Tag sehen, wo ich die Nacht verbringe. Bei einer Familie, in kleinen Hotels oder hin und wieder als Gast eines Dorfes oder einer Gemeinde. Denn es hatte sich unterwegs auch pressemäßig herumgesprochen, dass da so eine junge Frau per Roller unterwegs ist.

Aber es geht auch ohne all das, ohne genaue Planung, man fährt einfach los. Man hangelt sich von einem Tag zum anderen, von einem Ort zum nächsten durch. Erfährt irgendwann, dass die Asphaltstraße hinter Triest zu Ende ist. Ich ahne damals noch nicht, dass Tausende Kilometer Schotterpisten vor mir liegen auf dem Weg nach Osten. Und wenn ich es gewusst hätte? Ein Zurück wäre wohl das Ende der Reise gewesen und das kam nicht in Frage. So habe ich mich dann Tag für Tag weitergearbeitet, meinem fernen Ziel dem Orient entgegen.

Erste Reiseerfahrung: Frankreich, Spanien und Portugal, 1958

Als erstes will ich in die Wärme, in die Sonne, in den Süden: nach Frankreich, Spanien und Portugal. Ich starte im Mai 1958, habe eine ausgearbeitete Route vom ADAC und eine Landkarte dabei. Mein Koffer ist hinten auf dem Roller festgeschnallt, eine Tasche baumelt vorne am Haken, der Reservekanister ist an der Seite befestigt. So fahre ich los, mit meinem Roller ins Ungewisse, meine erste große Reise beginnt. Ohne Sprachkenntnisse, ohne Ahnung von Land, Menschen und Kultur, einfach nur gespannt und neugierig, was kommen wird. Meine Eltern lassen mich ziehen, ich habe mir damals auch keine großen Gedanken gemacht über das, was sie bewegt. Ich wollte nur raus! Sie verabschieden mich, haben mir ihre Sorgen und Ängste nie gezeigt, mich eher unterstützt.

Endlich ist alles vorbereitet und es geht los. Der Weg über die Alpen bei Eis und Schnee und den engen Kurven ist die erste Herausforderung. Ich muss höllisch aufpassen, um nicht auszurutschen. Dann bei herrlichem Sonnenschein durch die Schweiz und den Norden Italiens. In Mailand bestaune ich den Dom und bin von den südländischen Menschen fasziniert. Ich sehe zum ersten Mal das Mittelmeer, bin begeistert vom mediterranen Flair, der Sonne, der Wärme, dem exotischen Leben.

Die geschichtlichen Hintergründe waren mir damals noch nicht so wichtig. Dieses Interesse für Kunst und Kultur des Geschauten kommt erst auf späteren Reisen. Jetzt werde ich von Neugier auf das Neue, auf die Städte, Menschen und Landschaften getrieben. Immer weiter, sehen was hinter der nächsten Ecke liegt, hinter dem nächsten Hügel, den nächsten Kurven der staubigen Landstraßen. Ich bin gespannt, was mich wohl erwarten wird. Ich staune und werde bestaunt.

Ich schlafe in Jugendherbergen, koche mir Tütensuppen und probiere den ersten französischen Rotwein. Es ist ja alles spannend für mich, das Unterwegssein, die neuen Eindrücke und auch die Aufmerksamkeit der jungen Franzosen.

Um mein Geld zu strecken, versuche ich Arbeit zu finden. An den eleganten Rezeptionen der alteingesessenen Hotels, wie dem Carlton in Nizza oder anderen in Cannes, schickt man mich auf meine Frage nach einem Job zum „Entrée des Employés", dem Lieferanteneingang. Man braucht im Moment niemanden. Wenn ich weiterhin von Brot, Tomaten und hin und wieder einem Stück Käse lebe oder mal einer Banane wird mein Geld eine ganze Weile reichen. Und so genieße ich meine Jugend, die Côte d'Azur, die netten Franzosen und meine Freiheit. Über Marseille und am Fuße der Pyrenäen entlang geht es nach Biarritz. Hier müssen meine Bremsbeläge erneuert werden und ab hier habe ich auch einen Reisekameraden.

Wir schauen uns in Pamplona das Treiben der Stiere durch die Gassen an, schlafen den Rest der Nacht auf dem blanken Boden in einem Park, um die Übernachtung zu sparen. Peter, so heißt mein Gefährte auf Zeit, sitzt hinten auf dem Roller, trinkt Rotwein aus einem für Spanien typischen Lederbeutel und singt dazu die Malaguena. Es sind schöne Tage. Es geht weiter durch die kahlen Ebenen um Madrid und Toledo Richtung Portugal. „Die Sonne brennt unbarmherzig, Spanien ist ein herrliches Land, Vino und Sonne", steht auf einer Karte an meine Eltern.

In Lissabon lasse ich mich durch die Gassen der Altstadt treiben. Ich lerne etwas Spanisch und bin bald im Süden mit seinen maurisch geprägten Städten Cordoba, Granada, Sevilla und Malaga. Mich faszinieren die arabischen Baustile der Alhambra mit filigranen Steinmetzarbeiten, mit schattigen Arkadengängen, mit ihren Gärten und Wasserspielen. Aber auch die säulenbestandene Kathedrale von Cordoba, die früher einmal eine Moschee war. Damals, so glaube ich, wurde hier in Spanien der Grundstein für meine Liebe zum Orient gelegt. In Malaga unterschätze ich die Wirkung des schweren, dunklen Weins, der in den urigen Pinten direkt aus den Fässern ausgeschenkt wird. Dazu gibt es kleine Stückchen Käse. Die alten Männer stehen an der Theke, und jedes Mal wird der Rest des Glases auf den Boden geschüttet. Dementsprechend riecht es und mir wird fast schon vom Geruch übel. Später, in den einsamen Bergen der Sierra Nevada wird der Roller immer langsamer, er zieht nicht mehr richtig. So muss ich eine Nacht auf freiem Feld verbringen, weit und breit ist kein Dorf zu sehen. Man kann den Roller später in einer Werkstatt wieder flottmachen. Es geht weiter durch fruchtbare, ländliche Gebiete im Osten des Landes, durch Dörfer aus Lehm gebaut. Dort holen schwarzgekleidete Frauen, mit Tonkrügen auf dem Kopf, das Wasser vom Brunnen. Kinder spielen barfuß in den Gassen und die Männer sitzen abends auf der Bank vor ihren Häuschen. Auch die Höhlen von Murcia schaue ich mir an, wo die Menschen in den aus weichem Tuffstein geschlagenen Tonnengewölben wohnen. Weiter geht's durch die Palmenwälder von Elche, die riesige Gebiete überziehen.

Ich bin nun schon einige Monate unterwegs, habe sparsam gelebt, aber trotzdem geht mein Geld zur Neige. Ich muss irgendwo Arbeit finden. Dazu bietet sich Mallorca an. Meinen Roller kann ich in der Jugendherberge in Barcelona lassen. Ich kaufe mir ein Schiffsticket. Über Ibiza bin ich bald auf der Insel. Hier gibt es die ersten Touristen Hotels. Durch Vermittlung alteingesessener Mallorquiner bekomme ich einen Job im einzigen von der Touropa damals betriebenen kleinen Hotel „La-Palma". Es liegt direkt am Strand nahe Palma, der Hauptstadt. Die mächtige, alte Kathedrale schaut von erhabener Stelle auf das Meer.

Meine Aufgabe ist es, die Gäste vom Flughafen abzuholen, sie auf ihre Zimmer zu begleiten und zu schauen, dass alles in Ordnung ist. Mit dem Koch setze ich die Speisekarte auf. Hin und wieder werden die Urlauber in den alten VW Bulli gepackt, über die Insel kutschiert und auch in den ein oder anderen Souvenirladen gelotst. Von dort getätigten Einkäufen bekomme ich auch noch eine Provision. Ich habe viel freie Zeit, bin der Schwarm des Tauchlehrers und freunde mich mit dem ein oder anderen Gast an. Es sind unbeschwerte, erholsame Tage für mich hier auf der Sonneninsel, dem späteren Haupturlaubsziel der Deutschen. Ende November ist die Saison zu Ende, ich habe genügend Geld gespart und kann die Heimreise antreten. Schnell bin ich wieder in Barcelona, nehme meinen Roller und starte gen Norden.

Es ist inzwischen Winter geworden, ich muss über die Pyrenäen, und je höher ich komme, umso kälter wird es. Ich fahre durch Nebel und Sprühregen. Und zu allem Überfluss fängt es auch noch an zu schneien. Für den Winter bin ich nicht ausgerüstet, aber ich muss nach Hause. Es geht weiter hinauf in die Bergeinsamkeit. Meine Hände in den Handschuhen sind eiskalt, durch Klopfen auf die Knie versuche ich, sie beweglich zu halten. Irgendwo ist da ein kleines Dorf in dieser rauen Gegend. Ich mache Halt bei einer Kneipe. Eine düstere Schankstube, in der Mitte ein Eisenofen, der wohlige Wärme verbreitet. Hier kann ich meine nassen Sachen trocknen und mich wieder aufwärmen. Eine alte Frau bringt mir einen heißen Tee und ich bitte sie um eine Schere. Meinen Hartschalenkoffer habe ich in eine Plastiktischdecke vom Hotel gewickelt gegen den Regen. Aus dieser schneide ich jetzt Stücke und befestige sie mit einem Bindfaden um die Lenkergriffe. So habe ich eine Art Muff und die Hände sind vor Wind und Regen geschützt. Bald geht es weiter, die schmalen Serpentinen sind glatt und glitschig, ich muss höllisch aufpassen. Aber irgendwann habe ich auch das geschafft, komme in tiefere Gegenden und bin bald in Frankreich. Hier wird es auch wieder wärmer.

Ich fahre über Paris, wo ich mir in der Nähe der Hallen ein billiges Zimmer suche. Es ist sehr laut in der Nacht, ich höre seltsame Geräusche, und es ist ein Kommen und Gehen. Komisch, denke ich, aber ich bin zu müde, um weiter darauf zu achten. Am nächsten Morgen in den Hallen beim Verzehr der Zwiebelsuppe erfahre ich dann, wo ich gelandet bin. In einem sogenannten „Stundenhotel", aber das sagte mir damals noch nicht viel. Zum Glück habe ich dort nur eine Nacht verbracht. Von der Stadt an der Seine geht es weiter nach Brüssel, wo ich das Atomium bewundere, ein Rest der Weltausstellung 1958. Dort sehe ich auch meinen Reisegefährten wieder, der hier studiert. Nach einem halben Jahr des Unterwegsseins bin ich wieder zu Hause. Die ganze Familie ist versammelt, alle freuen sich und es gibt Buttercremetorte, die ich mir so sehr gewünscht habe.

Ich habe es geschafft, meine erste Reise liegt hinter mir. Ich bin freier, selbstständiger geworden, habe ein wenig von der Welt gesehen und viel erlebt. Ich bin erschöpft. Teile mir wieder die Enge des

Zimmers mit meiner Schwester. Nach der Weite da draußen, die ich ein halbes Jahr genossen habe, ist das ziemlich hart. Aber erst einmal habe ich viel zu erzählen, kann so die Reise noch einmal an mir vorbeiziehen lassen. Meine Sehnsüchte waren erst einmal gestillt.

Wieder zu Hause

Ich muss mich wieder eingewöhnen in den normalen Alltag. Es kommt mir alles so eng, so geregelt, so spießig vor nach dieser Zeit der Freiheit und Unabhängigkeit. Auch muss ich wieder Arbeit finden, in dem Job kein Problem, da wird immer jemand gesucht. Diese Tätigkeit, den Leuten den Kaffee servieren, ist nicht so toll, dafür habe ich mich auch manchmal geschämt. Auch dafür, dass ich nichts gelernt habe, bei Gesprächen mit jungen Leuten, Studenten, nicht mitreden konnte. Aber diese Arbeit hat mir die Freiheit und finanzielle Möglichkeit verschafft, die ich für meine weiteren Reisen brauchte. Für mich ist diese Tätigkeit nur Mittel zum Zweck. Bei jeder anderen Arbeit hätte man mich bei dem häufigen Wechsel irgendwann nicht mehr eingestellt. So habe ich viele Jahre lang diesen Wechsel gelebt, gearbeitet, jeden Pfennig gespart, um dann wieder losziehen zu können, frei zu sein, zu reisen. Dieser Wechsel von Arbeit, Reisen und Freiheit geht so bis 1970. Da habe ich mich selbstständig gemacht, in Sachen „Schmuck und Textil-Design".

Weihnachten steht vor der Tür, ich ahne damals noch nicht, dass es für Jahre das letzte Fest mit meiner Familie sein sollte. Ich finde wieder Arbeit in einer alteingesessenen Gaststätte. Hier tagen auch Studenten. So lerne ich das Leben auch aus dieser Warte kennen. Es sind teilweise schlagende Verbindungen, die hier ihre Vereinsabende abhalten. Bis zum Frühjahr 1959 halte ich es in Münster aus, die Sonne steigt höher und mich packt wieder das Fernweh.

Neben meiner Arbeit bereite ich meine nächste Reise vor. Dieses Mal soll es in den Osten nach Damaskus gehen. Ein weites Ziel! Per Roller, allein, als junge Frau mit 24 in den Orient?! Heute kann ich nur denken, welch ein Wahnsinn! Ahne ich überhaupt, was da auf mich zukommt? Nein! Die Gefahren der Straße und vielleicht auch die der Menschen oder Tiere? Nein, ich hatte keine Ahnung! Und das war gut so.

Wie kam ich ausgerechnet auf Syrien, auf Damaskus? Auf dieses ferne Ziel? Jahre später habe ich mich das noch gefragt, auch jetzt beim Schreiben. Warum nicht Athen, Istanbul oder Aleppo? Vielleich hat mich das Erzählen meines Vaters über seine Umrundung des Mittelmeeres, 1958, sechs Monate lang, dazu angeregt. Wahrscheinlich hat er spannend von diesen Orten berichtet, von den bunten Basaren, vom fernen Orient. Wir sind zeitgleich im Dezember von unseren ersten Touren zurückgekommen. Da gibt es viel zu erzählen. Für mich ist schon der Name geheimnisvoll: Da-mas-kus. Das ist Orient. Es sind Basare, Moscheen, verschleierte Frauen, geheimnisvolle Männer und bunte Märkte. Ich spüre förmlich den Zauber, die Düfte, die Laute, das lebhafte Treiben in den engen Gassen. Ich habe in jungen Jahren Karl May gelesen, ein wenig Abenteuer geschnuppert. Ich wusste aber auch, es kommen Strapazen auf mich zu. Einsame Pisten, Berge, Wüsten und unbekannte Orte. Es ist eine Herausforderung, das ganze Unternehmen: Orient. Allein schon der Gedanke daran ist spannend, exotisch und romantisch zugleich.

Motorrollerfahrt nach Damaskus 1959

Im Mai habe ich meinen Job gekündigt, 1000 DM gespart, ein halbes Jahr Zeit eingeplant und fuhr am 19. Mai 1959 los. Ausgerüstet nur mit einer Michelin Karte vom Vorderen Orient (sie ist heute noch in meinem Besitz!). Einen Reiseführer über die diversen Länder gab es damals noch nicht. Auch viel Mut und Vertrauen und ein fünf Liter Reservekanister sind dabei. Mein Vater hat mir die Reiseroute mit den jeweiligen Hauptstädten in roter und schwarzer Farbe auf meinen hellen Koffer gemalt. Diese Hinweise stehen auch auf einem Schriftband aus Leinengewebe, welches vorne am Roller befestigt ist. So ist jeder über mein Reiseziel Damaskus informiert.

Auch ein Deutschland-Fähnchen flattert lustig an einer Stange im Wind. Der erster Halt ist bei meiner Tante in Neuwied, die mich für die nächsten Tage mit Butterbroten versorgt und mich in ihre Gebete einschließt. Sie ist Ordensschwester und hat mit den anderen Nonnen anscheinend einen guten Draht nach oben, von wo alles irgendwie gelenkt wird. Jahre später fragt sie mich einmal, „ob ich immer noch nicht satt sei, von der weiten Welt da draußen". Kann man davon jemals satt werden? Ich bin immer noch hungrig. So gestärkt komme ich nach Rothenburg ob der Tauber, wohne in der Jugendherberge und lerne einen türkischen Studenten kennen. Er gibt mir die Telefonnummer einer deutschen Frau in Ankara, die ich besuchen soll.

In München folgt ein kurzer Aufenthalt bei meinem Bruder. Dann weiter über die Alpen. Langsam wird es kälter, bis minus zwei Grad. Es regnet, schneit und hagelt abwechselnd, ich muss höllisch aufpassen, um nicht umzukippen, denn ein Roller hat nur zwei Räder. Von der Edelweißspitze geht es abwärts in die Sonne hinein. Dann bin ich bald in Cortina d'Ampezzo, in den wildgezackten Spitzen der Dolomiten.

Diese hatte ich bald überquert und ein sonniges Venedig lacht mir entgegen. Dort wohne ich in der Jugendherberge in Giudecca. Mein Roller steht für eine Tagesgebühr von 70 Pfennigen in einer Garage auf dem Festland. Venedig wartet auf mich.

Franko, ein netter Italiener, begleitet mich bei Streifzügen entlang der Kanäle, über Brücken und durch schmale Gassen dieser so romantischen Stadt. Hier fühle ich mich in meinem bunten Kleid, mit weißen Handschuhen und Stöckelschuhen ganz als junge Dame, der damaligen Mode und Zeitgeist entsprechend. Heute kann ich über meinen damaligen Auftritt nur schmunzeln. Ich sitze an den Ufern der Kanäle, lasse die Beine im Wasser baumeln, sehe den Gondeln nach, wie sie durchs Wasser gleiten. Auch bewundere ich die Mosaiken auf dem Boden der Markuskirche und füttere mit anderen Touristen die Tauben auf dem Markusplatz. Zum ersten Mal höre ich auch die Glocken des Campanile. Das alles erlebe und genieße ich teilweise mit meinem Begleiter. Er war sehr anhänglich und hat mir noch Monate später nach Ankara geschrieben.

Brief an meine Eltern, Venedig, 30. Mai 1959

„Ich muss diese Stadt verlassen, ich richte zu viel Schäden in Männerherzen an. Sie laden mich zum Espresso ein, zum Essen, oder schenken mir Blumen. An einem Montagmorgen ging's weiter. Elf Tage war ich in dieser, so interessanten Stadt. Das Boot gleitet langsam durch den Canale Grande, der Dogenpalast und das Campanile werden immer kleiner, bis sie schließlich hinter Maria della Salute, verschwanden. Ich nahm meinen Roller, und über die Brücke ging es hinaus aus einer Stadt, die ich so lieb gewonnen hatte, ich habe geweint."

So steht es in dem Brief an meine Eltern.

Weinen. Das sollte mir öfter auf dieser Reise passieren, oft vor Glück und Ergriffenheit, aber manchmal auch aus reiner Verzweiflung.

Von dieser, für ein halbes Jahr geplanten und gut drei Jahre dauernden, Reise gibt es 93 schriftliche Lebenszeichen, gerichtet an meine Eltern. Das meiste davon sind Briefe, viele Seiten, eng beschrieben, auf Luftpost Papier, doppelseitig und nach 60 Jahren teilweise kaum noch lesbar. Zugeklebt mit vielen Briefmarken und bunten Abbildungen, ausgeschnitten aus Prospekten. Meine Eltern haben alles aufbewahrt. Daneben gibt es Tagebücher und Notizen, die aber sehr unvollständig sind. Aus diesen Beschreibungen und meinen Erinnerungen entsteht dieses Buch.

Triest, mit seinen lebhaften Plätzen und seinem großen Hafen ist erreicht. Ich wohne oben in der Jugendherberge mit Blick auf die Stadt unter mir und auf das Schloss Miramare. Ich streife über Plätze, durch Gassen und den Hafen. Auf dem Markt kaufe ich mir eine Tüte Kirschen und hocke mich damit in den Straßengraben am Rande der Stadt. Es ist eine Gluthitze. Ich höre ein Motorengeräusch, es kommt mir bekannt vor, es ist eine NSU Lambretta und kommt aus östlicher Richtung.

Zwei Jungen sehen meinen Roller, springen ab, sagen mir, dass die Asphaltstraße nach circa 50 Kilometern zu Ende ist. „Wir wollten bis Dubrovnik, es ist unmöglich, wir kehren um." Ich bin erstaunt und habe es erst einmal nicht geglaubt. Sie fahren zurück, geben sie so schnell auf? Später, als ich dann wirklich den Schotter unter meinen Rädern hatte, wollte ich partout diese ersten 50 Kilometer nicht mehr zurück. Ein Umkehren hätte schon jetzt das Ende der Reise bedeutet und das kam nicht in Frage. So fahre ich weiter und denke, es wird schon nicht so schlimm, irgendwann ist die Straße wieder asphaltiert. Ich ahne zu der Zeit noch nicht, dass noch Tausende solcher Kilometer vor mir liegen sollten bis Damaskus. Vor, durch und hinter größeren Ortschaften sind die Straßen kurz asphaltiert, aber dazwischen gibt es nur Schotter oder Sand. Ich muss mich auf dieser Piste nur für eine der beiden ausgefahrenen Spurrillen entscheiden. Nehme ich die rechte oder lieber die linke? In der Mitte und zu beiden Seiten gibt es nur loses, aufgeworfenes Geröll, da finden die Räder keinen Halt. Ein Wechsel von einer Spur zur anderen ist gefährlich, hätte mich zu Fall gebracht.

Dieses Fahren muss ich erst lernen. Es ist sehr schwierig in den engen Rillen zu bleiben, das Gleichgewicht zu halten, und das bei minimaler Geschwindigkeit. Das geht nur im ersten oder zweiten Gang und auch nur, wenn ich den Lenker ganz fest umklammere.

Natürlich verkrampft sich dabei der ganze Körper, und am Abend schmerzen alle Muskeln. So komme ich langsam an die Grenze. Es gibt keinerlei Komplikationen, ich bin im alten Jugoslawien.

Hier nehmen bäuerliches Land und die ärmlichen Dörfer der zentralen Hochebene mich auf. Dort, im Landesinnern, teile ich mir mit dem Federvieh der Gegend, mit Enten, Gänsen und Hühnern, manchmal auch mit Schweinen, die schmale Straße. Ich sehe die Menschen bei der Arbeit. Es sieht nach Armut aus, ein Bauernland, hügelig, die Felder weit verstreut. Die Uferstraße entlang des Mittelmeeres gibt es damals nur in Teilbereichen. Das Fahren ist äußerst schwierig, die kleinen Weiler am Wegesrand bestehen aus einfachen Holzbauten. Schilder kann ich nicht lesen. So kann ich oft in Ermangelung einer Unterkunft bei einer Familie im Dorf übernachten. Ich bekomme meistens Kontakt beim Anhalten. Es sind junge Mädchen oder Frauen, die mich ansprechen, und so werde ich oftmals liebevoll von ihnen aufgenommen und ins Haus gebeten. Am Abend flaniere ich dann mit ihnen auf der Dorfstraße. Sie haben sich herausgeputzt für diesen abendlichen Spaziergang. Ich auch. Damals gab es noch strenge Trennung zwischen Jungen und Mädchen. Bei solchen Gelegenheiten wurde ich auch überall herumgereicht. Das ist manchmal etwas anstrengend, zumal die Verständigung nur per Zeichen geht oder über „Langenscheidts Serbokroatisch-Deutsch". Als Frau unterwegs findet man leicht Zugang zu anderen Frauen und damit auch zu den Familien, man ist kein Eindringling, stellt keine Gefahr dar. Das hat mir oft auf weiteren Reisen interessante Einblicke in das häusliche Umfeld der Frauen und Kinder gegeben. In diesem Bereich geben sie sich ganz frei und offen, in der Öffentlichkeit ist das ganz anders.

Tagebucheintrag, Šibenik, 27. Juni 1959

„Gestern kam ich bis Zadar, eine Stadt am Meer gelegen, wo alte Mauern und Tore die schmalen, engen Gassen umschließen. Wo Fischerboote im Hafen dümpeln und ich wieder an der Adria bin. Hier nimmt mich eine nette Familie auf. Normalerweise ist es in diesem Land verboten Fremde ohne Genehmigung aufzunehmen. Über das System „Putnik" wird das vom Staat geregelt.

Aber dann, am nächsten Tag, bei der Weiterfahrt fängt die Hölle an! Eine Straße, unbeschreiblich, 15 bis 20 Stunden-Kilometer, zweiter Gang, und das sechs Stunden lang! Der Motor setzt dauernd aus, zuletzt alle zehn Minuten, heiß gelaufen. Die Batterie ist fast leer vom vielen Anlassen. Am Abend haben mir noch die Knie gezittert und heute tun mir alle Gelenke weh. Wenn ich weiterhin so langsam vorankomme, werde ich Weihnachten nicht zu Hause sein."

In Split bewundere ich den Diokletianpalast und verliere mich im Gewirr der engen Gassen. Auf schlüpfriger Straße, vom Regen total aufgeweicht, geht es weiter nach Makarska. Der Regen hört nicht auf, ich bin pitschepatschenass und fahre trotzdem die 170 Kilometer bis zur Hauptstadt Mazedoniens.

Dubrovnik zeigt sich als wehrhafte Anlage. Von der umlaufenden Stadtmauer hat man einen schönen Blick auf die Häuser und die alten Paläste, in hellem Sandstein erbaut und die mit roten Ziegeln bedeckten Dächer. Von hier oben kann der Blick schweifen auf das darunterliegende Mittelmeer mit den auf dem Wasser hüpfenden Booten. Eine Festungsstadt auf einem vorspringenden Landzipfel ins Meer gebaut, wehrhaft und fast uneinnehmbar. Es geht weiter, ich verlasse die Küste in Richtung Kotor, eingerahmt von steilen Bergen.

Brief an meine Eltern, Dubrovnik, 3. Juli 1959

„Mein Roller ist schon das reinste Wrack! Die Batterien sind locker, sie rappeln unheimlich, den Spiegel habe ich verloren und die Hupe quäkt bei den jeweiligen Schlaglöchern, durch die ich muss. Und derer gibt es viele, die Piste ist übersät davon, besonders nach dem Regen der letzten Tage. Es ist eine Qual hier zu fahren. Ich muss mit aller Gewalt den Lenker festhalten, der Roller hüpft und tanzt von einer Seite auf die andere. Nach zehn Kilometern tun mir die Hän-

de so weh, dass ich die Finger kaum noch bewegen kann. Oft geht es nur um Zentimeter und knapp am Abgrund vorbei. Ein wenig Rutschen, und ich würde 100 bis 200 Meter in die Tiefe stürzen! Es ist kein Fahren mehr, sondern nur noch ein „so dahin schliddern". Wenn ich da lebend davonkomme, ist es ein Wunder."
Soweit der Brief an meine Eltern.

Wie konnte ich so gedankenlos sein, ihnen alles so brühwarm erzählen? Mich nicht in ihre Lage versetzen? Was habe ich mir beim Beschreiben der teilweise so gefährlichen Situationen gedacht? Da ich ein sehr vertrauensvolles Verhältnis zu meinen Eltern hatte, habe ich ihnen auch immer alles geschrieben. Ungefiltert. Aus heutiger Sicht ziemlich blauäugig und verantwortungslos!

Welche Ängste, Sorgen und schlaflosen Nächte habe ich ihnen mit meinem letzten Brief und auch späteren bereitet. Mich da draußen zu wissen in der Fremde. Allein auf mich gestellt. Ich war ein junges Mädchen, geprägt von der damaligen Zeit, naiv und gutgläubig. Ich wusste wenig von den Menschen und der Welt. Von den Gefahren, denen ich ausgesetzt war, nicht nur denen der Straße und des Reisens als solchen. Auch denen des menschlichen Miteinanders. Was müssen Vater und Mutter gedacht haben, wenn ich ihnen vertrauensvoll und offen von meinen kurzen Kennenlern- und Abschiedsstorys erzählte? Auch von meinen kurzen Verliebtheiten. Gelegenheiten länger zu bleiben gab es viele, aber zum Glück musste ich ja weiter, das Fernweh war immer stärker. Sie kannten ihre Tochter, wussten, dass sie sich auf mich verlassen können. In jeder Hinsicht.

Viel später, eigentlich erst jetzt, wo ich dies alles zu Papier bringe, bewusst meine Briefe und Tagebücher lese, nachdenke, sind mir ihre Sorgen und Ängste so richtig bewusstgeworden. Andeutungen hierzu finde ich in ihren Briefen, die mir teilweise erhalten geblieben sind. Aber nie Vorwürfe! Damals habe ich mir kaum Gedanken darübergemacht, wie es ihnen geht, wenn sie wieder mal Post von mir bekamen. Ich wollte einfach nur raus in die Welt. Ich war ziemlich egoistisch! Ich wollte, ich könnte ihnen das alles noch sagen!

Dafür ist es aber zu spät. Jedoch nicht zu spät, mir dessen bewusst zu sein!

Doch jetzt geht es weiter. Ich verlasse die Küste, wende mich wieder ins Landesinnere. Überall, wo ich auftauche, werde ich bestaunt und lerne Menschen kennen. Sei es auf der Straße, in den Dörfern beim Fragen nach dem Weg oder, wenn ich wieder mal Hilfe brauche. Vielfach sind es Studenten, mit denen ich ins Gespräch komme und so lerne ich dabei die ersten Brocken Englisch und auch ein wenig die Landessprache. Oftmals laden sie mich zu Tee, Kaffee oder zu ihren Familien ein. Im Vorbeifahren oder auch bei kurzen Stopps treffe ich Bauern, die auf ihrem Feld arbeiten und mir Mandarinen, Melonen oder Weintrauben schenken. Manchmal bin ich auch Gast eines Dorfes oder einer kleinen Stadt, wo man mir Unterkunft gibt, für das leibliche Wohl sorgt, oder mir die nahen Sehenswürdigkeiten zeigt. Ich stehe oftmals unter dem Schutz einer Familie und so wird mir dann bei meinen Streifzügen ein junger, männlicher Begleiter mitgegeben, der mich herumführt. Denn in diesen östlichen Ländern ist man als Frau nicht alleine unterwegs! Irgendwann fragte ein solcher Knabe dann einmal, ob er mich küssen dürfe, das sei in seinem Land erst nach der Hochzeit möglich. Ich glaube, es war in der Türkei. Ich schaute ihn an, habe gelächelt und mich für seine nette Begleitung bedankt. Er war wohl etwas enttäuscht.

Ich habe sicher aus Unwissenheit die eine oder andere Verhaltensweise verletzt mit meiner Unabhängigkeit und ohne männliche Begleitung. Aber ich war immer bemüht, mich an die Gesetzmäßigkeiten der verschiedenen Länder zu halten, sei es in Kleidung oder Auftreten und Gebaren.

Ich habe auf allen Reisen meines Lebens viel Hilfe und Unterstützung erfahren, aber auch das Danken nicht vergessen, teils ganz nach oben gesandt. Ich bin kein frommer Kirchengänger-Katholik, war häufiger in Tempeln und Moscheen, aber ich weiß, dass es etwas gibt, was alles lenkt und leitet. Und so bitte ich auch heute noch in aller Stille vor jeder Fahrt mit meinem Auto, wieder heil nach Hause zu kommen.

Nun bin ich wieder mal abgeschweift von der Reise. Habe mich in Betrachtungen und Gedanken ganz persönlicher und allgemeiner Art verloren hier beim Beschreiben des Weges zwischen Dubrovnik und Kotor. Doch auch die müssen hinein in diese so persönlichen Aufzeichnungen.

Ich darf mich nicht überall so lange aufhalten. Am 19. Juli muss ich das Land verlassen haben. Dann läuft mein Visum ab. Werde wohl erst Mitte bis Ende August in Istanbul sein, viel zu spät nach meinem ursprünglichen Plan.

Bald ist dann auch die Bucht von Kotor erreicht, umgeben von hohen Bergen, ein kleines, malerisches Städtchen direkt am Ufer gelegen. Hier muss mein Roller wieder einmal repariert werden. Er wird immer langsamer in Folge der schlechten Straßen und des dadurch bedingten Fahrens im ersten oder zweiten Gang. Das halten die Kolbenringe auf Dauer nicht aus. Auch ich brauche ein paar Tage Ruhe, denn die nächste Strecke wird anstrengend: Es geht in die Berge und über Pässe!

In den Bergen des Montenegros

Frohgemut, voller Tatendrang und Zuversicht steige ich auf meinen Roller. Es ist ein strahlend schöner Sonntagmorgen. Mein heutiges Ziel: Prisren auf der anderen Seite des Passes. Bin schon eine Weile unterwegs, Serpentinen, Schotterrillen, raue Berge, irgendwo da oben ist der Lovcen-Pass. Da muss ich rüber. Tief unter mir das blaue Meer und die Bucht von Kotor. Jetzt erklingt von unten aus dem Ort Glockengeläut herauf. Der Wind trägt mir die Töne zu. Nur ein kurzer Blick zur Seite auf dieses unwirkliche, malerische Bild: der Ort, das Meer und dazu die Stimmung des Augenblicks.

Ein winziger Augenblick der Ablenkung und schon krache ich, aus den Spurrillen geschleudert, rechts gegen die aufstrebende Felswand. Links wäre es einige hundert Meter in die Tiefe gegangen. Mein Gott! Nicht auszudenken. Glück gehabt. Sogar jetzt beim Schreiben bekomme ich noch eine Gänsehaut! Rappel mich auf und schaue mir den Schaden an. Mit nur ein paar Abschürfungen an Ellenbogen und Knien bin ich noch einmal glimpflich davongekommen. Mein Roller leider nicht. Die Lenksäule hat einen Knick bekommen bei dem Aufprall und das Vorderrad steht schief. So kann ich nicht weiterfahren! Da stehe ich nun hier oben, weit und breit keine Menschenseele, nur Berge um mich herum. Ich kam mir nie verlassener vor, fange an zu weinen. Aber nur die Felsen hören mich, schweigen, schauen mich an. So als wollten sie sagen, ja, du kleines Menschlein, wir sind doch mächtiger als du. Da hatte ich zum ersten Mal den Wunsch, zu Hause zu sein. Was mache ich jetzt? Ich warte erst einmal, verpflastere meine Wunden. Kurz darauf höre ich von oben kommend und in jeder Kurve hupend, ein Fahrzeug auf dem Weg nach unten. Bald darauf hält ein Kleinbus. Männer springen heraus und versuchen mit vereinten Kräften, die Lenksäule wieder hinzubiegen. Aber es funktioniert nicht. Ich muss also zurück in die Stadt. Das bedeutet, fünf Kilometer im ersten Gang dahin zu kriechen. Und mit aller Kraft und Gegenstemmen des ganzen Körpers das Schrägfahren verhindern. Ich brauche ewig für diese Strecke. Unten angekommen, schmerzen Schultern und Arme wie wahnsinnig. Die Reparaturwerkstatt kann es am anderen Tag richten. Zum Glück!

Und so mache ich mich dann am nächsten Morgen wieder auf die Piste Richtung Pass. Auf halber Höhe wird der Roller immer langsamer, ich muss häufig Pausen einlegen, um den Motor abkühlen zu lassen. Die Kolbenringe machen einfach nicht mehr mit, sind scheinbar total abgescheuert. In einer der vielen Kurven kann ich den Roller nicht mehr halten, er rutscht mir weg auf der Geröllpiste. Nur wenn ich ihn auf die Seite lege, kann ich das Hinunterrutschen verhindern. So starte ich immer wieder neu, arbeite mich Serpentine für Serpentine weiter hinauf. Die Abstände zwischen den Pausen werden immer kürzen, das Halten länger, die Situation immer kritischer.

Da, ein Autogeräusch ist zu hören. Ein PKW kommt von unten herauf. In der letzten Kurve reagiert der Fahrer blitzschnell, sieht mich, erkennt die Gefahr, springt aus dem Wagen und kommt mir zu Hilfe. Gemeinsam schaffen wir es, den Roller am Runterrutschen zu hindern. Ein deutsches Ehepaar ist auf dem Weg nach Prisren. Der Mann versucht alles Mögliche, kann aber nicht wirklich helfen. Seine Frau kommt dazu, sie raten mir, erst einmal abzuwarten, den Motor abkühlen zu lassen. Sie erklären sich auch bereit, meinen Koffer mitzunehmen, um ihn in ihrem Hotel zu deponieren. So ist das Gewicht etwas reduziert. Dann fahren sie weiter, ich bleibe zurück. Handys zur schnellen Hilfe gab es ja noch nicht.

Was nun? Da stehe ich auf halber Höhe des Passes und weiß nicht, wie ich von hier weg, wie ich weiterkomme? Es ist schon Nachmittag. Hier oben gibt es nichts, kein Dorf, kein Haus, niemanden, bei dem ich die Nacht verbringen könnte. Ich lege mich an den Pistenrand ins Gras und schlafe sofort ein. Um mich herum absolute Stille, nur einsame Bergwelt und die Geräusche der Natur. Heute frage ich mich: Hatte ich keine Angst, habe ich mir keine Gedanken gemacht, wie ich hier wegkomme? Ich kann mich nicht daran erinnern. Vielleicht habe ich auch nur alles Beängstigende ausgeklammert, verdrängt. Es hätte mir ja nicht geholfen, mich nur unsicher gemacht, mich zweifeln lassen.

Ich glaube, ich hatte damals, und habe es eigentlich auch immer noch, ein sehr vertrauensvolles Verhältnis zu Situationen und meiner Umwelt. Wahrscheinlich hat mich dieses Vertrauen in die Menschen, in momentane Begebenheiten auf all meinen Reisen, auf gewisse Art und Weise beschützt. Wenn man nichts Böses vermutet, keine Angst zeigt, strahlt man selbst auch eine gewisse Zuversicht in Menschen und Situationen aus. Aber genug des Philosophierens. Ich warte weiter. Es sind nur noch ein paar Stunden bis zur Dämmerung. Ich hoffe auf ein Fahrzeug, das mich und meinen Roller mitnehmen kann. Es müsste schon ein Laster sein. Hier kann ich nicht die Nacht verbringen. Ob es wilde Tiere, Wölfe gibt im Montenegro, in den schwarzen Bergen?

Aus diesen Gedanken reißt mich ein Rascheln im Gras. Bin gleich hellwach. Eine Schlange? Aber nein, neben mir kriecht langsam eine kleine Schildkröte durch das trockene Gras. Ich setze mich auf, atme tief durch, warte weiter. Etwas später höre ich entferntes Motorengeräusch, es kommt von unten und es kommt näher. Ein Kleinlaster mit Hänger, vollgeladen mit Tomatenkisten. Er hält an, kann mich aber nicht mitnehmen. Die Männer bedeuten mir mit Zeichen und Gebärden, dass etwas später noch ein Baufahrzeug den Weg nach Prisren nimmt, die könnten mich und mein Vehikel mitnehmen. So verstehe ich es zumindest. Der Wagen dampft ab, und ich warte weiter. Sehe mir die Gegend an, aber nur Büsche, Bäume, am Horizont die gezackten Berge und darüber ein total blauer Himmel sind zu sehen. Ob es kalt wird in der Nacht hier oben? Doch da höre ich etwas und sehe es jetzt auch: das angekündigte Fahrzeug. Es hält. Drei Männer springen ab, ich brauche gar nicht viel erklären. Sie hieven den Roller zu Mischmaschinen und anderen Gerätschaften auf den Hänger. Mir bedeutet man, auch hinten aufzusteigen.

Zu dritt versuchen wir, den Roller festzuhalten. Jetzt wollen diese Burschen natürlich zeigen, wie sie fahren können. Auf jeden Fall schnell, viel zu schnell für diese Serpentinen. Und so fliegt mein armer Roller mit jeder der vielen Kurven von einer Seite auf die andere. Ich habe Mühe, mich selbst festzuhalten. Nach einer Stunde halten wir, durchgerüttelt und geschüttelt, mitten auf dem Hauptplatz in Prisren. Es ist Abend geworden. Wir platzen zu Verwunderung und Staunen der Menschen in das abendliche Korso-Geschehen und Flanieren dieser Stadt, streng getrennt nach Familien, Jungen und Mädchen. Ich steige vom Wagen, bin gleich umringt von Neugierigen und werde angestarrt wie ein Weltwunder.

Die Männer heben meinen armen, geschundenen Roller von der Ladefläche. Ich bedanke mich bei ihnen, schaue kurz, ob alles in Ordnung ist und starte den Motor. Ziehe den Zündschlüssel aber ganz schnell wieder ab. Ein ohrenbetäubender Lärm setzt jetzt ein und versammelte noch mehr abendliche Spaziergänger um mich herum. Stelle fest, irgendetwas am Motor ist eingedrückt und macht diese lauten Knattergeräusche. Nach einer Weile verteilt sich die Menge etwas und ich schiebe den Roller zum nahegelegenen Hotel, wo das nette Ehepaar meinen Koffer deponiert hat. So kann ich auch den staunenden und neugierigen Blicken entgehen. Man bietet mir ein einfaches Zimmer an und ich falle total erschöpft ins Bett.

Ich bin froh und dankbar, diese so abenteuerliche und gefährliche Strecke geschafft zu haben. Morgen ist ein neuer Tag, in den ich voller Gottvertrauen und Zuversicht hineinschlafe. Am nächsten Morgen bekommt die Werkstatt den Motor wieder hin und ich kann weiterfahren.

Brief, Kozani, 21. Juli 1959

„Es geht jetzt langsam bergab, die Landschaft wechselt vom grauen Felsgestein zu dunklen Tannenwäldern und saftigen grünen Wiesen mit kleinen, strohgedeckten Hütten. Viele weidende Kühe und Schafe, ich komme mir vor, wie im Schwarzwald. Schon überall im Montenegro sah ich Trachten. Die Frauen mit ihren komischen Beinkleidern und den von Tüchern bedeckten Häuptern. Es schauen nur die Augen heraus. Die Männer, in ihren runden spitzen Filzkappen oder dem Türkenfez. Bald bin ich in Pec, schaue mir das alte Kloster an, mit seinen herrlichen Fresken und Wand Malereien. Dort sehe ich auch meine erste Moschee, mit den schlanken Minaretts, und die kleinen, meist aus Holz gebauten niedrigen Häuschen. Ganze Straßenzüge bestehen nur aus Schuhmachereien, oder anderen Werkstätten. Alles wird von Hand gemacht".

Hellas

Es geht um Albanien herum über Bitola zur griechischen Grenze und weiter bis Itia. Ich bin im Land der Griechen, in Hellas. Kurz hinter Nici werde ich von einem Gewitter überrascht. Leute holen mich ins Haus und behalten mich auch über Nacht. Im Dorf bin ich eine Sensation, man fragt immer wieder „Sama? Alleine?" Sie können einfach nicht glauben, dass ich von Deutschland bis hierher alleine gekommen bin. Dieses Staunen habe ich häufig erlebt.

Bald ist Kozani erreicht, eine kleine Stadt im Nordwesten. Hier kann ich bei den Eltern eines Studenten, den ich unterwegs kennen lernte, wohnen. Hier müssen auch meine Kolbenringe erneuert werden. Man besorgt sie aus Thessaloniki und baut sie ein. Jetzt zieht der Roller wieder besser und ich kann einige Tage später, nach dankbarem Abschied von der Familie, meine Reise gen Süden fortsetzen. Ich schaue mir Delphi an, in den einsamen Bergen gelegen mit dem säulenumstandenen Halbrundtempel, dem Theater und den weiten Blicken in die griechische Landschaft und warte auf das Flüstern des Orakels. Aber ich höre nur das Planschen der Nomadenkinder im nahen Bach und sehe die Frauen dort beim Wäschewaschen.

Athen ist erreicht. Eine weiße Stadt unter der Mittelmeersonne. Ich wohne in der Jugendherberge mitten in der Altstadt. Es ist sehr heiß, die Hitze macht mir zu schaffen. Mein Schloss am Roller ist kaputt, ich bekomme kein neues. Ich versuche, ihn mit einer Kette abzuschließen. Aber das klappt auch nicht. Im Moment wird er vor dem Polizeigebäude bewacht. Aber bis ich denen erklärt habe, was ich will, das hat lange gedauert. Einen Abend verbringe ich am Tempel von Kap Sounion, nahe am Meer gelegen, und erlebe dort, zwischen den Säulen sitzend, den schönsten Sonnenuntergang. Die Akropolis zieht mich in ihren Bann und das National Museum gibt mir Einblicke in Geschichte und das Kunstschaffen der alten Griechen. Auch die schmalen, ansteigenden Gassen der Plaka durchstreife ich auf meinen Wegen durch die Stadt. Die Griechen sind furchtbar nett.

Wenn das so weitergeht, komme ich dieses Jahr nicht mehr heim. Ich muss mir bald einen Terminkalender zulegen, damit ich kein Rendezvous verpasse.

Mit Kostas, einem jungen Griechen, und seinen Freunden, tollen wir am Strand und auf den Klippen herum. In seiner Familie, die in einer einfachen Hütte lebt, werde ich bei köstlichem Essen auch von der Mutter ins Herz geschlossen. Doch irgendwann muss ich mich trennen von meinem griechischen Schwarm. Ich kann ja nicht bleiben, muss weiter nach Damaskus.

Ich nehme wieder mal meine jugendlichen Träumereien mit auf die Weiterreise. Es ist nicht das erste und einzige Mal, dass ich gerne geblieben wäre. Dann hätte mein Ziel Damaskus schon beim abendlichen Bummel in Venedig keine Chance gehabt. Ich bin jung, sehe nicht schlecht aus und fühle mich, trotz abenteuerlicher und strapaziöser Reisen bei solchen Gelegenheiten als junge Dame, der damaligen Zeit entsprechend. Auch ein Reisebügeleisen und eine weiße Handtasche waren dabei, so wie man halt früher gereist ist. Der legere Trend hatte noch ein paar Jahre Zeit sich zu entwickeln und sich durchzusetzen. Wie passte das zusammen, mein Reiseleben, Jugendherberge, Rollerfahren, Abenteuer, Schotterpisten und der Staub der Landstraßen, um dann wie aus dem Ei gepellt, sauber und ordentlich, am Ziel zu erscheinen? Es ist beides vereinbar, das Vagabundenleben und die andere, ganz normale, bürgerliche Seite.

Diese Tage bei netten Menschen, vor allem den gutaussehenden jungen Griechen, sind aus heutiger Sicht jugendliches Gepläkel, Schwärmerei, Verliebtheit. Nicht ernst zu nehmen, aber schön. Und so hat dann auch manches Abschiednehmen und Weiterfahren noch die ersten Kilometer weh getan. Bis dann der Fahrtwind nicht nur meine Haare im Winde flattern ließ, sondern auch der Kummer bald davonflog wie ein Vogel, dem die Freiheit wichtiger ist. Unterwegs sein, Neues erleben und sehen ist ein gutes Heilmittel bis zum nächsten Abenteuer solcher Art.

In Athen wurde die Presse auf mich aufmerksam. Wer ist damals schon als junge Frau allein unterwegs gewesen, per Roller, und dazu noch in den Orient? Später, in der Osttürkei, treffe ich einen jungen Deutschen, der mit seinem Fahrrad diese Strecke gemacht hat. Die hatte auch mein Bruder schon 1955 bewältigt, bis zu den Zedern des Libanon. Von diesen abschweifenden Gedanken komme ich nun wieder zurück in die Wirklichkeit, wieder auf die Piste.

Von Athen aus geht es gen Norden, vorbei an den Meteora Klöstern, und bald bin ich nahe der türkischen Grenze. In Edirne sehe ich die erste größere, Moschee, die Selemye-Cami, mit den schlanken, spitzen Minaretten, die zum Himmel weisen. Sie soll eine der schönsten des Landes sein. Eine kleine aus Holz hatte ich schon in Skopje gesehen, das sind also die Bethäuser der Moslems. In Edirne ist es auch, wo sich der Verkehr staut. Es findet eine Parade statt und ich fahre mit meinem Roller hinterdrein und winke nach allen Seiten.

Brief aus Alexandroupolis, 28. August 1959

„Nur noch zwei Tagesreisen trennen mich von der Türkei, und damit betrete ich zum ersten Mal asiatischen Boden. Man warnt mich von allen Seiten davor, es sei zu gefährlich als Frau alleine, das habe ich schon so oft gehört. Doch erst einmal wird die Straße immer schlechter, Schlaglöcher um Schlaglöcher, ich fliege so vom Sitz in die Höhe, dass ich mich noch gerade am Lenker festhalten kann.“
Ich muss eben gut aufpassen beim Fahren, und auch sonst!

Von Europa zum Abenteuer Asien

Istanbul liegt vor mir, die Stadt, die sich auf zwei Erdteile erstreckt. Sie ist das Tor zum Orient. Das alte Konstantinopel, die Stadt der Moscheen und Paläste, die Verbindung und Brücke zum unbekannten Osten habe ich heute erreicht. Es ist eine ausufernde Metropole, umspült von den Wassern des Bosporus, und das Eingangstor Asiens. Eine bunte Stadt voll Leben, voll hektischem Getriebe. Für mich ist es wie ein Märchen voll verborgener Pracht, es ist der Beginn des Orients. Was werde ich an diesem geheimnisvollen Ort erleben? Welche Abenteuer werden mich hier erwarten? Was gibt es alles zu entdecken? Eine alte Stadt mit so viel Geschichte, Kultur und unbekannten Bauwerken, und dazu die Menschen, vom Islam geprägt.

Jetzt bin ich angekommen, erlebe den ersten Moment von etwas, wovon ich keine klare Vorstellung hatte, nur ein unbestimmtes Ahnen, das in mir eine unheimliche Spannung erzeugt. Mit Worten eigentlich nicht genau zu beschreiben, prickelnd und spannend zugleich.

Ich freue mich, alles zu erkunden: das Neue, Unbekannte, all das was uns von „Good-Old-Europe" unterscheidet. Mit den Basaren, Moscheen, Palästen und Museen, mit Lauten und Gerüchen. Mit seinen Menschen, seinen alten Kulturen und den verschiedenen Völkerschaften, die durch dieses Land gezogen sind. Und das, was sie uns hinterlassen haben: alte Metropolen, Ausgrabungsstätten und Gräber. Über Jahrtausende hin haben sie diesem Durchgangsland zwischen Europa und Asien ihren Stempel aufgedrückt und es geprägt.

Tagebucheintrag, Istanbul, 31. August 1959

„Ich fahre in die Stadt ein, sitze stolz auf meinem Roller wie eine Königin und bin froh und dankbar, es bis hierher geschafft zu haben. Soviel liegt hinter mir, aber auch so viel Neues vor mir. Mein braver Roller trägt mich durch eines dieser alten, antiken Tore, bin bald an der Galatabrücke im Herzen der Stadt. Steige ab und schaue mich um. Der Koffer bleibt erst einmal hinten drauf. Menschen bleiben stehen, vor allem Männer, starren mich an, schauen auf die Reiseroute und schütteln ungläubig den Kopf, wenden sich ab. Sie sagen auch etwas, aber ich verstehe nichts. Gehe langsam zur Brücke. Unter mir schaukeln die Fischerboote auf dem Wasser, frischer Fang wird angeboten. In den kleinen Teestuben im Gewölbe der Brücke sitzen alte Männer und schlürfen ihren Chai aus winzigen Gläsern. Dazu spielen sie Trik-Trak, ein im ganzen Orient beliebtes Brettspiel. Sie schauen mir nach. Frauen in ihren weiten Pluderhosen und den Kopf verhüllt sehe ich selten. Es ist eine Männerwelt, in die ich da geraten bin. Ich merke bald, sie sind hier weniger zurückhaltend als auf der bisherigen Reise. Ich muss wachsam sein."

Ich suche mir eine Bleibe für die Nacht und finde ein einfaches Oteli in der Altstadt. Es ist eines dieser alten Holzhäuser, die in den engen, steil ansteigenden Gassen liegen. Eine knarrende Treppe führt in das einfache Zimmer. Der Hotelier lädt zum Tee ein. Doch dann falle ich hundemüde ins Bett und schlafe bald ein. Von raschelnden Geräuschen in der Nacht werde ich immer wieder geweckt. Es sind Mäuse, die sich hier tummeln. Am nächsten Tag suche ich mir eine andere Bleibe. Ich lande in der Jugendherberge und bin der einzige Gast hier. In der Nacht träume ich von Moscheen, Palästen, von Museen und bunten Basaren.

Meine ersten Moscheen hatte ich ja schon in Skopje und Edirne gesehen. Doch hier sieht man von etwas höher gelegener Stelle einen ganzen Wald dieser spitz zulaufenden Minarette, die himmelwärts streben. Zwischen ihnen spannen sich die runden Kuppeln, die in der Sonne glänzen. Diese überwölben den eigentlichen Gebetsraum, der mit bunten Teppichen ausgelegt ist. Scharen von grauen Tauben treiben ihr Spiel zwischen den Türmen und lassen sich gemeinsam auf den Dächern nieder. Immer, wenn sie sich erheben, ist ein Rauschen in der Luft zu hören.

Heute werde ich die Stadt erkunden, lasse mich treiben. Von der

Blauen zur Süleymaniye-Moschee, weiter zur Hagia Sophia mit den wunderbaren goldenen Mosaiken, die die Kuppeln und die Wände schmücken. Sie war bis vor kurzem ein Museum, bis Erdogan sie 2020 wieder in eine Moschee zurückgewandelt hat. Und weiter geht es zur Galatabrücke, die den Bosporus überspannt. An deren Ende steht die aus grauem Stein erbaute Marktmoschee, die Yeni Cami. Im Schatten der Mauer sitzen in langen Reihen die öffentlichen Schreiber. Hier kann jeder, des Schreibens unkundig, schnell einen Brief tippen lassen. Ich setze mich auf die Stufen der Moschee und sehe von dieser etwas erhöhten Stelle dem Leben und Treiben auf der Brücke zu. Die Türken sind fast alle klein und dunkelhaarig. Zum Fürchten sehen sie aus mit ihren Schnurrbärten, und sie laufen mir dauernd nach.

Doch jetzt treibt es mich zum Basar, dem lebendigen Mittelpunkt der Stadt, zum *„Kapalı Çarşı"*. Ich folge meiner Nase durch enge Gassen und Winkel und lande als erstes im Gewürzmarkt. In bunten Reihen stehen hier alle Köstlichkeiten des Orients, Auge und Geruchsinn erfreuend, aufgereiht. In groben Säcken werden die verschiedensten Gewürze angeboten. Eine ganze Palette in leuchtenden Farben steht vor den kleinen Lädchen auf dem Boden. Der Händler sitzt irgendwo zwischen seinem Warenangebot. Durch den Handel mit Gewürzen und anderen kostbaren Gütern ist diese Stadt reich geworden. Über Jahrhunderte wurden die Waren, aus dem Osten kommend, auf der alten Seidenstraße transportiert, die durch dieses Land führt. So mussten die Karawanen hier vorbei, an dieser Engstelle am Bosporus, denn Istanbul war das Eingangstor für die Märkte Europas. In den Karawansereien, Herbergen für Mensch, Last und Tier, wurde kräftig Wegzoll erhoben, und die Stadt wurde reich.

Von den Gewürzen treibt es mich weiter in die überdachten Basarstraßen. Ein Gewirr von schmalen und engsten Gassen und Gässchen lässt mich bald den Überblick verlieren. Ich pendle von den Kupferschmieden, den Teppichhändlern, den Wollfärbern zum Silberschmuck und zu den Lederverkäufern die Gassen auf und ab. Ich bin mitten drin im Getümmel, im Leben, im Orient. Jetzt bin ich angekommen im Land meiner Vorstellungen. Hier wollte ich hin. Das wollte ich sehen und spüren. Dafür all die Mühe.

Um mich herum das pralle Leben: Lastenträger, mit riesigen Paketen auf dem gebeugten Rücken bahnen sich ihren Weg mit lautem Rufen durch die Menge. Auch bepackte Esel beliefern die Händler. Diese sitzen vor ihren Lädchen, überquellend von Waren, versuchen mich zum Kauf all der bunten Kostbarkeiten zu bewegen. Es glitzert und funkelt in allen Farben und die rotbunten Teppiche laden zum Schauen ein. Oftmals sind die Verkäufer sehr aufdringlich, aber ich kann sie erfolgreich abwehren.

Ich entdecke im Gewirr der Gassen, im Strom von Menschen und Gerüchen, von Geschrei und Rufen, eine kleine Oase der Ruhe. Eine winzige Çayhane im alten Gewölbe gelegen. In der Mitte eine Säule und viele runde Tischchen, an denen nur Männer sitzen. Schon beim Eintreten schauen mich alle an. Ich bin die einzige Frau hier, dazu noch in westlicher Kleidung. Was denken sie wohl bei meinem Anblick? Sie werden sich fragen, woher ich komme und warum ich alleine, ohne männlichen Schutz, unterwegs bin. Oder denken sie etwa abfällig von mir? Ich fühle mich etwas fehl am Platz, mir ist nicht ganz wohl, aber ich muss mich etwas ausruhen. Vielleicht verstoße ich mit meinem Hiersein gegen alle Sitten dieses Landes und fordere zum Diskutieren auf, denn es wird jetzt lebhafter um mich herum. Zum Glück verstehe ich ihre Kommentare nicht. Aber als Reisende damals muss auch ich irgendwo mal essen oder trinken, mich setzen. Viele Jahre später werden diese Ansichten und Denkweisen durch den zunehmenden Tourismus hinweggeschwemmt. Endlich kann ich meinen müden Füßen und Augen eine Verschnaufpause gönnen. Man bringt mir einen Tee. Er schmeckt köstlich, ist heiß und süß und lässt mich hier, die Vielfalt der neuen Eindrücke vor Augen, etwas zur Ruhe kommen. Auch braucht mein Tagebuch Futter, Eindrücke und Geschautes so frisch wie möglich festzuhalten. Wenn ich die Augen in die Runde schweifen lasse, wird jede meiner Bewegungen registriert, sicher auch kommentiert. Auch das fließt in meine Zeilen ein. So bleibe ich nicht allzu lange und ziehe weiter.

Nach Stunden, und voll von vielen neue Eindrücken, gehe ich zurück über die Galatabrücke. Da fliegt mir doch ein Funke ins rechte Auge. Er kam von einem der auf dem Wasser schaukelnden Passagierboote, die Europa mit Üsküdar, mit dem asiatischen Teil der Stadt verbinden. Diese alten, dickbauchigen Kähne schippern noch mit Holzkohle betriebener Kraft. Und so stieben hin und wieder ganze Funkenregen in die Luft und verglühen langsam. Genau ein solcher, kleiner, roter Teufel hat sich heute, am Samstagabend, mein rechtes Auge ausgesucht. Es schmerzt höllisch und ich reibe natürlich daran. Aber je mehr ich reibe, desto schlimmer wird es. Ich muss zurück zu meinem Roller, aber wo steht der nur? Wo habe ich ihn abgestellt? Da, eine Menschenansammlung. Und wie so häufig schon weiß ich, da steht er inmitten des Pulks von Männern. Sie sind neugierig, wollen sehen, wem denn wohl so ein Vehikel gehört, fragen, woher ich komme. Einige Studenten kommen mir mit ihrem Englisch dabei zu Hilfe, denn es geht ja alles nur über diese Sprache. Auch das ist noch schwierig genug für mich, soviel habe ich in dieser Zeit noch nicht gelernt. Oftmals werde ich bei solchen Gelegenheiten zum Tee oder zum Essen eingeladen. Die Türken sind sehr gastfreundlich, besonders den Deutschen gegenüber, das habe ich inzwischen mitbekommen. „Alman Arkadash" höre ich immer wieder. Die Deutschen sind unsere Freunde. Ich habe den Roller oftmals mit Gepäck irgendwo stehen gelassen, es wurde nie etwas geklaut. Nur mein deutsches Fähnchen kam mehrmals abhanden. Ich musste immer wieder ein neues anbringen – zum Glück hatte ich ein paar in Reserve dabei. Erst als sich zu der deutschen auch noch die türkische Flagge gesellt und im Wind flattert, bleiben mir beide erhalten. Auf diese Art trägt man zur Völkerverständigung bei.

Mehr schlecht als recht fahre ich zur Jugendherberge zurück. Die ganze Nacht habe ich mit dem Gefühl eines glühenden Balkens im Auge verbracht, das heißt, wach gelegen. Auch lassen mich jämmerliches Schreien und Weinen nicht zur Ruhe kommen. Wie kann man nur so herzlos sein und sich nicht um ein weinendes Kind kümmern?

Später stelle ich fest, was die Ursache dieses Lärms war: das Liebes-spiel der Katzen auf den umliegenden Dächern.

Es ist Sonntagmorgen, das heißt für mich, wenn möglich, eine Messfeier zu besuchen. Ich habe in Erfahrung gebracht, dass es eine katholische Kirche gibt, der eine deutsch-österreichische Schule an-geschlossen ist. Also besuche ich die Messe. Wie üblich stehen dann auch diverse Leute im Anschluss vor der Kirche und unterhalten sich. Ich habe jemanden angesprochen. Es ist eine österreichische Lehrerin, die mich gleich zum deutschen Krankenhaus schleppt, damit sich jemand mein Auge ansehen kann. Ergebnis der Untersu-chung: eine leichte Verätzung der Hornhaut, durch den Funken auf der Brücke hervorgerufen. Die Folge: das Tragen einer schwarzen Augenklappe. Da sehe ich nun aus wie ein Pirat und bin auch in mei-nen Unternehmungen etwas eingeschränkt. Die nette Frau nimmt mich erst einmal mit zu sich nach Hause, wo ich auch einige Tage bleiben kann.

Am nächsten Tag mache ich eine Dampferfahrt an das Ende des Goldenen Horns. Hier oben von den Hügeln hat man einen schö-nen Blick auf die Stadt mit den unzähligen Moscheen und Palästen. Hier befinden sich auch die Friedhöfe mit ihren windschiefen, hellgrauen Grabsteinen. An der dargestellten Kopfbedeckungen der Männer am oberen Ende des Steins kann man erkennen, wer hier begraben liegt. Die Gräber der Frauen tragen häufig in Stein gemei-ßelte Schmuckelemente. Hier ruhen sie alle friedlich beieinander, ob Sultan, Wesir, Fischer oder einfacher Eselstreiber.

Ich muss nach Ankara, wo ich ganz wichtige Post von meinen El-tern erwarte. Nämlich Antwort auf die Frage, ob ich mit ein paar eu-ropäischen Typen, die ich hier kennen gelernt habe, nach Australien fahren soll. Ich hätte dann meinen ursprünglichen Plan Damaskus aufgegeben, meinen Motorroller in Persien verkauft, und wäre mit den Jungs losgezogen. Sie hatten einen alten, klapprigen VW Bulli und wollten mich mitnehmen. Ich habe wohl sehr viel Gewicht auf das Urteil meiner Eltern gelegt, aber diese Planänderung war damals schon eine hirnverbrannte Idee, nicht erst aus heutiger Sicht. Das zeigt, wie voll ich mit verrückten Hirngespinsten war.

Einige Tage später, mein Auge ist noch nicht besser, bin ich dann nach Ankara gefahren. Nicht per Roller, per Autostopp. Ich habe in Erfahrung gebracht, dass alle Fahrzeuge, die auf die andere Seite wollen, also nach Asien, auf einem bestimmten Parkplatz stehen und auf die Fähre warten. Dort schaue ich mir die Autokennzeichen an und habe dann auch bald einen Mercedes mit der 48-ger Nummer für Ankara gefunden. Zu dem Wagen gesellen sich kurze Zeit später zwei ältere Herren. Sie sahen sehr vertrauenswürdig aus in ihren dunklen Anzügen. Als ich sie anspreche, wird mir in perfektem Deutsch geantwortet: Ja, man fahre nach Ankara und wolle mich mitnehmen. Aber ich brauche erst noch meinen Koffer. Ich renne also los über die Brücke zu meiner netten Wirtin und packe hastig alles zusammen. Auch ein Kuchen und eine Tafel Schokolade müssen noch ins Gepäck. Meinen Roller kann ich bei ihr stehen lassen. Total außer Atem erreiche ich wieder den Parkplatz. Nach einer Stunde Warten geht es auf die Fähre und hinüber auf die andere Seite.

Ich bin in Üsküdar, habe Europa hinter mir gelassen, bin in Asien. Allein das Wort ist so voller Zauber. Neugierig und gespannt bin ich auf das, was ich hier erleben werde. Denn durch diesen Erdteil führt mich mein Weg nun weiterhin bis ans Ziel Damaskus. Die Fahrt geht los. Inzwischen ist es Nachmittag geworden. Ein Platzregen verwandelt die Straße in eine unüberschaubare Wasserfläche. Auch die Schlaglöcher kann man bei dem heftigen Regen nicht mehr ausmachen. Nach circa 50 Kilometern haben wir einen Platten. Die beiden Männer müssen den Reifen wechseln. Rechts und links der Straße erstrecken sich Weinberge, reife Trauben lachen herüber. Währenddessen klaue ich Weintrauben. Auch die Männer haben sich über die köstlichen Früchte gefreut. Ich komme mir vor wie ein Abenteurer, wie ein Pirat mit Augenklappe und Mundraub betreibend, nicht wie diese beiden in Anzug und Krawatte. In den ersten Jahren meiner Reisen habe ich noch Wert auf modische, Kleidung gelegt, und die wurde auch noch gebügelt. Heute, 50 Jahre später, macht mir ein

„Knitterlook" nichts aus. Ich habe sehr viel dazugelernt, sich nicht mit unnötigen Dingen zu belasten. So befreit man sich im Laufe seiner Lebensjahre von unwichtigen, zweitrangigen Gepflogenheiten und Zwängen.

Der Reifen ist gewechselt, es geht weiter in den Abend. Die Fahrer wechseln sich ab. In einem Überlandrestaurant werde ich zum Abendessen eingeladen. Anschließend hält man auf dem dazugehörigen Parkplatz ein kurzes Nickerchen. Mir kriecht die Kälte in die Knochen, geschlafen habe ich natürlich nicht. Gegen fünf Uhr morgens, es fängt gerade an zu dämmern, liegen die circa 400 Kilometer hinter uns. Man setzt mich am Hauptbahnhof ab, wie ich es gewünscht habe. Da stehe ich nun, frierend, in der zugigen Wartehalle des Hauptbahnhofs von Ankara. Ein unfreundlicher Empfang. Keine Menschenseele ist um diese Zeit zu sehen. Es ist auch noch zu früh, um die deutsche Frau, deren Telefonnummer ich habe, im Schlaf zu stören.

Ich bin durchgefroren, und um acht Uhr rufe ich also an. Am Telefon meldet sich eine türkische Stimme. Ich werde gleich verbunden und höre nach langer Zeit wieder deutsche Laute. Man schickt mir ein Auto, welches mich erst einmal zur Arbeitsstelle dieser Frau bringt. Sie war mit einem Türken verheiratet, der vor einigen Jahren verstorben ist. Sie hat eine Tochter, Sevim, 15 Jahre alt, die aber wesentlich älter wirkt. Im Büro staunt man über meine Reise bis hierher.

„Woher kommen Sie? Woher haben Sie meine Telefonnummer?" sind die ersten Fragen der Frau. „Wie sind Sie hierhergekommen? Was haben Sie mit ihrem Auge gemacht?" Ich erzähle ihr von dem türkischen Studenten, den ich am Anfang meiner Reise kennen gelernt habe. So ist die Verbindung hergestellt. Bald stehen alle Mitarbeiter des Büros um mich herum. Staunen und stellen viele Fragen, die die deutsche Frau übersetzen muss. Ans Weiterarbeiten denkt erst einmal niemand. Das Büro hat Pause. Ich muss erzählen von den Monaten, die ich nun schon unterwegs bin, von den Strapazen und Widerwärtigkeiten, die ich überstanden hatte. Aber ich vergaß auch nicht, Ihnen von der mir widerfahrenen, türkischen Gastfreundschaft zu berichten. Zwischendurch muss ich Unmengen von Tee trinken, der mich allmählich wieder auftaut. Später werde ich von Frau und Tochter herzlich aufgenommen in ihrem Häuschen mit Garten. Es liegt im Grüngürtel der Stadt, in Bahçelievler. Hier werde ich erst ins Bad und dann ins Bett gesteckt, denn eine Erkältung macht sich bemerkbar. Bei diesen netten Leuten habe ich die nächsten Wochen verbracht und mich ein wenig verwöhnen lassen. Ich bekomme wieder richtiges Essen, brauche nicht mehr von Joghurt und Brot zu leben, wie das oftmals der Fall war. Meine heftige Bronchitis ist nach vierzehn Tage auskuriert. Ich gehe mit der Tochter zum Ballettunterricht, mit der Mutter ins Theater und lerne auch die Freunde des Hauses kennen.

Im Hethiter Museum in Ankara wundere ich mich an Hand der Exponate über die vielen antiken Orte, die in diesem Land verstreut liegen. Über Jahrtausende haben hier Römer, Byzantiner und die Osmanen ihre Bauwerke und damit auch ihre Weltanschauungen hinterlassen. So findet man ihre Überbleibsel im ganzen Land verstreut, die ich auf meiner Weiterreise durch den Westen und Süden des Landes besuchen werde. Von alldem hatte ich vorher keine Ahnung. Mache mir Notizen. Hier in Ankara hole ich auch das Visum für das nächste Land ein: Syrien.

Mit diesen gewonnenen Informationen über die Vielfalt der antiken Stätten, die auf meiner Route liegen, ist es Zeit aufzubrechen. Ich muss mich von meinen Gastgebern verabschieden, es ist ja schon November geworden. Die Zeit in Ankara, die Zeit der Ruhe liegt hinter mir, ich konnte mich von den bisherigen Strapazen etwas erholen.

Nach einem berührenden Abschied von Frau und Tochter und all den netten Menschen, die ich hier kennen gelernt habe, bringt mich ein Bus am 28.10. zurück nach Istanbul. Eigentlich viel zu spät in der Jahreszeit, um die südliche Route zu nehmen. Das Taurus Gebirge liegt vor mir, muss bewältigt werden – eine unwirtliche Gegend, vor der mich jeder warnt. Denn die Regenzeit hat begonnen und damit wird das Fahren auf diesen Schotterpisten noch erheblich schwerer. Auch meine Eltern warnen mich davor. Im letzten Brief nach Ankara, Poste Restante, schreiben sie denn auch, dass es noch Bären und Wölfe in den einsamen Gegenden des Gebirges gibt. Sie kommen gerade im Winter nahe an die menschlichen Behausungen heran auf der Suche nach Futter.

Brief, Istanbul, 29. Oktober 1959

„Ich bin froh, wieder zurück in dieser Stadt zu sein, sie ist tausendmal schöner als die Hauptstadt. Genieße auch wieder meine Freiheit, mein altes Leben, heute hier, morgen dort. Wenn ich auch zwischendurch Kohldampf schieben muss, um mein Geld etwas zusammenzuhalten, dann kommt sicher von irgendeiner Seite wieder eine Einladung zum Essen."

Mein Roller ist schnell beladen, ich bedanke mich bei der Lehrerin, wo er die ganze Zeit im Hausflur gestanden hat. Bei herrlichem Sonnenschein geht es vom Hafen auf die Fähre nach Kadiköy. Ein Abschied für immer? Langsam verschwinden die Moscheen, die Galatabrücke, Sultan Achmed und die Hagia Sophia im Morgendunst, werden immer kleiner, lösen sich auf und ich werde immer trauriger. Auf der anderen Seite freue ich mich. Nun geht mein altes Wanderleben weiter. So vertreibt die Freude auf das Kommende schnell den Abschiedsschmerz. Bald bin ich auf der anderen Seite in Üsküda in Asien, auf einem neuen Erdteil. Es sollte aber noch einer folgen. Doch das wusste ich beim Überqueren des Bosporus noch nicht. Das alles liegt noch in weiter Ferne. Auch, dass ich Europa und die Familie die nächsten drei Jahre nicht wiedersehe. Jetzt geht es erst einmal los, um das Marmarameer herum an die Westküste.

Ich will heute noch bis Bursa, aber nach einigen Kilometern ist die Asphaltstraße zu Ende und eine Schotterpiste nimmt mich wieder auf. Ich komme noch bis in ein Dorf und übernachte dort in der einzigen Herberge. Man muss lange nach dem Schlüssel suchen, es gibt erst um achtzehn Uhr Strom und keine saubere Bettwäsche, also muss mein Schlafsack her. Ich habe auf all meinen Reisen immer darauf geachtet, dass Türen und Fenster zu schließen waren, dass niemand über irgendwelche Balkone oder andere Vorsprünge ins Zimmer einsteigen konnte. Ich habe noch etwas trockenes Brot und gehe zu Bett. In so einem kleinen Dorf gibt es nichts zu essen. Dann fängt eine furchtbare Nacht an: Sturm, Regen, Blitz und Donner, sodass ich jeden Moment glaube, das Haus bricht zusammen. Türen schlagen und knarren, der Wind heult und draußen jaulen die Katzen: eine gruselige Nacht.

Tagebucheintrag, Bursa, 4. November 1959

„Das war eine Fahrt am anderen Tag, die Piste eine schlidderige, gelbe Lehmmasse, die reinste Rutscherei. Dabei legte ich mich auch hin, war von oben bis unten voller Lehm und Pampe. Das Zeug kam mir fast oben zu den Schuhen herein. Ein Auto hält und der Fahrer reicht mir einen Lappen zum Abputzen. So fahre ich weiter, sehe ziemlich verdreckt aus. Dann kommt noch ein riesiger schwarzer Hund mit weit aufgerissenem Maul auf mich zu. Ich fange an zu schreien, fahre so schnell ich kann. Er läuft etwa 200 Meter mit, ich schlottere an allen Gliedern. Unterwegs bade ich meine Schuhe in einer Wasserpfütze und bürste meine Hose aus. Ich hatte anscheinend auch eine Kleiderbürste dabei!"

In Bursa angekommen, bin ich zur Besichtigung einer modernen Textilfabrik eingeladen. Die Maschinen stammen aus Deutschland. Alles ist sehr sauber, nur ich stehe da, mit lehmverschmierter Hose und Jacke, mit zerzausten Haaren. Ich schäme mich etwas. Ich wurde in einem der Gästehäuser, die dazu gehören, untergebracht. Hier kann ich mich wieder frischmachen. Es gibt auch einen Kinderhort, dort versorgen Ammen die Kleinsten der Arbeiterinnen. Alles ist blitzblank, so gar nicht türkisch.

Überall, wo ich hinkomme, wird mein Roller bestaunt und natürlich auch ich, immer wieder hörte ich „çok güzel", sehr schön. Durch das Aneinanderlegen der beiden Zeigefinger bedeutete man mir: „Türk, Alman, Kamerad."

Viele Menschen sind mir behilflich auf dieser Reise. Ohne ihre Unterstützung hätte ich manches Mal aufgeben müssen und wäre nicht so weit gekommen. Wie oft hat man meinen Roller wieder auf Trab gebracht, meistens kostenlos. Wie häufig war ich Gast einer Familie oder eines Dorfes. Viele Menschen schenkten mir ihr Vertrauen, ihr Lächeln, eine Handvoll Mandarinen oder eine Melone vom nahen Feld am Straßenrand. Ich bin unendlich dankbar dafür und kann das jetzt nur schreibenderweise ausdrücken: Çok teşekkür - Ederim. Danke.

Die Verständigung klappt auch schon ganz gut, mit etwas Türkisch, aber vor allem Englisch, welches ich mir nach und nach angeeignet habe. Denn vielfach lerne ich Studenten, Lehrer, die örtlichen Honoratioren oder andere, belesene Menschen kennen.

Aus meinen Tagebuchnotizen und auch aus den Briefen, die ich regelmäßig an meine Eltern schreibe, geht Folgendes hervor: Ich habe mich schon um diese Zeit mit dem Gedanken befasst, in Beirut, zu arbeiten. Der Libanon ist das einzige Land, wo das möglich sein konnte, denn für die Rückreise von Damaskus aus wäre ich in den Winter gekommen. Auch hätte mein restliches Geld, 200 DM, für die Heimreise nicht gereicht. Diese Überlegungen haben sich erst langsam entwickelt, als ich merke, dass ich wegen der schlechten Straßenverhältnisse nur langsam vorankam. So muss ich auch meinen Eltern sagen, dass ich Weihnachten nicht zu Hause sein werde. Das ist mir sehr schwer gefallen, und besonders meine Mutter war darüber sehr traurig. Es ist November geworden. Ich ahne, es kommt eine harte Zeit auf mich zu. Die schwierigste Strecke auf dieser ganzen Reise liegt noch vor mir. Der Süden, die Pässe des Taurus Gebirges, schlechteste Straßen, Regen und Kälte. Hoffentlich kein Schnee. Aber auch das werde ich meistern.

Noch ist es an der Westküste sonnig und warm. Und so liegt jetzt die antike Stadt Troja am Wege. Ich laufe durch die wenig aufgeräumten Ausgrabungsfelder, von Schliemann ausgebuddelt. Er hat den Sagen der alten Griechen, dem Homer, geglaubt und so schließlich das alte Troja entdeckt. Ich setzte mich auf umgefallene Säulen und hänge meinen Gedanken nach. Wer hier wohl alles gelebt hat, durch die Ruinen gewandert ist und wie lange das schon her ist. Jetzt ziehen Kinder mit ihren Herden durch die alten Gemäuer und hauchen den Steinen wieder etwas Leben ein.

Bald bin ich in Izmir, wo mich die örtliche Presse empfängt. Auf der palmenbestandenen Uferstraße fangen sie mich an einem Bahnübergang ab. Scheinbar funktioniert die Information von Ort zu Ort recht gut. Man interviewt mich und macht Fotos. Man fragt auch nach meinen weiteren Plänen und nächsten Zielen. Den Zeitungsartikel von damals habe ich noch.

Ebenso beeindruckend ist Ephesos mit seinen breiten, gepflasterten Straßen, den antiken Säulen, den diversen Tempeln und der Agora, dem Versammlungsplatz der alten Griechen und Römer. Hier ist viel mehr erhalten als im älteren Troja. Solch beeindruckende Ruinen hatte ich bisher noch nicht gesehen. In der Nähe besuche ich auch die Höhlen der Siebenschläfer und die antiken Grabstätten von Maria und Johannes dem Täufer. Ein netter Mann führt mich überall herum und empfiehlt mich auch seinen Freunden in Denizli. Hier wurde auch wieder mal mein Roller repariert, das Kugellager am Hinterrad oder das oftmals aufgebrochene Schloss. Meine Eltern schickten mir mehrmals ein neues, immer postlagernd, meistens kam es auch an. In Akhisar werde ich vom deutsch-türkischen Freundschaftsverein aufgenommen. Man gibt mir zu essen und schenkt mir noch fünf Liter Benzin. Das ist doch sehr nett von den Leuten.

Auf der Weiterfahrt nach Denizli sehe ich die ersten Kamele. Sie sind mit bunten, gewebten Taschen und Teppichen behangen. Ich frage die Leute bei den Herden, warum einige so geschmückt sind. Sie sagen mir, dass sie jetzt in die Ebene zwischen Südküste und dem Taurus Gebirge ziehen, also auf die Winterweiden in tiefere Gegenden. Später sehe ich Riesenherden dieser genügsamen Tiere. Ich komme mir vor wie in der Sahara. Angekommen in Denizli, besuche ich die weißen Sinterterrassen von Pamukkale. Im nahen Dorf lerne ich eine Familie kennen, werde von ihr zum Essen eingeladen und kann auch über Nacht bleiben. Sie wohnen am Ende des Dorfes in einer einfachen Hütte aus Lehm. Es ist Abend, schon dunkel und lausig kalt. Ich betrete einen kleinen Raum aus gestampftem Lehm, bunte Teppiche liegen auf dem Boden und Sitzkissen entlang der Wände. Die ganze Familie kommt nach und nach herein, lässt sich auf den Kissen nieder. Die Männer auf der einen Seite, die Frauen und Kinder auf der anderen. Mich nehmen die Frauen in ihre Mitte. Bald kommt ein Tee, der die ganze Verwunderung und Sprachlosigkeit ein wenig lockert. Ich kann nur in die Runde nicken und lächeln oder ein paar Brocken einwerfen, die ich bisher gelernt habe. Denn hier sprechen alle nur türkisch. So sitzen wir schon eine Weile. Interessierte Blicke, Geflüster und Lächeln sind um mich herum. Dann wird eine Decke in die Mitte des Raums gelegt. Darauf kommt ein rundes Kupfertablett. Aus einem Nebenraum werden Schüsseln mit verschiedenen Speisen hereingetragen. Jetzt rücken alle in die Mitte und lassen sich um den niedrigen Tisch nieder, die Beine nach hinten untergeschlagen, um mit den Fingern aus den bereitgestellten Schüsseln zu essen. Zu Fleisch und Gemüse gibt es Fladenbrot, mit dem man auch die Speisen zu sich nimmt, denn Besteck gibt es nicht. Aus abgerissenen Stücken des Brotes formt man Dreiecke, mit denen man das Essen nimmt und in den Mund schiebt. Man isst nur mit der rechten Hand. Die linke ist anderen Tätigkeiten auf stillen Örtlichkeiten vorbehalten. Nach und nach kommt die ganze Nachbarschaft angelaufen, mit Kind und Kegel, und zwängt sich noch in den engen Raum. Ich schaue in die Runde, wie sie andächtig dastehen. Die Alten an der Wand und vorne die Kinder, verschämt die Hand vor den Mund gelegt, um ein verhaltenes Kichern zu verbergen. Denn es wird jede Bewegung, jede Geste des Gastes beobachtet, von den Alten registriert und wohl auch bewertet. Ich muss auf meine linke Hand achten, darf sie nicht einsetzen. Blicke von einem zum anderen und zähle 30 Personen. Nach dem einfachen Mahl werden sie munterer und fordern mich auf zu singen. Sie wissen auch schon, was sie von mir hören wollen: „Lilly Marlen", sie lieben dieses Lied. Die Melodie und der Anfangstext sind mir ja geläufig, aber dann, wie geht es weiter. Ich lasse mir irgendetwas einfallen, denn die Worte verstehen sie ja nicht. Wichtig ist der Klang. Sie stehen da, lauschen und sind ganz still, auch die Kinder. Bis ein Baby anfängt zu weinen, in diese Stille hinein, und so den aufmerksamen Bann bricht. Alle fangen an zu lachen, erst verhalten, dann begeistert. Und so hocke ich auf dem Boden, umringt von diesen einfachen und liebenswürdigen Menschen, von Groß und Klein. Jetzt bin ich ganz still, bis „Teşekkür ederim und çok güzel" von allen Seiten kommt. Dann einer nach dem anderen sich aufmacht, mir die Hand schüttelt. Und die Jungen meine Hand nehmen, sie andachtsvoll an Lippen und Stirn legen, als Zeichen der Achtung vor dem Fremden und Älteren. Ich bin etwas beschämt ob dieser Geste. Dann bin ich mit der Familie alleine, man entlässt mich auf ein einfaches Lager auf dem Boden. Am nächsten Morgen bei Frauen und Kindern gibt es noch einen Tee, die Männer sind schon bei der Arbeit auf den Feldern. Und dann muss ich, wie so oft, weiter. Es war für mich ein sehr bewegendes Erlebnis. Frauen und Kinder winken noch lange.

So gibt es viele solcher Zeichen der Gastfreundschaft, der Sorge um den Fremden. Unter dem Namen und Begriff „Dachala" ist es im ganzen Orient bekannt, ein ungeschriebenes Gesetz. Vor allem in der Wüste, wo einer auf den anderen angewiesen ist, steht man für das Wohl und sogar das Leben des Gastes ein, auch wenn er als Feind kommt. Es wird auch heute noch danach gelebt und gehandelt. Dieses sich Kümmern um den Fremden habe ich viele Male und auf all meinen Reisen erlebt. Da könnte der Westen vom Osten noch viel lernen. Dass das wenige, was man hat, geteilt wird, man als Gast unter der Obhut der Familie oder des Dorfes steht.

Es ist Sonntag, bin schon seit Stunden auf der Piste. Der Motor setzt immer wieder aus, es ist zum Verzweifeln. Sehe nach, woran es diesmal liegen könnte. Ein Auto mit sechs Türken stoppt, sie machen ein Foto von mir. Dann bleibt noch ein Lastwagen stehen, der Fahrer schaut sich meinen Roller an und sagt, es sind die Kolbenringe. Schließlich hält auch noch ein Motorradfahrer, es ist ein Monteur aus Denizli. So stehen dann bald einige Autos und Männer um mich herum und alle sind neugierig, schauen zu, aber können mir nicht helfen. Ich fahre weiter mit vielen Unterbrechungen. Später kommt das Personenauto zurück und bietet mir an, den Roller hinten einzuladen und mich bis Burdur mitzunehmen. Wir essen erst im Wagen Brot, Käse und Mandarinen. Dann heben wir zu dritt den Roller in den Kofferraum, er hängt halb heraus. Mit Lederriemen wird er festgebunden. Der Wagenbesitzer, ein Direktor aus Eskişehir, hält während der dreistündigen Fahrt den Roller mit dem Riemen fest. So etwas hat dieser Herr bestimmt noch nie getan. Angekommen in Burdur, geben sie mir noch ein ganzes Brot, eine Tüte Apfelsinen, Butter und Käse und eine Flasche Sprudel mit. So habe ich wieder etwas zu essen für die nächsten Tage, die mich Antalya näherbringen. Noch bin ich in den Bergen, den nördlichen Ausläufern des Taurus Gebirges. Es ist bitter kalt hier oben. Ich fahre mitten durch die Wolken, kann kaum etwas sehen, mir frieren fast die Hände ab. Man sagte mir, in Antalya ist es warm, wie kann das sein, es sind ja nur 100 Kilometer bis dorthin. Aber als ich dann eine gewisse Höhe hinter mir habe, scheint die Sonne und es wird immer wärmer. Ich mache Halt, esse Mandarinen. Auf einmal höre ich Hundegebell von weit her, oder sind es Wölfe? Es ist weit und breit kein Dorf zu sehen. Setze mich auf den Roller und fahre, so schnell ich kann. Später, auf der linken Seite am Berghang, sehe ich ein Nomadenlager. Ich halte an. Frauen und Mädchen sind beim Wäschewaschen am nahen Bach und legen sie zum Trocknen auf die umliegenden Büsche. Da höre ich von oben her einen Mann wild rufen, er meint mich. Ich gehe ganz langsam zurück zum Roller, wäre am liebsten gerannt, aber ich will ihm nicht zeigen, dass ich Angst habe. Da steht er auch schon vor mir, hebt seine Hand und ruft „Halt". Er sieht nicht aus wie ein brutaler Mensch. Ich sage „Merhaba", Grüß Gott, darüber freut er sich. Als ich dann sage, dass ich Alman, Deutsche, sei, klopfte er mir freundlich auf die Schulter und lässt mich ziehen.

Bald bin ich in der Ebene, hier ist es endlich wieder warm. Ich freue mich, jubele und trällere laut in die Berge hinein. Es ist so, als wenn auf einmal, mitten im Winter, der Frühling da ist. Und noch ein Grund zur Freude: ich hoffe auf ein Paket meiner Eltern. Es gibt nur wenige Augenblicke, in denen man so glücklich ist, wie ich es in dem Moment bin. Eine schwierige Strecke liegt hinter mir. Ich winke allen Leuten zu und hätte sie am liebsten umarmt.

Tagebucheintrag, Antalya, 17. November 1959

„Mein erster Weg in dieser südlichen Stadt führt mich wie immer zur Post. Das Paket befindet sich noch im Postsack. Man holt einen Mann vom Zoll. Er reißt alles auf, und zieht ein Teil nach dem anderen hervor. Alles wird untersucht, und er betrachtet alles mit Skepsis. Als er dann zu den Gläsern mit Butter und Wurst kommt, fragt er mich, ob es in der Türkei nichts zu essen gibt. Inzwischen stehen schon einige Postbedienstete um mich herum und schauen zu. Auch das Schwarzbrotpäckchen will er öffnen und sieht mich fragend an. Ich sage „Ekmek", Brot. Da lachen alle. Dann wird alles, Stück für Stück abgewogen. Die Lebensmittel will man nach Izmir, zur Kontrolle schicken, jetzt protestiere ich. Nach einer Stunde kann ich mit meinem Paket abziehen. Und ich hatte mir das Auspacken so schön vorgestellt, wie so eines nach dem anderen zum Vorschein kommt und ich mich über jedes Teil freue."

Ich bin wieder am Mittelmeer und es ist warm. Ein kleines billiges Hotel in der Altstadt ist für die nächsten Tage mein zu Hause. Antalya, dieser alte Ort mit seinen verwinkelten Gässchen, die abschüssig zum Hafen hinunterführen, empfängt mich mit Sonnenschein. Ich bewundere die alten Holzhäuser, die Medresen, Koranschulen und Moscheen. Erbaut vor Jahrhunderten aus dem grauen Stein der Gegend mit fein ausgearbeiteten Steinmetzarbeiten. Geometrische Ornamente verzieren die Liwane, die hohen, spitz zulaufenden Eingangstore zu den heiligen Stätten. Da der Koran keine menschlichen Abbildungen zulässt, legten die Architekten und Künstler der damaligen Zeit ihren ganzen Ideenreichtum in Formen und Farben. Ich gehe durch die engen Gassen, vorbei an bunten Teppichen, die zum Bleichen auf der Straße liegen. An Kupferschmieden, Wollfärbern und anderen Werkstätten vorbei zum Hafen. Hier sitze ich zusammen mit den Einheimischen an wackeligen Tischchen und trinke Tee. Kinder kommen angelaufen in ihren schmuddeligen Hemdchen. Einige kleine Boote dümpeln auf dem Wasser. Eine friedliche Stimmung um mich herum.

Ich verlasse den Ort, sitze noch etwas am langen, damals noch unverbauten Sandstrand mit Blick gen Westen auf die Ausläufer der Taurus Gebirgskette. Diese sollten mich auf meinem Weg gen Osten über Hunderte von Kilometern begleiten. Hoffentlich schaffe ich das im Winter, während der Regenzeit. Hier genieße ich noch einmal die wärmende Mittagssonne. Denn es ist ja viel später als geplant auf meinem Weg zum Ziel: Damaskus. Auch jetzt, wo ich mein Leben, meine Gedanken, meine Erlebnisse aufschreibe, genieße ich auf meiner Terrasse die spätsommerliche Sonne.

Der wohl schlimmste Tag dieser Reise, 4. Dezember 1959

Ich bin wieder einmal en route. „Es ist riskant, in dieser Jahreszeit die Küstenpiste zu nehmen." Diese Warnungen kommen von allen Seiten. Von meinem Hotelier und den Männern aus der Teestube, wo ich so manche Stunde schreibenderweise verbracht habe. Ich weiß, Regengüsse und Schneefälle in den höheren Lagen des Gebirges können die Weiterfahrt erschweren oder gar scheitern lassen. Aber ich bin zuversichtlich und mache mich auf den Weg, allen Hinweise zum Trotz. Es ist eine Herausforderung, ich ahne, es wird nicht leicht.

Kurz hinter der Stadt, die damals 50.000 Einwohner zählte, heute sind es zwei Millionen, ist dann auch, wie fast immer, die Asphaltstraße zu Ende. Ab da gibt es nur noch Schotter. Ich kenne das ja schon, das konzentrierte Fahren in den Spurrillen der wenigen hier fahrenden Autos. Ich muss mich nur für rechts oder links entscheiden. Die Seiten oder der Mittelstreifen von aufgeworfenem Geröll oder Sand sind tabu. Im ersten oder zweiten Gang geht es so leidlich, immer die volle Körperkraft einsetzend, um Spur zu halten. Am Abend habe ich dann die Blasen, entstanden durch die Rüttelei, zwischen Daumen und Zeigefinger, verarztet. So fahre ich dahin, rechts tief unter mir das blaue Mittelmeer bis zum Horizont reichend, mit kleinen weißen Schaumwellen bekrönt. Pinien bestandene Abhänge verstellen manchmal den Blick. Zahllose enge Kurven lassen mich auch nicht weit nach vorne schauen. Zur Linken erstrecken sich in dunklem sattem Grün riesige Obstplantagen, die sich die Hänge hochziehen. Hier sind es vor allem Mandarinen, die goldgelb leuchtend die Felder überziehen.

Doch da vorne, in weiter Ferne, ist ein anderes Gelb zu sehen. Riesige Ungetüme von Straßenbaufahrzeugen verstellen mir den Weg. Unüberwindbare Schotter- und Felsbrockenhalden türmen sich vor mir auf. Dann sehe ich graue Zelte und auch Menschen. Ich fahre langsam heran, komme nicht weiter, muss anhalten. Etwa zwanzig wild aussehende Männer stehen dort, bedienen die Maschinen oder sitzen um einen kleinen Metallofen herum. Sie springen auf und helfen mir, den Roller zu sichern. Dann bedeuten sie mir, mich auf eine der Kisten zu setzen, die um den Ofen herumstehen. Von überall her kommen sie jetzt angelaufen, hocken sich zu mir auf den Boden, starren mich an. Die Arbeit bleibt erst einmal liegen, und heftiges Palavern beginnt. Auf dem Ofen, der auf Steinen steht, mit Holzkohle befeuert wird, summt der verrußte und verbeulte Teekessel. Zur Begrüßung und das Gesetz der Gastfreundschaft wahrend, bekomme ich erst einmal einen Tee. In hohem Bogen fließt der Chai aus dem Kessel in kleine, hauchdünne Gläser. Auch die typisch gerillten Untertassen gibt es dazu mit ein paar Zuckerstückchen an der Seite. Es gibt keinen Löffel, umgerührt wird nicht. Der Zucker schmilzt langsam vor sich hin und mit jedem genussvollen Schlürfen am oberen Rand des Glases kommt man dem immer süßer werdenden Grund ein wenig näher. Tee trinken ist nicht bloß Trinken, es ist eine Zeremonie. Praktiziert auch hier auf der Baustelle, unter diesen wild aussehenden Gestalten.

Während ich noch dort sitze, läuft einer der Männer zum nahen Mandarinenfeld und kommt mit einem ganzen Arm voll dieser goldenen, reifen, süßen Früchte zurück. Ich muss mir alle Taschen damit vollstopfen. Es ist wieder Proviant für die nächsten Tage. Dazu gibt es oft getrocknetes Brot, welches immer in einer meiner Anoraktaschen zu finden ist.

Als sich die erste Spannung gelegt hat, fragen sie mich, wohin ich wolle. Obschon die Route ja auf dem Schriftband vorne am Roller und auch auf meinem Koffer hinten zu sehen ist. Hier sind die Hauptstädte der einzelnen Länder verzeichnet, für jeden sicht- und lesbar. Aber sind diese Männer überhaupt des Lesens kundig? Ich versuche ihnen per Handzeichen und nach Osten weisend, mein heutiges Tagesziel, Alanya, zu benennen und auch das weitere: Damaskus. In Alanya hatte mein Vater auf seiner Mittelmeerumrundung 1958 einen Freund gefunden. Den wollte ich besuchen. Wildes Gestikulieren setzt nun unter den Männern ein. „Yok Yoll, unmöglich, keine

Straße", höre ich nur, wohl wegen der schlechten Wegstrecke. Aber in dieser Beziehung hatte ich ja schon einiges an Kilometern und Erfahrung hinter mir. Die Entfernung kann es wohl auch nicht gewesen sein, es sind ja gerade einmal 150 Kilometer bis dorthin.

Da sie inzwischen mitbekommen haben, dass ich Alman, Deutsche, bin und schon einige Tausend Kilometer geschafft habe, fällt in diesem Moment nicht ins Gewicht. Sie sehen nur die unmittelbare, schlechte Piste, die vor mir liegt. Und das als junge Frau, alleine. Sie bedenken wohl die Gefahren, die diese Strecke mit sich bringen wird. Zum Glück ahne ich diese noch nicht in vollem Ausmaß.

Auf meine Frage, woher sie denn kommen, ob aus Istanbul, Izmir oder Antalya, höre ich Namen wie Ararat, Kars, Van Gölü, Erzurum – also aus dem Osten dieses langgestreckten Landes Türkei. Sie sind für Monate hier verpflichtet beim Straßenbau, in Zelten lebend, Männer unter Männern. Fernab von Dorf, Familie und Freunden, auch von ihren Frauen und Kindern. Bin ich in Gefahr? Nein! Dieser vage Gedanke kam erst viele Jahre später, als ich mir die ganze Situation noch einmal bildlich durch den Kopf gehen ließ. Erst da wurde mir bewusst, was alles hätte passieren können... Jetzt sehe ich nur ungläubiges Staunen in ihren bärtigen Gesichtern, den Kopf umwunden mit einem Tuch. Sie sehen wild aus, diese Männer, aber hier gibt es keine Duschen und auch keinen Friseur. Das tief unten liegende Mittelmeer ist ihnen genug für das körperliche Wohl. Sie schaffen hier, am Fuß des Taurus Gebirges, an das sie Hand anlegen, eine Fläche für die zukünftige Straße.

Ich muss weiter. Nach „Allaha ismarladik" und „Teşekkür ederim" und dem Schütteln der vielen Hände heben einige der jüngeren Burschen den Roller über die losen Schuttberge bis zur alten Piste. Ein letztes Winken und hinter der ersten Kurve sind sie meinen Blicken entschwunden. Nicht verschwunden sind die Erinnerungen an diese Männer, ihre Gastfreundschaft und die später im Tagesverlauf folgenden abenteuerlichen Erlebnisse. Ich denke auch im Nachhinein an die möglichen Gefahren, die einer jungen Frau in dieser Situation wiederfahren konnten. Doch diese Männer hier haben mir wieder einmal das Gefühl gegeben, wie so häufig auf dieser Reise, Gast und Schutzbefohlene in ihrem Land zu sein.

Die Schotterpiste nimmt mich wieder auf, die Gegend wird einsamer, es geht weiter hinauf in die Berge, der Wald immer dichter. Ich bekomme Angst, hänge meinen Gedanken nach. Ich lausche auf jedes Geräusch, jedes Rascheln der Blätter und Knacken der Zweige im Unterholz. Meine Nerven sind angespannt. Eine unheimliche Stille umgibt mich, nur das Rattern meines Rollers ist zu hören. Auch denke ich an den letzten Brief meiner Eltern nach Ankara. Darin warnten sie mich vor Bären, Wölfen und Schakalen, die es hier noch in den einsamen Gegenden des südlichen Gebirges gibt.

Diese Gedanken wehre ich erst einmal ab und konzentriere mich auf das Fahren und die Landschaft um mich herum: Auf das flirrende Sonnenlicht, welches durch die Bäume blinzelt, und Licht und Schatten auf die Piste wirft. Auch die Bewaldung gibt hin und wieder kurze Blicke frei in die Tiefe unter mir, auf das blaue Meer. Es sind nur kurze Momente, die meine Augen abschweifen dürfen, um dann wieder voll konzentriert auf die Piste vor mir zu achten. Doch mein Blick ist durch die vielen Kurven begrenzt. Irgendwann fange ich an, sie zu zählen. Doch bei der 150ten auf zehn Kilometern gebe ich auf.

Stille Bergeinsamkeit um mich herum, kein Dorf, keine Menschen, kein anderes Motorengeräusch. Doch da, plötzlich, bellende Hunde, die aus einer Waldlichtung links hervorgeschossen kommen, mich anspringen, hechelnd neben mir her laufen, wohl einen Kilometer weit. Es läuft mir eiskalt über den Rücken. Ich habe nur gebetet, die Beine auf dem Roller ganz dicht zusammengestellt, um ihnen keine Angriffsfläche zu bieten. Sie hetzen neben mir her, wild kläffend, versuchen mich zu packen. Ich will schneller fahren, aber der Roller schleudert. Nach einer Weile bleiben sie zurück. Meine Knie zittern noch lange. Es waren halbwilde Hunde, genetisch sicher nicht weit entfernt von Wölfen. Sie hüten hier an den südlichen Hängen des wilden und wenig erschlossenen Taurus Gebirges die frei laufenden Schafherden.

Da es Winterzeit ist, hat es lange anhaltend geregnet. In den engen Kurven rauschen die Bergwasser nieder, tiefe Furchen grabend. Mein Roller hüpft und springt wie ein junges Pferd. Ich kann ihn kaum halten, oft geht es Zentimeter nah am Abgrund vorbei. Etwas Rutschen würde genügen, um mich in die Tiefe zu schleudern. Ich bete dauernd zu Gott, dass er mich beschützt. In jeder der Furten kommen Stein und Geröllmassen mit herab geschwemmt. Sie erschweren das Fahren erheblich und erfordern meine ganze Geschicklichkeit. Es ist eine unheimliche Fahrt. Da gibt es einen Krach, und etwas schleift am Boden. Ich steige ab, horche in die Stille, aber nichts ist zu hören. Ein Steinbrocken hat die Halterung meines Auspuffs durchschlagen. Da hängt er unter dem Roller auf dem Boden. Was nun? Das ist zu viel für mich. Ich fange an aus lauter Verzweiflung zu weinen, aber niemand hört es und kann mir helfen. Ich habe ihn dann notdürftig mit einem Bindfaden festgebunden. Zum Glück sind keine Hunde in der Nähe. Aber leider auch keine Menschen. Auf der ganzen Strecke bis Alanya, neun Stunden lang, sind mir ein Motorradfahrer und ein Jeep begegnet. Irgendwo treffe ich auf eine einsame Hütte mit einem alten Mann. Es ist ein Köhler, der hier lebt. Ich steige ab und frage, ob er etwas zu essen hat. Er macht mir netterweise zwei Spiegeleier in seiner verbeulten Pfanne, dazu gibt es Fladenbrot. Als ich zahlen will, schüttelte er nur den Kopf. Es ist zwei Uhr, bis Alanya sind es noch 60 Kilometer. Der alte Mann sagt mir, dass ich das heute nicht mehr schaffen werde, die Straße sei noch schlechter als bisher. Dazu habe ich kaum noch Benzin. Aber ich muss es schaffen! Gestärkt geht es also weiter, aber der Brief meiner Eltern lässt mich nicht los. Ich suche mit meinen Augen die Sträucher und Felsbrocken am Pistenrand ab, aber nichts ist zu sehen, nur einsame Stille umgibt mich. Ab und zu schreckt ein Geräusch mich aus meinen Gedanken auf.

Da, plötzlich am Ende einer Kurve, ohne Vorwarnung, liegt etwas Großes, Braunes, Wolliges im Licht- und Schattenspiel der Sonne, mitten auf dem Weg. Mein Herz schlägt wie wild, jeder Nerv in mir ist gespannt. Ein Bär, denke ich! Was nun? Es gibt keine Zeit zum

Überlegen, kein Zurück mehr. Vorbei kann ich auch nicht. Bremse ab, hupe wie wild, und siehe da, das große, wollige Ungeheuer erhebt sich ganz langsam. Zuerst auf die Vorderläufe, dann kommt es auch hinten hoch. Der „Wollberg" verschwindet langsam auf hohen staksigen Beinen in die Büsche. Ich habe ein junges Kamel in der Mittagsruhe gestört. Ich brauche lange, um mich zu beruhigen.

Weiter geht's hinauf in die Berge, steile Serpentinen folgen. Manchmal habe ich das Gefühl, dass es der Motor nicht schafft und einfach in einer Kurve stehen bleibt. Aus und Feierabend! Dann sehe ich wieder das tiefblaue Meer unter mir, aber immer nur für einen kurzen Augenblick. Da fliegt mir auch noch etwas ins Auge, brennt furchtbar. Soll ich denn heute nur Pech haben!? Es wird Abend, die Sonne geht langsam unter. Ich habe Alanya an diesem Tag nicht mehr erreicht, aber ich sehe unten im Tal in weiter Ferne ein Dorf. Nach acht Stunden Strapazen, Verzweiflung und Angst nähere ich mich ein paar Lehmhütten, in einem Seitental des Gebirges gelegen. Inzwischen ist es dunkel geworden, ein paar Lehmhütten liegen vor mir. Ich bin wieder unter Menschen.

Ich steige von meinem Roller, meine Knie wackeln, wundere mich, dass ich nicht abgestürzt, nicht irgendwo in den Bergen liegen geblieben bin, noch lebe. Dass mein braver Roller das überhaupt geschafft hat! Gleich kommt eine ganze Kinderschar angelaufen und Frauen zeigen sich in den niedrigen Eingängen der Hütten. Sie schauen mich verwundert an. Ich gehe langsam auf sie zu, um sie nicht zu erschrecken, wie ich da so aus dem Nichts auftauche. Meinen Kopf ein wenig zur Seite geneigt, eine Hand unters Ohr gelegt, deute ich an, ob ich irgendwo schlafen kann. Ein paar Brocken Türkisch helfen mir bei dieser Geste. Ich muss gleich in die nächste Hütte kommen, Frauen und Kinder umringen mich, auch der ein oder andere Mann kommt hinzu. Eine der dunkelgekleideten Frauen in ihren weiten Pluderhosen bringt mir eine Schüssel mit Wasser. Ich kann mir Gesicht und Hände waschen und auch meine Blasen an den Handinnenflächen kühlen. Durch das ständige Fahren im ersten oder zweiten Gang haben sie sich gebildet.

Die Hütte besteht aus einem Raum mit Lehmwänden und gestampftem Lehmboden. Auf einem Tablett bringt man mir etwas zu Essen. Bald sind fast alle Bewohner versammelt und reden wild durcheinander. Die Verständigung klappt nur über mein bisschen Türkisch. Aber vieles versteht man auch ohne Worte. Bei Dunkelwerden werden Matten und Decken auf dem blanken Boden ausgebreitet. Die Frauen und Kinder nehmen mich in ihre Mitte, auf der anderen Seite schläft der Mann. An Schlaf ist natürlich kaum zu denken, der ungewohnte, harte Boden, das enge Beieinanderliegen und die Geräusche tragen dazu bei. Auch kann ich wegen der schmerzenden Gelenke nicht zur Ruhe kommen. Aber dann ein strahlend schöner, klarer Morgen. Es ist noch kühl, das kleine Dorf erwacht, eingebettet zwischen Feldern. Die Männer sind schon unterwegs mit Eseln und Holzpflügen, um den kargen, festen Lehmboden zu bestellen für die Wintersaat. Es kommt wieder eine Schüssel mit Wasser. Eine der Frauen hockt sich hinter mich auf den Boden, fängt an, mit einem groben Kamm mein langes Haar zu durchstreifen. Ich lasse es geschehen. Doch dann wird es Zeit zum Aufbruch. Nach Dankesgesten verlasse ich diese kleine Ansammlung von Mensch und Hütten. Ich habe wieder einmal nette, hilfreiche Menschen getroffen nach der so ereignisreichen Fahrt gestern. Die Kinder laufen noch lange in der Staubfahne hinter mir her. Das war wohl der schlimmste Tag auf meiner Reise. Selbst 60 Jahre später, während ich das beschreibe, ist die Erinnerung noch so präsent.

Stunden später bin ich dann endlich in Alanya. Der „Lokantasi", (eine Lokanta ist eine einfache Herberge), ein Freund meines Vaters von seiner „Tour de Méditerranée" gibt mir zu essen und ein einfaches Zimmer. Hier kann ich mich etwas von den gestrigen Strapazen erholen. Ich habe auch ein Gastgeschenk für ihn dabei, ein damals aufkommendes Nylonhemd, pflegeleicht und bügelfrei.

Abschweifende Gedanken:

Ich habe zeitlebens viel Glück gehabt. Womit habe ich das eigentlich verdient? Das frage ich mich heute und auch immer wieder. Wie oft war ich in brenzligen Situationen während meiner vielen Reisen, per Bahn, Bus, Anhalter, per Roller oder zu Fuß, über viele Jahre in all den Ländern?

Rutschen und Schliddern auf den vielen Schotter-, Geröll- und Lehmpisten. Wie häufig hat mein Roller den Geist aufgegeben? Wie oft war ich anderen Gefahren ausgesetzt? Etwas ganz Schlimmes ist mir aber nie passiert.

Wenn ich aber zurückdenke, fällt mir doch so einiges ein:

Bei 50 Grad per Roller durch die östliche Wüste Ägyptens, und später der Frontalangriff eines Hais im Roten-Meer. 1966 hat man mir in Bombay mein ganzes Geld geklaut und Monate später die Dia-Filme meiner ersten Reise nach Indien. Mit Thypus im Goverment Hospital in Colombo.

Das sind die Gefahrenmomente, die mir spontan einfallen.

Es hat sicher noch mehr gegeben, aber ich habe alles überlebt.

Ansichtskarte aus Kayseri, 26. November 1959

„Ihr Lieben.

Teile Euch nur kurz mit, dass ich noch lebe und es mir gut geht. Tolle Sachen erlebt. Kaum zu schildern. Gleich geht`s per Jeep nach Ürgüp und Göreme. Hier liegt hoher Schnee, bitter kalt, und in Tarsus, im Süden, herrlich warm. Freue mich auf Post in Adana. Hab immer so viel Glück. Keine Angst um mich. Der nächste Brief wird der reinste Kriminalroman, so spannend. Bin ganz heiser, vergeht wieder.

Servus, Ursula.“

Tagebucheintrag, Iskenderun, 4. Dezember 1959

Das nächste Etappenziel ist Tarsus und das danebenliegende Silifke. Hier lasse ich meinen Roller stehen, da schon der erste Schnee in den Bergen gefallen ist. Hier lerne ich auch einen jungen Deutschen kennen, der per Rad unterwegs ist. Da man diese Strecke jetzt im Winter, weder per Roller noch per Rad bewältigen kann, versuchen wir es per Autostopp. Die Straße führt nach Norden Richtung Konya. Bald hält ein altes Klapperfahrzeug und hat sogar noch Platz vorne in der Kabine. So sind wir wenigstens vor Regen und später auch vor dem aufkommenden Wind geschützt. Über viele Serpentinen geht es von der Küste in die Berge. Das Taurus Gebirge muss überquert werden. Eine einsame Gegend, wo nur hin und wieder die braunen Zelte der Nomaden zu sehen sind. Konya liegt in der kahlen Weite der anatolischen Hochebene. Nur Reihen von hohen, schlanken, jetzt laublosen Pappeln säumen die Wege und heben sich vom strahlend blauen Winterhimmel ab. Am Nachmittag ist die Stadt erreicht, die Heimat der tanzenden Derwische, einem Männerorden. In der Grabmoschee ihres Begründers können wir am Abend ihren Tänzen beiwohnen. In ihren schweren, hellen Gewändern drehen sie ihre Pirouetten, immer schneller werdend, bis zur Ekstase. Sie sorgen später am Abend auch für eine Bleibe in der Nacht. Wir sind durchgefroren und können uns am wärmenden Feuer des Kanonenofens bei Tee und Erzählen wieder aufwärmen.

Am anderen Morgen liegt die Landschaft wie mit weißem Puderzucker überzogen vor uns. Durch dieses Wintermärchen bringt uns ein Privatwagen nach Kayseri. Ab hier können wir nur noch einen Jeep auftreiben, der uns über die vom Schnee verwehten Pisten nach Ürgüp und Göreme bringt. Beim Bürgermeister von Ürgüp, dem größeren der beiden Orte, finden wir freundliche Aufnahme. Wir sind in einer anderen Welt. Spitze Sandsteinkegel überziehen Hügel und Täler. Sie sind aus dem weichen Tuffstein dieser Gegend entstanden. Man denkt, in einer bizarren Mondlandschaft mit ihren weichen, abgerundeten Felskegel-Formen zu sein. Sie wurden im Laufe der Jahrhunderte von Regen und Wind aus dem Gestein herausgewaschen. Die Winterstürme auf dieser Hochebene fegen ungehindert über das Land, schmirgeln an den Felsen und haben so über Jahrhunderte diese bizarren Formen hinterlassen. Einer etwas härteren Steinschicht konnte der Wind weniger anhaben, und so haben sich auf den Spitzen kleine, zumeist runde Hauben gebildet. Der Schnee hat alle Formen und Konturen etwas verwischt. Auch die Wege dazwischen sind nicht mehr auszumachen. Und so stolpern und rutschen wir zwischen den einzelnen Felskegeln dahin, die manchmal aussehen wie ein Schweizer Käse, so durchlöchert sind sie. Sie boten damals bei ihrer Entstehung den wenigen Christen, die hier lebten, Unterschlupf. Der Stein ist sehr leicht zu bearbeiten. So findet man intakte Wohnhöhlen mit seitlichen Ausbuchtungen an den Wänden für die wenigen Haushaltsgegenstände und angedeutete Tische und Bänke. Auch die eine oder andere Felsenkirche ist noch zu sehen. Diese sind oftmals mit wunderschönen Freskomalereien geschmückt. Man findet auch Grabkapellen, wo in seitlich ausgehauenen langen Nischen die Toten beigesetzt wurden. Der goldgelbe Sandstein hebt sich malerisch vom blauen Himmel ab. Die Luft ist glasklar, aber es ist bitter kalt. Ich bin mit meinem Outfit nicht für den Winter ausgestattet und so habe ich auch bald durchweichte Schuhe und natürlich kalte Füße. Wir kraxeln den ganzen Tag in dieser bizarren Landschaft herum, kriechen durch schmale Öffnungen, erklimmen steile Stufen, machen viele Fotos und auch die eine oder andere Rutschpartie im Schnee. In der Ferne sehe ich eine Frau, wie sie auf ihrem Esel sitzend, anmutig durch diese archaische Landschaft reitet. Es herrscht absolute Stille in diesem Tal, nur manchmal hört man den heiseren Schrei eines Esels.

Etwas weiter südlich in Akhisar gibt es eine ganze unterirdische Stadt. Katakomben, geschaffen für die Toten. Grabnischen sind in mehreren Reihen übereinander in den weichen Stein geschlagen. Schmale, ungleichmäßige Treppenstufen führen hinunter in die niedrigen, dunklen, feuchten Gewölbe. Der Boden ist uneben und auch glitschig und nur mit einer Taschenlampe kann man etwas erkennen in dieser Totenstadt, die seit Jahrhunderten nicht mehr als solche benutzt wird. Wieder zurück im Tageslicht blendet mich das Weiß des Schnees und die Sonne. Ich setze mich auf einen Felsen und schreibe etwas, um dieses Erlebnis festzuhalten. Bald sind wir wieder in wärmeren Gefilden in Küstennähe, und es geht weiter nach Adana, wo ich mich auf Post von zu Hause freue.

Brief an meine Eltern

„Liebe Eltern.

Schon seit einiger Zeit habe ich beschlossen, notgedrungen in Beirut zu arbeiten, denn mein Geld geht zu Ende und es ist Winter. Heute erreiche ich die Grenze nach Syrien und in einigen Tagen werde ich in Beirut sein, hoffentlich klappt es dort mit Arbeit. Habe nur noch 130 DM. Brief und Rollerschloss in Adana erhalten, Danke. Die Fahrzeugsteuer läuft am 21.1.1960 ab, bezahlt sie bitte für ein Jahr, 11,40 DM beim Finanzamt Münster Land, am Theater, und schickt mir die Quittung. Aus der Krankenkasse trete ich sofort aus, da sie nur für Europa gilt.

Ich weiß nicht, was ich mir zu Weihnachten wünschen soll, ich brauche nichts, keine Strümpfe, hier ist es warm, Batterien auch nicht. Schickt bitte eine Kugelschreibermine, schwarzes und weißes Nähgarn, keine ganzen Rollen, etwas abwickeln. Eine Rolle Tesafilm und graues Isolierband, was nur von einer Seite klebt. Ich brauche es für meine Sandalen. Könnt ihr mir einige Filme senden, ich habe nur noch 10 Aufnahmen. Wie ist der zweite Film geworden? Bitte den Film zusammenlassen, ich weiß sonst nicht mehr, wo was ist.

Herzlichst, Eure Ursula."

Auch solche Briefe gehen an Vater und Mutter, ich habe sie ganz schön auf Trab gehalten mit meinen Wünschen aus der Ferne. Für diese Erledigungen hatte ich zu Hause 200 DM hinterlassen, ich konnte meine Eltern finanziell nicht belasten, denn sie lebten am Existenzminimum.

Was erwartet mich in Beirut?

Nach den Mühen und Strapazen der Südtürkei gelange ich nach Iskenderun und an die syrische Grenze. Der Übergang ist problemlos. Bald ist dann Aleppo erreicht. Ich bin in der ersten arabischen Stadt, im richtigen Orient. Vieles ist neu für mich. Von der Festung, gelegen auf etwas erhöhter Stelle, mit ihren dicken Mauern und den Rundtürmen dazwischen, hat man einen schönen Blick auf die Stadt. In den überdachten Basaren buntes Leben und Treiben. Frauen tragen einen Schleier vor dem Gesicht, man sieht nicht viel von ihnen. Die Araber in ihren langen, wallenden Burnussen und mit Bärten sehen recht finster aus. Sie hocken in winzigen Basarlädchen inmitten ihrer Waren und bieten alles an, was der Orient hergibt. Kuppelgewölbe überdachen die verwinkelten, engen Gassen und spenden Schatten. Würdige Alte sitzen in Çayhanen, den Teestuben, und schlürfen den Tee genussvoll. Im Vorbeigehen schauen sie nur kurz zu mir auf und lassen sich nicht stören in ihrer Ruhe. Was mögen sie beim Anblick dieser jungen Unverschleierten denken? Werden sie sich fragen, wie ich hierherkomme? Sie akzeptieren mich, und ich fühle mich sicher in ihrer Gegenwart. Hier bin ich mittendrin im Orient, im Handeln und Feilschen, im Basargedränge und den Rufen der Eselstreiber. Hin und wieder sieht man ein Kamel in den engen Gassen, welches mit wiegendem Gang und hochbeladen neue Waren liefert. Mobile Obstverkäufer schieben ihre flachen Holzkarren durch die Straßen. Durch lautes Rufen werden die Kunden auf sie aufmerksam. Sie lassen einen Korb an einem Seil zum Fenster herunter, das Obst wird hineingelegt, und so wechseln Ware und Geld den Besitzer.

Gegen Mittag duftet es herrlich aus den kleinen Garküchen, wo hinter Glas in flachen Schüsseln und in Fett schwimmend, allerlei Herzhaftes angeboten wird: verschiedenes Gemüse, Reis und mit Hackfleisch gefüllte Auberginen. Ich habe Hunger und wage mich langsam in eines dieser Lokale, zeige mit der rechten Hand auf die Speisen. Man häuft Reis und Gemüse auf einen Blechteller und weist mich in eine Ecke des Raumes. Hinter einem Vorhang sitzen einige Frauen und starren mich an. Sie haben ihre Schleier abgenommen und wenden sich erst einmal ab. Ich hocke mich an einen Tisch und lasse mir das köstliche Mahl schmecken. Allmählich werden sie neugierig und betrachten mich ziemlich unverhohlen. Die eine oder andere lächelt dann sogar und nickt mir zu. Das Eis ist gebrochen, und die Solidarität gewinnt die Oberhand. Bis eine der Frauen aufsteht und mein langes blondes Haar befühlt und „Helloa, Helloa" ausruft. Schön, Schön! Leider kann ich mich nicht mit ihnen verständigen. So bleibt nur ein Lächeln, was überall verstanden wird. Zum Nachtisch gibt es die leckere Dickmilch, angeboten in kleinen, roten Keramikschälchen. Obenauf hat sich eine dicke Rahmschicht gebildet. Diese Köstlichkeit ist oftmals nebst Fladenbrot mein Essen für den ganzen Tag. Hin und wieder habe ich mir dazu noch etwas Zucker gegönnt, der muss nämlich extra bezahlt werden. So konnte ich mich billig durchs Leben schlagen.

Ich habe es eilig weiterzukommen zum Libanon, denn ich weiß nicht, wie lange mein Geld noch reichen muss, wenn ich nicht sofort Arbeit finde.

Nicht weit südlich Aleppos liegt Hama, eine Stadt auf dem Wege nach Beirut. Dort werde ich auf die Polizei gebracht, Passkontrolle. Das Gleiche passiert in Homs, wo die riesigen alten Wasserräder mit ihren von grünen Algen überzogenen Schaufeln das Wasser bewegen und in diverse Kanäle leiten. Auch hier auf offener Straße werde ich angehalten und abgeführt. Man will mir den Film aus der Kamera nehmen und entwickeln lassen. Ich kann ihnen aber klarmachen, dass das nur eine deutsche Firma kann. Schließlich, nach langem Verhandeln, verbieten sie mir zu fotografieren und lassen mich laufen.

Letzte Etappe und ein Resümee

Von Homs bis Damaskus ist es nur noch ein Katzensprung. Mein lang gehegtes Traumziel habe ich erreicht. Es ist Wirklichkeit geworden. Mein Märchen aus Tausend und einer Nacht. So lang hat es gedauert, so viele Mühen, Ängste und Opfer hat es gekostet. Ich habe es geschafft. All die Strapazen, Gefahren, Hunger und Krankheit, Hitze und Kälte sind vergessen. Ich bin angekommen, heil und wohlbehalten, voll von Eindrücken, aber fast blank. Sechs Monate habe ich dafür gebraucht, habe viel gesehen und erlebt, viele nette Menschen kennen gelernt. Brav hat mich mein Roller über Schotterpisten, Pässe und an Abgründen vorbeigeführt. Oftmals war es lebensbedrohlich, und an manchem Abend habe ich mich gewundert, dass ich überhaupt noch lebe. Ich habe so viel Glück gehabt!

Bei solch einem waghalsigen, unkalkulierbarem Unternehmen wie dieser Reise spielt die Zeit keine wesentliche Rolle wie überall im Orient: Das Wichtigste ist ankommen, egal wann. Eigentlich wollte ich ja Mitte Dezember schon wieder zu Hause sein. Aber da wusste ich noch nichts von den katastrophalen Straßenverhältnissen, kannte noch nicht die umwerfende Gastfreundschaft der Menschen unterwegs, die mich oftmals und gerne länger verweilen ließen. Und ich ahnte auch nichts von der Schönheit der Landschaften, der Natur und den Sehenswürdigkeiten der Länder, die ich durchfahren habe. All das ahnte ich noch nicht beim Verlassen meiner Heimatstadt Münster, vor einem halben Jahr…

Eine Reise mit so vielen Hindernissen und Unwägbarkeiten kann man nicht in ein zeitliches Gerüst zwängen. Das habe ich gelernt. So ein Unterfangen hat seine eigenen Gesetzmäßigkeiten und Vorgaben. Wenn ich jetzt in Corona Zeiten, wo ich dies schreibe, gedanklich durch meine Erinnerungen und lesend durch meine Tagebücher und Briefe wandere, frage ich mich, habe ich mir damals eigentlich keine Gedanken über die Rückreise gemacht? Ich kann mich jedenfalls nicht daran erinnern. All mein Denken und Planen war wohl nur auf mein Ziel gerichtet, dorthin zu kommen, damit hatte ich schon genug zu tun. Das hat mich alle Energie gekostet, um von einem Tag zum anderen zu kommen, nicht müde zu werden, nicht aufzugeben. Was danach sein würde, war im Moment nicht so wichtig, es hätte mich sicher überfordert. Ich hatte keine Zeit und Muße, an das Später zu denken, an das, was danach kommen, wie es zurückgehen sollte. Ich musste mich um den nächsten Tag kümmern, um die praktischen Dinge, um das Unmittelbare, was vor mir lag. Ob mein Benzin bis zur nächsten Tankstelle reicht, wie die Piste ist, die vor mir liegt, ob es was zu essen gibt unterwegs oder wo ich eine Unterkunft finde. Das war wichtig für mich. Natürlich war mir schon lange klar, dass ich mit dem, was mir verblieben war an Zeit und Geld in diesem Jahr nicht mehr zurück nach Hause kommen würde. Diese Gedanken fanden nur selten den Weg an die Oberfläche, wurden wohl verdrängt. Ich wusste auch nicht, wie ich das meinen Eltern schreiben und erklären sollte. Bis hierher hatte ich mir natürlich viel Zeit gelassen, nur im Hier und Heute gelebt und es genossen. Hatte mich treiben lassen im unendlichen Raum der Zeit und Gegenwart. Zukunft liegt immer ganz da hinten, ist so weit weg, hat wenig mit dem Hier und Jetzt zu tun.

Auch auf heutigen Reisen lasse ich mir viel Zeit, habe nur einen groben Rahmen, in dem ich mich bewege. Bin offen für alles, frei für Ungeplantes, Neues, Unvorhergesehenes. So gibt es immer wieder Situationen, die für Überraschungen jedweder Art sorgen, neue Begegnungen einfach so am Rande. Das macht den Sinn des Reisens aus: der Weg zum Ziel und alles, was einem darauf begegnet. Auch was etwas weiter rechts und links davon liegt. Man muss es nur sehen, es wahrnehmen, es einbeziehen, bis man angekommen ist.

Meine Reise bis hierher hat mir gezeigt, dass man seine Träume und Vorstellungen auch verwirklichen kann, wenn man nur ganz fest daran glaubt und bereit ist, dafür auch vieles auf sich zu nehmen. Die Neugier und die Entschlossenheit waren immer stärker als die Bedenken und die Warnungen, die von allen Seiten kamen. Diese Erfahrungen haben mich stärker gemacht, auch wenn ich damals in vielen Dingen noch unerfahren war. Natürlich bekam ich unterwegs viel Hilfe von fremden Menschen – ohne diese hätte ich mein Ziel wohl kaum erreicht. Dafür mag ich mich bei allen bedanken, ohne dass ich sie hier genauer benennen kann:

Bei den dörflichen Familien, die mich bei sich aufnahmen, wo auch immer, mir Bett und Essen gaben. Bei den Dorfältesten, die für eine Unterkunft sorgten, und mir fünf Liter Benzin schenkten. Bei den Werkstätten, die mir zigmal den Roller reparierten, meistens umsonst. Bei dem Bauern, der mir vom nahen Feld eine Melone schenkte. Auch bei den sechs Türken auf dem Weg nach Burdur, die mich ein Stück mitnahmen. Bei dem alten Mann an der einsamen Piste nach Alanya. Nicht zuletzt bei den vielen jungen Leuten, meistens waren es Studenten, die mich führten, die mir ihre Stadt zeigten, mir von ihrem Land erzählten, und ich gleichzeitig etwas Englisch lernte. Ihnen allen und auch den vielen anderen, die ich wohl vergessen habe, sage ich: „çok teşekkür ederim!" Danke!

Wie sollte es nun weitergehen? Meine Gedanken waren ja immer nur auf das eine gerichtet. Ankommen war wichtig. Im Laufe der Zeit habe ich gelernt, einen Schritt nach dem anderen zu tun, oftmals waren es nur sehr kleine.

Heute mache ich den letzten Schritt nach Damaskus. Aber auch einen Schritt aus den vorhergehenden Gedanken heraus, die ich im Text ja auch irgendwo einfließen lassen muss, die einfach dazugehören und erklären. Jetzt bin ich wieder in der Gegenwart, auf der Piste. Es ist nur eine kurze Strecke, die mich von Homs bis zu meinem langersehnten Ziel trennt.

Angekommen! Damaskus ist erreicht!

All meine Vorstellungen waren auf diese Stadt gerichtet. Jetzt habe ich sie endlich erreicht, bin am Ziel nach sechs langen Monaten!

Da ich keine Stadtpläne habe, nur eine Landkarte, fahre ich in den größeren Orten immer so weit, bis Verkehr und Menschen so dicht werden, dass ich kaum weiterkomme. Meistens bin ich dann im Zentrum, in der Nähe des Marktes. So auch hier. Da stehe ich nun in diesem Häusermeer, umringt von Menschen, wie immer, wenn ich vom Roller steige. Staunen sehe ich auf den Gesichtern um mich herum, aber einige wenden sich ab, darunter auch Frauen. Nachdem sich die erste Neugier gelegt hat, zeigt mir jemand ein preiswertes Hotel. Mein Roller ist schnell entladen und ich mache mich etwas frisch. Und dann ziehe ich los. Ich kann es kaum erwarten!

Jetzt bin ich mittendrin in meinem Märchen, in der Altstadt, im Basar, im Orient. Bewege mich langsam, verhalten, kann es noch nicht glauben, hier zu sein. In diesen engen, überwölbten Gassen zwischen verschleierten Frauengestalten und den würdigen Alten mit langen Bärten. Sie hocken vor ihren kleinen Lädchen mitten zwischen Bergen von Teppichen, Eselstaschen und bunten Woll-Trotteln. Auch Babuschen, farbig bestickte Schuhe, Kupferkessel und bunte Stoffe, das ganze Spektrum von Gewürzen und Essenzen aus fernen Ländern kann ich hier bewundern. Bunt und schillernd all das.

„Aladdins Wunderlampe" hat mich hierher geleitet, begleitet mich nun auf meinen ersten Erkundungen durch die verwinkelten Gassen. Ich sehe hochbeladene Esel, lastentragende Kulis, die Tagelöhner, die sich mit gebeugtem Rücken und lautem „Yalla! Yalla!"-Rufen den Weg durch das Getümmel bahnen. Oft wird es eng, wenn auch noch ein Kamel sich durch die Gassen zwängt. Ich stehe vor winzigen Çayhanen, den Teestuben, in denen die Alten sitzen in ihren bodenlangen, hellen Umhängen und die Nargile, ihre Wasserpfeife, die Runde macht. Wo man in schmuddeligen Lokantas sitzt und mit den Fingern das köstliche Essen zu sich nimmt. Es steht aufgereiht in Schüsseln hinter Glasscheiben. Man muss nur darauf zeigen, was man möchte, und schon steht es vor einem in einem Schälchen, rot glänzend vom Fett. Mit einem Stückchen Fladenbrot, mundgerecht geformt zu einer Schaufel, nimmt man auf diese Weise das Essen zu sich. Es ist nicht immer warm; scharf und lecker ist es immer.

Alles um mich herum ist neu, fordert mich heraus, lässt mich sprachlos werden. Ich staune und werde bestaunt, manchmal auch ziemlich verwegen angestarrt. Damals, 1959, war es wohl nicht üblich, als Europäerin ohne Begleitung und Schutz durch diese „Männerwelt" zu streifen. Wie sollten auch die Menschen vom Land, die hierher kommen zum Markt, mich in ihr gewohntes Lebensbild einordnen können? Ich bin mir bewusst, ich werfe viele Fragen auf, aber man begegnet mir mit Höflichkeit und Zurückhaltung. Ich gehe langsam, lasse mich hineinfallen in dieses fremde, bunte, laute Treiben, in die Stimmung des Augenblicks, in das, was für mich Orient bedeutet. Es ist etwas Magisches, Undefinierbares, was dem Wort anhaftet, etwas Zauberhaftes, was ich nicht erklären kann. Dieses Wort „Orient" hat mich von Anfang an gefangen genommen, hat mich getrieben, mich auf die Reise geschickt, immer weiter, bis ich endlich da war.

Ich tauche ein in die Atmosphäre um mich herum. Ich spüre aber auch die staunenden Blicke, manchmal sind es auch fragende - oder sogar verächtliche? Ist diese Wahrnehmung aus Sicht der arabischen Welt, besonders der der Frauen, so abwegig? Im Orient geht man als Frau nur in männlicher Begleitung auf die Straße, in die Öffentlichkeit. Manchmal fühle ich mich schon etwas unwohl, obwohl Arme und Beine bedeckt sind, aber mein Haar trage ich offen.

Ich lasse mich mit dem Menschenstrom treiben und lande im lebhaften Suq al-Hamidiya, einer breiten, überdachten Basarstraße. Komme vorbei an den kolossalen Überresten des Jupitertempels und weiter zur Umayyaden-Moschee. Sie ist teilweise in die Tempelmauern eingebaut. Vor dem Eingang stehen noch antike Säulen. Ich sehe Pilgergruppen aus verschiedenen Ländern. Meine Sandalen gesellen sich zu vielen anderen vor dem Eingang. Kopf und Schultern bedecke ich mit einem Tuch und gehe langsam und zögerlich ins Innere. Immer darauf gefasst, zurückgewiesen zu werden. Doch niemand hält mich auf. Rechts sehe ich das Schatzhaus; in der Mitte den Brunnen für die täglichen Waschungen vor dem Gebet. Gruppen von Gläubigen hocken auf dem Boden, scharen sich um den Imam und lauschen seinen Gebeten. In einer Ecke entdecke ich einige in ihre dunklen Umhänge gehüllte Frauen. Sie dürfen anscheinend nicht den Bereich der Männer betreten. Ich hocke mich im Schutz einer Säule zu ihnen auf den Boden und verweile dort. Das Innere der Moschee ist mit kostbaren Teppichen ausgelegt und bunte Mosaike verzieren Wände und Decken. Es herrscht eine leise, beruhigende Atmosphäre. Eine Oase der Ruhe im Gegensatz zu dem quirligen Treiben da draußen in den Gassen. Nach einer Weile schmerzen meine Gelenke vom ungewohnten Sitzen. Man darf die Beine nicht gerade von sich strecken, sondern muss sie nach rückwärts beugen, um Menschen und Allah zu respektieren. Ich verlasse diese vielbesuchte heilige Stätte im Herzen der Altstadt, gehe weiter. Treppen führen zu einem tief liegenden Gewölbe, wo ein Teppichhändler sein kleines Lädchen hat und die bunten Wollknäuel über dem Eingang hängen. Auf meinem Weg sehe ich alte verlassene Khane, die Herbergen früherer Reisender, die hier sicher mit Waren und Tieren die Nacht verbringen konnten. Heute stehen sie leer und werden als Magazin für Waren benutzt. Große, hölzerne Tore führen mich jetzt in den Hof einer anderen Moschee. Sie liegt etwas abseits in einer Nebengasse. Der weit ausladende, freie Platz im Innern ist von Säulen umstanden. In der Mitte Wasserspiele, der Brunnen in Mosaik gefasst. Ganze Taubenscharen umkreisen den nach oben offenen Innenhof. Hier ist es ganz ruhig. Und so lasse ich mich auf Stufen zwischen den Arkaden nieder, genieße die Stille dieses Ortes und schreibe die ersten Eindrücke nieder. Ich brauche mich nur umschauen und habe Schreibstoff genug um mich herum.

In der eigentlichen Gebetshalle, auf weichen Teppichen, sitzt ein Alter auf dem Boden, vor sich ein niedriges Lesepult mit dem Koran darauf. Er rezitiert mit leichtem Wiegen des Oberkörpers und im Singsang, dem auf und ab seiner Stimme, Verse aus dem heiligen

Buch Mohammeds. An eine der Säulen gelehnt, sitzt ein Gläubiger und ist eingenickt. Etwas weiter hat sich ein anderer lang ausgestreckt und hält hier anscheinend seinen Mittagsschlaf. Allah sind sie alle willkommen. Ich würde es ihm am liebsten gleichtun, denn das viele Laufen und Schauen hat mich müde werden lassen. Und so mache ich mich auf den Weg zurück zu meiner Herberge, voll der Eindrücke dieses ersten Tages: den bunten Basaren, den Geräuschen, den Düften, dem ganzen Mix, dem Orient. Esse unterwegs noch in einer Garküche und falle müde aber glücklich ins Bett. Mein Traum ist wahr geworden!

Morgen werde ich das archäologische Museum besuchen, werde mehr über die alten Kulturen dieses Landes erfahren. Hoffe Informationen über Palmyra zu bekommen, der antiken Stadt in der Wüste. Auch Ar-Raqqa, am Euphrat gelegen, liegt für mich im Dunkel der Geschichte, genauso wie die Kreuzritterburgen im Süden des Landes. Wie gut, dass es Museen gibt, wo ich auf das alles hingewiesen werde. Wo ich erstmalig über die geschichtlichen Zusammenhänge dieser Landstriche erfahre. Woher sollte ich es denn wissen? Es gab ja in diesen frühen Jahren noch keine Informationen praktischer und kultureller Art über die Länder, die ich durchfahren habe. Allein der Erdkunde- und Geschichtsunterricht der kleinen Dorfschule reichte nicht bis ans östliche Mittelmeer. All diese interessanten Orte, die nicht weit entfernt meiner Route liegen, habe ich auf späteren Reisen ausgiebig erkundet. Jetzt muss ich weiter nach Beirut, brauche Arbeit, und so verlasse ich nach einigen Tagen diese Stadt.

Von Tripolis in den Libanon, 9. Dezember 1959

„Das Wichtigste ist jetzt, Arbeit zu finden, denn mit 130 DM kommt man in diesem Land nicht weit, es ist das teuerste auf meiner Route."

Voll Freude und Erwartung fahre ich in Beirut ein, in eine europäische Großstadt, direkt am Meer gelegen. Hier grünt und blüht es wie bei uns im Frühling. Es gibt Palmen und der Verkehr ist wahnsinnig, so etwas habe ich noch nicht gesehen. Hier trage ich wieder Sommerkleid und Sandalen. Man kann im Meer baden und oben in den Bergen um die gleiche Zeit Ski laufen. Der Libanon ist die „Schweiz des Orients" und seine Hauptstadt Beirut das „Paris des Ostens". Viele Vertretungen internationaler Firmen haben hier ihre Niederlassungen. Da müsste es doch irgendeinen Job für mich geben. Im Libanon leben viele Armenier, Deutsche und Amerikaner. Man fühlt sich kaum noch im Orient.

Der junge Radfahrer, mit dem ich seit einigen Tagen unterwegs bin, hat die Adresse einer armenischen Familie. Dort kommen wir erst einmal unter. Man will uns auch bei der Arbeitssuche behilflich sein. Es wird schwierig, ohne entsprechende Erlaubnis. Ein hier ansässiger armenischer Prediger geht mit uns los: zur Lufthansa, ins amerikanische Krankenhaus, an die Universität. Die Armenier sind eine Minderheit und sie halten fest zusammen, sie wurden nach dem Genozid im Osten der Türkei um die Jahrhundertwende fast ausgerottet. Hier betreiben sie gutgehende Geschäfte. Der nette Mann führt uns auch zu seinen Freunden und zum Inhaber eines Cafés im Villenviertel direkt am Meer gelegen. Es gehört einem Schweizer, ist ganz modern eingerichtet mit Terrasse und Blick aufs Meer. Dieser Mann sucht eine Servicekraft, denn die hiesigen Frauen arbeiten normalerweise nicht in der Öffentlichkeit – schon gar nicht in einem Café. Zu Hause bedienen sie zwar die männlichen Familienmitglieder, aber dann ziehen sie sich in ihre Räume und zu ihren Kindern zurück. Ich weiß, was Service ist, das habe ich ja „gelernt". Hatte ein Jahr zuvor meine Spanienreise, dann die jetzige und später auch die folgenden Reisen durch diese Arbeit finanziert. Arbeiten, sparen, reisen. Das ist über Jahre mein Lebensprofil, bis ich mich, 1970, mit kunsthandwerklichen Arbeiten selbstständig gemacht habe.

Aber davon später.

Das Café „Chez Paul" ist die erste und einzige Patisserie im Libanon, in der es nur Kaffee, selbstgemachtes Gebäck, Eis und Petit-Four gibt. Keinen Alkohol. Viele Deutsche, Amerikaner und reiche Araber verkehren hier. Nach kurzem Gespräch mit Monsieur Paul bekomme ich den Job. Sie wollen mich sofort einstellen. Bei einem Gehalt von 180 Libanesischen Pfund, das sind 200 DM, und freiem Essen ist das eine tolle Sache. Aber ich brauche eine Arbeitsgenehmigung.

Ich wende mich an das Deutsche Konsulat. Von einer Vorzimmerdame lasse ich mich nicht aufhalten und stehe unangemeldet vor dem riesigen Schreibtisch des Konsuls. Dahinter ein Mann mittleren Alters. Schweigen. Nach einer Weile bietet er mir Platz an, fragt woher ich komme und warum ich einfach so hereinplatze, ohne Anmeldung. Ich erzähle ihm kurz meine Geschichte, wie ich hergekommen bin und was ich will. Sage ihm auch, dass ich nicht lange auf einen Termin warten kann. Er schweigt lange. Dann schüttelt er den Kopf. Was heißt das nun? Ist er erstaunt über meine Reise oder ist es eine Absage? Nein, er kann mir eine Arbeitserlaubnis beschaffen, aber nur für einen Monat, für die Dauer meines Visums. Ich bin natürlich etwas enttäuscht, aber ich bedanke mich bei ihm. Damit ist mir erst einmal geholfen, dann würde ich weitersehen.

Brief an meine Eltern, Beirut, 20. Dezember 1959

„Ich habe Arbeit! Hier ist es so warm, dass man baden kann, nur leider habe ich jetzt keine Zeit mehr dazu. Ich arbeite im einzigen europäischen Café von Beirut, direkt am Meer gelegen. Es heißt „Chez Paul, Swiss Café". Jeden Abend sehe ich, wie die Sonne im Meer versinkt. Von dem, was ich verdiene, inclusive der Trinkgelder und freies Essen, kann ich sparen für meine Weiterreise. Oder Heimreise? Jeden Dienstag habe ich frei. Weihnachten wird hier erst

am 6. Januar gefeiert, denn die hiesigen Christen sind überwiegend Armenier. Ich werde an dem Tag wohl sehr traurig sein, wie gerne wäre ich gerade jetzt bei Euch. Umso mehr freue ich mich auf das Päckchen, liebe Eltern. Hier sprechen fast alle Französisch, so kann ich auch diese Sprache lernen. Mein Englisch ist auch schon recht gut, ich habe es ja nach und nach auf meiner Reise hierher gelernt. Dazu kommt jetzt auch noch etwas Arabisch, denn die Scheichs aus den Emiraten sprechen oftmals nur diese Sprache. Kann Kuchen essen, so viel ich mag. Alle hier sind sehr nett zu mir. Das Lokal ist ein Familiencafé, ich brauche keine schwarze Kleidung tragen. Monsieur Paul Scheidegger ist ein liebenswürdiger Mann, verheiratet mit einer Perserin, aus dem Hause Pahlevi. Er besaß viele Jahre ein Café am Persischen Golf in Basra. Monsieur Paul ist mir auch bei der Zimmersuche behilflich. Eine alte, armenische Dame nimmt mich auf und weckt mich jeden Morgen mit einem Tee. Ich arbeite bis 7 Uhr abends und habe einen freien Tag in der Woche. Werde jeden Morgen abgeholt und abends wieder zurückgebracht. Ein toller Service."
Soweit aus dem Brief an meine Eltern.

Ich bin nun schon einige Monate hier, freue mich, dass alles so gut geklappt hat, das hätte ich mir am Anfang nicht träumen lassen. Auch wenn ich hier im Moment schwarzarbeite, denn meine Aufenthaltsgenehmigung von vier Wochen ist abgelaufen. Sie wird von M. Paul vier Mal in Folge mit einem Kuchen oder Pralinées im Gepäck bei der Surietee um jeweils einen Monat verlängert. Also: Bestechung der Behörden. Der Winter im Libanon ist teilweise nass und kalt, und es stürmt gewaltig. Aber der Frühling kommt, und ich kann bis in den Mai 1960 bleiben.

Brief aus Beirut, 24. Januar 1960

„Morgen habe ich frei, werde mich um ein Visum für den Irak bemühen, es ist sehr schwierig, eines zu bekommen und alle raten mir von dieser Reise ab. Ich müsste durch die arabische Wüste entlang der Pipeline fahren. Vielleicht kann ich aber auch über Nordafrika zurückfahren. Das wäre dann ein neuer Erdteil. Das heißt, ich könnte versuchen, über Jordanien, um Israel herum, über die Sinai Halbinsel nach Kairo zu kommen. So würde ich mir die Überfahrt per Schiff von Beirut nach Port Said, nämlich 100 DM, sparen. Soweit ich von hier aus in Erfahrung bringen kann, gibt es von Amman nach Aqaba keine Straßen, nur Wüstenpisten. Ob ich das schaffe? Die Rückreise, vor allem die Route, ist also total offen.

Ich sende euch 100 DM durch die hiesige „Bank of Beirut and the Arabic Countries" an die „Deutsche Bank in Düsseldorf". Durch diese bekommt ihr das Geld, genau 100 DM. Nehmt es für Kohlen, Essen, Staubsaugerrate und geht davon einmal schön aus.

Ich überlege, ob ich nicht ein Jahr hierbleiben soll, ich könnte dann 5000 DM sparen und damit um die ganze Welt fahren, mit einem alten Jeep zum Beispiel. Für Zeitungen berichten und Reklame für eine Sprit Firma fahren. Natürlich mit entsprechendem Logo in verschiedenen Sprachen auf dem Jeep. Und wenn ich dann nach einigen Jahren heil nach Hause komme, wäre ein Buch fällig. Das ist doch eine tolle Idee!"

Oder dieses Geld für Heirat und Aussteuer verwenden. Weltreise oder Heirat, welch eine Diskrepanz! Welche Flausen hatte ich im Kopf? So reißt es mich immer hin und her, zwischen Abenteuer und gutbürgerlichem Verhalten.

Im Frühjahr 1960 kommt auch die Presse ins Café und erfährt von meiner abenteuerlichen Reise hierher. Die Folge: ein langer Artikel mit Foto in einer der hiesigen Zeitungen. Ich kann mich so schon kaum vor Einladungen retten, aber nach Erscheinen des Artikels erfahren auch die Scheichs vom persischen Golf von mir und kommen ins Café, wollen die Frau sehen, die das geschafft hat.

Die Wüstensöhne aus den Emiraten mit ihren weißen Gewändern und den schwarzweißen Tüchern um den Kopf fallen in den heißen Monaten scharenweise mit ihrer ganzen Sippe im Libanon ein. Sie verbringen hier die heißen Monate und mieten für ihre Familienclans ganze Häuser oder Flats. Nur die Männer kommen zu uns und sitzen mit untergeschlagenen Beinen auf den Stühlen des Cafés. Ihre Frauen sieht man so gut wie nie. Viele von ihnen haben sicher noch keine Europäerin gesehen. Das Trinkgeld dieser Sippen-Oberhäupter ist fürstlich. So bekam ich dann auch die eine oder andere Einladung in die Scheichtümer am Persischen Golf, an der Straße von Hormus gelegen. Auch eine Familie aus Ramallah in Jordanien lädt mich zu sich ein. Dieser Einladung folge ich später, zu den Scheichs fühle ich mich nicht so hingezogen.

Ich bin nicht die einzige, die hier arbeitet, es gibt Laila, Nelli und Nabil. Nabil, ein netter Junge von zwölf Jahren, hält die Türen der Limousinen auf und trägt die Kuchenschachteln der Gäste zum Auto.

Unterhalb des Cafés, am Rauoche, da, wo die beiden markanten Felsen aus dem Wasser ragen, gibt es die Sporting- und Tauchklubs. Hier verbringe ich einen Teil meiner freien Tage. Daneben erkunde ich natürlich auch die Stadt mit ihren Basaren und Moscheen oder ich fahre mit meinem Roller, der ja auch bewegt werden muss, zu den nicht weit entfernten, imposanten Ruinen von Baalbek.

Es ist ein herrlicher, sonniger Tag, die Ausgrabungen gewaltig. Riesige Steinquader, hohe Säulen, Reste von Tempeln liegen auf dem Gelände verstreut. Wie konnte man diese schweren Trümmer überhaupt bewegen? Ich sitze im Schatten zu Füßen der stehengebliebenen Säulen, sie lassen mich ganz klein werden. Und ich denke an die vielen antiken Orte, die während meiner Reise am Wege lagen.

Der Winter in diesen Breitengraden ist nicht sehr kalt, aber es regnet viel, und Stürme ziehen über das Land. Doch Ende April meinte dann der Beamte bei der Surietee, dem Einwohnermeldeamt, das Wetter sei jetzt doch besser und ich hätte ja auch genügend Geld gespart, um meine Reise fortzusetzen, er könne mein Visum leider nicht mehr verlängern.

So werde ich also den Libanon verlassen müssen und weiterwandern, das heißt rollern. Mit 2000 DM bin ich für die „Weiter-oder Rückreise" gut gerüstet.

Zum 1.5.1960 muss ich also diese Stadt und alle mir liebgewonnenen Menschen verlassen. Wieder einmal heißt es Abschied nehmen, wie so oft bisher. Ich hatte mich hier sehr wohlgefühlt, hatte viele Kontakte geknüpft, musste wieder aufbrechen. Aber wohin?

Gedanken über die Weltreise

Fünf Monate habe ich hier verbracht, war wieder zu einem normalen Leben zurückgekehrt. Ich habe dieses Land durchstreift, stand zu Füßen der hochaufragenden Säulen des Tempels von Baalbeck, sah die Zedern, die oben im Gebirge wachsen, und habe die wehrhafte Stadt Tripoli an der Küste besucht. Bin durch den Basar gewandert, der sich um die alte Moschee herumschlängelt. Habe auch manchmal an meinen freien Tagen mit einem der netten, aufgeschlossenen Libanesen auf der Terrasse des Hotel Georg gesessen und arabischen Kaffee getrunken. Aus feudalen Autos reicher, junger Libanesen wehten meine Haare im Wind beim abendlichen Auto-Korso entlang des Marine-Drive. Hier im Libanon lernte ich eine ganz andere Welt kennen, die von Luxus und Reichtum einiger weniger. Das gefiel mir natürlich, aber es war nicht wirklich meine Welt. Ich habe auch die Annehmlichkeiten des Sesshaften genossen, das Land und die Menschen kennen gelernt. Über die weitere Zeit habe ich mir nicht viele Gedanken gemacht. Jetzt muss ich Entscheidungen treffen, wie es weitergehen soll und mein altes Reiseleben wiederaufnehmen.

Viele offene Fragen stürmen auf mich ein. Über Nordafrika weiter – geht das überhaupt? Meine Karte zeigt nur einen Teil Ägyptens. Der Rest Nordafrikas, Libyen, Tunesien und der weitere Westen liegen im Dunkeln, sind Niemandsland für mich. Wird mein Roller das schaffen? Er ist ja schon reichlich ramponiert von der Reise hierher. Wie sind die Straßen im Norden Afrikas, gibt es überhaupt welche? Finde ich genügend Tankstellen auf der Route? Wo kann ich übernachten? Bekomme ich ein Visum für all die Länder die auf meinem Weg liegen? Wie ist es um meine Sicherheit bestellt. Schließlich befinde ich mich in arabischen Ländern, alleine als junge Europäerin.

All diese Fragen habe ich mir bisher nicht gestellt. Das kommt jetzt ziemlich plötzlich. Doch erst einmal kann ich solchen Entscheidungen ausweichen, ich habe ja die Einladung nach Jordanien, und Jerusalem ist auch interessant und nicht weit.

Also, packe ich wieder meine Sachen. Der Abschied fällt mir sehr schwer, besonders von Monsieur Paul und seiner Frau. Sie haben mir viel Gutes getan, mich aufgenommen wie eine Tochter, sie hatten keine Kinder und sie schenkten mir zum Abschied noch 100 Pfund.

Vor der Kulisse von Raouche wird noch ein letztes Foto mit den Mädels gemacht, und dann geht's los. Freunde hatten mir die wahrscheinlich neue Reiseroute über Nordafrika auf den Koffer gemalt mit dem Text: „Avec Skooter Uschi Tour de Mediterranée". Ach ja, ich erinnere mich, meinen Roller „Uschi" getauft zu haben. Diesen Hinweis fand ich erst in einem meiner Briefe wieder, hatte ich wohl total vergessen.

Der Antilibanon ist bald erreicht, dort sehe ich noch einmal die mächtigen, weitausladenden Zedern, das Wahrzeichen des Libanon. Ungefähr 20 Kilometer hinter Beirut in den Bergen hat mein Roller den ersten Platten und ich ein paar Schrammen. Zwei junge Männer helfen mir, das Rad abzumontieren, fahren mit mir zum nächsten Dorf und lassen es flicken. Bis Damaskus sind es gerade einmal 100 Kilometer. Hier verbringe ich einige Tage bei einer Familie, die ich in Beirut kennen gelernt habe.

Die weitere Strecke nach Jerusalem ist wegen der Hitze sehr anstrengend. Selbst der Fahrtwind bringt keine Abkühlung mehr, es ist wie im Backofen. Besonders am Toten Meer, welches ja 300 Meter unter dem Meeresspiegel liegt, ist es fast unerträglich heiß. Ich will ein kühles Bad nehmen, aber das Wasser ist warm und salzig.

Jericho ist sehr schön, überall grüne und blühende Gärten, aber diese Hitze: 40-50 Grad! Es ist nur ein Vorgeschmack auf das, was mich in Ägypten erwarten sollte. Gegen sechs Uhr fahre ich weiter, es sind noch 40 Kilometer bis Jerusalem. Ich habe nicht damit gerechnet, dass es hinauf in die Berge geht und es hier nur Kurven gibt. Die Sonne versinkt langsam hinter den Hügeln. Ich sehe nur gelbweiße Berge, kein Baum, kein Strauch oder Grashalm, nur endloser

Sand. Ab und zu am Weg ein Beduinenzelt. Es hätte auch in der Sahara sein können. Allmählich wird es dunkel, es sind immer noch 20 Kilometer bis zur Heiligen Stadt. Langsam bekomme ich Angst. Mein Benzinhahn steht schon lange auf Reserve. Wird es noch reichen? Dann sehe ich plötzlich zwischen zwei Bergkuppen Häuser und Türme: Jerusalem. Bald bin ich dort, es ist schon dunkel. Ich kann im Mondschein die Dächer und Kuppeln erkennen und danke Gott, dass er mich wieder einmal beschützt hat. Beim Einfahren in die Stadt laufen mir die Tränen übers Gesicht, es ist Freude und Dankbarkeit, in Jerusalem zu sein – in dieser heiligen Stadt. Umgeben von einer alten Stadtmauer, passiere ich das Damaskustor und verliere mich in den engen Gassen der Altstadt. Das Rollergeräusch wird von den seitlichen Mauern zurückgeworfen und hallt in den Abend. Angekommen. Schnell ist eine Pilgerherberge gefunden.

Am anderen Morgen ziehe ich los. In der Grabeskirche teilen sich die verschiedenen christlichen Glaubensrichtungen den Raum der Andacht. Ich sehe Priester, die im Pomp ihrer Gewänder mit großen, silbernen Schmuckkreuzen um den Hals nicht gerade die christlichen Tugenden der Demut und Bescheidenheit verkörpern. Sie tun hier ihren Dienst und lassen sich generös von den sich niederwerfenden Gläubigen doch tatsächlich die Hände küssen! So finden in den einzelnen aufgeteilten Kapellen zeitgleich die Gottesdienste statt. Man hört die verschiedenen Sprachen, sieht die unterschiedlichen Rituale und den Prunk der ganzen Christenheit versammelt.

Da draußen aber findet das wahre Leben statt. In den engen Gassen mit den wenigen Souvenirläden, dem Geschrei der Händler, den mehr oder weniger gläubigen Pilgergruppen werde ich in die Wirklichkeit zurückgeworfen. Es gibt nicht nur Fromme sondern auch Bettler, die die Gassen säumen und die Hände ausstrecken. Meine Vorfreude auf diese so heilige Stadt wird schnell vom Alltag in den Gassen überrollt und ich von Kommerz und Pomp ernüchtert. Felsendom und Klagemauer sind aber dennoch Höhepunkte meiner Streifzüge durch die Geburtsstadt der Christenheit. Ich bin hier, wo Jesus gelebt hat und noch heute weiterlebt im Glauben so vieler Menschen. Damals auch noch etwas intensiver in meinem. Dieser offensichtlich zur Schau gestellte Prunk der Gewänder und sakralen Utensilien verträgt sich nicht mit Jesus' Lehre der Bescheidenheit. Ich staune über die vielen Kirchen und Kapellen, die von Christen aus aller Welt errichtet wurden. Auch das Judentum ist hier zu Hause. Etwas fremd sind mir ihre Rituale an der Klagemauer. Männer in schwarzen Gewändern mit dunklen Hüten stehen dort und bewegen ihre Oberkörper vor und zurück im Gebet, wobei die seitlichen Haarlocken auf und abtanzen. Sie schieben Wunschzettel in die Ritzen des alten Gemäuers und hoffen auf deren Erfüllung. Frauen sehe ich hier nicht. Etwas enttäuscht von der ganzen Atmosphäre an diesem so heiligen Ort der Christen und Juden verlasse ich die Stadt. Von hier nach Ramallah und zur Familie Mallah, die mich in ihr Haus eingeladen hat, ist es nur ein Katzensprung. Sie freuen sich sehr, mich wiederzusehen. Am nächsten Tag zeigen sie mir die heiligen Plätze wie die Grabeskirche, den Berg Golgata und all die vielen anderen Stätten der Christenheit. Auch die jüdischen Friedhöfe, wo Gläubige im Vorbeigehen einen Stein auf das Grab legen. Bald bin ich auch in Bethlehem. Ein freundlicher Polizist zeigt mir den niedrigen Eingang zur Geburtskirche. Ich knie an der Krippe nebst vielen Gläubigen aus aller Welt und höre die Glocken dieser Stadt. Ich erinnere mich nicht, ob ich damals tatsächlich schon in den arabischen Teil dieser geteilten Stadt konnte. Vielleicht verwischen sich auch die Erinnerungen mit späteren Reisen in dieses Land...

Weiter südlich liegt Amman, die Hauptstadt Jordaniens. Dort bin ich Gast des hiesigen Touring Clubs. Auch macht man im Hotel *Continental* ein Interview mit mir. Mich kennen hier so viele Menschen, sie fragen mich, ob ich nicht mehr bei „Chez Paul" in Beirut arbeite. Ich erkläre ihnen, dass ich meine Heimreise antreten werde. Von hier aus besuche ich die Ruinen von Jerash, die nördlich der Stadt liegen. Sie sind noch sehr gut erhalten. Ich laufe durch die alten, säulenbestandenen Straßen und stelle mir den lebhaften Handel vor, den sie mit den Nabatäern aus Petra, der Felsenstadt in der südlichen Wüste, betrieben haben.

Brief an meine Eltern, Amman, 19. Mai 1960

„Liebe Eltern und Geschwister.

Wisst ihr, welcher Tag heute ist? Genau vor einem Jahr, am 19. Mai um 12.30 Uhr bin ich losgefahren. Erinnert ihr Euch noch wie wir an diesem Morgen die letzten Sachen erledigten: Koffer und Band vorne am Roller beschriftet haben. Dies waren die letzten Stunden zu Hause als ich die Platten auflegte, das „Ave-Maria von Bach-Gounot" und „Tempico". Und dann haben wir den Roller bepackt, und noch einige Aufnahmen gemacht. Wir haben in der Diele zusammen gebetet, und dort habe ich euch zum letzten Mal in die Arme genommen. An der Straßenecke ein kurzer Blick zurück. In diesem Moment wussten wir nicht, ob wir uns wiedersehen würden, und wenn, wann? Ihr bliebt zurück! Für mich ging's hinaus in die Welt, und hinein ins Abenteuer.

Bis hierher habe ich es geschafft, es waren Gefahren und Strapazen, aber die interessanten und schönen Augenblicke überwiegen natürlich. Ich bin sehr dankbar dafür, dass Ihr mich habt ziehen lassen, liebe Eltern, und auch allen, die mir bei diesem Unternehmen geholfen haben.

Und so glaube ich, werden wir uns eines Tages wiedersehen, und es wird der schönste Tag, wenn ich Euch von meinen Erlebnissen erzähle. Es sind ja nur noch sechs Monate, bis ich wieder bei Euch bin und die gehen schnell vorbei.

Bis bald, Eure Ursula"

(Während ich dies schrieb liefen mir die Tränen herunter, einige sind auch auf diesen Brief gefallen, er ist etwas kraus geworden.)

Ich muss wieder zurück nach Beirut, wo ich noch einige Tage verbringen will. Bei diesem kurzen Abstecher nach Syrien und Jordanien besuche ich viele nette Menschen, die ich im Café kennengelernt und die mich zu sich eingeladen hatten.

Meine Impfungen sind abgelaufen, ich muss Pocken und Typhus erneuern lassen, eventuell auch noch Gelbfieber. Ich habe mich entschlossen, erst einmal nach Ägypten zu fahren, dann werde ich weitersehen, ob ich über Libyen und Tunesien nach Europa zurückkommen kann.

Jetzt wird es ernst, habe das Ticket für die Lydia, einen griechischen Fracht- und Passagierdampfer, welcher mich nach Port Said bringen wird. Jetzt heißt es, endgültig den Libanon verlassen. Neues, Ungewisses kommt auf mich zu. Afrika ruft, der sogenannte schwarze Erdteil. Wie wird Nassers Ägypten mich aufnehmen?

Wenn ich nur daran denke, dass ich morgen dieses herrliche Land verlassen muss, werde ich traurig. Ich mag es mir gar nicht vorstellen, wenn das Schiff so langsam ablegt, hinausfährt aufs offene Meer und ich die Küste zum letzten Mal sehe. Aber das Leben geht weiter, die Sonne scheint und Afrika wartet auf mich.

Heute geht's los, um drei Uhr, bei herrlichem Sonnenschein. Freue mich schon auf Post in Kairo. Man sagte mir, es sei dort 50 Grad. Wie soll ich bei solcher Temperatur überhaupt fahren können? Da kocht doch bald das Benzin im Tank. Jetzt gibt es kein Zurück mehr. Der Abschied kommt. Da wird es wohl ein paar Tränen geben.

Überfahrt von Beirut nach Port Said, Ägypten

Nach langem Umschauen und letztem Winken fahre ich in den Hafen. Eine riesige Menschenmenge am Kai, ein Rufen, Schreien, Gestikulieren und Weinen. Jeder will gleich mit meinem Gepäck losrennen. Endlich habe ich alle Kontrollen hinter mir und bin an Bord. Um auf das Oberdeck zu kommen, muss ich über viele Gepäckstücke klettern. Von oben sehe ich, wie mein Roller, in breiten Gurten hängend, an Bord gehievt wird.

Dreimaliges Hupen, wir legen ab. Ein Winken und Rufen setzt ein, aber für mich steht keiner da unten und sagt mir Lebewohl. Es ist nichts trauriger als ein Abschied an Bord, weil da das Wasser zwischen einem ist und es kein Zurück gibt. Würde ich all die lieben Menschen und auch Beirut einmal wiedersehen? Der Libanon bleibt zurück und damit auch das europäische Lebensgefühl. Die Welt Arabiens und Afrikas wird mich von nun an begleiten. Die Küstenlinie verschwindet langsam. Ich sehe noch „Chez Paul" oben an der Uferpromenade und die beiden markanten Felsen im Meer. Und dann gleitet das Schiff hinaus in die offene See. Vor mir liegt Ägypten.

Jetzt beim Schreiben frage ich mich, was wusste ich damals überhaupt von diesem Land? Ahnte ich etwas von den Pyramiden, den Pharaonen, der Geschichte? Und all den vielen Tempeln, Moscheen, dem Tal der Könige? So begebe ich mich mal wieder ins Ungewisse, als Unwissende. Ich bin bereit dazuzulernen.

Doch jetzt bin ich erst einmal im Gewusel an Deck, ein Hin und Her, bis sich jeder eingerichtet hat. Hier empfängt mich schon der schwarze Kontinent. Mit dunkelhäutigen Arabern, fast schwarzen Sudanesen, ein paar Liegestühlen und Unmengen von Gepäck teile ich mir das Oberdeck. Bin das einzige Mädchen an Bord zwischen diesen dunklen Gestalten. Die anderen Europäer haben wohl Kabinenklasse gebucht. Das kann ja heiter werden in der Nacht! Jetzt bin ich tatsächlich auf dem Weg nach Afrika. Möwen flattern um das Schiff als letzten Gruß des Landes. Langsam, ein glühend roter Ball, versinkt die Sonne im Meer. Wie oft habe ich sie an diesen Gestaden untergehen sehen, an den verschiedensten Küstenabschnitten, auf meiner Fahrt um einen Teil des „Mare Nostrum". Es wird rasch dunkel, an Bord wird es ruhiger. Alles begibt sich zur Ruhe. Nur das sanfte Auf und Ab des Schiffes und das Stampfen der Maschinen erinnert mich daran, dass ich mich auf dem Meer befinde. Gegen 22 Uhr will ich schlafen, aber alle Liegestühle sind besetzt. Gleich springt ein junger Mann auf und überlässt mir seinen. Hier oben an Deck zieht es ganz schön, ich mummele mich in meinen Anorak, aber da kommt auch schon von irgendwoher eine Decke. Ich schlafe wohl etwas, wache aber immer wieder auf, sehe über mir einen tollen Sternenhimmel. Die Nacht verläuft ruhig. Am anderen Morgen, nach 14-stündiger Fahrt, sehe ich in weiter Ferne die weiße Stadt Port Said, am östlichen Mittelmeer gelegen.

Das Schiff wirft vor Reede Anker. Auf dem Deck entsteht ein irres Durcheinander. Die Passagiere rennen hin und her, winken, schreien und drängeln sich an den Stellen, wo die Boote den Transport zum

Festland übernehmen. Die Barkassen schaukeln auf dem Wasser tief unter mir. Kleine Boote, beladen mit den Schätzen Ägyptens, Lederarbeiten, Holzschnitzereien, Schmuck und anderem bunten Zeug kommen längsseits, tanzen auf den Wellen. Die Verkäufer halten Ausschau nach den wenigen Touristen an Bord, die jetzt ihre Kabinen verlassen haben. Seile werden an der Reling festgebunden, Körbe daran herauf- und heruntergelassen. Auf diese Weise wechseln Geld und Ware den Besitzer.

Ich stehe da, schaue dem ganzen bunten Treiben zu, habe es nicht eilig, von Bord zu kommen. Die Pässe werden eingesehen, um festzustellen, ob einer der Touristen auf der schwarzen Liste des Landes steht. Jeder der vier Offiziere hat ein großes, schwarzes Buch vor sich liegen, um die darinstehenden Namen mit denen der Passbesitzer zu vergleichen. Jetzt bin ich an der Reihe. Ein kritischer Blick auf mich und das Passfoto. Mit der Bemerkung: „Welcome to Egypt!" bekomme ich meinen Pass zurück. Der Einreise nach Afrika steht nichts mehr im Wege.

So schnell soll ich aber nicht an Land kommen. Für Ausladen und Hinüberbringen des Rollers verlangt man ein ägyptisches Pfund. Ich fange an zu handeln, aber darauf lässt man sich nicht ein. So warte ich, was wohl kommen wird. Nichts geschieht. Nach etwa drei Stunden erklärt man mir, dass dies die letzte Barkasse sei, mit der ich das Schiff verlassen kann. Es bleibt mir also keine andere Wahl, als zu zahlen. Braune Hände greifen nach meinem Gepäck. Und das im Libanon kaum vorhandene Wörtchen *Bakschisch* wird mir hier wieder neu ins Gedächtnis gerufen. Die Überfahrt ist kurz, das Boot legt an und ich bin in Afrika. Bei der Zollkontrolle angekommen ist es das gleiche Bild. Jeder will mir helfen, die Formalitäten zu bewältigen, Roller, Geld und Kamera durch den Zoll zu bringen. Ab jetzt ziert ein rundes Plakat die Vorderfront meines Rollers. Was darauf steht, kann ich nicht entziffern, denn die arabische Schrift ist mir fremd. Wie soll ich, ohne etwas lesen zu können, durch dieses Land reisen? Immer wieder strecken sich mir Bakschisch heischende Hände entgegen. Nach zweieinhalb Stunden habe ich auch das hinter mir.

3216 Kilometer entlang des Nils: Per Roller, Bahn und Boot – Von Port Said bis Malakal

Ein neuer Erdteil liegt vor mir, fühle mich etwas fremd, nicht ganz wohl in meiner Haut, werde angestarrt. Vom europäischen Libanon in das schwarze Afrika, so von einem Tag zum anderen, ohne langen Übergang. Das macht selbst mir zu schaffen. Wird es schwierig werden? Ich verlasse das Hafengelände und suche mir eine Unterkunft in dieser Stadt am Meer. Es ist sehr heiß, der Schweiß dringt aus allen Poren. Wie wird es erst weiter im Süden sein, wo hier noch die kühlenden Winde des Mittelmeeres wehen?

Ich freue ich mich auf das Neue, Unbekannte. Andere Menschen, Kulturen, Gebräuche, neue Sprachen. Alles was damit zusammenhängt, wird mich von nun an begleiten. Europa und auch Vorder-Asien habe ich hinter mir gelassen. Ich bin auf dem schwarzen Kontinent angekommen. Es wird sicher eine spannende Zeit werden, aber es wird auch eine Herausforderung sein: wie die Menschen mich aufnehmen, wie ich mich mit ihnen verständigen kann. Inwieweit mir die Hitze zu schaffen macht, ob mein Roller das alles durchhält. Ob ich genügend Tankstellen finde, wie sich das Benzin im Tank verhält bei dieser enormen Hitze. Werde ich überall eine Unterkunft finden und hin und wieder auch etwas zu essen bekommen? Die Schrift nur noch Schnörkel und Kringel. Und Straßenschilder in Englisch gibt es nicht! Ich hoffe, dass alles klappt und dass das Glück mich nicht verlässt.

Mit diesen Gedanken schlafe ich ein, mit Zuversicht und Neugier, und warte, was der neue Tag bringen wird. Bleibe nur kurz in dieser mediterranen Stadt, wo nur hin und wieder ein Auto zu sehen ist, wo Fahrräder und Eselskarren die staubigen Straßen entlang ziehen, wo der Muezzin zum Gebet ruft und die schwarz verhüllten Frauen durch die Gassen huschen.

Morgen geht's los durch das Nildelta in Richtung Süden zur Landeshauptstadt, Kairo.

Brief an meine Eltern, Kairo, 22. Juni 1960

„Liebe Eltern.

Bin direkt am Suezkanal entlanggefahren, mit den vielen großen Schiffen, und den Tausenden Fliegen, die mir ins Gesicht flogen. Der Nil, mit seinen 6000 Kilometern der längste Fluss der Welt, ist die grüne Lebensader dieser, sonst so trockenen Region. Aber er ist auch der größte Krankheitsverursacher, einmal durch die Fliegen, die sich mit Vorlebe ins Gesicht, in Augen, Nase und Mundwinkel setzen. Zum anderen, durch die Bilharziose, übertragen durch das Nilwasser, eine wurmartige Infektion, die zu Erblindung führen kann.

Ab Ismailia folge ich dem alten Kanal, der schon zu Zeiten der Pharaonen die fruchtbaren Felder bewässert hat und bis zu drei Ernten ermöglicht. Der Grüngürtel reicht etwa zwei bis drei Kilometer in die Wüste hinein, beiderseits des Flusses und seiner vielen Kanäle. Hier scheint die Zeit stehen geblieben zu sein. Hier sieht man, wie die Wasserbüffel mit verbundenen Augen die hölzernen Räder bewegen. Sie laufen stundenlang im Kreis und befördern so das braune Wasser aus den Kanälen oder Brunnen, auf die umliegenden Felder. Die Fellachen leben in einfachen Lehmdörfern. Die dunkelhäutigen Männer, in ihren langen, wallenden Galabas, drücken den Holzpflug gezogen von grauen Büffeln, tief in die feuchte Erde. Ich sehe verschleierte Frauen in schwarzen Gewändern und Kinder, in schmuddelige Lumpen gehüllt, oder auch nur mit einem Kettchen um den teilweise aufgedunsenen Bauch. Boote, mit ihren weißen oder ockerfarbenen Segeln, werden von drei bis vier Männern per Seil am Ufer entlang gezogen. Man nennt das wohl „Treideln". So wie es seit Jahrtausenden hier geschieht, und wie ich es auch auf den Wandmalereien in den Gräbern der Pharaonen sehe, die ich auf späteren Reisen besuche. Die Zeit ist über dieses Land ohne große Veränderung hinweggegangen. Ich tauche ein in diese zeitlose Gegenwart, in den Moment. Bin gefangen im Hier und Jetzt, im Fremden, im Neuen. Rolle durch die staubigen Dörfer, entlang der Kanäle, über die gelbbraunen Pisten, wo die Mittagshitze wabert und sich auf die 50 Grad hinbewegt. Die Luft schlägt mir wie eine heiße Wand entgegen, der Fahrtwind kühlt nicht mehr. Den Lenker muss ich ganz fest umklammern, um nicht in den staubfeinen Verwerfungen des Weges zu stürzen.

Dauernd werde ich von den Askaris, den Dorfpolizisten, angehalten, um die Nummer meines Rollers zu registrieren. Verloren gehen kann ich hier nicht. Die Bürokratie, die in diesem Land besonders ausgeprägt ist, reicht bis in den letzten Winkel. Die Hitze steigt weiter an, gegen drei Uhr bin ich in Heliopolis, einer Vorstadt von Kairo. Von hier ist es nicht weit bis zur Jugendherberge, die nahe am Nil liegt. Der Fluss wälzt träge seine braunen Fluten mitten durch die Hauptstadt des Landes, Kairo.

Im Osten wird sie begrenzt durch einen Gebirgszug, im Westen verliert sie sich in der Weite der goldgelben Sandwüste. Ich fahre in die Stadt, bin im unüberschaubaren Chaos, in Hektik und Gedränge dieser quirligen Millionenstadt."

Heute frage ich mich, wie habe ich mich damals nur zurecht gefunden, ohne lesbare Schilder, ohne Handy. In dieser Stadt der vielen Moscheen, der Koranschulen, der Pyramiden und orientalischen Basare.

„Die Straße teilen sich die wenigen Autos mit Eselskarren, Lastenträgern, Fußgängern und hin und wieder trottet auch ein Kamel gemächlich durch Staub und Hitze. Morgen werde ich das alles erkunden. Jetzt reicht es noch für eine Dusche und dann falle ich todmüde ins Bett. Die erste Etappe ist geschafft. Bin gespannt auf Eure Post. Herzlicht Ursula"

Kairo, die Metropole am Nil

Am nächsten Tag warten drei Briefe auf mich, postlagernd an der Hauptpost. Wieder Nachrichten von zu Hause. Schon seit einem Jahr stellen sie die einzige Verbindung zur Heimat her.

Ich starte die Erkundung dieser Stadt. Planlos folge ich dem Gewirr der schmalen Gassen mit hohen, aus Lehm gefügten Wohnbauten rechts und links. Kleine Fensteröffnungen halten die Hitze ab, und Wäsche hängt zum Trocknen an den Mauern. Alte und Kinder hocken im Schatten, an Hauswände gelehnt. Frauen, in dunkle, lange Gewänder gehüllt, holen das Wasser vom öffentlichen Brunnen. Mit jedem Schritt, den der Umhang über den Boden schleift, wirbelt der feine Lehmstaub auf, und der Wind treibt den Abfall vor sich her. Ich folge den Minaretten, die sich hochaufragend über dem Häusermeer erheben. Sie führen mich in die Altstadt, schweben wie eine Fata Morgana in der Dunstglocke, die auch damals schon, vor sechzig Jahren über dieser Stadt lag.

Schwere, alte, abgegriffene Holztore führen in den geräumigen Innenhof der Al-Aqsar Moschee. Vor dem hohen Eingang ziehe ich die Schuhe aus, hülle mich in ein Tuch, bedecke damit Kopf und Schultern. Zögerlich um mich schauend, betrete ich den großen freien Platz. In der Mitte ein Becken für die Reinigung von Gesicht, Händen und Füßen, die vor jedem Gebet vollzogen wird. Ich komme in eine andere Welt, jenseits der Hektik der Basare und quirligen Gassen, die mich hierhergeführt haben. Einige alte Männer beäugen mich neugierig, aber niemand sagt etwas. Ich setze mich, möglichst unauffällig an eine Säule gelehnt, und lasse den Blick in die Runde schweifen: von den schattenspendenden Bögen, die mit blaugrünen Fayencen verziert sind, zu den schlanken Minaretten, die zum Himmel streben, bis zu den Tauben, die vom Brunnenrand trinken. Die eigentliche Gebetshalle ist mit dicken, rotbunten Teppichen ausgelegt, und an der rückwärtigen Wand steht der Minbar, die Kanzel, von der der Prediger das Wort Mohammeds verkündet. Es sind nur wenige Gläubige im Moment hier, denn es ist keine Gebetszeit. Fünf Mal am Tag fordert Allah die Frommen dazu auf. Gebetet wird überall. Egal wo man sich gerade befindet, der kleine Teppich wird ausgerollt, und man verneigt sich und betet, gen Osten gewandt.

Bin zurück in den staubigen Gassen, die so eng sind, dass kein Sonnenstrahl sie erreicht, in denen die Kinder im Staub spielen, die Hunde sich im Schatten verkriechen und die Frauen an den mobilen

Gemüseständen um jeden Piaster feilschen. Auch hier in der Stadt sind sie in ihre schwarzen Umhänge gehüllt, nur ein schmaler Spalt für die Augen bleibt frei. Ob sie mich ansehen oder mich kritisch betrachten, kann ich bei dem wenigen, was ich von ihrem Gesicht sehe, nicht erkennen. Ich hoffe aber, dass sie mir freundlich gewogen sind, die eine oder andere mir vielleicht insgeheim zulächelt. Ich bin im alten Teil der Stadt im „Chan el-Chalili", der pulsierenden Mitte. Alte Männer in ihren Kapuzenmänteln aus grober Wolle hocken in den schmalen Durchgängen im Schatten, die Wasserpfeife neben sich. Im Auf und Ab der engen Gassen, der kleinen Lädchen, die oftmals nur aus einem Raum bestehen, entdecke ich eine Teestube. Ich lasse mich hier nieder, bestelle einen heißen, süßen Tee. Ich bin froh, etwas auszuruhen, schaue den Vorübereilenden zu und lasse das Gassenleben auf mich wirken. Bin natürlich, wie immer, die einzige Frau hier in dieser Männerwelt. An mir vorbei ziehen biblische Gestalten wie aus einem anderen Jahrhundert, dazwischen Eselskarren, hoch beladen mit Waren des täglichen Lebens. Lausche zum ersten Mal bewusst der arabischen Sprache. Sie klingt sehr angenehm. Neben mir höre ich melodiöse Musik. Auf meine Frage, wer denn da singt, erfahre ich, dass es die im ganzen arabischen Raum bekannte ägyptische Sängerin Umm Kulthum ist.

Voll der ersten Eindrücke dieses Landes, dieser Stadt, gehe ich zurück zur Jugendherberge und lese immer wieder die Briefe meiner Eltern.

Im ägyptischen Museum

In diesem alten Gebäude verschaffe ich mir einen Überblick über das, was mich auf meiner Weiterfahrt begleiten wird, die Kunst und Kultur der alten Pharaonen – auf späteren Reisen werde ich sie näher erkunden. In den hohen Räumen ist alles etwas wirr durcheinander ausgestellt. Hier sehe ich jetzt zum ersten Mal die Büste der Nofretete, der Hauptgemahlin Echnatons. Sie residierte im alten Theben im Jahre 1340 v. Chr. Ich sehe staunend die Sarkophage, ineinander geschachtelt, mit den noch gut erhaltenen Mumien. Tausende von

Jahren blicken mich da an, ledern, mit eingefallenen Wangen. Auch Tiere, die im alten Ägypten verehrt wurden, sind mumifiziert. Stehe vor den vielen Grabbeigaben und den wunderschönen, guterhaltenen Wandmalereien. Eine hochstehende Kultur, die vor der Zeitenwende in diesem fruchtbaren Tal entstanden ist. Wenn ich dann an die ärmlichen Dörfer denke, durch die ich gefahren bin, an die hart arbeitenden Bauern auf den Feldern, an ihr einfaches Leben, dann kommen mir die Relikte hier im Museum wie aus einer anderen Welt vor. Es war die Welt der Pharaonen, der Herrscher über Ober- und Unterägypten, des Alten und des Neuen Reiches, zeitweise ausgedehnt bis in den Süden des Sudans. Sie wurden nach dem Tod in aufwendigen Zeremonien einbalsamiert, für die Ewigkeit vorbereitet. Mit kostbaren Grabbeigaben, mit Geräten und Schmuck, sind ihre Grabstätten im „Tal der Könige" in der westlichen Wüste zu bewundern. Bis heute entdeckt man immer noch neue Gräber. Nach vielen Stunden des Sehens und Staunens in den alten, modrigen Gemäuern des Museums bin ich erschlagen von der Fülle und dem Reichtum des alten Ägyptens. An den Geruch, der zwischen den Säulengängen und den aufgereihten Sarkophagen hing, erinnere ich mich sogar jetzt noch beim Schreiben. Ich steige aus den unteren Gewölben wieder ans Tageslicht, zurück ins Reich der Lebenden. Hier bekomme ich im Museumsshop einiges an Informationen für die Weiterreise.

Wieder draußen in der wärmenden Sonne empfängt mich lauter, lärmenden Verkehr, wo Eselkarren, Pferdedroschken und dazwischen hin und wieder ein Kamel sich die Straße mit hupenden und qualmenden Automobilen teilen müssen. Am Ufer des Nils in der Abendsonne suche ich mir einen ruhigen Platz, wo ich diese Fülle von umwerfenden, neuen Eindrücken erst einmal verarbeiten kann und sie dann niederschreibe. Auch die Briefe meiner Eltern muss ich noch einmal lesen, bis mich lästige Moskitos und etwas aufdringliche Burschen vertreiben.

Auf zu den Pyramiden

Ich verlasse Kairo in westlicher Richtung, will zu den Pyramiden. Brauche lange, bis ich die Lehmhütten am Rande der Stadt erreicht habe. Sie frisst sich langsam immer weiter in das flache, weite Gelb der Wüste hinein. Da liegen sie vor mir, die riesigen Grabbauten in der gleißenden Mittagssonne, eine hinter der anderen, ihre Spitzen hoch in den blauen Himmel gereckt. In der Nähe liegt die Sphinx, ein Fabelwesen, zu ihren Füßen. Die mächtigen Vierecke aus zusammengefügten Steinquadern heben sich kaum vom Gelb der Umgebung ab. In der Hitze verschwimmen ihre Umrisse am Horizont, und ich kann ihre Höhe von 146 Metern nur erahnen. Auch die Seitenlänge von 230 Metern verschwindet im diffusen Licht. Ich bin fast alleine hier, stehe wie ein Winzling vor diesen gewaltigen Blöcken aus behauenem Stein, die ohne Mörtel aufeinander gefügt sind, wo nicht ein Blatt Papier zwischen die Fugen passt. Wie mächtig müssen die Pharaonen gewesen sein, dass sie ihr Volk zu solchen Höchstleistungen zwingen konnten. Oder wurden sie vom Volk so sehr verehrt, dass sie diese Leistung freiwillig erbracht haben? Ich hänge meinen Gedanken nach. Stelle mir vor, wie die Menschen hier vor langer Zeit Frondienst geleistet, wie sie diese gewaltigen Monumente für die damaligen Herrscher und die Ewigkeit geschaffen haben. Ein Schatten fällt auf mich, ein Kameltreiber hat mich entdeckt. Jetzt ist es aus mit der Ruhe und den Gedanken an weit Zurückliegendes. Er erklärt mir einiges und bietet mir auch einen Ritt auf seinem geschmückten Tier an. Es ist Abend geworden, die Hitze wird etwas erträglicher, und so lasse ich mich auf dem Rücken des Kamels einmal um den ganzen Komplex herumschaukeln. Der Abend taucht die mächtigen Steinhügel und die umliegende Wüste in rosa Licht. Entlässt die Pyramiden für einige Stunden in die Dunkelheit der Nacht und bedeckt sie mit tausenden von Sternen bis zum nächsten Morgen. So geht das nun schon Jahrtausende im immer gleichen Rhythmus der Zeiten. Mit der untergehenden Sonne im Rücken verlasse ich diese stummen Zeugen einer großen Vergangenheit und fahre wieder in die Dunstglocke, die über der abendlichen Stadt liegt. Kaum bin ich am Nil, ist es auch schon dunkel und ein Feuerwerk über dem Fluss lässt mich anhalten. Anlass ist die Befreiung von den Engländern vor vier Jahren.

Pläne für die Weiterreise

In der Jugendherberge geht es international zu. Dort treffe ich einen Deutschen, der gerade von seinen Tauchgängen am Roten Meer zurückgekommen ist und mir von der bunten Unterwasserwelt berichtet. Ich bin begeistert von den Erzählungen und den Bildern. Da ich noch keine genauen Pläne für die nächste Etappe habe, beschließe ich, erst einmal ans Rote Meer zu fahren. In Kairo erstehe ich Flossen, Maske und Schnorchel, um die Unterwasserwelt zu erkunden. Jetzt habe ich wieder ein Ziel vor Augen, kann den vagen Gedanken an die Heimreise noch etwas hinauszögern. Das heißt für mich, durch das Niltal in den Süden zu fahren. Wie lange ich am Roten Meer verbringen werde, weiß ich noch nicht. Ich habe ein Visum für drei Monate.

Zur heißesten Zeit Anfang Juli geht es weiter. Es ist der helle Wahnsinn, jetzt voll der gnadenlos brennenden Sonne ausgesetzt, ohne Schatten, in den Süden zu fahren. Ich bin mir auch nicht sicher, ob ich jemals das Rote Meer erreichen werde. Da liegt nämlich, nach dem grünen Niltal, die östliche Wüste, 300 Kilometer „heiße Leere" vor mir. Ein Nichts-und-Niemandsland!

Diese Gedanken kommen mir beim Verlassen der Stadt mit ihrem Gewusel von Menschen, ihrer Betriebsamkeit und Hektik, die ich jetzt langsam hinter mir lasse. Es dauert lange bis ich im Grünen bin. Ab jetzt bin ich wieder mal auf mich allein gestellt, ohne Informationen, muss mit unvorhersehbaren Situationen rechnen und fertig werden. Fahre ins Ungewisse, mit Fragen über Fragen, die mich nicht loslassen. Wie sind die Straßenverhältnisse? Welches ist die richtige Route? Die wenigen Schilder kann ich nicht lesen. Finde ich überall Benzin? Reicht die Notration im Reservekanister? Wo bekomme ich Trinkwasser? Finde ich jemanden, der englisch spricht oder am Abend eine Bleibe und auch etwas zu essen?

All diese Fragen haben mich ja mehr oder weniger auf der ganzen Reise begleitet, aber hier sind sie noch gravierender. Das heißt, es hängt alles von den Gegebenheiten ab, ob ich diese Strecken bewältigen kann. Ich fahre wieder mal einfach drauf los. Es wird aufregend, ich muss mich, wie so oft, von einem Tag zum anderen durchwursteln. Es wird schon irgendwie gehen. Herausforderungen kann man nur schrittweise bewältigen, sie nicht im Voraus meistern. Man muss sie auf sich zukommen lassen und dann entscheiden.

Durch das Delta in den Süden

Jetzt fahre ich durch das fruchtbare Niltal. Dieses erstreckt sich kilometerweit von West nach Ost bis an den Rand der Wüste. Ab da gibt es kein Leben mehr, nur noch gelbbrauner Sand, Geröll und sanfte Hügel bis zum Horizont. Hitze schlägt mir entgegen, nimmt mir den Atem, es sind gefühlte 50 Grad. Zum Glück ist es trockene Wärme. Der feine Nilstaub legt sich auf alles und dringt in jede Pore. Dazu die Fliegen und Moskitos, die mich umschwirren, kaum, dass ich irgendwo anhalte. Lehmstaub überdeckt auch den Schotteruntergrund der Pisten, sodass man die Spurrillen nicht mehr sieht, und das Fahren zum Glücksspiel macht. Die Batterien des Rollers sind dauernd leer, ich muss anschieben, das Benzin kocht und die Reifen laufen heiß. Das ist Afrika!

Heute frage ich mich, warum ich mir das alles angetan und wie ich es geschafft habe. Aber anscheinend waren die Faszination und die Neugier größer als alle Strapazen. Die Lehmdörfer, durch die ich fahre, liegen einsam in der Mittagssonne, nur hin und wieder sieht man eine dunkle Gestalt durch die Gassen huschen. Die Hütten sind von hohen Mauern aus getrockneten Lehmziegeln umgeben. Man hat keinen Einblick in das häusliche Leben, alles spielt sich dahinter ab.

Nach Stunden komme ich nach Al-Minya, einer kleinen Ortschaft, wo es ein bescheidenes Hotel gibt. Der erste Tag ist geschafft. Ich stelle meinen Roller unter und mache einen Bummel durch den Ort auf der Suche nach etwas zu essen und zu trinken. Jetzt wird es lebendiger auf den Gassen. Abendliches, dörfliches Leben um mich herum. Kinder tollen herum, eine Fahrradfelge und ein Stöckchen als Antrieb genügen ihnen als Spielzeug. Größere tragen geduldig die Kleineren auf ihrem Rücken. Manche brauchen mal dringend ein Taschentuch oder eine Dusche. Die Gesichter der Menschen, in die ich schaue, sind schorfig von Trockenheit und Staub. Die Fußsohlen, aufgesprungen mit tiefen Rissen, sind fast wie Leder. Sie spüren sicher weder Steine noch die Hitze unter ihren Sohlen. Die Alten und Gebrechlichen sitzen vor ihren Hütten, lassen die Gebetsschnur durch die Finger gleiten und warten geduldig auf das Abberufen Allahs in eine bessere Welt. Ihr Leben hat sich abgespielt zwischen den Gezeiten des Nils, zwischen immer wiederkehrender Überflutung der Felder und der Ernte. Harte Arbeit, Sonne und Wind haben tiefe Furchen in ihre Gesichter gegraben. Aber auch Muße hat ihr Leben bestimmt, in einem jährlich wiederkehrenden Rhythmus von Werden und Vergehen. Abgemagerte Hunde, mit Geschwüren bedeckt, liegen irgendwo im Schatten der Hütten, meistens sind sie friedlich. Ich erstehe in einer der Gassen frisches Fladenbrot mit ein paar Stückchen Fleisch darin. Später falle ich müde ins Bett, wo mich in der Nacht Mücken, Fliegen und auch Wanzen nicht zur Ruhe kommen lassen. Diese Blutsauger sitzen in den Ecken der Matratzen, erspüren die Körperwärme und saugen sich auf der Haut fest. Sie werden mich auch weiterhin begleiten, denn die Herbergen sind nicht sehr sauber. Oftmals gibt es keine frische Bettwäsche, aber dafür habe ich ja meinen Schlafsack. Die Hitze steht im Raum, legt sich über alles. Auch die Dusche bringt keine Abkühlung. An Schlaf ist kaum zu denken.

Morgen geht's weiter nach Asyut. Circa 100 Kilometer Staubpiste gilt es zu bewältigen. Wieder ein heißer Tag, wieder Sonne und blauer Himmel. Nur in den Morgenstunden ist die Hitze erträglich. So mache ich mich früh auf den Weg, Dunst liegt noch über dem Land. Aber die Fellachen, die Bauern, sind schon bei der Arbeit, ziehen den Pflug, durch die lehmige Erde. Männer schöpfen zu zweit mittels eines Ziegenbalgs das Wasser aus dem Kanal und schütten es auf die Felder. An anderer Stelle sehe ich, wie Kamele oder Esel mit verbundenen Augen den Lederbeutel über eine Holzwinde aus dem Brunnen ziehen. So ergießt sich das Wasser in die schmalen Rinnsale, die zu den Feldern führen. Soweit mein Blick reicht, ist alles grün und fruchtbar.

Brief an meine Eltern, Qusier, 12. Juli 1960

„Bitte seid mir nicht böse, daß Ihr so lange nichts von mir gehört habt. Inzwischen sind sicher die beiden Briefe aus Kairo und Sohag angekommen. Es war eine sehr interessante aber auch strapaziöse Fahrt hierher, entlang des Nils und später durch die östliche Bergwüste. Von Al Menya über Asyut, Sohag und Nag-Hammadi bis Qena gibt es nur eine Staubpiste. Sie führt teilweise am Nil oder an einem der vielen Kanäle entlang, durch kleine Lehmdörfer und Behausungen. Hier leben nebst den Fellachen, den bäuerlichen Bewohnern dieses Landes, auch eine Unmenge wilder, und kläffender Hunde, abgemagert und mit Geschwüren bedeckt. Eines dieser Tiere springt mir, aus einer Gasse kommend, vors Vorderrad. Ich verliere das Gleichgewicht und fliege im hohen Bogen über den Lenker und lande mit dem Gesicht im feinen Nilstaub. Mein ganzer Mund ist voll davon. Menschen helfen mir auf. Habe Abschürfungen an Armen und Beinen. Man säubert die Wunden mit Nilwasser. In einer rostigen Blechdose gibt man mir auch davon, um damit den Mund auszuspülen. Ich nehme es, denke dabei an Bilharzie, ich kann diese Menschen doch nicht enttäuschen. Also trinke ich einen Schluck und spucke ihn mit dem Sand aus. Auch meine Nasenspitze hat einige Kratzer abbekommen. Das ganze Dorf ist gleich auf den Beinen. Von überall kommen sie angelaufen: Männer, Frauen, Kinder, aber niemand spricht englisch. Ich setze mich an den Pistenrand in den Schatten. Frauen in schwarzen Gewändern, mit Tätowierungen auf Händen und im Gesicht, stehen um mich herum. Sie tragen ihre Kinder auf den Hüften und nehmen meine Hand. Sie führen sie zu Mund und Stirn und küssen sie. Es ist wohl ein Zeichen der Ehrerbietung. Ich bin etwas beschämt, weiß nicht, was ich sagen soll. Sie stehen so bescheiden, unbeholfen vor mir. Ich sehe Staunen auf ihren Gesichtern, die hier auf dem Land unverhüllt sind. Es sind Alte, mit gegerbten, furchigen Gesichtern, und junge Mädchen, sehr hübsch. Einige tragen schwere, silberne Reifen an den Fußgelenken. Bei der Landbevölkerung, sehe ich häufig diesen Schmuck. Dazu gehören auch Armreifen, Nasenringe und Ohrgehänge.

Ein Bus stoppt, ich werde gefragt, ob man mir behilflich sein kann. Nach etwa einer halben Stunde habe ich mich soweit beruhigt und will losfahren. Aber die Batterie ist wieder einmal leer. Einige Jungen helfen mir beim Schieben und wollen Bakschisch. Die Sonne brennt weiter unbarmherzig, die Arme schmerzen, der Fahrtwind trocknet die Wunden und die Haut darüber fängt an zu spannen.

Nach einer Weile mache ich halt unter einem Baum, ich kann nur humpeln. Esse Fladenbrot und Tomaten. Dann habe ich einen Platten, die Hitze ist wohl schuld daran. Wechsele mühsam das Rad. Mir wird abwechselnd rot und schwarz vor Augen. Ich kann mich kaum auf den Beinen halten. Schiebe den Roller mit Hilfe eines alten Mannes einen Abhang hinunter, in den Schatten am Fluss. Dort kühle ich mir in einem Eimer mit Wasser, Hände und Füße. Später halte ich kurz in El Balyana, und trinke warme Cola. Was macht das schon, hier ist man froh, wenn man überhaupt etwas bekommt. Das Nilwasser ist tabu, darin baden Wasserbüffel, Kühe und Hunde, oder Kadaver schwimmen an der Oberfläche. Es ist zu gefährlich. Am Abend habe ich El-Nakamadi, eine Ortschaft am Nil gelegen, erreicht. Finde eine einfache Herberge. Mir tut alles weh. Ich besorge mir noch irgendwo etwas zu Essen. Kann vor Schmerzen, und auch wegen der Hitze, kaum schlafen. Heute war ein schlimmer Tag".

Bei 50 Grad vom Nil ans rote Meer

Etwas ausgeruht starte ich am nächsten Morgen um vier Uhr früh nach Qina. Es ist noch dunkel und sehr frisch. Alles schläft, nur ein paar Hunde kläffen im Vorbeifahren. Das Motorengeräusch hat sie wohl geweckt. Es wird von den Lehmmauern zurückgeworfen und hallt gespenstisch in den Morgen. Eine sonderbare Stimmung, so in die Dunkelheit in den beginnenden Tag zu rollern durch Kühle und Stille. Der Himmel noch schwarz, übersäht von Sternen. So sieht man ihn nur dort, wo kein elektrisches Licht die Dunkelheit stört. Bis Qift sind es 30 Kilometer. Ab da verlasse ich das grüne Band, und bin ohne jeglichen Übergang in der Wüste. Am Horizont der erste helle Streifen, doch es dauert noch eine Weile, bis die Sonne über den östlichen Bergen aufgeht. 260 Kilometer sind es bis ans Rote Meer. Ich habe zwei Kanister Benzin dabei und genügend Wasservorrat. Um die östliche Wüste zu durchqueren, braucht man eine Genehmigung. Ich hatte mir diese schon in der Hauptstadt besorgt. Es wird heller, rechts am Weg die erste Kontrollstation vor der Wüstendurchquerung. Eine einfache Lehmhütte, mit Palmwedeln bedeckt, und eine Bank davor. Es ist sechs Uhr. Den Askari, den Polizisten, in seiner beigen Uniform, muss ich wecken. Er versieht hier auf einsamem Posten seinen Dienst. Jeder der gen Osten fährt, wird hier registriert, es gibt nur eine Piste ans Rote Meer. Man hält Fahrzeug, Ausweisnummer und die Uhrzeit fest. Der Mann bietet mir einen heißen Tee an, genau das Richtige an diesem Morgen. Ich setze mich auf die Bank vor der Hütte und genieße die Kühle. Er ist erstaunt, mich alleine zu sehen, und froh über die Abwechslung. Kaum zu glauben, aber diese Zeit am frühen Morgen kurz vor Sonnenaufgang ist der kühlste Moment in der Wüste. Die Temperaturunterschiede sind enorm. In der Ferne sehe ich Beduinen, die bei ihren Kamelen ums Lagerfeuer sitzen. Ich darf sie fotografieren, ein schönes Bild.

Nach kurzem Aufenthalt fahre ich hinein in den Morgen, in das Schweigen, in diese einsame Bergwelt. Absolute Stille um mich herum, kein Lebewesen, nichts, was diese Stimmung stört, nur Sand, Berge und Steinwüste. Darüber ein Milliarden Sternenhimmel, der allmählich verblasst. Nur das Motorengeräusch meines Rollers ist zu hören, wird von den Bergen ins Tal zurückgeworfen. Ich fahre durch die Morgendämmerung, ein eigenartiges Gefühl. Langsam formen sich die Hügel rechts und links zu einer Bergkette, die mich ab jetzt begleiten wird, die bei Sonnenaufgang in allen Farben leuchtet. Mal gelb-weiß, rötlich-violett oder grau, bis hin zum tiefen blauschwarz der Felshänge, die noch im Schatten liegen. Allmählich schwindet die Kühle der Nacht, ein kurzer Übergang, und schon bald hat die Sonne wieder ihre volle Kraft. Kameldorn, ein gelblich grünes, dornenartiges Gewächs, sind die einzigen Pflanzen, die in der Trockenheit wachsen. Aber da, ein kleiner Baum steht in der Ebene, trotzt Sonne und Wind. Es sieht aus, als hätte ihn hier jemand vergessen oder verloren. Nach einigen Stunden bin ich bei einer Oase, der zweiten Polizeistation. Ein paar Lehmhütten, wiederum ein Tee. Es wird immer heißer, die Hitze kommt in Wellen, schlägt mir entgegen, ich kann ihr nicht ausweichen. Auch der Fahrtwind hilft da nicht mehr. Der Motor wird langsamer, er läuft heiß. Das Kühlwasser muss oftmals erneuert werden, weil es fast kocht. Es gibt einen unterirdischen Brunnen. Stelle den Roller unter einen Felsvorsprung. Eine Treppe führt hinab, es ist schön kühl hier unter der Erde. Halte Arme und Beine ins Wasser, um etwas die Adern zu kühlen, und schütte mir mit meiner Wasserflasche das kühle Nass über den Kopf und nehme so ein Bad auf Raten. Dabei werden Hose und Bluse natürlich auch nass. Aber sie trocknen schnell im Fahrtwind. Die Hitze ruft ein Gefühl in der Nase hervor, als wenn man niesen müsste. Kann kaum atmen. Der Mund ausgetrocknet, die Lippen spröde, und die Haut über den frischen Wunden von gestern ist verschorft und spannt. Binde mir ein nasses Tuch vor Mund und Nase. Die Sonnenbrille ist dauernd voller feinstem Staub. Zum Glück hat sie seitlichen Schutz. Bei dem dritten Wachtposten trinke ich drei Flaschen Cola, lauwarm, aber man muss trinken, um die Flüssigkeit, die man ausschwitzt, wieder aufzufüllen. Es sind noch

30 Kilometer, aber es kommt mir vor, als wenn diese Piste überhaupt kein Ende nimmt. Ich glaube, es sind mindestens 50 Grad, und es ist erst zwölf Uhr. Um 14 oder 15 Uhr ist es wohl unmöglich, diese Strecke zu fahren. Endlich sehe ich einen blauen Streifen in der Ferne am Rande der Wüste. Das Rote Meer! Noch einmal werde ich registriert, die Zeit eingetragen und notiert, dass ich diesen Punkt passiert habe und nicht irgendwo auf der Strecke liegen geblieben bin. Ich habe es geschafft. Es war hart. Bis auf ein paar Blessuren bin ich heil angekommen.

Wie in einem Backofen steht die unerträgliche Hitze über Land und Meer. Hier liegt die kleine Ortschaft Quseir. Das Phosphat der angrenzenden Berge wird von Italienern abgebaut. Hier hat es schon immer eine Ansiedlung von Fischern gegeben. Aber durch die Ausbeute des Düngemittels siedelten sich mehr Menschen an. Sie kommen aus dem Norden, aber auch Dunkelhäutige, aus dem Süden des Landes. Die Italiener sind bis auf wenige in ihre Heimat zurückgekehrt. Es gibt ein Gästehaus. Somit habe ich die Möglichkeit, in diesem Dorf für eine Weile zu leben. Ein einfaches Zimmer mit Ventilator wird für die nächste Zeit mein Zuhause sein. Auf dem Gang gibt es eine Gemeinschaftsdusche. In der Mensa kann ich mit den verbliebenen Italienern essen. Jetzt bin ich gespannt auf das Schnorcheln und Eintauchen in die Welt unter Wasser.

„Liebe Eltern, bitte schickt weiterhin die Post nach Kairo, bis hierher braucht sie zu lang. Die Abende und Nächte sind herrlich, es ist Vollmond, der Sternenhimmel tief schwarz. Dazu der Silberschein des Mondes auf dem Wasser, und im Hintergrund die schweigende Wüste. Man muß es erlebt haben.

Mit vielen lieben Grüßen, Eure Ursula."

Bilder und Gedanken

Anstrengendes Rollern auf Schotter und Staubpisten, durch das Grün der Felder, die dank des Wassers, bis zu drei Ernten im Jahr bringen. Feiner Wüstenstaub, vermischt mit den Sedimenten, die der Fluss mit sich trägt aus fernen Ländern, machen das Tal fruchtbar.

Aus dem Herzen Afrikas kommt er, lagert sich ab, wird zu Staub, der alles überzieht. Es geht durch Dörfer in kubischer Bauweise, angepasst an das Farbbild der Wüste. Sie liegen wie ausgestorben in der Mittagshitze. Dazwischen Moscheen und hoch aufragende Palmen, die ihre Wedel in den blauen Himmel recken. Vorbei an Ziehbrunnen und hochbeladenen Ochsenkarren. Hin und wieder sieht man Frauen bei der Feldarbeit. Das Pflügen ist Männersache. Spielende Kinder in den Gassen und Hunde, die irgendwo vor sich hindösen. Während der heißesten Zeit ruht man, ist alles Leben erstorben, dann zieht man sich zurück in den Schatten der Lehmmauern, die jedes Haus umgeben. Gearbeitet wird am frühen Morgen und am späten Nachmittag, dazwischen ist es unmöglich. Palmen säumen die Wasserwege und spenden etwas Schatten. In der Ferne sehe ich auch die Ruinen der Tempel, die an der Piste liegen und an das Reich der Pharaonen erinnern. Über all dem ein strahlend blauer Himmel. Hier im Süden sind die Menschen schon sehr dunkelhäutig. Subsahara-Afrika ist nicht weit.

Die alten Tempel auf meinem Weg müssen warten. Bei diesen Temperaturen scheut man jeden Schritt, der keinen Schatten bietet. Die Kunstschätze dieses Landes habe ich mir auf späteren Reisen ausführlich angesehen, zu einer angenehmeren Jahreszeit. Fürs erste endet die Reise hier, am „Al-Bahr al-ahmar", am Roten Meer. Wie lange ich bleiben werde ist noch offen.

Mehr als ein Jahr bin ich nun schon unterwegs. Wie viele Tausend Kilometer werden es wohl gewesen sein? Laut Google sechstausend! Auf meiner ganzen Reise hierher habe ich noch nie so lange an einem Ort verbracht wie in diesem kleinen Dorf in der Wüste. Es sollten zwei Monate werden. Natürlich habe ich längere Zeit in Beirut gelebt, aber das war etwas völlig Anderes. In dieses Fremde werde ich jetzt eintauchen und mit den Dorfbewohnern leben. Es wird eine neue Erfahrung werden: sich anpassen, mit wenigem zufrieden sein. Europa und die damit verbundenen Annehmlichkeiten habe ich schon lange hinter mir gelassen. Bisher war ich eine Reisende, unterwegs, nur vorübergehend und am Rande betroffen, nicht wirklich konfrontiert mit dem Alltag der Menschen, war Zuschauer aus sicherer Entfernung. Würde ich auf längere Zeit hier verweilen können, in diesem Wüstennichts? Würde ich das schaffen, wo es mich doch immer weitergetrieben hat?

Das Schnorcheln und Tauchen im Roten Meer, dieser bunten Unterwasserwelt, ist Neuland und wird mich sicher fesseln. So bin ich gespannt und neugierig, wie ich diese Zeit hier erleben werde.

Dorfleben am Rande der Wüste

Wie lebt man in der Wüste? Ich habe es bei meinem längeren Aufenthalt in Quseir erfahren. Hier wird man genügsam, fragt sich, was wirklich wichtig ist, wie wenig man zum Leben braucht. Erst wenn man einige Zeit an einem solchen Ort verbracht hat und offen für alles ist, versteht man, dass Besitz nicht unbedingt zum Glücklich Sein gehört. Die Menschen sind zufrieden mit dem Wenigen, was sie haben. Man benötigt nicht unbedingt ein weißes Tischtuch und Besteck zum Essen; wesentlich ist, dass man zu essen hat. Wie man isst, spielt auch keine große Rolle, hier genügen die Finger. Das Wichtigste aber zum Erhalt des Lebens ist Wasser. In diesem Gebiet verdunstet der Körper etwa 25 % seiner Flüssigkeit, das heißt, in vier Tagen ist sie verbraucht und damit das Ende erreicht. Ich trinke täglich drei Liter Wasser und Tee. Viele der Menschen hier arbeiten bei der Kompagnie, andere leben vom reichen Fischfang aus dem Roten Meer. Landwirtschaft gibt es nicht, nur ein paar magere Ziegen, die sich von dem wenigen Buschwerk in der Steppe und von Abfällen und Papier ernähren. Dabei ziehen sie auch noch ihre Jungen auf und geben Milch. Die Einheimischen leben in einfachen Hütten, bauen sie aus Jahrtausende alten, aus dem Meer emporgewachsenen, abgestorbenen Korallensteinen. Die staubigen Gassen sind in der Nacht, wenn es drinnen zu heiß ist, auch ihr Schlafplatz. Dann liegen sie vor ihren Hütten auf Matten ausgestreckt, Flöhe und Fliegen sind ihre ständigen Begleiter. Das Wasser wird eimerweise von den Zapfstellen geholt. Es wird aus Meerwasser gewonnen, dafür sorgen die Italiener. Alles, was man zum Leben braucht, kommt von Kairo oder aus den Oasen am Nil und wird per Laster hierher transportiert. So fehlt es dann oftmals wochenlang an Zucker, Mehl oder Streichhölzern.

Ein Gebirgszug begleitet die Ufer des Roten Meeres. Ausgedörrt und verbrannt liegt er dort in der Ferne, die Konturen unklar in der Mittagshitze. Ohne jegliches Leben, in beige und ocker Tönen und in einer fast hörbaren Stille.

Karges wüstenleben, reiche Unterwasserwelt

Die Gegensätze zwischen der lebensfeindlichen Wüste, und der überreichen Fülle unter Wasser ist kaum zu beschreiben. Das Meer ist blau, die Gezeiten überspülen stundenweise das kleine, vorgelagerte Riff. Dann geht es am Riffrand steil in die Tiefe – 30, 40, 50 Meter. Die Sichtweite unter Wasser hängt von der Temperatur ab. Die verschiedensten Korallenarten türmen sich übereinander und bilden so die Lebenswelt der kleinen und großen Fische. Es gibt Fächer, Tisch, Baum und Hirnkorallen und viele andere, deren Namen ich vergessen habe. Sie schimmern gelb, rosa, beige und bläulich. Dazwischen tummeln sich bunte Korallenfische und suchen Schutz vor den größeren Räubern, denn hier lebt einer vom anderen. Morgen werde ich zum ersten Mal in diese fantastische Unterwasserwelt eintauchen. Natürlich unter den Blicken und der Obhut eines Fachmanns, denn es gibt hier auch Haie!

Im kleinen Riff von Quseir

Nach zehn Minuten Fußmarsch in der prallen Mittagshitze haben wir die Stelle erreicht. Es ist ein besonders interessanter Platz im kleinen Riff, welches mit 150 - 200 Metern Breite dem großen vorgelagert ist. Wir wählen die Mittagszeit, weil jetzt gerade Flut herrscht. Schnell ist das Badezeug übergestreift, die Stoffschuhe an den Füßen, Maske vor den Augen. Flossen und Harpune in der Hand waten wir durch das seichte Wasser, circa einen halben Meter tief. Kurz danach ist es tief genug, um mit Flossen zu schwimmen. Der Sandboden zwischen den Korallen ist überzogen mit Algen und Tang. Überall ist Bewegung und Leben. Kleinste Schnecken und herrliche Seeigel in dunkelviolett kriechen über den Boden. Es knackt und knistert um uns herum. Einzelne Korallen von spärlichem Wuchs werden sichtbar. Durch die Gezeiten von Ebbe und Flut sind sie nicht immer vom Wasser bedeckt und somit etwas verkümmert. Meist sind es hier Griffelkorallen. Sie stellen scheinbar nicht so große Ansprüche an ihre Umgebung. Es wird tiefer und somit wird auch der Korallenwuchs etwas zahlreicher. Die ersten Fische begegnen uns. Papageienfische in den prächtigsten Farben picken an den Korallen und schauen uns neugierig an. In den Korallenstöcken haben sich kleine, schwarzweiß gestreifte Preußenfische versteckt. Ein Röhrenwurm, mit seinen in allen Farben des Regenbogens schimmerndem Gefieder, verschwindet schnell in seiner Röhre, als der Schatten meiner Hand ihn streift. Kurz darauf kommt er wieder zum Vorschein. Ich stoße an einen Korallenstock, er fällt um, ich bin erstaunt, was ich da sehe. Es krabbelt und wimmelt nur so. Seesterne und kleinste Krebschen, Seeohren und allerlei Schnecken haben sich hier ein Zuhause geschaffen. Alles stiebt auseinander und sucht Zuflucht unter einer anderen Koralle. Die kleinen Fischchen sind geflüchtet, kommen aber zurück, als sich das Wasser wieder geklärt hat. Wir lassen uns weitertreiben, Seeigel strecken ihre 15-20 Zentimeter langen Stacheln aus, hin und her bewegt von den Wellen. Man kommt besser nicht mit ihnen in Berührung. Andere haben kurze, dicke Stacheln, wie Kolben aussehend, daher auch der Name Kolbenseeigel. Ihre ausgestorbenen Gehäuse und verlassene Schneckenhäuser liegen neben aufgeklappten Tridacna Muscheln auf dem Boden. Sie werden von den Wellen hin und her gespült und abgeschliffen und liefern so wieder Kalk zum Aufbau neuen Lebens. Eine Muräne streckt neugierig ihren Kopf aus einem Spalt, sie wartet nur darauf, dass man näherkommt. Ihr Maul ist schon geöffnet, sie ist ein Aasfresser und zwischen ihren Zähnen befinden sich oft noch Fischreste, die eine Infektion hervorrufen können. Sie greifen niemals an; nur, wenn man ihnen zu nahe kommt. Ich tauche etwas, und dabei entdecke drei Rotfeuerfische. Wie herrliche Blumen haben sie ihre Seiten und Rückenflossen aufgerichtet und stehen dort unbeweglich, sich der Macht ihrer Stacheln bewusst. Ein Stich würde genügen, um achttägige Lähmungserscheinungen hervorzurufen. Die anderen Fische gehen ihnen im weitem Bogen aus dem Weg.

In dieser faszinierenden Welt kann man schnell die Zeit vergessen. Ab und zu überläuft mich ein Kälteschauer, ich bin schon zu lange im Wasser. Doch es dauert noch eine geraume Zeit, es gibt noch so viel Interessantes zu sehen. Die Flossen aus, die Brille von der Nase, und dann bin ich wieder in der mir bekannten Welt über dem Wasser.

Was ich heute gesehen habe, hält mich für zwei Monate in Quseir gefangen. Auf der einen Seite die lebensfeindliche Wüste, und gleich daneben das reiche Meer mit seinem bunten Leben.

Erste Tauchgänge in die Tiefe

Ich bin nun jeden Tag draußen im Meer, wage mich auch schon über den Rand des kleinen Riffs hinaus, kann in die Tiefe sehen. Versuche auch schon mal kopfüber nach unten zu kommen. Das braucht aber noch viel Übung. Ich sehe größere Fische, auch die ersten Haie, wie sie friedlich auf dem Grund liegen und schlafen. Können Fische auch schlafen? Ein andermal schweben sie majestätisch durch das Wasser, fast bewegungslos. Eine bunte, märchenhafte Landschaft, eine schweigende Welt voll bizarrer Formen. Es ist ein seltsames Bild, die Wellenbewegung von unten zu sehen. Doch es ist nicht ganz still unter Wasser, man hört den Wellenschlag und leises Knacken und Knistern. Fische, mit ihren Mäulern aus Horn knabbern an den Korallen. Die unterschiedlichsten Formen, übereinander getürmt, wachsen an der Riffkante empor und bilden somit diesen verwilderten Garten des Meeres. Fische in verschiedenen Formen und Farben, bunter als der Regenbogen, segeln mit sachten Bewegungen durch diese stille Welt. Die kleinsten leben in Korallenstöcken und sind so vor Angreifern geschützt. Die Korallentierchen ernähren sich vom vorbeischwebendem Plankton, kleinsten Mikrolebewesen, und bilden durch ihre Ausscheidungen das eigentliche und sichtbare Skelett: die Koralle.

Ich selbst lasse mich lautlos durch diese Pracht treiben, nur angetrieben durch ein paar Flossenschläge. Durch Luftanhalten und Abtauchen erreiche ich schon ein paar Meter Tiefe. Man bewegt sich fast selbst wie ein Fisch in diesem fremden Element. Von weitem sehe ich Haie und schlanke Barrakudas. Sie ziehen ruhig ihre Bahn. Wenn sie näherkommen, mache ich mich zur Kugel, das heißt, ich ziehe Arme und Beine so dicht wie möglich an den Körper, um so keine Angriffsfläche zu bieten. Aber mit der Riffkante im Hintergrund fühle ich mich ziemlich sicher. Manchmal treibt auch ein Stachelrochen vorbei. Durch Wellenbewegungen seines Körpers sieht es aus, als ob er schwerelos dahingleitet. Er wird bis zu zwei Meter lang. Der Schlag mit seinem hochgiftigen Stachel kann für den Menschen tödlich sein. Auch eine behäbige Schildkröte taucht auf. All das beobachte ich von der Wasseroberfläche aus mit der Riffwand im Rücken.

Das ist auch heute der Fall: Die Sicht ist nicht gut. Ich bin zum ersten Mal alleine im Meer, traue mich nicht weiter hinaus, in diese schummerige Tiefe. Sehe alles nur schemenhaft, die Korallen, die weichen Lederkorallen, die mit dem Spiel des Wassers hin und her driften. Fische ziehen vorbei, die ich nur an ihren Konturen erkennen kann. Ich beobachte das um mich herum schon eine Weile. Doch da, was ist das? Im diffusen Wasser kommt aus der Tiefe ein großer Schatten auf mich zu. Ich verhalte mich ganz ruhig, mache mich zur Kugel, halte die Luft an. Im Näherkommen sehe ich die Umrisse dieses Schattens, ein Hai. Er ist circa drei Meter lang, kommt direkt aus dem grauen Nichts auf mich zu. Ich habe Angst, hänge als „Kugel" unter der Wasseroberfläche, verharre ganz still, wage kaum zu atmen. Ich sehe sein Maul, seine seitlichen, kleinen Augen, seine Kiemen, auch seine spitzen Zähne. Als er circa drei bis vier Meter vor mir ist, macht er kehrt, verschwindet in der Tiefe, so lautlos, wie er gekommen ist. Der Spuk ist vorbei, ich starre weiter ins trübe Wasser, wage kaum mich zu bewegen. Ob er zurückkommt? Wohl nicht, das kleine Riff ist nicht seine Welt, das Wasser ist für ihn zu niedrig. Nach einigen Minuten trete ich den Rückweg an, schnorchle zurück und bin bald am Ufer.

Das Erlebnis werde ich nie vergessen. Bei den meisten Tauchgängen war ich immer im Blickfeld des erfahrenen Tauchlehrers, ausgerechnet heute nicht! Das wird mir eine Lehre sein.

Später, am Nachmittag, geselle ich mich zu Mahmut, dem Bürgermeister dieser Ortschaft. Er ist von Kairo eingesetzt und sorgt in dem abgelegenen Wüstenort für Recht und Ordnung. Er bedient auch die Funkstation. Das ist die einzige Verbindung zur Außenwelt. Ich treffe ihn auf der Bank vor seiner Hütte und wir unterhalten uns so gut es geht auf Englisch und Arabisch, denn einige Brocken habe ich ja schon im Libanon gelernt. Er deutet auch an, dass dieser Ort mehr oder weniger ohne Gesetz ist. Es wird geschmuggelt, gepokert, Staatsgut unter der Hand verkauft und Haschisch geraucht. Und das alles nicht etwa im Geheimen, nein, in aller Öffentlichkeit.

Nachts höre ich den gleichmäßigen Takt des Kondensators, der das Meerwasser durch Verdunsten und der Entziehung von Salz in Trinkwasser verwandelt. Vor einiger Zeit fiel der Motor aus, und wir hatten kein Wasser. Was das bedeutet, kann man nur ermessen, wenn man das Leben hier kennt und weiß, was alles davon abhängt.

Brief an meine Familie, Rotes Meer, 1. September 1960
„Liebe Eltern und Geschwister.

Ich habe nie geglaubt, dass ich einmal so leben könnte, in der Wüste, wo nichts ist, nur der Kampf ums Dasein. Hier ist einer auf den anderen angewiesen, und jeder hilft, so gut er kann. Und das wiederfährt auch dem Fremden. Das ist oberstes Gesetz, vom Leben geschrieben. Und es gilt für Alle. Hier gibt es nichts, was lärmt, nichts was die Menschen ablenkt, man hat Zeit und Muße. Manchmal frage ich mich, was denkt wohl so ein alter Araber, der stundenlang auf seinem umgekehrten Boot hockt und aufs Meer hinausschaut. Oft beneide ich sie um ihren Frieden, ihre Gelassenheit, ihre Ruhe. Wir in Deutschland oder Europa könnten viel von diesen Menschen lernen.

Mit lieben Grüßen Eure Ursula."

In der Bucht von Old Quseir

Die Bucht liegt sieben Kilometer nördlich der gleichnamigen Ortschaft. Ein Ingenieur der Phosphat Gesellschaft, Mister Abdul-Salam, ist so freundlich, Dakroni, einen alten, braungebrannten Fischer, und mich des Öfteren mit seinem Jeep hinauszufahren zu einer entlegenen Bucht. Ich packe schnell meine Tauchutensilien zusammen, dazu noch eine Perlonschnur mit dem entsprechenden Haken zum Haifischfang. Denn dafür ist diese Sandbucht gut geeignet. Ich bin gespannt, wie das gehen soll. Wie fängt man vom Land aus einen so großen Fisch? Dakroni wartet schon vor seiner Hütte. Schnell ist alles eingeladen. Es geht los über eine Sandpiste, wellblechartig, vorbei an der Kompanie und der Funkstation. Wir werden hin und her geschleudert auf der offenen Ladefläche. Eine Staubwolke bleibt hinter uns zurück. Bald sind wir am Ziel, laden unsere Sachen ab. Eine Sandbucht, in der Mitte ein flacher Felsen. Ein idealer Platz zum Angeln.

Ein Köderfisch ist schnell gefangen, am stabilen Angelhaken befestigt und wird circa 100 Meter ins Meer hinausgebracht. Nun sitzen wir am Ufer und warten. Es dauert nicht lange, bis sich die Angelschnur bewegt. Ein mehrmaliges Zucken ist aber alles, was passiert. So warten wir Stunden und werden schon unaufmerksamer. Doch dann plötzlich, ein Ruck, ein Ziehen an der Leine, das Wasser vor uns wird unruhig, bis eine dreieckige Flosse zu sehen ist. Ein Hai hängt an der Angel, er hat den Köder geschluckt. Jetzt setzt der Kampf ein. Die Wasseroberfläche wird aufgepeitscht, das Tier versucht, sich zu befreien, und schwimmt wie wild hin und her. Wir ziehen zu zweit an der Schnur, langsam wird der Abstand geringer und der Fisch allmählich müde. Im Wasser kämpft der Hai verbissen bis zuletzt, aber dann auf dem Sand hat er keine Chance mehr. Er tut mir leid, wie er so daliegt auf dem Trockenen, nicht mehr in seinem Element. Er hat den Kampf verloren. Um das Tier nicht unnötig zu quälen, wird ihm ein Schlag auf den Kopf verpasst und er damit betäubt. Ich habe mich umgedreht, denn wie man ihn dann tötet, das wollte ich nicht sehen. Es war ein kleiner Hai, circa einen Meter lang, ein Grauhai.

Wir legen ihn auf die Ladefläche des Wagens und fahren ins Dorf zurück. Jetzt muss er zerlegt werden. Man drückt mir ein kleines Messer in die Hand und da sitze ich nun und weiß nicht, wo ich anfangen soll. Dakroni beginnt, zeigt mir, wie man das Fleisch von der Haut trennt. Diese soll nämlich getrocknet werden, um sie als Leder zu erhalten. Kaum haben wir angefangen, hat sich der Fang im Dorf herumgesprochen. Die Leute kommen mit Schüsseln angelaufen und warten auf das Fleisch. Die Haut der Haie ist lederartig und an der Oberfläche rau wie Sandpapier. Als diese doch etwas blutige Angelegenheit vorbei ist, spannt man die Haut auf ein Holzgestell, bestreut sie mit Salz und lässt sie in der Sonne trocknen. Das war für mich kein so toller Tag.

Ein anderes Mal werde ich mit hinausgenommen zum Langustenfang. Diese Tiere leben in größerer Tiefe und kommen nur nachts an die Oberfläche. Man lockt sie mit Petroleumlampen, die vorne auf dem Boot befestigt sind und deren Schein ins Wasser fällt. Durch das Licht werden sie angezogen und man braucht sie dann nur einzusammeln. Es sind viele, die an die Oberfläche strömen. Mein Blick geht hinauf in den Sternenhimmel, der sich am Horizont erstreckt.

Das sind die wenigen Abwechslungen, die das Leben den Menschen hier bietet, immer im Einklang mit der Natur. Denn die Einheimischen wissen, dass sie nur mit und von der Natur leben können und nicht, wenn sie gegen sie handeln.

Und so, in diesem sich immer wiederholendem Rhythmus verbringe ich hier die Tage, die Wochen, zwei Monate.

Abschied von Wüstenleben

Es wird Zeit, zurückzukehren in meinen Reisealltag. Das Visum ist fast abgelaufen, ich muss also wieder nach Kairo. Werde ich ein Neues bekommen? Wo will ich weiter hin? Schon nach Hause? Über Nordafrika? Noch ist alles offen! Also packe ich nach Monaten wieder meine Sachen, verabschiede mich von diesen mir lieb gewordenen Menschen, von Meer und Wüstenleben, und ziehe wieder los. In meinem Koffer findet sich noch Platz für einen präparierten Kugelfisch und die eine oder andere Muschel.

Es fällt mir nicht leicht, diese Ortschaft zu verlassen. Hier habe ich Freunde gefunden: den alten Fischer Dakroni, mit dem ich so oft aufs Meer hinausgefahren bin; Mahmut, von dessen Bank vor dem Haus wir so viele Abende aufs Meer hinausgeschaut haben, und all die anderen, denen ich begegnet bin. Hier habe ich viel gelernt, vom Leben und auch für das Leben. Es war für mich eine schöne, lehrreiche und faszinierende Zeit.

Ein langer Weg liegt jetzt vor mir. Es geht wieder durch die Wüste mit den mir schon bekannten Kontrollpunkten. Auf der Fahrt durch das Niltal haben sich weder Staub noch Hitze verändert, es sind die gleichen Strapazen. So habe ich nach einigen Tagen wohlbehalten Kairo erreicht. An den Verkehr, die Hektik, an das laute Treiben muss ich mich erst wieder gewöhnen. Aus der Einsamkeit in die quirlige Metropole, auch damals schon die größte Afrikas. Die Jugendherberge ist für die nächsten Tage wieder mein Zuhause.

Wie geht es weiter?

Ich verbringe viel Zeit damit, mir Klarheit über die Weiterreise zu verschaffen, Informationen einzuholen. Es gibt viel Lauferei. Niemand kann mir verbindlich sagen, wie die Straßenverhältnisse in den Nachbarländern sind oder ob ich ins Land gelassen werde, welche Impfungen erforderlich sind und wie es um die Tankstellen bestellt ist. Meine größte Sorge aber ist, wie auch immer ich mich entscheiden werde, ob ich das auch bewältigen kann. Ich stehe also vor einem großen Haufen unbeantworteter Fragen.

Heute, nach 60 Jahren, ist alles einfacher. Man zückt sein Handy und hat alle Infos gut lesbar auf dem Display oder trägt sie in der Hosentasche mit sich herum, bis man sie braucht. Google macht's möglich. Das verhindert aber auch zufällige Begegnungen, die zum Reisen dazugehören und es auch spannend machen. Früher war das mit vielen Mühen verbunden und zeitaufwendig. Und oftmals waren die Hinweise auch falsch.

So bin ich froh, nach dem vielen Laufen auszuruhen und verbringe die Abende auf dem kleinen Balkon der Jugendherberge. Versuche meine Erkundungen und Gedanken zu ordnen und mich zu entscheiden. Ich genieße diese Augenblicke mit Blick über die Dächer. Nach Sonnenuntergang legt sich allmählich Ruhe über Stadt und Bewohner. Auch ich kann etwas abschalten. Aber diese Ruhestunden dauern nicht lang. Schon mit dem ersten Morgendämmern gegen fünf Uhr setzen von allen umliegenden Minaretten die Rufe der Muezzins ein. Nicht alle gleichzeitig. Wellenförmig gleiten sie über das Häusermeer, steigen auf und ab in Lautstärke, in „Allahu Akbar, Allahu Akbar"- Rufen. So ist man umgeben von einem tragenden Gesang, der sich über die ganze Stadt ausbreitet und am Ende alle Frommen aus den Betten und zur Moschee treibt. Wenn sie dann den Dienst an Allah hinter sich haben, fängt auf den Gassen das Leben wieder an. Der ganz alltägliche, sich immer wiederholende Wahnsinn einer damals drei und heute 20-Millionen-Stadt. Mit Verkehr, Geschäftigkeit, dem Leben in den Gassen, aber auch der Muße in den Teehäusern. Ein immer aufs Neue wiederkehrender Kampf um das tägliche Dasein, die bunten Fassetten einer arabischen Metropole.

Ich liebe diese Stadt, sie ist chaotisch und fordernd, liebenswürdig und rücksichtslos und bunt schillernd. Sie zeigt die Gegensätze auf, fordert einen, und lässt mich lebendig sein! Auch nach so vielen Jahren und Besuchen kehrt beim Schreiben die Erinnerung daran zurück. Spüre ich die Atmosphäre, die sich in ihr entfaltet, wenn man sie, so wie ich, bis in die allerletzten Winkel durchstreift hat: die Basare, bunten Märkte, engen Gassen im Staubgeflimmer und im Gegenlicht der Sonne. Die Wohnviertel aus Lehm gebaut, hochaufragend, mit den engen, sandigen Gassen. Die Moscheen und Koranschulen, Jahrhunderte alt, mit ihren weiten Innenhöfen und den umlaufenden kleinen Zellen der Studierenden. Und mit ihrer Ruhe, die diese Orte der Gebete und der Gelehrsamkeit ausstrahlen, mitten in der Hektik dieser Stadt. Auch die Friedhöfe der Kopten durchstreife ich, wo die Ärmsten der Armen sich neben den Gräbern aus Blech, Holz und Plastik eine Bleibe gebastelt haben. Das alles wird wieder lebendig beim Schreiben. Dann fühlt man plötzlich die Hitze, spürt den Staub, der aufwirbelt, hat die Gerüche in der Nase, hört die Laute und Geräusche der Straße und der Gassen. Nimmt Fetzen von Musik wahr und kann sich beim Schließen der Augen zurückversetzen in diese andere, lang zurückliegende Zeit.

Heute wird man als Reisender Ähnliches erleben und empfinden. Der Fortschritt macht alles viel einfacher, nimmt aber auch viel von der Intensität des Erlebten. Denn was man sich mühsam erarbeitet hat, weiß man umso mehr zu schätzen, es ist kostbarer.

Hier in Kairo muss ich eine Entscheidung fallen. Trete ich die Heimreise an oder setze ich den Weg fort? Aber wohin? Ich will eigentlich noch nicht nach Hause, dann hätte der Alltag mich wieder eingeholt. Ich wäre nicht mehr „die Reisende", sondern eine von vielen. Nichts Besonderes mehr. Wäre wieder mit Job, enger Wohnung, der Familie und Sorgen konfrontiert. Natürlich hätte ich mich auch gefreut. Doch das alles wollte ich noch hinauszögern.

Also, was bleibt? Die Fahrt über Nordafrika wäre schon Richtung Heimat gegangen, wenn überhaupt möglich. Im Osten liegt das Rote Meer und die Wüstengebiete Saudi-Arabiens – mit dem Roller nicht machbar. Vom Norden bin ich gekommen, bleibt also nur der Süden. Warum nicht? Warum nicht noch einmal den Nil hinauffahren und weiter in den schwarzen Erdteil vordringen? Vielleicht in den Sudan? Ist das per Roller machbar? Das kann mir hier keiner beantworten. Ich weiß, es gibt eine Bahnlinie, die bis zur sudanesischen Grenze führt, nach Shelal, südlich von Assuan. Und dann war da ja auch noch der Nil, der weiter in den Sudan führt. Boote habe ich unterwegs schon gesehen. Sie fahren den Fluss aufwärts. Aber wie weit, ob bis Khartum oder weiter?

Andere Fragen ließen mich nicht los. Würde mein Geld reichen für eine solche Reise? Wo könnte ich eventuell Arbeit finden? Ganz sicher wieder im Libanon. Was mache ich mit dem Roller? Da stürmt so einiges auf mich ein. Das heißt auch, dass ich noch eine Weile unterwegs bin. Wie kann ich das meinen Eltern erklären, wo sie doch jetzt schon traurig sind über meine lange Abwesenheit?

Eine Reise mit der Bahn durch dieses Land und vielleicht weiter per Boot, auf dem Nil kann mich schon reizen. Also frage ich in der Jugendherberge, ob ich den Roller unterstellen kann, auf ungewisse Zeit. „No Problem" war die Antwort, „Mümkün" möglich! Die nächste Frage: Wird mein Visum für dieses Land verlängert, und wenn ja, wie lange? Leider bekomme ich nur zwei Wochen, das heißt, ich muss mich schnell entscheiden, wie es weitergehen soll. Nach einigen schlaflosen Nächten weiß ich es, die Entscheidung ist gefallen: Ich werde in den Süden fahren, in den Sudan. Dafür brauche ich die eine oder andere Impfung und auch ein Visum.

Brief an meine Eltern, Kairo, 20. September 1960

„Mit Freude lese ich Eure liebe Post, die mich in Kairo, nach fast dreimonatiger Abwesenheit erreicht. Es tut mir leid, dass ich Eure baldige Wiedersehensfreude zerstören muss. Ich setze nämlich meine Reise fort. Wohin, werdet Ihr fragen. Nach Norden, nein! Noch immer weiter zum Süden, zum Sudan. Es wird per Bahn und Nilboot gehen. Dann befinde ich mich am Wendekreis des Krebses, am Kreuz des Südens, in den Tropen. Moskitonetz, Tropenhelm und Medikamente liegen bereit. An der Grenze zum Sudan werde ich gegen Gelbfieber geimpft und dann kann ich nur hoffen, dass mich auch keine Malaria Mücke sticht. Vielleicht komme ich auch noch bis zum Süd Sudan, wo es Elefanten, Löwen, Tiger, Leoparden und jegliches anderes Wild gibt. Ich glaube, das wird eine interessante Fahrt. Bitte schreibt mir, ob das Paket mit den Wintersachen angekommen ist. Vielleicht habt Ihr es mir ja auch schon in Euren Briefen nach Tobruk, Tripolis oder Tunis mitgeteilt. Ich werde nicht über Libyen und Tunesien fahren, Strecken von über 1000 Kilometern, kein Wasser, kein Benzin, nichts, unmöglich zu schaffen. Wenn ich aus dem Sudan zurückkomme, werde ich ein Schiff von Alexandria nach Italien nehmen.

Viele liebe Grüße, Eure Ursula.“

„Wieviel Geld besitzen Sie, oder haben Sie eine Rückfahrkarte?“ So lauten die Fragen, die mir am sudanesischen Konsulat in Kairo gestellt werden. Ich will doch nur ein Visum. Die Höhe des Geldes entscheidet über die Aufenthaltsdauer: Ich bekomme vier Wochen. Das reicht gerade, um in den Süden des Landes und wieder zurück zu kommen. Die Impfungen sind bald erledigt, der Roller untergestellt, alles Wichtige eingepackt. So kann es losgehen. Das Bahnticket ist billig, denn ich reise dritter Klasse.

Per Bahn von Kairo bis Shelal

Der Zug setzt sich langsam in Bewegung. Es geht durch heruntergekommene Vororte. Die Spitzen der Minarette begleiteten mich noch eine Weile. Auch die Pyramiden sehe ich noch schemenhaft in der Ferne. Endlich liegt die Stadt hinter mir, und das Grün der Felder breitet sich neben den Schienen aus. Eingezwängt zwischen Fellachen, Körben mit Hühnern, Kisten und Säcken sitze ich auf den harten Holzbänken des Zuges. Ich bin die einzige Europäerin hier. Bald hat sich jeder eingerichtet für die Reise. Fünfzehn Stunden Enge, Rüttelei, Schweiß und Staub liegen vor mir. Die Hitze steht in den Abteilen, die offenen Fenster bringen keine Abkühlung, und der feine Nilstaub dringt in jede Pore. Alles ist damit überzogen. Die Reisenden haben sich schnell an mich gewöhnt. Es geht erst einmal entlang des Nils und an den Dörfern der Fellachen vorbei. In der heißen Jahreszeit ist es eine Herausforderung, den Tageszug zu nehmen. Es geht über El Minya, Asyut, Sohag und Qina. Diese Orte habe ich ja schon durchrollert. An den Stationen heftiges Gedränge und lautes Rufen. Wasser, Obst und gekochte Eier werden dem Reisenden angeboten. Gegen Abend setzt jemand seinen Alukoffer zwischen die braunen Beine der Mitreisenden, packt sein mitgebrachtes Essen darauf aus. Jetzt kommt von allen Seiten noch mehr dazu. Jeder der Umsitzenden greift zu, jeder isst von allem, was da liegt. Auch mich fordert man mit einem „Dfadale" zum Essen auf. Gegessen wird mit den Fingern. Mit einem Stück vom Fladenbrot langt man in die Speisen und schiebt sich dann den Happen in den Mund. Nur die rechte Hand kommt dabei zum Einsatz, die Linke gilt auch hier als unrein. Es schmeckt köstlich, dieses im wahrsten Sinne zusammengewürfelte Essen.

Die Tempel von Luxor, Kom Ombo und Edfu bleiben im Abenddunst rechts und links der Strecke zurück. Auch das am rechten Nilufer gelegene Tal der Könige verliert sich in den Bergen und in der Dämmerung. Für all das habe ich im Moment keine Muße, und dafür ist es jetzt auch viel zu heiß. Diese Orte habe ich auf späteren Reisen ausgiebig bewundert. Hin und wieder sieht man durch Palmenhaine auch den Nil oder einen der Kanäle, die das fruchtbare Land durchziehen. Es wird rasch dunkel und damit auch etwas kühler. Jeder der

Mitreisenden macht es sich bequem, so gut es eben geht. Die Nacht verbringe ich sitzenderweise, nur den Kopf auf ein Bündel gelegt. Das Rattern der Räder lässt mich etwas hinwegduseln, aber nicht richtig schlafen. Ich muss auf meine Sachen achten, denn in diesem Land ist die Armut sehr groß, und jeder kann alles gebrauchen. Fünfzehn Stunden später geht die Sonne über der östlichen Wüste auf und es wird ganz schnell warm. In die Mitreisenden kommt Bewegung. Am Vormittag habe ich Shelal erreicht, die Anlegestelle des Nilbootes. Die kleine Grenzstation liegt bei Assuan. Sie existiert nur als Haltepunkt vom Hin und Her der Reisenden. Die eigentliche Grenze zwischen Ägypten und der Republik Sudan verläuft etwas weiter südlich in Wadi Halfa.

Bis zur Anlegestelle des Bootes ist es nicht weit. Doch bevor man das Schiff betritt und das Land am Nil verlässt, hat man eine Menge Formalitäten zu bewältigen. Man steht in langer Schlange und wird von einem Polizeibeamten zum anderen geschickt. Zuerst wird der Pass verlangt und gründlichst untersucht. Das Wichtigste ist der Meldestempel. Dann treten vier Polizeioffiziere in Aktion, sie beugen ihre Köpfe über das schwarze Buch, um die Pässe mit den dort genannten Namen zu vergleichen. „Es tut uns leid" ist ihre Entschuldigung. Jetzt wird die Deklaration überprüft. Wehe dem Reisenden, der nicht über jedes Pfund Rechenschaft ablegen kann. Zum guten Schluss kommt noch eine gründliche Gepäckkontrolle. Die schöne Ordnung im Koffer ist dahin, jetzt bekomme ich ihn kaum noch zu. Dann passiert man eine Kette von Verkäufern, die noch diverse Dinge anbieten. Jetzt setzt ein Schreien, Stoßen und Stolpern ein, ein Balancieren auf dem schmalen Brett, das zum Boot führt. Ich muss meine Augen überall haben bei diesem Gedränge. Endlich habe ich es geschafft, bin an Bord, habe sudanesischen Boden unter den Füssen.

Auf dem Nil von Shelal nach Wadi Halfa

Freundlich und hilfsbereit empfangen mich die dunklen Stewards an Deck. Sie kennen das Wort Bakschisch nicht. Ich beziehe eine Minikabine in der zweiten Klasse mit Ventilator. Als Europäerin darf ich keine Decksklasse fahren. Das Schiff legt bald ab. Es besteht aus zehn aneinandergebundenen Booten, also ein richtiger Konvoi. Die hinteren drei haben Schaufelräder, die durch das Wasser pflügen und so den Antrieb bilden. Die Holzräder haben harte Arbeit zu leisten, um das Schiff gegen die Strömung fortzubewegen. Träge wälzt der Nil seine braunen Wassermassen gen Norden, mit sich führend den fruchtbaren Schlamm. Er schlängelt sich von Zentral-Afrika über 6000 Kilometer durch trockene, mineralhaltige Wüste und Gebirge und macht so das Leben hier überhaupt erst möglich.

Es gibt vier Klassen an Bord. Die erste und zweite mit Sonnensegel und Korbstühlen auf dem Oberdeck. Nur wenige Passagiere haben die erste Klasse gebucht. Die dritte und vierte aber hat sich auf den Planken der diversen offenen Decks niedergelassen. Hier herrscht buntes Treiben, hier ist schon Afrika. Eine Mischung von Arabern und dunkelhäutigen Menschen aus dem Sudan hat sich für die nächsten Tage hier häuslich eingerichtet. Darunter eine Vielzahl von Menschen der verschiedensten sudanesischen Stämme. Teils recht wilde und verwegene Gestalten, liegen sie auf und zwischen riesigen Bündeln. Und was sie alles transportieren, die gesamte Familienhabe.

Ich lege mich etwas hin, an Schlaf ist kaum zu denken, es ist zu heiß. Der Ventilator wirbelt auch nur die Luft durcheinander und bringt kaum Abkühlung. Gegen Abend serviert mir einer der Stewards einen Tee auf Deck. Die Landschaft zieht langsam vorbei: grüne Ufer, dahinter das Gelb der Wüste. Hin und wieder sieht man eines der typischen Nilboote, die Feluken, mit ihren großen Dreieckssegeln in Weiß oder Ocker. Sie ziehen lautlos dahin wie schon vor Tausenden von Jahren. Die Zeit scheint hier keine Rolle zu spielen, nicht weitergegangen zu sein, die Ära der Pharaonen noch gegenwärtig. Die

Dörfer am Ufer bleiben zurück, werden seltener, das grüne Band schmaler. Jetzt wird es auf den Decks der Einheimischen lebendig. Auf kleinen Blechöfchen, aus Kanistern gefertigt, wird mittels Holzkohle gegrillt und gebrutzelt. Duftwellen schlagen mir entgegen, ich stehe an der Reling und betrachte das bunte Bild unter mir. Bei mir gibt es heute nur eine Suppe, denn das Essen an Bord ist sehr teuer. Wasser habe ich mir noch an Land besorgt. Die Reisenden werfen einfach ein Seil mit einer Blechdose daran über Bord und schöpfen so das Wasser aus dem Fluss, um es zu trinken. Wir Europäer würden uns die eine oder andere Krankheit zuziehen. Diese Menschen sind immun dagegen.

Es wird Abend, die Sonne verlässt ihre Bahn über der westlichen Wüste, färbt alles rosa und ist bald verschwunden. Ganz schnell tritt abendliche Kühle ein und ein Sternenhimmel breitet sein Dach über Land und Dunkelheit. Allmählich wird es auf dem Schiff ruhiger, jeder sucht sich ein windgeschütztes Eckchen inmitten seiner Habe. Ich sitze noch lange an Deck, schaue auf das dunkle Wasser, genieße die Kühle und Stille des Abends. Diese Stille ist nur unterbrochen vom Geräusch der Schaufelräder und dem Glucksen des Wassers unter den Booten. Manchmal dringt auch noch der Ruf eines Vogels vom nahen Ufer herüber. Die Tropennacht ist nicht ganz lautlos, sie ist lebendig durch die nachtaktiven Tiere, die man hin und wieder hört, aber nicht sieht. Ich hänge meinen Gedanken nach, schreibe noch etwas und begebe mich in die heiße Kabine. Aber der Schlaf bleibt erst einmal aus, zu viele Eindrücke schwirren in meinem Kopf herum. Mit jedem Kilometer dringe ich tiefer ein in den afrikanischen Kontinent, tiefer in eine mir unbekannte Welt.

Am nächsten Morgen hat sich die Landschaft verändert. Der Fluss, der wie ein breiter Strom durch das Land der Pharaonen zog, verengt sich mehr und mehr. An beiden Seiten der Ufer ragen jetzt steile Felsen in den Himmel. Die Strömung hat erheblich zugenommen, wird durch das enger werdende Flussbett gezwängt. Die Schaufelräder müssen noch mehr arbeiten. Ich sitze an Deck, lasse mir den

Fahrtwind um die Nase wehen. Denn in der Mittagszeit steigt das Thermometer sicher wieder auf 50 Grad. Einige Ägypter gesellen sich zu mir. Man stellt sich nicht per Namen vor, sondern nennt seinen Beruf. Das ist hier so üblich. Unter ihnen ist auch ein Polizeibeamter. Er begleitet das Schiff aus Sicherheitsgründen bis zur Grenze nach Wadi Halfa.

Vorbei an den Tempeln der Pharaonen

Wir passieren altes Kulturland, ein Gebiet viel tausendjähriger Geschichte, das Land der Pharaonen, die über Ober- und Unterägypten herrschten. Überall in der Wüste, zu beiden Seiten des Flusses, liegen Ruinen, vom Sand überweht. Auch die Pyramiden der sogenannten „schwarzen Pharaonen" weiter im Süden, die noch auf ihre Ausgräber warten. Sie liegen seit Jahrtausenden sicher hier verborgen.

Doch da, in der Ferne am rechten Nilufer, sehe ich große, aus dem natürlichem Fels geschlagene Figuren. Es ist Abu-Simbel, eine mächtige Tempelanlage, aus dem 13. Jahrhundert v. Chr. im Süden des Landes. Die Vorderfront schmücken vier hochaufragende Statuen und stellen Ramses II. dar. Der eigentliche Tempelbau erstreckt sich im Innern des Berges, aus dem Fels geschlagen, und ist nicht zu sehen. Abu-Simbel wurde im Jahre 1962, also zwei Jahre nach meiner Fahrt, abgebaut, um dem geplanten Nasser Staudamm Platz zu machen. Mehrere europäische Länder sind an diesem Riesenprojekt beteiligt. Er wurde Stück für Stück in Blöcke zersägt und an höher gelegener Stelle wieder zusammengesetzt. Dann wurde das ganze Gebiet geflutet, und der Nasser See entstand. Er ist 550 Kilometer lang und 35 Kilometer breit. 1970 war er dann zu dieser Größe vollgelaufen. Ich habe den Tempel noch an der Originalstelle gesehen, damals 1960.

Kurz darauf, nach drei Tagen auf dem Nil, legen wir in Wadi Halfa an, die Grenze ist erreicht, ich bin im Sudan. Vom Ufer her weht ein heißer Wind, der aus der nubischen Wüste kommt. Wadi Halfa soll einer der heißesten Orte der Welt sein, so gelesen vor kurzer Zeit in einem Jahrbuch. Die nubische Wüste reicht vom Nil bis ans Rote Meer im Osten.

An Deck wird es lebendig. Erst wird die Fracht ausgeladen, dann können die Passagiere das Boot verlassen. Ein freundlicher Zollbeamter zeichnet das Gepäck, ohne es zu kontrollieren. Ich muss nur eine Deklaration ausfüllen, auf der Geld und Kamera eingetragen werden. Hier geht alles zügig und schnell, Schlange stehen gibt es hier nicht. Den Einreisestempel gab es schon an Bord. Ab Wadi Halfa geht es für mich per Bahn weiter. Da ich kein sudanesisches Geld besitze, nimmt der Beamte am kleinen Bahnhof ausnahmsweise auch ägyptische Pfund für die Fahrkarte nach Khartum. Es gibt nur noch ein 3.-Klasse-Ticket. Für Wasser und Lebensmittel kann ich ohne Geld auch nicht sorgen. So muss es eben ohne gehen.

Bei 50 Grad durch die Nubische Wüste

35 Stunden Bahnfahrt liegen vor mir, auf dem Weg nach Khartum, der Hauptstadt des Landes. Um 13 Uhr verlässt der Zug Wadi Halfa. Die Hitze breitet sich in den Abteilen aus und legt sich wie ein dicker Wattebausch über alles. Vor mir liegt die Unendlichkeit der Nubischen Wüste. Kein Baum, kein Strauch, kein Grün ist zu sehen, nur goldgelber Sand, der bis an den Horizont reicht. Trotzdem schafft es manchmal eine der wenigen Schirmakazien, sich gegen Wind, Sand und 50 Grad Hitze zu behaupten. Unbarmherzig brennt die Sonne auf das Land. Der Fahrtwind, der durch die geöffneten Fenster hereinkommt, bringt nicht viel Abkühlung. Aber er trocknet die durchschwitzte Kleidung. Mehr und mehr dringt der aufgewirbelte feinste Staub ins Abteil. Er setzt sich in Augen, Mund und Nase. Auch zwischen den Zähnen fühlt man ihn. Bald verschwindet alles unter einer hellbraunen Schicht. Die Eingeborenen puhlen ungeniert in der Nase und spucken hin und wieder den Sand aus, einfach so ins Abteil. Ich binde mir ein feuchtes Tuch vor Mund und Nase, aber dadurch fällt des Atmen schwerer. Die Holzbank teile ich mir mit dunklen Gestalten mit den verschiedensten Stammeszeichen auf

Stirn und Wangen. Jemand reicht mir eine Riesenpampelmuse. Sie ist zuckersüß und schmeckt köstlich. Monoton klingt das Geräusch der Räder und das leichte Schaukeln des Zuges lässt mich schläfrig werden.

Es wird Abend. Jeder Mitreisende hat seine Marschverpflegung mitgebracht. Dosen und Töpfe kommen zum Vorschein. Alles wird ausgepackt, die Speisen kommen von allen Seiten, und jeder nimmt, was er braucht oder was ihm schmeckt. Auch ich werde mit einer einladenden Geste zum Essen aufgefordert. Man teilt alles miteinander, wie in einer großen Familie. In Europa wäre das in dieser ausgeprägten Form nicht denkbar. Ich lasse es mir schmecken, bin froh etwas zu bekommen, denn Khartum ist noch weit.

Wasser gibt es in großen, irdenen Krügen, es kommt aus dem Nil und eine Staubschicht schwimmt oben drauf. Mir reicht man eine Flasche mit Sprudelwasser. Die Sitzbänke sind ungepolstert und auf Dauer ziemlich hart. Um mir die Beine zu vertreten, muss ich über viele Gepäckstücke steigen. Irgendwann fragt jemand, woher ich komme und was mein Ziel ist. Als sie erfahren, dass ich im Roten Meer getaucht habe, staunen sie. Noch mehr erstaunt sie, dass ich alleine unterwegs bin, alleine als Europäerin.

In Abständen von circa einer Stunde hält der Zug an den diversen Stationen. Diese haben keine Namen, sondern nur Nummern. Insgesamt zehn solcher Haltepunkte mit ein paar Hütten liegen an der Strecke verteilt. Die hier lebenden Bahnwärterfamilien verschaffen sich einen kleinen Nebenverdienst durch den Verkauf von Tee an die Reisenden. Im Zug gibt es noch einen Deutschen, der auf dem Weg nach Südafrika ist. Er ist so freundlich, mir etwas Geld zu wechseln. Gegen 23 Uhr erreiche ich die erste größere Ortschaft an dieser Bahnlinie. Es ist Abu-Hamed, wieder am Nil gelegen. Die Wüste ist geschafft. Hier kann ich mich mit Lebensmitteln versorgen. Man bietet Datteln, gekochte Eier, Apfelsinen und riesige Pampelmusen an. Wo die wohl herkommen? Wahrscheinlich aus dem Niltal. Es gibt auch Brot und Getränke. Dann rollt der Zug weiter in die Dunkelheit. Hin und wieder sieht man spärliche Lichter vorbeihuschen.

Durchs Fenster sehe ich einen unbeschreiblichen Sternenhimmel. In den Abteilen wird es stiller, nur unterbrochen vom Geratter des Zuges. Jeder versucht, so gut es geht zu schlafen, auch ich.

Angekommen im schwarzen Afrika

Als sich am anderen Morgen der Frühnebel legt, hat sich die Landschaft verändert. Wir durchqueren jetzt ein steppenartiges Gebiet. Es ist nicht mehr so grün wie in Unterägypten. Überall verkrüppeltes Busch- und Strauchwerk, teilweise so dicht wie ein niedriger Dschungel. Lautes Gezwitscher ist zu hören, bunte Vögel fliegen aufgeregt davon beim Näherkommen des Zuges. Hin und wieder sehe ich in der Ferne Herden durch das Dickicht streifen. Dann die ersten runden Hütten der Eingeborenen. Der Zug fährt langsam, hohe, schlanke Gestalten, oftmals nur mit einem Tuch bekleidet stehen an der Strecke, Männer und Frauen unterscheiden sich kaum. Kinder haben nur ein Kettchen um den Leib geschlungen. Die Hütten, aus Lehm gebaut und mit Stroh bedeckt, sind von einer Dornenhecke umgeben. In diesen Kralen leben die Familienverbände, aber auch das Vieh, wenn es nicht in der Steppe weidet. Der Zug hält. Gleich kommen die Dorfbewohner angelaufen, es werden die verschiedensten Dinge angeboten. Körbe und Taschen aus Strohgeflecht, geschnitzte Stöcke und Fliegenwedel aus Haaren. Auch bunte Gebetsteppiche sind dabei. Alles wird in Handarbeit hergestellt. Natürlich kann man sich auch mit Proviant für die Weiterreise versorgen. Hier braucht man nicht zu handeln. Farbenfrohe Bilder im Vorbeifahren bleiben haften.

Khartum, Omdurman und Malakal

Gegen Abend läuft der Zug in Khartum ein. Zwei Drittel der Strecke Kairo-Malakal liegen hinter mir, Khartum ist heiß und staubig. Es liegt am Zusammenfluss des Weißen und Blauen Nils. Eigentlich sind es zwei Orte, die durch eine lange Brücke miteinander verbunden sind. Hier herrscht Linksverkehr. Khartum ist die moderne Verwaltungsstadt, Omdurman dagegen der ältere und wesentlich interessantere Teil. Ich lasse mich zu dem kleinen Hotel bringen, dessen Adresse ich von einem Studenten in Kairo bekommen habe. Es ist eine lausige Herberge. Aber es gibt wenigstens eine Dusche, hier kann ich mir den Wüstenstaub abwaschen. Die Zimmer liegen um einen offenen Innenhof, meines in Toilettennähe. Dementsprechend ziehen die Düfte, von der heißen Luft getragen, in meine Nase. Aber ich bin zu müde, das Hotel oder das Zimmer zu wechseln. Ich will einfach nur schlafen nach den langen, ungemütlichen Nächten in Zügen und auf dem Boot. Die meisten Gäste haben ihre Betten im Innenhof aufgestellt, um so die Kühle der Nacht zu nutzen. Gegen Morgen bei Sonnenaufgang kommen die Fliegen.

Später ziehe ich los, schaue mir die Stadt an. Auch um mir beim Touristenministerium die Erlaubnis zur Fahrt in den Süden zu holen. Dort bekomme ich auch die Genehmigung zum Fotografieren.

Khartum ist eine moderne Stadt mit europäisch anmutenden Bauten und breiten Straßenzügen. Ich passiere die Brücke, die über die beiden Nilarme führt, und bin dann in Omdurman. In diesem älteren Teil der Stadt durchziehen Gassen das Häusergewirr, es überwiegen die nubischen Lehmhäuser. Engste Gässchen führen in ein Labyrinth aus Geschäfts- und Wohnvierteln, kleinen Plätzen und Höfen. Hier sind diverse Handwerksbetriebe angesiedelt, immer nach Berufsgruppen geordnet.

Es gibt Holzschnitzer, Gerber, Wollfärber, Schuhmacher, Kupfer- und Silberschmiede. Auch viele Läden, wo Felle von Löwen, Leoparden, Zebras und Wildkatzen die Wände zieren. Auch bis zu fünf Meter lange Schlangenhäute kann ich bewundern. Etwas verborgen im hinteren Teil zeigt man mir auch einen ganzen Berg von Elefantenstoßzähnen. In einer anderen Gasse duftet es verführerisch nach allen Gewürzen des Orients. Dazwischen wird von den Verkäufern Weihrauch in kleinen Tonschälchen abgebrannt. Um die Ecke haben sich die Schuhverkäufer niedergelassen. Es gibt sie in allen Farben und Formen bis hin zu denen aus Leoparden- und Wildkatzenfell.

Jetzt bin ich in der Gasse der Gold- und Silberschmiede. Es funkelt um mich herum. Hier sehe ich schwere Fuß- und Armreifen aus Silber, Goldketten und feine Nasenringe. All dies wird von Hand gefertigt und man kann den Künstlern bei der Arbeit zusehen. Sie hocken im hinteren Teil ihrer kleinen Lädchen auf dem Boden, haben nur weiniges Werkzeug und setzen für die Arbeit Hände und Füße ein. Es herrscht ziemliches Gedränge in diesem Viertel. Hochaufragende, schlanke Gestalten der Nuer, Dinkas und Schilluks, der hier lebenden Volksstämme, kommen nebst mohammedanischen Sudanesen auf diesen größten Markt Afrikas. Ein buntes Völkergemisch in vielen Schattierungen, von hell bis dunkel. Frauen sehe ich kaum in diesen Gassen. Wer keinen Laden hat, breitet seine Waren auf einem Tuch am Rande des Weges aus. So werden hier alle Früchte des Landes angeboten, kunstvoll aufgestapelt zu Pyramiden. Ein buntes Bild, bin mitten im Marktgeschehen. Lautes Rufen der Verkäufer mischt sich mit den unverständlichen Lauten der Einheimischen. Dazu kommen noch arabische Musik und der Gesang des Muezzins aus den Lautsprechern der hochaufragenden Minarette. Die Menschen hier nehmen kaum Notiz von mir, sie sind stolz und selbstbewusst.

Müde von der Hitze, vom Laufen und Schauen mache ich mich auf den Weg zurück zum Hotel. Dort wartet eine erfrischende Dusche auf mich. Am Abend ist es immer noch so heiß, dass ich das Kopfkissen umdrehe, weil es an der Unterseite etwas kühler ist. Dieses Hotel ist mit Wellblech gedeckt und gibt die Tageshitze voll in den darunterliegenden Raum ab. Für die Regenzeit mag so ein Blechdach ja ganz praktisch sein, aber für Hitze ungeeignet. Irgendwann bin ich dann doch eingeschlafen. Der Körper holt sich, was er braucht.

Am nächsten Morgen bekomme ich meine Fahrkarte nach Kusti in den Süd Sudan. Wieder liegen fünfzehn Stunden Bahnfahrt vor mir mit Hitze, Staub und ausgetrockneten Atemwegen. Der Zug steht da, mein Platz in der Holzklasse wartet. Die Landschaft wird immer grüner, immer üppiger werden Bäume und Pflanzen. Jetzt verlasse ich den Norden des Landes, der noch zum großen Teil muslimisch geprägt ist. Hier beginnt für mich der schwarze Erdteil, immer mehr

Angehörige der verschiedenen Stämme leben hier. Es geht mehr oder weniger am Blauen Nil entlang. Die Gegend ist dichter besiedelt, immer häufiger sehe ich Dörfer der Eingeborenen. Nach einigen Stationen und etlichen Stunden Fahrt ist Wad-Madani erreicht, ein etwas größerer Ort auf der Westseite des Nils. Hier hält der Zug für einige Zeit, sodass ich mich für den Rest der Reise mit Proviant versorgen kann. Es ist nicht mehr so heiß, das aufkommende Grün bindet Hitze und Staub. Es wird Abend, ganz plötzlich dunkel, kein langer Übergang vom Tag zur Nacht. Fahre dem Äquator entgegen bis Wad-el-Hadad. Jetzt geht es in westliche Richtung durch ein Wüstengebiet rüber zum „An-Nil al-Abyad", dem Weißen Nil. Hier ist die Zugfahrt beendet und Kusti erreicht. Verbringe eine Nacht in diesem kleinen Ort und warte auf das Boot. Schon in Ägypten habe ich angefangen, Malaria Tabletten zu nehmen, denn jetzt komme ich in die Tropen, und da gibt es noch diverse andere Krankheiten.

An Bord

Ab Kusti geht es auf dem Nil weiter nach Malakal. Das Boot verkehrt nur alle zehn Tage auf dem Weg nach Juba. Auch hier, wie schon im Norden, ist es wieder ein Konvoi. Die Schaufelräder der letzten drei Boote haben harte Arbeit zu leisten, denn der Nil ist übersät mit blauen Wasserhyazinthen. Drei Tage soll die Flussfahrt dauern bis zum südlichsten Punkt meiner Reise, Malakal. Das Bild der Passagiere hat sich verändert. Es sind fast nur Sudanesen an Bord, die meisten haben sich auf Deck niedergelassen. Sie gehören zu den drei Hauptstämmen der Dinkas, Nuer und Schilluks, die hier in der Savanne leben. Staunen und Bewundern ist auf beiden Seiten. Mit ihren Rinderherden ziehen diese Hirten durchs Land und leben von und mit ihren Herden. In Lehmbauweise haben sie ihre Rundhütten errichtet und mit Stroh gedeckt. Sie alle tragen die Stammeszeichen auf Stirn und Wangen. Teilweise nur spärlich bekleidet, stehen sie mit langen Speeren und Leoparden- oder Zebrafell bezogenen Schilden am Ufer und kommen an Bord. Es sind die Stammesältesten; stolze, schlanke, schöne und hochaufragende Gestalten. Ihre Haut glänzt in tiefbraun Tönen. Trampelpfade führen ans seichte Ufer, wo ein schmaler Steg die Verbindung zum Boot ist. Früchte und auch lebendes Kleinvieh werden an Bord gebracht. Das Trinkwasser für die erste und zweite Klasse wird per Eimer aus dem Nil geschöpft und landet in irdenen Krügen. Das ist natürlich tabu für mich. Der Dampfer hupt drei Mal und dann setzt sich der Tross langsam und behäbig in Bewegung. Es ächzt und knirscht zwischen allen Booten, die mit Seilen miteinander verbunden sind. Die Schaufelräder wirbeln das Wasser auf, durchteilen die schwimmenden Inseln der Wasserhyazinthen mit ihren blau-lila Blüten und langen Wurzeln. Weiße Ibisse, den Ägyptern heilig, haben sich hier niedergelassen und treiben seitlich vorbei. Diese Blütenteppiche bedecken teilweise den ganzen Fluss. Die Menschen um mich herum sind neugierig, wollen wissen, woher ich komme und warum ich unterwegs bin. Meine Antwort, so gut es geht: „Um ihr Land und die Menschen kennen zu lernen." Ob ihnen das als Antwort reicht? Ich würde zu gerne wissen, was da hinter ihrer Stirn vor sich geht. Ob sie sich vorstellen können, dass man Tausende von Kilometern fährt, alles auf sich nimmt, nur um sie und ihre Dörfer zu sehen? Um ihre Lebensweise kennen zu lernen? Neugier und Abenteuer sind gute Antriebsfedern, jedenfalls für mich. Während der Mittagshitze ziehe ich mich in meine Kabine zurück. Etwas später werde ich durch lautes Sirenengeheul an Deck getrieben. Die Maschinen stoppen, wir legen an, wir sind im Reich der Schilluks.

Die Bewohner kommen angelaufen, denn das Boot ist die einzige Verbindung zur Außenwelt. Es versorgt die Menschen, die hier leben mit dem Nötigsten. Die Männer stehen aufrecht und stolz am Ufer. Speere und Schilde tragen sie, stehen, ein Bein angewinkelt, auf einen Stock gestützt. Bekleidet mit einem Tuch, welches auf der Schulter geknotet ist. Sie tragen schwere, kupferne Oberarmreifen, ebensolche am Handgelenk oder Ringe in den Ohren. Ziegelsteinrot sind ihre kurzen, krausen Haare gefärbt. Man vermischt Nilschlamm mit dem Farbstoff von Henna und streicht damit Kopf und Haare ein. Straußenfedern kommen noch als Zierde dazu. Schillukfrauen stehen im Kreise und rauchen ihre tönernen Pfeifen. Diese Steppenbewohner leben von Hirse, dem Gemüse ihrer kargen Felder, und von der Milch und dem Blut ihrer Herden. Das, was sie selbst nicht benötigen, verkaufen sie, wenn mal wieder ein Boot anlegt. Auch Schafe, Ziegen und Hühner wechseln so den Besitzer. Einige der Dorfbewohner kommen an Bord. Für sie ist es wohl die erste Reise. Selbstbewusst schreiten sie über das im Wasser liegende Brett aufs Schiff. Dann hocken sie auf dem offenen Deck und fühlen sich fremd. Erst nach Stunden tauen sie auf und finden Kontakt zu den Mitfahrenden. Denn auch die einzelnen Tribes können sich untereinander kaum verständigen, haben ihre eigene Sprache.

Eigenartige lange Narben tragen sie auf Stirn und Wangen, die jeweiligen Stammeszeichen. Andere haben Pockennarben, die von einer Seite des Kopfes zur anderen verlaufen, manchmal sogar in zwei Reihen. Sicher gibt es auch noch andere Unterscheidungsmerkmale. Dies alles erfahre ich, mühsam erklärt von einigen Mitreisenden. Wir passieren noch etliche solcher Anlegestellen. Die Tage auf dem Boot sind wie eine Reise in eine andere Welt, in ein weit zurückliegendes Jahrhundert. Ich streife all das nur im Vorbeifahren. Was weiß ich schon von Afrika? Nichts! Bin ja nur zufällig hierhergekommen, nicht geplant, nicht vorbereitet. Ich kann das, was um mich herum geschieht und was ich sehe und höre, auf mich wirken lassen, mir meine Gedanken machen und es schreibend festhalten. Für mich ist alles neu und spannend. Ich selbst fühle mich manchmal sogar als Eindringling. Möchte mich ganz klein machen, um nicht neugierig zu erscheinen. Konfrontiert mit einer anderen Kultur und Lebensweise, zurückgeworfen auf die elementaren Dinge des Lebens. Was denken sie von mir, meiner Hautfarbe, meiner Kleidung? Ob sie schon mal Kontakt zu Europäern hatten? Diese Gedanken gehen mir auf der Weiterfahrt durch den Kopf.

Ich erkundige mich bei der Besatzung, ob es in Malakal ein Hotel gibt. Nein, ist die Antwort. Höre mich auch bei den Passagieren um, niemand kennt eine Herberge. Da kommt ein Mitreisender auf mich zu, er ist Schreinermeister in Malakal und lädt mich in sein Haus zu seiner Familie ein. Ich bin dankbar für diese Möglichkeit. Leider kann ich mich kaum mit dem Mann verständigen.

Der Nil wird schmaler und die Strömung dadurch stärker. Immer wieder müssen die Schaufelräder mit den blauen Blütenteppichen und den langen Wurzeln kämpfen, vom Wasser ist manchmal nichts mehr zu sehen. Hin und wieder hält das Boot, werden die Schaufelräder mühsam vom Grünzeug befreit, und der Duft weht zu mir aufs Deck.

Nach der Hitze des Tages kann ich den Abend genießen. Auf den offenen Decks werden Hühner oder Ziegen geschlachtet, denn die Reise nach Juba dauert zehn Tage. Jetzt beginnt man mit Kochen und Braten und Düfte aller Art ziehen auch in meine Nase. Es wird schnell dunkel. Hin und wieder sieht man in der Ferne Feuer aufleuchten. Ein Singsang setzt ein, der von den Decks zu mir herüberweht und zur Stimmung des Abends passt. Vom Ufer her krächzen Geier, Frösche stimmen ein in das abendliche Konzert. Auch Vögel sind um diese Zeit zu hören, und tausendfach umschwirren Insekten die Lichtquellen an Bord. Geheimnisvoll sind die Nächte in den Tropen. Auch die Laute, die Stimmen und Geräusche, die vom Wasser, vom Ufer, aus der Dunkelheit zu mir dringen. Ich kann nichts mehr sehen, nur noch hören. Scherenschnittgleich das Bild eines Feuers in der Nacht, wenn es von dunklen Gestalten umlagert wird. Fast dämonisch der Klang der Trommeln, monoton der Gesang der Eingeborenen aus der Ferne. Es liegt etwas Fremdartiges darin, was mich magisch anzieht, was für mich Afrika verkörpert. Geheimnisvolles, Ursprüngliches, was man nicht greifen kann, was mich mitreißt und still werden lässt in solchem Augenblick.

Diese Momente und tief bewegenden Empfindungen möchte man

festhalten, möchte sie bewahren, sie in sich verschließen, um sie wieder und wieder zurückzuholen, wenn Zeit und Augenblick dafür bereit sind. Ob ich diese Stimmung in meinen späteren Alltag hinüberretten kann? Aber erinnern kann ich mich an sie und mich auch jetzt noch zurückversetzen in diese Augenblicke.

Je weiter südlich es geht, desto mehr nimmt die Wolkenbildung zu. Ich erlebe mein erstes Tropengewitter, Blitze, kurze Umrisse der Landschaft. Von allen Seiten zuckt es vom Himmel, von überall her dröhnt der Donner, in unglaublichen Mengen fällt das Wasser. Es ist kein Regen mehr, es sind Fluten, die da herabstürzen. In zwei Stunden ist der ganze Spuk vorbei, der Himmel wieder blank und blau, so, als wenn man es geträumt hätte.

Am anderen Tag legt das Boot an. Ich habe Malakal erreicht, den südlichsten Punkt meiner Reise und auch den in meinem bisherigen Leben. Nur ein Breitengrad trennt mich vom Äquator. Gen Osten, auf gleicher Höhe liegt die Hauptstadt Äthiopiens, Addis-Abeba.

Etwas traurig verlasse ich das Boot, aber ich habe ja noch die ganze Rückfahrt vor mir. Träger kommen an Bord, um mein Gepäck an Land zu bringen. Mein netter Gastgeber bestellt einen Wagen, der uns zu seinem Haus bringen soll. Doch es dauert etwas. Überall wo er auftaucht, folgen minutenlange Begrüßungsformeln. Er muss wohl lange unterwegs gewesen sein. Ich stehe im Schatten eines Baumes und warte auf Mister Maghoup. Er spricht kein Englisch, dann muss es eben mit den paar Brocken Arabisch gehen, die ich inzwischen gelernt habe. Keiner der hier Wartenden starrt mich an. Dann stoppt ein Wagen. Man lädt das Gepäck ein. Langsam fahren wir über die schmalen Wege, die vom Regen ausgewaschen sind, zu seinem Haus. Es liegt am Rande der Ortschaft in Nähe eines Krals. Es ist ein einfaches Haus. Als ich aussteige, kommen vier kleine Mädchen angesprungen, um ihren Vater zu begrüßen. Mister Maghoup hat seine Ankunft mit einem fremden Gast durch einen

Boten mitgeteilt. Seine Frau begrüßt mich freundlich. Auf einer mit Fliegendraht umgebenen Veranda wird für mich ein Lager bereitet. Auch ein einfaches Brausebad kann ich nutzen. Kaum habe ich mich etwas häuslich niedergelassen, verfinstert sich der Himmel und öffnet wenig später seine Schleusen. Ein Sturm setzt ein und treibt den Regen auf die vorgelagerte Veranda, sodass im Nu alles unter Wasser steht. Auch von der Decke fallen dicke Wassertropfen. Ich sammele alles ein und verstaue meine Sachen im Gepäck. Man bittet mich ins Haus. Auch hier sind die wenigen Möbel in die Mitte des Raumes gerückt, um so dem Wasser auszuweichen. „Das ist hier so bei uns in den Tropen," meinte Mr. Maghoup fröhlich lächelnd. „Das passiert hier täglich während der Regenzeit."

Tagsüber ist es unerträglich heiß. Die feuchte Hitze ist viel unangenehmer als die trockene in der Wüste. Sie legt sich wie eine Dunstglocke auf die Atemwege. Nach kurzer Zeit klebt alles am Körper und trocknet kaum. Alles was aus Leder ist, fängt an zu schimmeln. Dazu kommen noch die vielen, unbekannten Plagegeister, die einen ständig umschwirren. Und am Abend versammeln sich Käfer, Moskitos, Heimchen, Grillen und Heuschrecken jeder Größe um die Petroleumlampen. Zum Glück huschen Geckos und buntschillernde Salamander die Wände rauf und runter und halten so einen Teil der Blutsauger in Schach. Um nachts einigermaßen schlafen zu können, muss man doch noch zur Moskitospritze greifen. Denn die Mücken finden jeden Weg und lassen mich nicht zur Ruhe kommen.

Im Kraal

Ich will etwas die Gegend erkunden, mache mich zu Fuß auf den Weg in das nahegelegene Dorf der Eingeborenen. Nach jedem Regen sind Wege und Pfade kaum passierbar. Man sackt bis über die Knöchel in den Schlamm, das Gehen ist sehr mühsam. Mister Mahgoup gibt mir seinen Houseboy mit, einen jungen Mann der Schilluks. Dieser hat wie alle Einheimischen seinen Stock dabei, schlägt damit auf den Boden und vertreibt so eventuelle Schlangen. Es gibt sie hier reichlich: Kobras, Puffottern und die grüne giftige Baumschlange. Sie leben in Erdlöchern in den Hirsefeldern. Es gibt auch Pythonschlangen, deren Häute habe ich ja in Omdurman gesehen. Also ist Vorsicht geboten, das heißt, bei jedem Schritt fest und hörbar auftreten, denn diese Geräusche vertreiben die Tiere.

An den entfernten Ufern des Nils tummeln sich Krokodile. Sie sonnen sich gerne im Schilfgürtel am Rande des Wassers. Auch Flusspferde finden sich in den braunen Fluten. Sie kommen nur am Abend oder in der Nacht ans Ufer, um zu grasen. Ihre Haut ist sehr empfindlich, und so verbringen sie die meiste Zeit im Wasser, oftmals schauen nur ihre breiten, grauen Rücken und die kleinen Ohren heraus. Madenhacker tummeln sich auf ihnen und picken mit ihren gelben Schnäbeln die lästigen Parasiten aus den tiefen Hautfalten.

Endlich habe ich das Dorf erreicht, umrahmt von einer Dornenhecke zum Schutz gegen wilde Tiere. Aber es liegt wie ausgestorben da – der Zugang mit einem Querbalken versperrt. Ich sehe mich um, warte einen Moment, kann aber nicht einfach in den Bereich der hier lebenden Menschen eindringen. So gehe ich also zurück. Doch auch der Weg hierher über Felder und ausgetretene Pfade durch die Natur war interessant. Am Abend setzt wieder das übliche Gewitter ein. Als Blitz, Donner und das Rauschen des Wassers vorbei sind, höre ich Trommeln, die von einem der Dörfer herüberklingen. Ein monotoner Klang, vom Wind getragen, ein roter Sonnenstreifen am Horizont, der schnell ins dunkle Lila wechselt, der Abend kommt. Es gibt kaum ein Dämmern, der Übergang ist kurz, die Schwärze der Nacht folgt schnell. Jetzt kommen die Plagegeister zurück, aber auch die ersehnte Kühle. Dazu all die vielen Stimmen der Tropen, der verschiedensten Tiere, die jetzt noch einmal lebendig werden. Denn tagsüber bei der Hitze verstummt alles, auch die Insekten ziehen sich zurück, halten Siesta, wie die Menschen. Doch mit Sonnenuntergang sind sie wieder da. Jetzt setzt ein regelrechtes Konzert ein, ohrenbetäubend, von überallher kommend. Die verschiedenen

Laute scheinen sich zu überschlagen. Es sind Vögel, die noch einmal munter werden, Grillen stimmen ein und Frösche vom nahen Fluss sind zu hören. Auch der Schrei eines Rindes aus dem Dornenkraal oder das Hundejaulen aus der Ferne mischen sich in diese abendlichen Klänge. Dazwischen schieben sich noch die dumpfen, fordernden Töne der Trommeln. Ich sitze an der Hauswand, lausche ihnen, verweile in dieser Stimmung. Das ist für mich Afrika und wiederholt sich pünktlich Abend für Abend.

Aber plötzlich, nach einer Weile, als hätte sich der Dschungel mit den Tieren verabredet, ist es ganz still, wie abgeschnitten, ohne Übergang. Diese Stille kann man fast hören. Sie vereint sich mit der Dunkelheit, mit der Nacht. Und dann gehen am Himmel die Lichter an! Ich lege den Kopf in den Nacken und schaue hinauf in dieses Sternenmeer, in einen Himmel, den man selten so klar sieht wie in den Tropen. Lasse mich davontragen von allem um mich herum, von der Tropennacht, dem ganzen Zauber Afrikas, träume. Schon jetzt ahne ich, dass das Momente sind, die nie wiederkehren und die ich nie mehr in dieser Intensität erleben werde. So eine Nacht hinterlässt Spuren, gräbt sich tief in das Bewusstsein ein. Aber auch andere Gedanken machen sich breit, führen mich, ob ich will oder nicht, zurück von meinen Träumereien auf die Terrasse meines Gastgebers. Jetzt ist für mich wohl der südlichste Punkt der Reise erreicht, nur einen Breitengrad vom Äquator entfernt. Von hier aus fahre ich nicht weiter, kann es nur zurückgehen, somit rückt auch die Heimat mit jedem Kilometer nordwärts näher. Wehmut ist bei diesen Gedanken dabei. Ich erlebe diesen Moment, die Nacht, die Tropen, wohl zum letzten Mal. Ich weiß, dass man diesen kostbaren Augenblick festhalten sollte – müsste! Aber man kann ja nichts festhalten, alles ist immer in Bewegung, verändert sich. Man kann nur versuchen, sich dieser Zeit bewusst zu sein, in ihr wirklich zu leben, ohne sich ablenken zu lassen. Sich ganz dem Moment hingeben, ganz da sein und sich auch noch nach sechzig Jahren daran erinnern. Alles sind nur winzige Augenblicke, dann kommt der nächste, und der ist schon wieder ganz anders, ist Vergangenheit! So ist unser Leben: ein Aneinanderreihen dieser kostbaren Momente.

Aus diesen Gedanken heraus ruft mich Madame Maghoup zum Tee. Der magische Moment ist entschwunden, muss einem heißen Tee weichen. Wie gerne hätte ich noch weiter meinen Träumereien nachgehangen, mich diesem Augenblick hingegeben. Aber über allem durfte ich die Wirklichkeit nicht vergessen.

Und die bestand beim Tee aus den Fragen meiner Gastgeberin, wie alt ich sei, ob ich verheiratet bin oder Kinder habe. Nur mühsam mit wenigem Arabisch und viel Fantasie kann ich ihre Fragen herausfinden. Ich antworte so gut es geht mit den Händen, mit Gesten: „Nein, ich lebe alleine, bin 25 und habe keine Kinder." Sie ist erstaunt und schüttelt immer wieder den Kopf, zeigt auf den Ring an ihrer Hand und dann auf die Mädchen, die draußen herumtollen. In Ihren Augen und nach ihrem Verständnis ist das alles nicht vorstellbar. Auch mein eingeworfenes „Bukra, morgen, später" konnte sie nicht beruhigen. Diese Frage nach Alter, Ehemann und Kindern wurde mir oft auf meinen Reisen gestellt; auch heute noch, wenn ich alleine in Asien oder Indien unterwegs bin. In der östlichen Welt ist es kaum vorstellbar, dass man als Frau alleine lebt, reist und keine Kinder hat. Man wird fast bedauert, und so habe ich mir dann notgedrungen einen „Ehepartner und zwei Kinder zugelegt". Schwierig wird es manchmal, wenn man Fotos sehen will, besonders ab dem digitalen Zeitalter! Ich reise ja immer noch ohne Handy!

Um zu etwas weiter entlegenen Dörfern zu kommen, miete ich am anderen Tag einen Jeep. In Begleitung fahren wir los. Es hat zwei Tage nicht geregnet, ich hoffe, dass die Wege passierbar sind. Nach vier Kilometern treffen wir auf einen Lastwagen, der bis zu den Rädern im Schlamm steckt. Eingeborene versuchen, ihn wieder flott zu machen. Doch er ist zu schwer beladen und sackt immer wieder ein. Wir können nicht helfen und fahren mit hoher Geschwindigkeit weiter, um selbst nicht stecken zu bleiben. Das Wasser spritzt nach allen Seiten. Doch kurz darauf bleiben auch wir stecken. Nach mehrmaligem Vor und Zurück schafft es der Wagen und wir können die Fahrt fortsetzen. Doch bald darauf müssen wir das Fahrzeug endgültig stehen lassen. Es geht also zu Fuß weiter, die zwei Kilometer zum nächsten Dorf. Unser Weg führt durch Sumpfwiesen und Hirsefelder, immer einen Trampelpfad entlang. Der Schlamm ist so zäh, dass unsere Schuhe im Lehm stecken bleiben und wir nur noch barfuß weitergehen können. Unser Führer stampft mit seinem Stock immer wieder auf den Boden, um die Schlangen zu vertreiben.

Hirse ist das Grundnahrungsmittel der Menschen hier. Zwei bis drei Meter ragen die Spitzen dieses Getreides in die Höhe. Das erste Dorf ist erreicht, ein Kraal der Schilluk. Zehn Rundhütten aus Lehm errichtet, stehen hier im Kreis, sind strohgedeckt. Eine Dornenhecke umgibt das kleine Dorf zum Schutz der Menschen und auch der Herden. Es gibt nur einen schmalen Eingang, mit einem niedrigen Querbalken von einer Seite zur anderen gelegt. Ich muss mich bücken und betrete langsam den Kraal. Der Platz innerhalb besteht aus gestampftem Lehm. Die Eingänge zu den Hütten sind sehr niedrig. Der ganze Platz ist sauber, nur einige Kalebassen liegen vor den Hütten verteilt. Es ist Mittagszeit, der Kraal wie ausgestorben. Die meisten Bewohner sind nach Malakal gegangen, um ihre Waren auf dem Markt zu verkaufen, sie gegen Kaurimuscheln einzutauschen. Nur ein paar Frauen hocken unter einem Baum auf dem Boden und schauen teilnahmslos zu uns herüber. Kleine, nackte Kinder laufen schreiend davon. Der Geruch von Kühen dringt aus einer der Hütten. Ich bleibe stehen, warte ab, was passieren wird. Eine ältere Frau mit einem Tuch bekleidet, kommt zu mir herüber und sagt etwas, ich verstehe natürlich nichts. Der junge Schilluk übersetzt. Man möchte wissen, was ich will. Nach einigem hin und her darf ich mir das Dorf ansehen.

Ich kann auch ein paar Fotos machen, dies aber nur gegen einen kleinen Obolus. Vor einer der Hütten liegt Getreide in der Sonne zum Trocken. In einer anderen sitzt ein junges Mädchen auf dem Boden, und mahlt Hirse zwischen zwei Steinen. Es ist sehr dunkel, und die Wände sind geschwärzt vom Rauch des Kochfeuers. Oben im Dach ist eine kleine Öffnung, über die der Rauch abziehen kann.

In Nischen entlang der Wände stehen ein paar Haushaltsgegenstände. In einer Ecke, aufgestapelt, sehe ich einige Matten.

Dieses Dorf ist die Heimat einer Sippe, eines Familienverbandes. Wenn sie miteinander reden, höre ich nur kehlige „Au und Wau" Laute. Hier wird alle anfallende Arbeit gemeinsam erledigt. Und natürlich auch alles andere geteilt. Gekocht wird auf offenem Feuer und das reihum, immer für die ganze Sippe. Das Essen nimmt man gemeinsam auf dem Boden hockend ein. In den Kalebassen wird das Wasser vom Fluss geholt, in anderen die Milch der Rinder oder Ziegen zu Butter geschüttelt und auch ein schmackhafter Käse daraus hergestellt. Er wird stark gesalzen, dadurch hält er sich länger. Ich interessiere mich für eine der Kalebassen, die da auf dem Boden liegen. Man schüttelt den Kopf, doch dann rennt ein Junge weg, kommt mit einer dieser getrockneten Früchte zurück und hält sie mir entgegen. Nach kurzem Verhandeln wandert sie in meine Tasche.

In der Mitte des Dorfplatzes erhebt sich ein kleiner Hügel. Er ist mit den Hörnern eines Büffels gekrönt. Ist es eine rituelle Versammlungsstätte? Doch mein junger Schilluk klärt mich auf: Es ist das Grab eines Stammesältesten, eines verehrten Häuptlings dieser Sippe. Die Dorfgemeinschaften der anderen Stämme dürften ähnlich sein.

Auf schlammigen Wegen geht es wieder zurück nach Malakal. Unterwegs frage ich meinem Begleiter nach der Religion dieses Hirtenvolkes. Ein Teil sind Mohammedaner oder Christen. Die Stämme haben ihre eigenen Religionen und Rituale je nach Sippenzugehörigkeit. Sie sehen in allem irgendwelche Geister und natürlichen Kräfte. Achtsam leben sie im Einklang mit der Natur, mit den wechselnden Jahreszeiten und von dem, was die Felder und die Savanne hergeben. So ziehen sie weiter, wenn das Vieh nicht mehr genügend Futter findet oder die Wasserstellen trockengefallen sind. Sie schmücken sich mit alten, verrosteten Schlüsseln, Feuerzeugen oder verbogenen Nägeln, die sie als Amulett um den Hals tragen. Für sie sind es Talismane, die sie auf ihren Wanderungen mit den Herden beschützen. Ihre Körper und Köpfe reiben sie mit Kuhdung ein. Er hinterlässt beim Trocknen eine pudrige, graue Schicht auf der Haut. Die Bemalung dient dem Schönheitsideal und hält wohl auch lästige Insekten fern.

Männer und Frauen unterscheiden sich nur durch die Kleidung. Es ist ein langes Tuch, das entweder auf der rechten oder linken Schulter geknotet wird. In der Statur gibt es auch kaum Unterschiede, sie sind alle groß und schlank und ihre Stimmen sind für mich kaum zu unterscheiden.

Wie jeden Morgen, so serviert mir auch heute der Diener des Gastgebers mit einem freundlichen „Good Morning" den Tee. Es war ein schlanker, hochaufgewachsener junger Mann der Schilluks. Auf der Stirn trägt er eine Reihe Pockennarben, das Zeichen seines Stammes. Er spricht einige Worte Englisch, so ist eine Verständigung zum Teil möglich. Die einzelnen Stämme unterscheiden sich nicht nur durch ihren Körperbau und ihre Narbenmarkierungen, sondern auch durch ihre Sprache. Nur in den Randgebieten können sie sich untereinander verständigen. Die arabisch sprechenden Nordsudanesen verstehen die einzelnen Stammessprachen nicht.

Ich mache während meiner Reisen in den Süden immer wieder die Feststellung, dass sie von der Welt da draußen nicht viel wissen, Deutschland ihnen kaum bekannt ist. Immer wenn von Europa und den Weißen die Rede ist, geht es nur um England. Vom restlichen Europa hat man kaum eine Vorstellung.

Brief an meine Eltern, Malakal, 6. Oktober 1960

„Liebe Eltern und Geschwister.

Aus dem Sudan, genau 999 Kilometer vom Äquator entfernt, sende ich Euch die herzlichsten Grüße. Ich lebe hier zwischen den Eingeborenen, in der Nähe die Kraals der Schilluks. Sie laufen fast nackt herum, teilweise nur mit einem Lendentuch bekleidet. Von einer Schläfe zur anderen werden ihnen im Alter von fünf bis sieben Jahren Pockennarben beigebracht. Man zieht in Abständen von circa einen Zentimeter die Stirnhaut mit einem kleinen Angelhaken hervor, und bindet sie dann ab. So entstehen diese pockenartigen Narben. Es ist sehr schmerzhaft. Den Nuern, einem anderen Stamm, bringt man horizontale Schnitte mit einem Messer auf der Stirn bei. Und den Dinkas Narben, die über der Stirn bis zum Hinterkopf verlaufen. Die Nordsudanesen haben zwei tiefe vernarbte Einschnitte auf der Wange, zum Unterschied der Südsudanesen, die durch drei Narben gekennzeichnet sind. Sie sind alle sehr dunkelhäutig und tätowiert. Sie leben sehr einfach, mahlen ihr Mehl auf Steinen, und kochen auf offenem Feuer.

Ich fuhr von Kairo per Bahn bis Assuan, dann mit dem Nilboot bis Wadi-Halfa (Sudan). Anschließend bis Khartum, 35 Stunden Bahnfahrt, fürchterlich, bei 50 Grad durch die nubische Wüste. Total erledigt erreichte ich Khartum, blieb drei Tage und weiter ging's, 15 Stunden mit dem Zug bis Kusti. Von dort geht nur noch das Nilboot bis Juba. Ich fuhr nur bis Malakal, wo es anfängt, interessant zu werden. Vier Tage brachte ich wieder auf dem Nildampfer zu. Am 10.10. geht's wieder zurück in die Zivilisation. Von Khartum aus dann vielleicht noch zum Roten Meer nach Port-Sudan, dann Kairo, und so hoffe ich von Alexandria aus, in Richtung Heimat.

Hier in den Tropen ist es furchtbar heiß und feucht, nachts empfindlich kalt, ich hoffe es schadet den Filmen nicht. Jeden Abend höre ich die Trommeln der Schillus aus der Ferne. Sie haben eine eigene Sprache, die nur aus Wau, Jau und ähnlichen Lauten besteht. Jetzt habe ich meinen südlichsten Punkt erreicht.

Wie ist es zu Hause? Mir geht es gut. Hoffe auf Post in Kairo, mit vielen herzlichen Grüssen Eure Ursula."

Soweit der Brief vom südlichsten Punkt meiner Reise.

Der letzte Tag in Malakal ist angebrochen, das Nilboot legt an, ich muss an Bord. Nach herzlichem Dank und Abschied von der Familie, besonders den netten, kleinen Mädchen, bringt man mich zum Boot. Ein letzter Blick, ein Winken und dann übertönt die Schiffssirene alle Abschiedsrufe. Die Menschen am Ufer werden kleiner, und bald war da nur noch die goldbraune Steppe, die das Ufer säumt. Der heiße Wind weht übers Deck und mit der Strömung geht's nach Norden, und so brauche ich bis Kusti nur drei Tage, aber die gehen im Grunde viel zu schnell vorbei. Denn je weiter ich zum Norden komme, umso mehr verlasse ich das ursprüngliche Afrika. Ich habe schon jetzt Sehnsucht nach den zurückliegenden Tagen, nach den Menschen, den Stimmungen, diesem Kontinent, der am Anfang so fremd für mich war. Auch der Gedanke, jetzt auf der Rückreise zu sein, gefällt mir nicht. Aber noch kann ich die Fahrt genießen, sehe die schlanken Gestalten bei ihren Herden oder wie sie so am Wassersaum im Gras hocken. Nach drei heißen Nächten an Bord bin ich wieder in Kusti, es geht weiter, per Bahn nach Khartum. Auch hier nur ein kurzer Aufenthalt, um ein paar Einkäufe für die Wüstendurchquerung zu machen. Auch das Visum, für die Einreise nach Ägypten, ist schnell besorgt. Leider bekomme ich wieder nur eines für 14 Tage. Aber das müsste reichen, um nach Kairo und auch aus dem Land herauszukommen. Egal in welche Richtung.

Nur, wo soll es dann hingehen? Nach Hause will ich noch nicht und kann es auch gar nicht, dafür ist diese Reise in den Süden zu teuer geworden. Der Sudan ist wesentlich kostspieliger als die anderen arabischen Länder. Auch die Schiffsfahrt zweiter Klasse hat dazu beigetragen.

Noch bin ich unterwegs und bis Kairo sind es noch ein paar Tage. So lange kann ich mich dem Augenblick überlassen. Ich bin mal wieder ohne Plan, dem Zufall preisgegeben wie so oft. Zufall kommt von: zu und fallen, also wird mir schon irgendetwas „zufallen". Auf jeden Fall wird mir etwas einfallen. Das ist ja das spannende am Unterwegssein, dass man nie genau weiß, wie es weitergeht, wo man landet auf kurze oder lange Sicht. Auf die Füße und damit in die Wirklichkeit fällt man immer, egal wie, das ist das Gesetz der Schwerkraft!

Gedanken, die beim Schreiben kommen

Beim Reisen ist es so: Man hat bestimmte Vorstellungen und Erwartungen an Länder, Landschaften, Orte und auch an die Menschen, an das ganze Drumherum. Man hat bestimmte Bilder im Kopf. Mit diesen vorgefertigten Erwartungen fährt man los, schaut sich um, passt dann die Vorstellung an die Wirklichkeit an, ergänzt sie, ist davon überrascht oder enttäuscht. Anderes sehen macht auf jeden Fall aufmerksamer, weil es neue Dinge sind, unserem Auge fremd, wir genauer hinsehen müssen, um sie zu wahrzunehmen. Dazu kommt noch, bestimmte Situationen in einem anderen Zusammenhang zu sehen, vom Zufall diktiert, vom Augenblick gestaltet. Das lässt uns alles Neue so spannend erscheinen und zieht uns in seinen Bann. So ist es mit Menschen, mit ihren Geschichten, ihrem Umfeld, in dem sie leben. Aber auch mit Ländern, mit Erdteilen und mit allem, was Menschen hervorgebracht haben, also ihrer Kunst und Kultur, und damit ihrer Vergangenheit. Dies alles wiederholt sich grob gesehen immer und überall, aber die Details machen für mich den immer neuen Reiz aus. So ist Wüste nicht nur Sand und Dünen, wie ich mir das vorgestellt habe, sie hat vielfältige Gesichter. Zum Beispiel: Gebirge, Felsen, Buschsavanne und staubtrockene Stein- und Gerölllandschaften. Bei dem, was uns bekannt ist, schauen wir nicht mehr so genau hin, werden oberflächlich. Es braucht die Herausforderung des Neuen, um den Blick zu schärfen, alles neu wahrzunehmen. So wie jetzt, wo ich wieder in diese uralte Landschaft eintauche, sie zum zweiten Mal durchquere, sie mir vielleicht ihre Geschichten erzählt, der Landstrich zwischen Nil und Rotem Meer.

Im Zug durch die nubische Wüste

12. Oktober 1960. Sechs Uhr, Start der Bahnfahrt, 35 Stunden, durch die Wüste Nubiens, dem alten Lande Kusch. Die einzige Verbindung zwischen Süd-Ägypten und Khartum wurde Ende des 19.Jahrhunderts gebaut. Hier lebten vor Jahrtausenden dunkelhäutige Menschen als Söldner der Pharaonen, die Oberägypten mit wertvollen Gütern, mit Gold und Elfenbein und auch mit Sklaven versorgten. Hier soll es noch Pyramiden des alten Reiches, der sogenannten „Schwarzen Pharaonen", geben, die zeitweise über Ägypten herrschten. Manch unnatürlicher Hügel in der Ferne könnte darauf hindeuten. Der Sand hat sein ebnendes, alles gleichmachendes Tuch über die Zeit und die untergegangenen Reiche gelegt.

Mit den Nachkommen dieser vergangenen, großen Kulturen sitze ich jetzt auf den harten Bänken im langsam dahinfahrenden Zug gen Norden. Stolze, markante Gesichter, in die ich schaue. Mit untergeschlagenen Beinen in ihren weiten, weißen Burnus gehüllt, hocken sie um mich herum. Jetzt fahren sie durch ihre Wüste, vielleicht das erste Mal oder sogar gezwungenermaßen?

Wohin wollen sie? Warum verlassen sie ihr Land? Das frage ich sie und auch mich. Mit vielsagenden Gesten und dem einen oder andern Brocken arabisch verstehe ich, sie suchen Arbeit. Sie wollen nach Ägypten, nach Kairo, in die Stadt. Die Wüste ernährt sie nicht mehr. *Landflucht* ist das Wort, vom Westen geprägt und verursacht, auch damals schon. Sie verlassen das Land, in dem sie leben, mit ihren Herden ziehen von Wasserloch zu Wasserloch, wie immer schon. Wo die Weite der Wüste ihnen Freiheit bedeutet und ihnen Stolz und Würde gibt. Jetzt treibt es sie in die Städte, wo sie fremd sind, sich nicht zu Hause fühlen, wo sie untergehen. Von freien Nomaden werden sie zu Tagelöhnern, von stolzen Menschen zu Bittenden oder Bettlern! Wo sie sich an den Rändern der ausufernden Städte in den Slumvierteln niederlassen, sich aus Abfall ihre Hütten bauen. So versuchen sie sich mit irgendeiner Tätigkeit über Wasser zu halten, und wenn sie dann abends vor ihren Behausungen sitzen, träumen sie von ihrem alten Leben, ihrer Unabhängigkeit und dem großen Sand. Sie erinnern sich, wie der Wind über die Dünenkämme streicht, wie Milliarden von Sandkörnern sich in Bewegung setzen, sich aufrieseln zu immer neuen Dünenbergen, die auf Wanderschaft gehen. Die langsam ihre grünen Oasen bedrohen, sie zudecken. Wenn Abendsonne die Sandrillen in Hell und Dunkel taucht und markante Schatten die wellenförmigen Kämme überziehen, dann befällt sie das Heimweh. Das Sehnen nach der großen Leere, nach dem Nichts, wo sie alles haben, was sie zum Leben brauchen, wo sie zu Hause sind. Wo spärlicher Regen oder nächtlicher Tau die Wasserlöcher füllt und die Wüste für kurze Zeit grün werden lässt. Wo Samen, lange geschlafen, von Feuchtigkeit zu neuem Leben geweckt werden. Wo Überleben möglich ist, auch unter harten Bedingungen. Wenn aber die neue Zeit, die Zeit der Technik, alles langsam zerstört und sie vertreibt, dann müssen sie ihre angestammten Lebensräume verlassen. Dann wendet sich die Natur gegen sie, weil Profit und Habgier der Menschen auch vor Wüstenregionen nicht haltmacht. Sogar bis in diese Landschaften, weitab moderner Zivilisation, hat der weiße Mann Spuren hinterlassen. Sie bringen Fortschritt, vernichten aber Lebensräume, halten auch heute noch nicht an. Machen immer weiter, auch im Wissen darum, ohne zu sehen und sind auch blind für die Folgen.

Sichtbar aber frisst sich der Sand in die Oasen, lässt sich auch von Mauern nicht aufhalten, und trotzige Palmen kämpfen um jeden Zentimeter. Oftmals sieht man nur noch einen Teil des Stammes oder der Zweige aus den Dünen schauen. Ein trauriges Bild! Sie werden diesen Kampf verlieren, wie die Menschen!

Ich fahre in den Abend, in die goldgelbe, sandige Weite, in der sich manchmal eine Windhose in der wabernden Hitze erhebt. Dann ist da auf einmal ein See, der aber nicht näherkommt mit der Fahrt, sondern irgendwann kleiner wird, am Horizont verschwindet, sich auflöst in der Ferne. Durch Hitze und Spiegelung der Sandkristalle entstehen diese Trugbilder. Bei mir werden solche Wahrnehmungen wohl durch das monotone Geratter des Zuges und der Schläfrigkeit, die mich befällt, hervorgerufen oder verstärkt. Ich bin schon zu lange unterwegs, kaum Schlaf, müde, Staub und Hitze, einfach ausgepowert. Trotzdem möchte ich die Eindrücke und Begegnungen dieser spontanen Fahrt in den Süden nicht missen. Habe seit vielen Tagen kein vernünftiges Bett oder gar eine Dusche gesehen, das ist auch nicht so wichtig, das kann man alles nachholen. Aber ein solches Abenteuer wie diese Reise entlang und auf dem Nil per Motorroller, per Bahn und Boot werde ich nie wieder so erleben können. Die Welt verändert sich so rasend schnell. Heute bin ich froh und dankbar, sie noch vielfach in ihrer Ursprünglichkeit erlebt zu haben. Das bezieht sich nicht nur auf diese Reise, sondern auf all die späteren, die folgen sollen.

Am nächsten Morgen ist immer noch Wüste um mich herum, immer noch fahre ich durch Nubien. Landschaften wie diese werde ich so bald nicht wiedersehen. Nicht zu sehen, aber vorstellbar sind die Überreste von Steinen und Säulen, von Tempeln und Pyramiden, die im Sand begraben sind. Die Relikte aus Jahrtausenden, die hier irgendwo herumliegen, die die damaligen Völker zu Ehren ihrer Götter erbaut haben und die vergessen wurden. Wie die Grabpyramiden der Schwarzen Pharaonen, die östlich des Nils entdeckt wurden und aus dem 3. Jahrhundert vor Christi stammen. Überall das, über ihre Herrscher und untergegangenen Reiche ist die Zeit und der wandernde Sand dahingegangen, haben alles milde zugedeckt. Bis die Archäologen kommen, die Zeugen dieser Kultur aus dem Schutt buddeln und sie später den Verlauf der Geschichtsschreibung ändern müssen. Ich schaue über die unendliche Weite in die Leere, die Augen können sich an nichts festhalten. Ich werde müde, wickle mich in meinen Anorak und überlasse mich meinen Gedanken. In der Nacht wird es recht kalt, ich ducke mich zwischen die Gestalten und versuche etwas zu schlafen, aber daraus wir nicht viel.

Mit dem Aufgang der Sonne am nächsten Morgen kommt die Wärme zurück, legt sich wie eine Decke auf alle Glieder. In der Landschaft sieht man hin und wieder schon etwas Grün. Das fruchtbare Niltal kündigt sich an. Im Zug wird es lebendig. Bündel werden verschnürt und alles zusammen gepackt. Der eine oder andere drängt schon zum Ausgang. Ich bleibe sitzen, will mich nicht in dieses Gedränge mischen. Nach fünf Wochen bin ich wieder in Wadi Halfa.

Wieder auf dem Nil

Die Anlagestelle des Bootes ist nicht weit und das Ticket ist schnell erstanden, wieder zweiter Klasse Kabine. Ich muss mich etwas gedulden, stehe in der Sonne, mein Gepäck immer im Blick. Auch muss ich mich wieder der langwierigen Einreisekontrolle nach Ägypten unterziehen. Den Sudan verlasse ich bald. Ob ich dieses Land noch einmal wiedersehen werde? Noch begleitet mich ja der Nil, dieser Strom der Ströme, an dessen Ufern eine der ältesten Kulturen entstanden ist. Sie gibt uns immer noch Rätsel auf wie alle großen Weltkulturen, die ja an den Lebensadern, den Flüssen ihren Anfang nahmen. Sei es im Zweistromland an Euphrat und Tigris, am Indus, am Ganges im nördlichen Indien oder an den Ufern des Mekong, der sich durch die asiatischen Länder wälzt. Eines eint sie: Wo Wasser ist, ist Leben, können die Menschen sich ansiedeln und werden irgendwann sesshaft. Gründen Orte, Städte, bauen Tempel zu Ehren ihrer Götter und Grabdenkmäler ihren Herrschern. Die Pyramiden der Pharaonen in diesem Land zeugen davon.

Aus diesen Betrachtungen, die sich auf Reisen immer wieder ergeben, reißt mich das Tuten des Schiffes. Zeit an Bord zu gehen und neben der Landschaft auch die Geschichte vorbeiziehen zu lassen. Kapitän und Stuart freuen sich, mich wohlbehalten wiederzusehen und laden gleich zum Tee. Zwei bis drei Tage werde ich wieder auf dem Boot verbringen, in den Norden geht es schneller, da ich jetzt mit dem Strom fahre. Es wird grüner, ich lasse die Wüste hinter mir. Das bäuerliche Leben zieht sich zu beiden Seiten des Flusses hin. Lehmhütten-Dörfer tauchen aus der Ebene auf, nur überragt von wenigen Palmen und den Minaretten dörflicher Moscheen. Ochsen ziehen das Wasser aus den Brunnen und Kinder plantschen in den Kanälen. Feluken treiben langsam auf dem Wasser dahin. Dunkle Gestalten in ihren weiten, hellen Umhängen sitzen am Steuerknüppel und überlassen das Boot Wind und Wellen. Manchmal klingt Gesang herüber. Es sind besondere Momente, wenn die Abendsonne die letzten Strahlen auf die Segel wirft, durch sie hindurch schimmert und die Landschaft lautlos und gemächlich an mir vorbeizieht. Ich durchstreife Zeiten und Räume, in die ich eigentlich nicht gehöre, in der ich nur Gast, nur Zuschauer am Rande sein kann. In die ich für kurze Zeit eingetaucht bin und sie genauso schnell wieder verlassen werde.

Es treibt mich von einer Seite des Decks auf die andere, je nach Ufernähe. In den Dörfern steigen die Rauchfahnen der abendlichen Kochfeuer auf, vermischen sich mit dem Dunst der noch warmen Erde. Er überzieht auch den Fluss, hüllt ihn in zarte, durchsichtige Schleier, in ein diffuses Licht. Die Abende auf dem Fluss sind besonders schön. Ruhe legt sich jetzt über das Land, die Ufer gleiten fast lautlos vorbei. Einziges Geräusch: der Kampf der Schaufelräder mit den Wasserpflanzen. Hin und wieder erklingt auch ein letzter Vogelruf, das Jammern eines geplagten Esels oder das Weinen eines Kindes vom Ufer her. Ganz schnell kommt die Nacht, legt sich über den Fluss, über die angrenzenden Felder. Nur der helle Saum der Wüste und die östlichen Berge im Hintergrund werfen noch länger das Sonnenlicht zurück. Das Wasser, eine dunkle Bahn, unterbrochen von einem lautlos dahinziehenden Boot. Später spiegelt sich der Sternenhimmel im trägen Wasser. Auf Deck wird es jetzt ruhiger. Ich bleibe noch lange, horche in die Nacht und lasse mich von meinen Erinnerungen davontragen. Blicke zurück auf vergangene Tage, Wochen, Monate, eineinhalb Jahre, die ich nun schon unterwegs bin. Eineinhalb Jahre, dreimal so lange wie geplant, eine irre lange Zeit. Blättere in meinem Tagebuch, mache Notizen. Denke auch an die diversen, waghalsigen Situationen, in die ich mich begeben habe oder in die ich so reingestolpert bin. Es wird mir jetzt noch angst und bange bei den Gedanken an manche Situationen, manche riskanten Fahrten und Begebenheiten. Ich habe bisher unwahrscheinliches Glück gehabt, in allem, auf der ganzen Reise! Es ist spät, das Deck hat sich geleert, die meisten schlafen schon, und ich muss mich aufraffen zu gehen. Verziehe mich in meine Kabine und schlafe bald ein.

Nach zwei Tagen erreiche ich Shelal und damit das Ende der Fahrt auf dem Nil. Jetzt liegen noch 15 Stunden Bahnfahrt vor mir. Diese Strecke mache ich jetzt zum vierten Mal, zweimal per Roller und jetzt die zweite Bahnreise durch den fruchtbaren grünen Streifen. Dann bin ich wieder in Kairo. Auch diesmal lasse ich die Ruinenstätten der Pharaonen am Rande liegen. Ich muss so schnell wie möglich in die Hauptstadt und von dort weiter in den Libanon, wo ich hoffentlich wieder arbeiten kann. Denn mein Geld geht dem Ende zu. Mit dem mir verbliebenen Rest schaffe ich die Heimreise nicht. Ob das alles so klappen wird? Ich habe, wenn ich in Kairo ankomme, gerade noch das Geld für die Passage per Schiff von Alexandria nach Beirut. Ich hoffe darauf, in Beirut wieder Arbeit zu finden. Das heißt auch, Weihnachten wieder nicht zu Hause zu sein. Welch erneute Enttäuschung das für meine Eltern ist. Auch ich würde sie gerne wiedersehen nach so langer Zeit.

Entscheidung

Nach Wochen im Süden bin ich wieder in Kairo, in diesem Moloch. Es ist nicht mehr ganz so heiß, die Abende angenehm. Kann wieder in der Jugendherberge wohnen. Mein Roller ist auch noch da, fahrbereit. Ich habe keine Wahl, muss in den Libanon, dort gibt es die einzige Möglichkeit zu arbeiten. Vielleich sogar wieder bei „Chez Paul"? Erkundige mich nach einer Schiffspassage. Die *Lydia* fährt von Alexandria in einigen Tagen nach Beirut. So verbringe ich die letzten Tage hier, esse an mobilen Verkaufsständen die Nationalspeise: Ful Medames. Ein Armeleuteessen, Bohnen mit einem Stück Brot dazu. Ich kann jetzt nur noch sparsamst leben, bis ich Arbeit bekomme. Was mache ich, wenn es nicht klappt? Es muss einfach klappen! Ich verlasse Kairo und damit auch Afrika ziemlich überstürzt.

Der Roller ist startklar, und so fahre ich am 2. November 1960 in die nordägyptische Hafenstadt Alexandria, wo es die berühmte Bibliothek und den Pharos, den weit übers Mittelmeer sichtbaren Leuchtturm gab. Wo viele der antiken Ruinen im Hafenbecken von Tauchern bewundert und auch geborgen werden. Die *Lydia* ist wieder mein Schiff, bringt mich zurück in den mir wohlvertrauten Libanon. Nach endlosen Kontrollen begrüßen mich am nächsten Morgen die bekannten Felsen von Rauoche, ich bin zurück in Beirut. Das Schiff legt an, der Zoll kommt an Bord. Für die Einfuhr des Rollers soll ich zahlen. Soviel Geld besitze ich nicht mehr, also verbleibt er erst einmal im Zoll. Ich gehe von Bord: kein Mensch, der mich erwartet. Wohne die ersten Tage in der Jugendherberge. Frage bei „Chez Paul" an, ob ich wieder dort arbeiten kann. Man ist erfreut und erstaunt, mich zu sehen. Die Mädels und auch Madame Paul fallen mir um den Hals. Sie alle würden mich gerne wiederaufnehmen, aber ich brauche dazu eine Arbeitserlaubnis. Ich hoffe, dass es nicht zu schwierig wird.

Inzwischen muss ich wohl oder übel meine Eltern um Geld bitten. Das fällt mir sehr schwer, da ich weiß, wie es ihnen finanziell geht. Ich spare, wo ich kann, es geht eigentlich nur um Essen. Die Arbeitserlaubnis lässt auf sich warten, Monsieur Paul hilft mir aus, in der Hoffnung, dass es klappt. Dann, nach zwei Monaten, bekomme ich Bescheid von der Suriete. Man erteilt mir die Arbeitsgenehmigung, aber dafür muss ich mich im Ausland befinden. Also fahre ich mit meinem späteren Arbeitgeber am Abend Richtung syrische Grenze. Verlasse vor 24 Uhr den Libanon, bin kurz auf der syrischen Seite und komme einige Minuten nach Mitternacht zurück. Während dieser, meiner kurzen Abwesenheit, drückt man den Stempel in das Papier. Ich habe meine Arbeitserlaubnis. Hurra! Geschafft! Am nächsten Tag kann ich anfangen.

Verbringe noch einige Tage in der Jugendherberge und suche mir dann ein Mini-Apartment. Nur mit einer Luftmatratze, einem Spirituskocher und ein paar ausrangierten Sesseln vom Café ziehe ich ein. Bald gibt es auch einen Hund, der mir einfach so zugelaufen ist und auf den Namen *Manday* hört. Von meinem ersten Geld kann ich meine Schulden zahlen und auch meine Eltern finanziell unterstützen.

Es kommen, wie früher, die europäischen Gäste ins Café, viele davon kenne ich. Sie alle freuen sich, dass ich wieder da bin. Ich muss Vielen viel erzählen.

Ich will erst einmal bleiben, der Sommer kommt bald und ich genieße die Zeit. Hier bin ich frei und unabhängig, treffe alte Bekannte wieder. Ich muss viel arbeiten, lerne neue Menschen kennen, es ist eine entspannte Atmosphäre. Meinen freien Tag verbringe ich im Sportclub beim Schwimmen und Tauchen und treffe Freunde. Vor mir liegt eine unbeschwerte Zeit. Der Libanon ist ein sicheres und friedliches Land.

So vergeht das Jahr 1961, die Briefe meiner Eltern werden immer dringlicher, nach Haus zu kommen. Weihnachten steht vor der Tür.

Ich gerate in eine Zwickmühle, werde hin und her gerissen, habe auch Schuldgefühle ihnen gegenüber. Auf der einen Seite hätte ich gerne alle zu Hause wiedergesehen. Auf der anderen habe ich hier meinen Job, meine Freiheit, mein soziales Umfeld. Zu Hause hätte ich wieder ganz von vorne anfangen müssen, ohne Freunde, ohne Arbeit. Ich bin schon zu lange unterwegs, habe mich von der Familie losgestrampelt. Ich will weiterhin unabhängig sein, will mich nicht wieder in den deutschen Alltag einfügen. Wieder arbeiten in einem Beruf, der nicht sehr angesehen ist, für den ich mich oftmals geschämt habe. Ich will mich auch nicht den Gepflogenheiten und den Erwartungen der damaligen Zeit unterwerfen. Dafür habe ich zu viel alleine geschafft, ohne fremde Hilfe.

Es hätte auch das Zurückkommen in ein kleines Zimmer bedeutet, in eine Eltern-Kind-Beziehung, ohne Freiheit, ohne Reisen. Dazu kam noch das triste Wetter, Regen und Kälte, und natürlich die Pflichten meiner Familie gegenüber.

Mir kommt eine Idee: Meine Mutter leidet wohl am meisten unter meiner Abwesenheit. Also schreibe ich meinen Eltern, ob meine Mutter mich nicht besuchen kann. Es gibt Züge bis Genua und von dort weiter mit dem Schiff bis Beirut. Wohnen kann sie bei mir. Auch für einen Teil der Reise kann ich aufkommen. Und sie kann so lange bleiben, wie sie will. Das alles schreibe ich meinen Eltern. Ich mache auch schon einen zeitlichen Vorschlag. Im August habe ich sechs Wochen Urlaub, dann kann ich auch viel mit ihr unternehmen. Es gehen noch einige Briefe hin und her, und dann ist meine Mutter unterwegs zu mir. Ich darf gar nicht daran denken: an unser Wiedersehen nach drei Jahren! Meine Reise war doch nur für sechs Monate geplant. Wie würden wir uns in den Armen liegen! Auch habe ich nur gehofft, nicht geglaubt, dass meine Eltern sich auf meinen Vorschlag einlassen.

Der Sommer fängt an, Anfang Juni ist es soweit. Das Schiff soll um 9 Uhr im Hafen einlaufen. Ich stehe mit Freunden hinter dem Absperrgitter und warte. Der Dampfer gleitet langsam an den Pier.

Oben an Deck stehen die Passagiere dicht gedrängt. Ein Winken und Rufen setzt ein, aber von meiner Mutter ist nichts zu sehen. Hat sie die Ankunft verschlafen? Ist in letzter Minute etwas dazwischengekommen? Mir gehen alle möglichen Gedanken durch den Kopf. Doch da, auf einmal sehe ich sie in ihrem grünen Kleid! Wir winken, und dann kommt sie die Gangway runtergerannt auf mich zu und wir liegen uns trotz Trenngitter in den Armen und wollen uns gar nicht mehr loslassen. Drei Jahre. So viel Zeit. So viele Tränen.

Wir fahren mit Freunden zu meiner Wohnung, trinken Tee, erzählen, reden. Irgendwann sind wir dann allein. Ich bin nicht mehr das Mädchen, das damals losgefahren ist, um die Welt zu sehen, ich bin eine junge Frau geworden. Auch meine Mutter spürt diese Veränderung.

Es gibt so viel zu berichten aus dieser langen Zeit meiner Abwesenheit. Die Jahre zu Hause, die Jahre der Reisen, ich bin 27. Das muss meine Mutter erst einmal verarbeiten. Auch, dass ich viele Freunde habe, das ist total neu für sie. Sie hat mich nicht mehr ganz für sich alleine.

Wir machen Ausflüge mit meinem Roller, besuchen die Tempel von Baalbek und auch die Zedern des Libanon. Verbringen viel Zeit in den Strandbädern an der Küste. Am Anfang muss ich ja noch arbeiten, da besucht sie mich jeden Nachmittag im Café.

Später, während meiner Ferien, können wir mehr unternehmen. Doch der Sommer wird heißer, die Hitze macht ihr zu schaffen. Ihr Herz ist nicht in Ordnung. Das ist neu für mich. Sie wird immer kurzatmiger, schafft kleine Steigungen nur ganz langsam, das Treppensteigen nur in Zeitlupe. Ich spreche mit ihr darüber, sie hat Medikamente dabei, auch ein Schreiben ihres Arztes. Ich mache mir Sorgen um meine Mutter. Was soll ich machen, wenn es schlimmer wird? Die Gesundheit meiner Mutter gibt mir jetzt doch zu denken. Bei der ständig steigenden Hitze muss ich eine Entscheidung treffen. Kommt ein Krankenhausaufenthalt hier für sie in Frage? Und wenn, welches? Da ist nur das französische, das kann ich mir nicht leisten und meine Mutter auch nicht. Und überregionale Versicherungen gibt es nicht. Ist jetzt die Heimreise angesagt? Das wäre ein triftiger Grund. Aber das gefällt mir gar nicht, hier alles abzubrechen. Ich bin hin- und hergerissen. Was soll ich tun? Es ist keine schöne Zeit. Doch der Gedanke an eine Rückkehr nimmt mehr und mehr Raum ein. Ich muss handeln. Erkundige mich nach einer Schiffspassage von Beirut nach Genua. In absehbarer Zeit soll ein Boot gehen. Ich muss mit meinem Arbeitgeber sprechen. Mr. Paul ist nicht sehr angetan von meinem Plan, aber er weiß ja auch um den Zustand meiner Mutter und will mich ziehen lassen.

Für mich ist das ein abruptes Ende meiner Reise. Ich wollte freiwillig nach Hause kommen, nicht gezwungener Maßen. Doch wie so oft bisher muss ich eine Lösung finden; zurück, ist die einzig richtige.

Ich buche die Schiffspassage, packe nur des Nötigste, verabschiede mich von meinen Freunden. Meinen Roller lasse ich im Zoll zurück, das Auslösen wäre zu schwierig geworden. Der Abschied von diesem treuen Reisegefährten fällt mir nicht leicht. Er hat mich circa 12.000 Kilometer durch die Lande getragen, hat so vieles mit mir geteilt, hat mich von Tag zu Tag sicher an die vielen kleinen Ziele gebracht, mich nie wirklich im Stich gelassen!

Es geht jetzt alles sehr schnell, der Morgen, der Aufbruch, die Freunde, der Hafen, der Abschied! Nach Passkontrolle und Ticket-Check steige ich, beladen mit zwei Koffern, die Gangway rauf. Meine Mutter kommt hinterher, ganz langsam, Fuß vor Fuß setzend. Oben am Ende der Treppe stehen Kapitän und Schiffsarzt. Als ich bei ihnen Halt mache um auf meine Mutter zu warten, nimmt mich der Arzt beiseite und fragt, ob diese Frau zu mir gehört? Ich bejahe seine Frage. Daraufhin will er wissen, was mit ihr sei. Als meine Mutter endlich oben angekommen ist, bittet er uns in sein Büro. Meine Mutter ist so außer Atem, dass sie erst einmal nichts sagen kann. Der Arzt fragt mich nach ihren Beschwerden und lässt sich auch das ärztliche Attest zeigen. Daraufhin lehnt er es ab, meine Mutter an

Bord zu nehmen. Oh Gott, was mache ich jetzt? Der Arzt sitzt hinter seinem Schreibtisch und wartet. Aber was soll ich ihm sagen? Nach einigen Minuten macht er mir einen Vorschlag. Nur wenn ich die alleinige Verantwortung für meine Mutter übernehme, kann er uns an Bord nehmen. Darauf habe ich mich, in Absprache mit meiner Mutter, eingelassen. Er setzt ein kurzes, entsprechendes Schreiben auf, welches ich unterzeichnen muss. Jetzt können wir unsere Kabine beziehen und die Heimreise antreten. Wie mir damals zu Mute war, ist meiner Erinnerung entfallen. Zum Glück klammert das Gedächtnis die eine oder andere Begebenheit aus. Wahrscheinlich habe ich irgendwann geheult wie ein Schlosshund: Abschiedsschmerz, die Endgültigkeit, das Ende der Reise, die Tränen laufen. Aber da bin ich schon auf hoher See, es gibt kein Zurück mehr. Mit jeder Welle entferne ich mich weiter von meinem alten Leben, von der Freiheit, und schippere langsam, aber unabänderlich in eine ungewisse Zukunft. Doch auch nach Hause, nach drei Jahren und fünf Monaten.

Die Reise ist endgültig zu Ende

Meine Reise geht Ende September 1962 zu Ende. Jetzt muss ich erst einmal meine Mutter heil nach Hause bringen.

Danach wird all das anfangen, was ich schon lange befürchtet und immer weit nach hinten geschoben habe: der deutsche Alltag! Ich bin bei meiner Familie aber nichts Besonderes mehr, eine graue Maus in einer grauen Stadt, wo die Menschen nur hetzen und die Sonne sich nicht sehen lässt. Dazu noch ohne Job. Die überall auffällt durch ihre orientalischen Gesten, die über drei Jahre zur Gewohnheit geworden. Werde wieder mit den kleinen Alltagssorgen der Familie konfrontiert: mit der teilweisen Arbeitslosigkeit meines Vaters, den daraus erwachsenden, materiellen Sorgen und Differenzen und dem Gesundheitszustand meiner Mutter.

An all das denke ich, an der Reling stehend, noch hin- und hergerissen vom übereilten Aufbruch. Es bleibt so viel zurück, mit jeder Welle davongetragen in die Weiten des Ozeans. Das Meer unter mir ist so unruhig wie ich, sodass es zu unserem Bullauge reinschwappt und mein halbes Bett nass ist.

Meine Mutter erholt sich sichtlich während dieser Tage auf See. Sie kann auch später an den Mahlzeiten teilnehmen. Nach circa acht Tagen in Genua angekommen, entschließen wir uns, noch einige Zeit an der italienischen Küste zu verbringen. Es ist ein Zurück auf Raten und das Ende meines Vagabundenlebens.

An das Ankommen in Münster kann ich mich nicht mehr erinnern. Wohl an die Wohnung, alles ist so klein, eng, gutbürgerlich, um nicht zu sagen: spießig. Ich bin ein Außenseiter, ein Exot, passe wohl nicht in das Bild der Zeit, gehöre nirgendwo dazu. Wenn andere sich abends treffen, sich vergnügen, muss ich arbeiten in Café oder Kneipe. Ich brauche Freiheit, keine Richtlinien, kein: „Das gehört sich nicht!" als junges Mädchen. Damals sagte man auch noch „Fräulein", und Besucher mussten um 22 Uhr das Zimmer verlassen haben. Das war das Frauenbild der damaligen Zeit!

Um meinen Eltern nicht auf der Tasche zu liegen, muss ich bald Arbeit finden. In einem Café in Bahnhofsnähe sucht man eine Serviererin. Ich muss mich wieder einfügen, mich an vorgeschriebene Zeiten, an Kleiderordnung und bürgerliches Leben gewöhnen. Ich sehe mich auch um, auf Dauer etwas anderes zu machen.

Ich habe mich schon immer für Kunsthandwerk und Schmuck interessiert. Daraus kann doch etwas werden. Von Vaters Seite habe ich Begabung für künstlerisches Gestalten mitbekommen. So fange ich an mit Silberdraht und Perlen zu hantieren. Ich fertige Armbänder und zarte Kettchen für mich. Die ersten Arbeiten sind sehr einfach und der Silberschmuck hebt sich auf meiner dunklen Kleidung gut ab. Im Café werde ich immer öfter darauf angesprochen. Und so nehme ich schon die ersten kleinen Aufträge entgegen. Beim Juwelier auf der anderen Straßenseite besorge ich mir echten Silberdraht und auch Halbedelsteine als Perlen. Nun werden die Geschmeide etwas wertvoller und auch professioneller.

Das erste Weihnachtsfest, seit Jahren wieder mit meiner Familie, steht bevor. Es ist in dem Moment schön, wieder dabei zu sein. Der Winter ist fürchterlich, Schnee und Kälte bin ich seit Jahren nicht mehr gewohnt. Aber auch das geht vorbei. Das ganze Jahr 1963 bis zum Frühjahr 1964 verbringe ich arbeitend in meiner Heimatstadt.

Ich habe genügend gespart und meinen Job gekündigt. Am 23. April 1964 breche ich auf nach Griechenland in die Sonne, auf ungewisse Zeit alles hinter mir lassend, ich bin wieder frei!

Inzwischen habe ich meine kunsthandwerklichen Tätigkeiten vervollständigt und ausgeweitet. In meiner Reisetasche befinden sich auch Material und das passende Werkzeug. Natürlich auch schon einige fertige Schmuckstücke. Ich habe für den August einen 14-tägigen Aufenthalt im „Club Méditerrané" in Egio gebucht. Bis dahin will ich kreuz und quer durch das Land der Helenen fahren, per Bahn, Bus oder Autostopp. Natürlich ist auch die eine oder andere Insel mein Ziel.

Ich beschreibe diese Griechenland Tour nur kurz, als Voraussetzung und zum Verständnis für meine nächste Reise, 1966. Denn hier fängt alles an.

Auf nach Griechenland

Im überfüllten Orientexpress von München Richtung Osten teile ich mir das Abteil mit fünf Griechen, an Schlaf ist kaum zu denken. In Larissa angekommen, sehe ich die Meteora Klöster, in Athen die Akropolis und später die Inseln Mykonos, Santorini und Kreta. Hier lerne ich zwei Mädels kennen, beide klein und dunkelhaarig, beide kulturinteressiert. Wir reisen einige Tage zusammen und planen für 1966 eine gemeinsame Reise rund um das Mittelmeer. Sie soll ein Jahr dauern.

Ich komme im Herbst aus Griechenland zurück und kann weiterhin im gleichen Café arbeiten. Auch meine Schmuckbasteleien nehme ich wieder auf, das ist ein guter Nebenverdienst, aber leben kann ich davon noch nicht.

Ostern 1965 treffe ich Ingrid und Elisabeth in Berlin. Hauptthema ist die „Tour de la Méditerranée", sie nimmt konkrete Formen an. Wir wollen im Frühjahr 1966 starten. Sie kündigen ihre Festanstellung, nehmen in der Türkei einen Aushilfsjob für drei Monate auf der Grabung in Pergamon an. Ich habe den Sommer 1965 auf der Insel Sylt gearbeitet und mache mich im Oktober auf den Weg nach Nordafrika, will zwei Monate lang Tunesien und Libyen erkunden, und herausfinden, ob drei Mädels die Länder Nordafrikas auch ohne eigenes Fahrzeug machen können. Ich finde das geht.

Im Dezember habe ich Nordafrika hinter mir gelassen und finde im Januar 1966 Arbeit im Wintersportort Garmisch-Partenkirchen.

Vorbereitung und Enttäuschung

Neben meiner anstrengenden Tätigkeit treffe ich Vorbereitungen für unser „Abenteuer Mittelmeer". Es soll Anfang Mai losgehen. Die hierzu erforderlichen Informationen und der Austausch zwischen uns Dreien geht per Post hin und her, denn ich bin nur in Ausnahmefällen telefonisch erreichbar.

Das Vorbereiten eines Trips ist schon ein freudiger Teil der Reise selbst. Visa müssen eingeholt werden, eventuelle Impfungen organisiert. Viele Fragen gehen hin und her, es ist schwierig, aus der Entfernung alles zu koordinieren. Das meiste bleibt natürlich an mir hängen, ich bin ja vor Ort. Zeitraubend ist die Beschaffung der Währungen für die einzelnen Länder. Welche Bank im tiefsten Bayern führt damals schon Türkische Lira, Syrische, Ägyptische oder Libysche Pfund? Das alles habe ich in meiner Freizeit erledigt. Und dann kam der Anruf!

Es ist Mittagszeit, das Restaurant vollbesetzt, die Gäste warten. Da werde ich ans Telefon gerufen. Es ist laut, die Verbindung schlecht, ich verstehe kaum etwas. Es ist Ingrid. Sie sagt mir, dass ihre Mutter sehr krank ist und sie wohl nicht an dieser Reise teilnehmen kann.

Ich weiß nicht mehr, wie mir zu Mute war bei dieser Nachricht. Hatte keine Zeit zum Denken, erst in der Nacht, nach Feierabend, kam mir das alles zu Bewusstsein. Die, mit der ich am liebsten gereist wäre, zog sich zurück! Meine Enttäuschung ist groß. Es sind nur noch einige Wochen, die Vorbereitungen fast abgeschlossen, da kommt der nächste Anruf. Diesmal ist es Elisabeth. Auch sie springt ab. Man hat ihr eine dauerhafte Zusammenarbeit angeboten. Da das ihr Traumjob ist, hatten das Mittelmeer und ich keine Chance. Ich bin traurig, enttäuscht, mir ist zum Heulen zu Mute. Endlich hatte ich zuverlässige Reisegefährten gefunden, mit denen ich durch dick und dünn gehen kann, nun fällt alles ins Wasser. Verdammt!

Im April '66 ist die Saison zu Ende.

Was mache ich jetzt? Alleine reisen? Den Plan aufgeben? Den Sommer in Deutschland verbringen? Nein! Das geht nicht, ich habe ja das Geld getauscht, die Visen im Pass. Die beiden Abtrünnigen trösten mich damit, doch erst einmal in die Türkei zu kommen, dann wird man weitersehen.

Noch ein kurzer Aufenthalt zu Hause für die letzten Vorbereitungen und dann kommt der Abschied von meinen Eltern. Wo wird es hingehen? Wie lange werde ich unterwegs sein? Im Grunde weiß ich noch gar nichts, alles ist offen.

Teil II

Die Reise ins Ungewisse beginnt

Wohin wird es mich verschlagen? Um das Mittelmeer? Oder weiter gen Osten?

Auf jeden Fall geht's erst einmal per Anhalter nach München, wo ich eine Nacht bei meinem Bruder verbringe. Am 1. Mai 1966 setzte sich dann der Zug München-Istanbul in Bewegung. Ich bin dabei! Der Zug überfüllt. Teile das Abteil mit sieben Türken, die nach Gastarbeiten in ihre Heimat zurückkehren. Sie laden mich gleich zum Essen ein. Die Gänge vollgestellt mit riesigen Gepäckstücken. Kühlschränke, Waschmaschinen, Fernseher, Radios und anderes technische Geräte werden transportiert. Um 22 Uhr geht's über die Grenze. Gegen 15 Uhr und nach 48 Stunden bin ich am nächsten Tag in Istanbul. Die Stadt empfängt mich mit herrlichem Sonnenschein. Die ersten Minarette tauchen auf. Am Bahnhof eine Menschenmenge. Keine Zollkontrolle. Per Bus fahre ich zur Jugendherberge.

Ich bin wieder in Istanbul. Nach sieben Jahren. Damals auf abenteuerlichen Wegen per Roller. Die Mädels, die noch auf der Grabung sind, hinterlassen mir eine Nachricht im WMCA. Verbringe ein paar Tage in der Stadt, schaue mir den Topkapi Serail an, wo die Schätze der Osmanen gezeigt werden, die Blaue Moschee und natürlich Kapali Karchi, den Basar.

Per Bus geht es nach Pergamon. Unser etwas getrübtes Wiedersehen wird trotzdem mit einer Flasche Raki gefeiert. Und dann werden Pläne geschmiedet, nächtelang. Es kann für mich eigentlich nur Richtung Osten gehen, durch die Türkei. Dann kann ich immer noch nach Süden abschwenken über Syrien und den Libanon. Richtung Nordafrika und ums Mare-Nostrum, ums Mittelmeer. Vielleicht bieten sich ja auch Persien, Afghanistan, oder sogar Indien an? Spätestens in der Ost-Türkei muss ich mich entscheiden, ums Mittelmeer oder weiter gen Osten!

Wir verbringen einige gemeinsame Tage, machen Wanderungen durch die Ruinen der antiken Stadt, trinken abends unseren Rot-

wein und besprechen neue Reiseziele. Der Abschied von den beiden
Mädels ist sehr herzlich mit vielen guten Ermahnungen, aber auch
verbunden mit einem etwas schlechten Gewissen. Das konnte und
wollte ich ihnen nicht nehmen.

Es geht los ohne festes Ziel

Zuerst mit dem Überlandbus nach Bursa und weiter per Autostopp
über die windgepeitschten Höhen West-Anatoliens nach Ankara.
Jetzt bin ich in der Landeshauptstadt. Es ist noch sehr kalt, denn die
Stadt liegt auf 400 Metern Höhe. Ein kleines Hotel nimmt mich auf.
Es liegt unterhalb des Burgberges mit seinen schmalen Gassen und
dem Hethiter Museum. Anhand der Exponate bekomme ich ausführ-
liche Informationen über die vielfältige Kultur dieses Landes.

Mein Weg wird mich durch die Zentraltürkei führen, welche im
Laufe der Jahrhunderte zum Zentrum bedeutender Kulturen des
Mittelmeer-Raumes geworden ist. Hethiter, Griechen, Römer und
Byzantiner haben das Land geprägt. Christliche Minderheiten, Armenier, siedeln vor allem im Osten. Die hinterlassenen Bauwerke
der verschiedenen Epochen begegnen mir auf Schritt und Tritt bei
den Busreisen durch das Land.

In der Landeshauptstadt erfahre ich auch, dass der Irak zurzeit gesperrt ist wegen Cholera. So hole ich mir vorsichtshalber ein Visum
für Persien. Denn ich spiele mit dem Gedanken, doch erst einmal
weiter gen Osten zu fahren. Am 17. Mai geht es per Bahn nach Erzurum, 25 Stunden, 1000 Kilometer, 20 DM.

Löse die Fahrkarte, verlasse die Hauptstadt, eine anstrengende Fahrt beginnt. Der Zug ist überfüllt. Mit 40 Stundenkilometern
schnauft und faucht er sich auf die Hochebene und stößt schwarze
Rußwolken über das Land. Die Gegend wird kahler und trostlo-
ser. Durch zig Tunnel windet sich der Zug hinauf und hält an jeder kleinen Station. Die Holzbänke der dritten Klasse sind hart und
an Schlafen ist nicht zu denken. Langsam geht es durch die große,
weite Leere Ostanatoliens mit noch winterlichen Temperaturen. Die

Steppe kaum besiedelt. Nur hin und wieder sieht man Hütten aus Lehm, umgeben von einer ebensolchen Mauer. Sie sind von der Landschaft kaum zu unterscheiden, gelb in gelb, Sand in Sand. Ich sehe einige Nomadenzelte als dunkle Punkte in der Ferne. Die Fahrt geht entlang der alten Seidenstraße, die von China kommend auch durch die Türkei führt und weiter nach Europa. An der Strecke festungsartige Ruinen der Karawansereien, mit ihren Rundbögen und Kuppelbauten. Es sind Halte- und Ruhepunkte der Händler, die mit Kamelen über Land zogen und hier bei Nacht und vor Überfällen sicher waren. Auch Krankenhäuser, Armenküchen und Mausoleen begleiten diese Routen. Es sind Zeugen uralter Wander- und Handelswege die Asien und den fernen Osten mit den Märkten Europas verbanden. So wurden nicht nur Waren, sondern auch Religionen, Kultur und Wissenschaft über Länder und Grenzen vermittelt und weitergegeben.

In der Ferne durchzieht ein Fluss diese Weite und bringt spärliches Grün zum Vorschein. Nach vielen Stunden bin ich in Sivas, wo Dauerregen, Pfützen, Schlamm und Kälte mich empfangen. In der Altstadt stehen die typischen Holzhäuser mit wackeligen Balkonen. Ich sehe mich etwas um, alles versinkt im Dreck, es ist recht ungemütlich. Nur die seldschukischen Bauwerke, wie das Çifte Minareli, die Doppelminaretts der Moschee, bringen mit ihren grün-blauen Kacheln etwas Farbe in diese Tristesse. In der Ulu Cami, mit herrlichen Teppichen ausgelegt, hocken die Alten um das wärmende Feuer eines Kanonenofens. Nach Stunden des Frierens geht es weiter, die Nacht im Zug lässt mich frösteln. Am nächsten Vormittag habe ich Erzurum, die größte Stadt im Osten der Türkei, erreicht. Ein trister Ort, ich kann mich nirgends aufwärmen. Auch hier nur ein kurzer Zwischenstopp. In einer Lokanta, einer Pinte für Reisende, an der Straße gelegen, bekomme ich etwas Warmes zu essen. Die Teestuben sind kalt und düster. Die Stadt liegt in den weiten Hochebenen Anatoliens, wo der Winter lange anhält und die Sommer kurz sind. Das Land ist kaum besiedelt, auf den Höhenzügen sieht man noch die weißen Schneefelder. Ich friere. Ein Bus bringt mich um 13 Uhr in die Berge Richtung persische Grenze. Eine tolle Fahrt mit tausend Kurven. Am Wegrand militärische Stützpunkte. Die Grenze nicht weit und nah das wilde Kurdistan. Lehmhüttendörfer und Frauen in bunten Gewändern huschen vorbei. Langsam führt die Straße in die Hochebene hinunter, gesäumt zu beiden Seiten von Gebirgszügen. Im dritten Jahrhundert zog Alexander der Große durch diese unwirtliche Gegend auf seinem Weg nach Indien. Was ist, wenn ich ihm folge? Mitten in diese Gedanken hinein hält der Bus, hier endet die Fahrt. Alles steigt aus und verschwindet in diverse Richtungen. Ich bin in Ağrı, im äußersten Osten des Landes, am Dreiländereck Türkei, Russland, Persien.

In der Ferne leuchtet das weiße Haupt des Ağrı-Dag, des Ararat, in der Sonne. Hier soll Noah seine Arche gebaut haben. Es sind noch 30 Kilometer bis zum Grenzort. Wie komme ich jetzt weiter?

Es ist Spätnachmittag, und ich frage mich, ob ich heute noch mein Ziel Doğubeyazıt erreichen kann. Da hält ein Truck mit einer offenen Ladefläche. Hier nimmt jeder jeden mit, denn es gibt keine grenzüberschreitenden Fahrgelegenheiten. Ich bin froh über diese Möglichkeit, steige hinten auf und lande auf einem Kohlenlaster. Kann mich nur mühsam an den niedrigen Seitenwänden festhalten. Es ist sehr windig und kalt, der feine Staub dringt in Augen, Mund und Nase. Die Straße ein einziges Schlagloch, ich werde ordentlich durchgerüttelt. Das ist fast überall so in den Grenzregionen, diese Gegenden weitab der Hauptstadt werden vom Staat vernachlässigt. Die Sonne geht unter. Kaum sind wir losgefahren, hält der Wagen auch schon wieder. Männer springen ab, waschen sich am nahen Bach, rollen ihre Gebetsteppiche aus und verbeugen sich gen Mekka. Allah ruft sie zum abendlichen Gebet. Dazu erklingt aus einem Transistorradio Musik. Ich stehe etwas abseits, lausche den Gebetsrufen, sehe das Niederwerfen und sich Erheben der Männer, warte und friere. Einer der Männer sieht es und gibt mir seine fellgefütterte Lederjacke. Die Dämmerung kommt schnell und mit ihr auch die

Kälte der Nacht. Nur noch schemenhaft sind die Ausläufer des wilden Kurdistan zu erkennen. Es geht weiter, immer wieder hält der Wagen, Männer springen von der Ladefläche und verschwinden in der Dunkelheit, irgendwohin in Richtung Gebirge. Es ist gefährlich, durch diese Gegend zu fahren, und dann noch bei Nacht. Hier leben ganze Sippen von Überfällen auf Reisende – das habe ich aber zum Glück erst später erfahren. Nach einer schier endlos scheinenden Fahrt sehe ich die Spitze des Ararat, von den letzten Sonnenstrahlen beschienen. Vor einem Holzhaus hält der Laster, dem „Palace-Hotel". Ich bin in Doğubeyazıt, die Grenze nicht weit. Ich steige vom Wagen und schlage mir den Staub von der Kleidung. Gesicht und Hände kann ich mir am offenen Wassertrog vor dem Haus waschen. Und dann komme ich in die gemütliche, warme, rauchgeschwängerte Gaststube. In der Mitte glüht ein Ofen, um den dunkle, vermummte, unheimliche Gestalten auf dem Boden hocken. Es sind Kurden, wild aussehend, teilweise bewaffnet, ich befinde mich ja im Grenzgebiet. Keine Frau ist zu sehen. Zum Glück sehen die Männer nicht allzu viel von mir, bin dick eingemummelt. Sie beachten mich aber auch kaum. Ich bekomme noch etwas zu essen. Dann führt man mich die wackelige Holzstiege hinauf und zeigt mir ein Zimmer. Es gibt nur Gemeinschaftsquartiere. Ich muss es mit mehreren Türken teilen. In dem kleinen Raum liegen sie auf dem Boden, einer neben dem anderen, dicht gedrängt. Und so steige ich über die schlafenden Gestalten und muss mich irgendwo dazwischen quetschen. Es ist eng, der Boden hart, und es riecht nach Mensch und Tier. Früh wird es lebendig um mich herum, hier bricht man zeitig auf. Es war eine schlimme Nacht, mir schmerzen alle Knochen und ich bin noch hundemüde.

Über die Grenze ins Reich des Schahs

Ein bisschen Wasser ins Gesicht, das ist die Morgentoilette. Aber dann, ein Blick vom Balkon entschädigt für die Strapazen des vergangenen Tages und der ungemütlichen Nacht. Von hier oben habe ich einen fantastischen Blick auf den Berg der Arche Noah, der sich jetzt vor dem klaren, tiefblauen Winterhimmel in der Ferne erhebt. Majestätisch liegt der Ararat mit seinen 5287 Metern in Schnee gehüllt vor mir. Ich sehe einen kleinen Jungen, alleine, barfuß, frierend, wie verloren auf der Straße, im Hintergrund die Weite und der Berg. Das Bild muss ich festhalten, es ist eines meiner besten Fotos überhaupt. Es zeigt die Einsamkeit, das sich Verlieren des Menschen in dieser weiten, stillen Landschaft, geprägt vom Nichts, von einer unendlichen Leere. Dieses Bild werde ich nie vergessen.

Erst jetzt im Morgenlicht sehe ich, in welcher Spelunke ich gelandet bin. Mein Frühstück: Joghurt und Brot. Jetzt höre ich von unten herauf Flötentöne, heute ist Revolutionstag. Der ganze Ort ist geflaggt und wimmelt von Menschen. Ich schleppe meine Tasche, muss noch eine ganze Weile gehen, bis mich endlich ein Lastwagen mitnimmt. Hier ist man aufeinander angewiesen. Bis zur Grenze Başargan sind es noch 30 Kilometer. Es besteht keinerlei Verbindung zwischen diesen beiden Ländern. Die Formalitäten beim Verlassen der Türkei sind schnell erledigt. Man fragt weder nach Umtauschbescheinigung noch nach anderen Dingen. Bei einem Schweizer kann ich günstig Dollar tauschen. So habe ich wenigstens für die ersten Tage ein paar Rial in der Tasche.

Inzwischen habe ich mich entschieden, weiter gen Osten zu fahren, eventuell doch bis Indien. Traveller auf der Rückreise, die ich hier an der Grenze treffe, haben mir von diesem märchenhaften Land erzählt, mich neugierig gemacht. Die Einreiseformalitäten auf der anderen Seite, ins Land der Perser, dauern nicht lang. Ich frage einige Autofahrer, ob sie mich mitnehmen bis Täbris, sie wollen Geld oder sie haben keinen Platz. Ein Mercedes hält. Der freundliche Perser, direkt aus Hamburg kommend, nimmt mich mit. Diese Automarke mit dem Stern vorne ist unheimlich gefragt im Land des Schahs.

Durch Persiens Norden

Vor mir liegt das Land, durch welches Alexander gezogen ist, wo der Schah noch auf dem Pfauenthron sitzt, neben sich Soraya und später Farah Diba als seine dritte Frau. Ich fahre gen Osten, linker Hand das Elbrus Gebirge mit dem 5600 Meter hohen Damawand und hunderte Kilometer weiter dann im Süden die Dasht-e-Kavir. Und noch weiter südlich die heißeste Wüste der Welt, die Lut, die sich bis an die Süd-Ost-Grenze zu Afghanistan hinzieht.

Persien, das Land der Teppiche, der Nachtigallen, der Dichter und vielbesuchten Pilgerorte der Schiiten. Maschhad, Ghom und Kermānschāh, Isfahan und Shiras und andere Orte habe ich mit Bussen, Bahnen und zu Fuß durchstreift. Zuerst durch den Norden Richtung Osten und Monate später auf der Rückreise durch den Süden dieses Reiches.

Ich werde mich mit den frommen Pilgern rund um das Grabheiligtum des Imam Reza in Maschhad treiben lassen. Werde staunend vor den Türmen des Schweigens in Yazd stehen und die Felsengräber des Xerxes im Süden bewundern. Steige mit den in Stein gehauenen Flachreliefs der Tributpflichtigen die Treppen in Persepolis hinauf. Ganz klein fühle ich mich vor den mächtigen Eingangstoren zum Palast des Darius. Schiras mit seinen Gärten und den Dichtern Hafiz und Sadi erzählen von Blumen und Vögeln in ihren Schriften und lassen mich in dieses persische Märchen eintauchen. Der weite Meidān-e Naqsch-e Dschahān in Isfahan mit den umgebenden blaugefliesten, hohen Eingängen der Moscheen lässt all die Pracht vergangener Jahrhunderte verströmen. All das werde ich später sehen, bewundern und beschreiben.

Jetzt führt die Schotter- und Schlaglochpiste bequem im feudalen Mercedes erst einmal durch diese trostlose Gegend Richtung Täbris. In Maku, dessen Häuser direkt an die Felsen gebaut sind, wird ein kurzer Stopp eingelegt. Später verstellen Schafs- und graue Büffelherden mit ihren gebogenen Hörnern die Pisten. Im Süden taucht ein wildes Gebirge auf, noch mit Grün überzogen – die Ausläufer Kurdistans. Von den Lehmhüttendörfern am Wegesrand sieht man nicht viel, sie alle sind von hohen Mauern umgeben zum Schutz gegen Überfälle und Schakale. Auch heben sie sich farblich kaum von der sie umgebenden Landschaft ab. Es geht durch ausgetrocknete Flussbette. Wenig später bleibt der Wagen im Wasser stecken. Am Abend bin ich dann in Täbris und finde auch bald ein preiswertes Hotel. Es war ein langer Tag. Ich bin in einem neuen Land, wo noch ein Einzelner das Sagen hat, nämlich Schah Reza Pahlavi.

Die Stadt ist modern, leider ist der Basar heute, am Sonntag, geschlossen. An einer Straßenecke flickt ein Schuster meinen Schuh, alles bleibt stehen und schaut zu. Im Grenzgebiet zur Türkei und Syrien leben viele Kurden. Es ist Ramadan-Zeit, der Fastenmonat der Muslime. So muss auch ich ohne etwas zu essen weiter. Der Bus nach Teheran steht bereit, das Gepäck wird oben aufs Dach verfrachtet und mit Seilen festgezurrt. Ich verlasse die Stadt, in Serpentinen arbeitet sich der Bus hinauf auf eine gelbe, vertrocknete Hochebene. Es geht entlang des Elbrus Gebirges. Der Damawand zeigt hin und wieder sein weißes Haupt, welches aus der Ebene aufsteigt. In den Hochtälern sehe ich riesige Kamelherden, die auf spärlichem Grün weiden. Sie heben sich mit ihrem bunten Trotteldecken gut vom Abendhimmel ab. Es geht durch Wadis, ausgetrocknete Flussläufe und in Zendschan ist kurze Rast. Nach Sonnenuntergang, der Fastentag ist beendet, bekomme ich Brot, Käse, Oliven und Nüsse für mein Abendessen. Es ist kühl, sitze in einer typischen Teestube. Sie sind ganz mit Teppichen ausgelegt, auf denen Männer im Schneidersitz vor ihren dampfenden Teegläsern hocken.

Es geht weiter. Mein Bus taucht ein in die Dunkelheit, die schnell zur Nacht wird. Ich kann nicht mehr viel sehen und versuche etwas zu schlafen. Es sind lange Strecken, die die einzelnen größeren Orte verbinden. Und so bin ich am nächsten Morgen ziemlich gerädert in der Hauptstadt, in Teheran, wo der Pfauenthron steht.

Heute ist die Zeit des Schahs, Reza Pahlavi und seiner Gemahlinnen, lange vorbei. Die Stadt ist modern, hat acht Millionen Einwohner und ist einfach in die Wüste zu Füßen des Zagrosgebirges hineingestellt.

Auf nach Indien

Ich habe mich entschieden, weiß wie es weitergeht. Es ist ja nur ein Katzensprung über Afghanistan und Pakistan ins Land der Hindus, nach Indien. Es wäre schade, so kurz vor diesem Riesenreich umzukehren. So nah werde ich diesem Land wohl nie wiederkommen. Unvorbereitet stolpere ich also später einfach so hinein ins Land der Götter und Tempel. Damit eröffnet sich für mich eine ganz neue Welt. Aber es liegen ja noch zwei Länder dazwischen, ich kann mich also diesem bunten und exotischen Land langsam nähern und mich so darauf vorbereiten. Neues ist da, um es kennenzulernen. Bisher hat die Reise sowieso einen ganz anderen Verlauf genommen als geplant: statt Mittelmeer der Osten. Man kann ja Dinge auch einfach auf sich zukommen lassen und sich dann entscheiden. Das sind oftmals die interessanteren Begegnungen, Erlebnisse, die ungeplanten, die am Rande geschehen. In die man einfach so hineingeworfen wird, die man wahrnimmt und aufnimmt, wenn sie vor einem stehen, wenn man mittendrin ist, wenn sie passieren. All das Unvorhergesehene und die Zufälligkeiten machen unser Leben reicher. Auf dieses riesige Land mit seinen vielen Göttern und Kasten, seinen Tempeln und bunten Märkten bin ich gespannt. Aber noch ist es nicht so weit; noch bin ich in Persien...

Tagebucheintrag, Teheran, 22. Mai 1966

„Hier bekomme ich mein Visum für Afghanistan, aber erst muss ich eine Cholera Tablette schlucken. Im Nachbarland ist nämlich diese Krankheit ausgebrochen. Auch hier im Amt sind die Frauen in bodenlange, dunkle Umhänge gehüllt, sogenannte Schadis, wie ich sie auch unterwegs gesehen habe.

Erste Informationen bekomme ich im Museum. Sehe die Steele des Hammurapi, eines Herrschers des Zweistromlandes aus vorgeschichtlicher Zeit. Staune über die imposanten Ruinen von Persepolis im Süden und die Feuertürme der Zoroaster und viele andere Hinweise auf die reiche Kultur des Landes. Später besuche ich auch die Masjid-i-Shah, die Königsmoschee. Ein imposantes Gebäude mit bunt glasierten Ziegeln in blaugrün und einem großen Reinigungsbecken in der Mitte. Im Basar, der modern wirkt, wird alles angeboten, was man zum Leben braucht, daneben auch alter Turkmenen Schmuck. Die Turkmenen sind ein Steppenvolk aus dem Nordosten und fertigen wunderschönen Silberschmuck mit eingelegten Karneolen. Überall wird der leckere Zitronen- und Feigensaft angeboten, er wird für jeden Gast frisch gepresst. Schmiedeeiserne Tore begrenzen den am Stadtrand liegenden Palast des Shahs zu Füssen des Elbrus Gebirges. Der Eingang ist versperrt.

Persien empfängt mich mit einer bewegten Geschichte, mit Kunst und Kultur, mit Teppichknüpfen und Miniaturmalerei und auch mit den Gedichten von Hafiz und Sadis. Es ließ Alexander passieren in Richtung Osten.

Teheran ist die Stadt der Gärten. Vom nahen Elbrus Gebirge fließt ihr reichlich Wasser zu. Eine Kostbarkeit, wo die sommerlichen Temperaturen auf die 60 Grad zugehen und es im Winter bitter kalt ist.

Am nächsten Tag bekomme ich mein Visum und erstehe auch das Ticket per Bahn nach Mashhad, dritter Klasse, 900 Kilometer."

Ich verlasse diese moderne Stadt. Es geht immer weiter gen Osten, den Gedanken „Mittelmeer" habe ich endgültig aufgegeben. Der Bahnsteig ist überfüllt: Bettler, Krüppel und fliegende Händler versuchen, etwas zu verkaufen. Ganze Pilgerscharen werden verabschiedet und drängen in die Züge. Sie alle haben das gleiche Ziel wie ich: die Heilige Stadt Mashhad, den Hauptpilgerort der Schiiten. Sie war früher auch ein Umschlagplatz der alten Seidenstraße. Die Holzbänke im Abteil teile ich mir mit einer kinderreichen Familie. Es ist wieder warm geworden. Um 11:30 Uhr setzt sich der Zug langsam in Bewegung. Durch Elendsviertel und trostlose Vorstädte geht es hinaus aufs offene Land. Goldgelb, trocken und ausgedörrt liegt es in der flirrenden Mittagshitze, überwölbt von einem strahlend blauen Himmel. Das Elbrus Gebirge zur Linken bleibt langsam immer weiter zurück und nur noch Steinwüsten breiten sich aus. An den auslaufenden Hängen sehe ich Kamelherden und dunkle Nomadenzelte tauchen auf. Sie sind aus strapazierfähiger Ziegenhaarwolle gewebt und bieten Schutz vor Sonne und den kalten Winden aus dem Norden. Bunt gekleidete Frauen weben, am Boden hockend, diese Zeltplanen auf einfachen Holzgestellen. Die wenigen Dörfer auf der Strecke sind von einem Grüngürtel umgeben; hier gibt es Wasser. Dieses wird durch unterirdische Kanäle aus den Bergen auf die Felder geleitet. In gewissen Abständen sieht man von niedrigen Mauern geschützte Einstieglöcher. Stufen führen nach unten. Von hier aus werden die Wasserläufe gereinigt und in Ordnung gehalten. Meistens verrichten diese Arbeiten kleine Jungen, die sich durch die engen Röhren zwängen können. Sie befinden sich circa ein bis zwei Meter unter der Erde und somit verdunstet das Wasser nicht so schnell. Dieses System der Aquifer, oder Qanat genannt, ist Jahrhunderte alt und wird in ganz Asien angewandt.

Hier leben die Kaschgai Nomaden. Die Frauen sind unverschleiert, groß und schlank. Auf der Stirn tragen sie eintätowiert ihr Stammeszeichen und ein Tuch um den Kopf gewunden, oftmals mit Silbermünzen gefasst. Ihr Stamm ist weit verbreitet. Sie ziehen mit ihren Herden über Land von einem Weidegebiet zum anderen. Auch riesige Ziegenherden sehe ich wie dunkle, vorbeifliegende Punkte in der Landschaft.

An den wenigen Haltepunkten steigen immer mehr Menschen zu, sie alle wollen in die Heilige Stadt. Südlich der Bahnstrecke breitet sich die Dasht-e-Kavir und noch weiter gen Süden die Wüste Lut aus. Ein riesiges Sand-, Salz- und Dünenmeer, ein heißes Nichts, eine menschenfeindliche Einöde. Sie soll der heißeste Punkt der Erde sein. Ich berühre sie während meiner Fahrt nur am Rande.

Mashhad, die Heilige Stadt der Schiiten

Nach unbequemer und kalter Nacht, dem Gerüttel und Schlingern des Zuges tauchen am nächsten Morgen in der Ferne die goldenen Kuppeln der Grab Moschee auf. Der hier verehrte Heilige „Imam Reza" ist der achte Nachfolger Mohammeds. Hier ist Endstation. Ich bin in Mashhad, der heiligsten Stadt der Shiiten! Ich drängle mich mit vielen anderen aus dem Zug. Der Bahnsteig ist ein einziges Menschengewoge, bunt durcheinander gewürfelte Pilgerscharen, hochbepackt, strömen sie dem Ausgang zu. Sie kommen aus der ganzen arabischen Welt, aus dem fernen Osten oder den nordafrikanischen Ländern, mit Bahnen, Bussen, per Auto und manche auch auf dem Rücken ihrer Kamele. Sie haben teilweise weite, beschwerliche Reisen hinter sich gebracht, haben alle Mühen des Weges auf sich genommen, um am Grab des Heiligen zu beten, zu trauern, und ihre Inbrunst zu zeigen. Sie sind am Ziel ihrer Wünsche angekommen. Ihr ganzes Leben haben sie auf diese „Hadsch", diese Pilgerfahrt, ausgerichtet, dafür gespart. Jeder Moslem sollte sie einmal im Leben gemacht haben. Man sieht ihnen die Freude, die Spannung und den Taumel an, der sie in der Gemeinschaft so vieler Glaubensbrüder erwartet, dem sie sich hier hingeben können.

Während ich in Gedanken verloren da stehe und auf einen Bus in die Stadt warte, male ich mir die Erwartungen und die Freude dieser Pilger aus. Versuche ihre Ergriffenheit zu verstehen, wenn sie sich später langsam dem heiligen Bezirk nähern. Ich kann mit ihnen empfinden, mit ihnen dieses große Ereignis miterleben. Was mag in ihnen vorgehen, jetzt, hier am Ziel ihrer langgehegten Wünsche? Es liegen Spannung und Erregung in der Luft, eine freudige Erwartung. Auch ich werde davon erfasst, werde mitgerissen in diesen Taumel von Religiosität und Hingabe. Was wird mich hier erwarten an diesem ungewöhnlichen Ort, dessen Mittelpunkt die Moschee ist, umgeben von einigen festgefügten Häusern und Lehmkubenwürfeln bis an den Rand der Wüste. Was erst werden diese, von weit hergekommenen Pilger empfinden, wenn sie ihre staubigen Schuhe abstreifen, in den heiligen Bezirk eintreten? Sie dann die mit Silber beschlagenen Eingangstore streicheln, wenn sie andächtig ihre Hand zu Mund und Stirn führen? Und dann haben sie endlich das Innere erreicht, den heiligsten Bezirk, werfen sich auf den Boden, neigen den Kopf auf die Steine, schlagen sich auf die Brust? Wenn sie sich schieben und drängen, um zum Sarkophag des Imam-Reza zu kommen? Was mögen sie empfinden, wenn sie ihn endlich erreicht haben, versuchen ihn zu küssen, oder wenigstens zu berühren? Sie haben es geschafft! Sie sind angekommen am Grab des Heiligen, am Ziel all ihrer langgehegten Wünsche! Jetzt müssen sie doch tief berührt, bewegt, voll von allen Glücksgefühlen der Welt sein! Sie rufen zu Allah, stöhnen, brechen in lautes Schluchzen aus, sind aufgelöst vor Freude, an diesem so heiligen Ort zu sein, den Höhepunkt ihres Lebens zu erleben! All das geht mir durch den Kopf beim Beobachten dieser Menschen. Aber kann ich mir das auch wirklich vorstellen? Reicht dafür meine Fantasie überhaupt aus? Ja, denn ähnliche Szenen habe ich auf späteren Reisen an Stätten moslemischer Heiliger und Sufis erlebt, die ich als Ungläubige besuchen durfte. So kann ich mir die fromme Hingabe am Schrein des Imam Reza gut vorstellen, mich hineinversetzen in das Geschehen, in die Gefühle der Menschen und kann sie jetzt auch in etwa beschreiben.

Da kommt mein Bus, meine Träumereien haben ein Ende. In den wartenden Taxen vor dem Bahnhof verschwinden ganze Familien mit Kisten, Körben und Bettrollen. Schnell finde ich ein einfaches Hotel mit Hilfe eines netten Persers. Die Stadt gliedert sich kreisförmig um den heiligen Bezirk, zu dem vier Zugangsstraßen führen. Ich begegne Arabern, Persern, Afghanen, Pakistanis, Indern, Moslems aus Afrika und der ganzen Welt. Auf den breiten Fußwegen Geschiebe und Gedränge, ein buntes Völkergemisch, ein endloses Kommen und Gehen, fasst nur Männer. Und ich mittendrin als Ungläubige, als Frau, bin kritischen Blicken ausgesetzt, das ist mir nicht immer angenehm. Sie sind in ihre heimischen Gewänder gekleidet, tragen teilweise lange Bärte und die unterschiedlichsten Kopfbedeckungen. Jeder Moslem sollte einmal im Leben eine Hadsch machen, eine Pilgerfahrt zu dem heiligsten Ort seines Glaubens. So schreibt es der Koran vor. Für viele ist es das Ereignis ihres Lebens und sie nehmen große Mühen auf sich, um es zu verwirklichen. Auch verschulden sie sich oftmals auf lange Zeit. Zurück in ihrer Heimat nach Wochen oder Monaten dürfen sie den Titel „Hadshi" führen. Auf späteren Reisen durch muslimische Länder sah ich häufig Darstellungen dieser Pilgerreisen in Form von Malereien an Hauswänden. Es sind auch die Vehikel ihrer Reisen dargestellt: Kamel, Auto, Zug, Bus oder in neuerer Zeit auch ein Flieger.

Mashhad ist die Stadt der Männer; Frauen sind auch hier kaum zu sehen. Sie alle streben dem heiligen Bezirk zu, der mit hohen Zäunen umgeben ist. Tore führen an vier Seiten zum Moschee- und Grab-Komplex. Hier stehen Wächter in Uniform und treiben die frommen Pilger weiter. Stehen bleiben geht nicht. Auch ich werde mitgerissen von den Massen. Sie lagern teilweise am Straßenrand und auf Plätzen. Auch einige Frauen sind dabei, tiefverschleiert, mit Kindern in einer Rückentrage hocken sie auf dem Boden. Der eine oder andere hat sich ausgestreckt und schläft. Ich werde angestarrt und von den Wächtern mit einem silbernen Knüppel in der Hand zum Weitergehen aufgefordert. Um nicht zu sehr aufzufallen, ziehe ich mir trotz der Hitze meinen dunklen Regenmantel über. Natürlich verwehrt man mir den Zugang.

Die Grabmoschee liegt in einem Park. Man sieht nur die vergoldeten Kuppeln und Minaretts herausragen. Hier liegt der achte Imam Ali Reza begraben, er ist ein direkter Nachfolger Mohammeds. Auch Harun ar-Rashid, der Held aus Tausendundeiner Nacht, hat hier seine Ruhe gefunden. Aus der Ferne fällt mein Blick auf eines der Eingangstore. Sie sind aus Holz geschnitzt und glitzern silberbeschlagen in der Sonne. Davor stehen hunderte von Schuhen oder Sandalen. Man darf das Innere nur mit bloßen Füßen betreten. Eine hohe Schwelle trennt den äußeren vom inneren Bezirk. Für meine Gedanken, meine Fantasie gibt es kein Hindernis und so wandere ich mit den Frommen hinein in dieses Heiligtum und lasse meinen Vorstellungen von Prunk und Hingabe, von Bitten und Flehen freien

Lauf. Bis wieder der Ruf eines Wächters mich aus meinen Gedanken reißt.

An den Zugangswegen haben sich Verkaufsläden und fliegende Händler niedergelassen. Ich gehe weiter, meistens mitgerissen von den Gläubigen, die alle in einer Richtung das Heiligtum umrunden. Hin und wieder wage ich zu fotografieren, aber die Menschen schauen nicht sehr freundlich drein. Ich versuche, dem Trubel zu entgehen, tauche ein in schmale Seitengassen und finde das Museum. Ich sehe bearbeitete Säulen aus Moscheen und Koranschulen, Sarkophage aus Silber, geschnitzte Holztore und Schriften des Koran. Die Gläubigen küssen diese Bücher und auch die Tore und sind ganz hingerissen von diesen religiösen Relikten. Die Männer bewundern alte Waffen und Dinge für den Alltag.

Zurück in den Gassen reiht sich eine Herberge an die andere: mit Holzbalkonen, baufälligen Fassaden und schmuddeligen Eingängen. Frauen sitzen auf Stufen, haben ihre Kinder im Arm, und Wäsche flattert an den offenen Fenstern. Ganze Familien sitzen am Bordstein und essen aus einer Schüssel. Überall liegen Bündel herum, sie schlafen scheinbar irgendwo in Hauseingängen oder auf der Straße, weil sie eine Herberge nicht bezahlen können. Ich finde im Gassengewirr eine Garküche, auch hier das gleiche Bild. Ich werde angestarrt. Man bietet mir Platz in einem hinteren Raum, durch Vorhänge abgeteilt, der nur für Frauen bestimmt ist. Ich bin alleine hier, man stellt mir das Essen hin, Gemüse in einem Schälchen, dazu Fladenbrot. Gegessen wird mit den Fingern, habe darin schon eine gewisse Übung.

Im Jahr 1966, meinem Reisejahr, gibt es sicher nicht viele Europäer, die in Asien unterwegs sind, die als junge Frau diesen religiösen Ort besucht haben. Ich bin natürlich zeitweise mit anderen Travellern gereist, die auch auf dem Weg nach Indien waren. Wieder auf der Ringstraße bin ich im Nu von einer Menschenmenge umringt. Auch zwei Saudis sind dabei, erkennbar an ihren Kopfbedeckungen. Sie fragen mich etwas, und ich antworte auf Arabisch, was sie sehr erstaunt. Alle lachen, und ich lächle zurück, das entspannt die

Situation bis ein Polizist kommt und sie alle vertreibt. Er bedeutet auch mir weiterzugehen. Vielleicht verletzte ich ja ungewollt die religiösen Vorstellungen dieser frommen Pilger. Allmählich wird es mir unheimlich. Bin ich in Gefahr? Ich habe bei vielen Krummdolche und Säbel in ihren Gürteln gesehen, hin und wieder auch ein Gewehr. Ein Gefühl sagt mir, ich sollte wohl besser verschwinden. Da es schon Abend ist, beschließe ich, morgen diese so interessante Stadt zu verlassen. Schade!

Stehe schon früh am anderen Morgen am Busbahnhof und erwische gerade noch den jetzt schon überfüllten Klapperbus, der nur einmal in der Woche zum Grenzort Taybad fährt. Einmal in der Woche! Glück gehabt. Die Fahrt geht durch ein Wüstengebiet, es steigen immer noch Leute zu. Fünf Stunden sitze ich eingequetscht in engen Sitzen, kann meine Beine kaum bewegen. Mit alten, würdevoll aussehenden Männern und ein paar Schafen im hinteren Bus geht es so Richtung Grenze. Ich kann nicht viel sehen von der Landschaft bei dem Gedränge. Nach endloser Fahrt erreiche ich verstaubt und verschwitzt den Grenzort und bin froh, dieser Enge zu entfliehen. Afghanistan liegt vor mir, ein neues Land auf meiner Route gen Osten. Es sind nur wenige Lehmhütten, die sich hier angesiedelt haben. Die Formalitäten der Ausreise aus Persien dauern nicht lange. Ich stelle fest, es gibt keinen Transport auf die andere Seite ins Nachbarland und auch keine einfache Herberge für die Nacht. Es bleibt also nur Laufen, 15 Kilometer durch Niemandsland, durch Wüste und Hitze. So kann man sich auch einem Land nähern: zu Fuß, ganz langsam, beschaulich, mühsam. Häufig platzen wir ja viel zu schnell mitten hinein in das Fremde und lassen uns und dem Land keine Zeit, sich einander zu nähern. Zu Fuß oder per Bus auf der Straße ist das etwas anderes. Dinge, die einem nicht so leicht zufallen, die man, wie in diesem Fall, „erlaufen" muss, weiß man viel mehr zu schätzen! Ob ich das auch noch heute Abend, am Ende des Marsches sage? Am Ende dieser Reise nach Indien, nach sieben harten Monaten, sage ich das auf jeden Fall!

Zu Fuß durch Niemandsland

Ich mache mich also auf den Weg. Es ist Mittag, die Hitze flimmert in der endlosen Weite, in die ich hineinlaufe. Ohne Orientierung, nur ein paar Spuren im Sand. Die paar Hütten und den Grenzposten habe ich bald hinter mir gelassen. In der Ferne sanfte Hügel und über mir ein stahlblauer Himmel. Er lässt die Sonne ungefiltert auf mich herabfallen. Beladen mit meiner Reisetasche auf der Schulter und einem Umhängebeutel ziehe ich los. Die Piste führt schnurstracks geradeaus. Bei jedem Schritt wird der feine Staub aufgewirbelt. Ich habe mir ein Tuch um den Kopf gewickelt gegen die Sonne. Die Wasserflasche in der Hand, gehe ich stoisch entlang der Fahrspuren, immer den Blick auf den Weg gerichtet, ihn nicht zu verlieren. Hin und wieder sehe ich auch nach vorne, sehe die Weite vor mir. Kein Anhaltspunkt, nichts, was man fixieren kann. Entfernung kann ich kaum einschätzen, die ist auch nicht so wichtig, da ich ja, wenn ich den Räderspuren folge, am Ende das Ziel nicht verfehlen kann. Ohne sie würde ich mich leicht verlaufen in dieser trockenen Einöde. Die heiße Luft tanzt vor meinen Augen, das gleißende Licht tut weh. Meine Füße schmerzen, die Schultern auch, am liebsten würde ich Halt machen und ausruhen. Aber dann fällt das Weitergehen noch viel schwerer. Also halte ich durch, summe leise vor mich hin und mache wie ein Automat einen Schritt nach dem anderen. Immer weiter. Immer näher ans Ziel. Im Gehen trinke ich, wechsle das Gepäck von einer Seite auf die andere und befeuchte mit der Zunge meine trockenen Lippen. Nur nicht anhalten, nicht stehen bleiben. Drei Stunden bin ich schon unterwegs, habe die ganze Zeit keinen Menschen gesehen, auch kein Fahrzeug. Nicht einmal ein Zelt am Horizont oder eine Herde. Es ist absolutes Niemandsland!

Der Schweiß rinnt übers Gesicht, der Staub, der aufwirbelt, setzt sich darauf und bildet eine helle Schicht. Ich darf jetzt nicht schlappmachen, es kann nicht mehr weit sein. Hänge meinen Gedanken nach, schaue zurück, denke an Eltern und Freunde. Wenn sie mich hier so sehen könnten, allein auf diesem Weg, ob sie mich beneiden

197

würden? Ganz sicher nicht! So bringe ich mühsam die letzten Kilometer hinter mich. In der Ferne erheben sich jetzt vage Rechtecke. Schemenhaft schaukeln sie hin und her und verschwinden immer wieder im Dunst der gleißenden Sonne, kommen zurück, aus der Ebene hervor. Es könnten die ersten Hütten des Grenzdorfes Islam Qala sein, oder eine Fata Morgana? Werden ihre diffusen Umrisse von Hitze und Müdigkeit in mir hervorgerufen? Sind es Wunschvorstellungen? Im Näherkommen bleiben sie, werden ihre Umrisse klarer, formen sich zu Hütten, umgeben von spärlichem Grün. Eine Oase, ein Dorf, ein Bachlauf, Leben, wohl die Grenze.

Ich bin in Afghanistan

Die Lehmkuben sind bald erreicht, ich habe es und bin geschafft! Stehe vor einer Hütte mit einem Schild, das wird wohl der Grenzposten sein. Trinke Wasser, aber es schmeckt schal, ebenso der Tee, den mir der Beamte anbietet. Erstaunt sieht er mich an, er fragt sich und wohl auch mich, woher ich so auf einmal komme. Ohne Fahrzeug, ganz alleine aus der Wüste. Ich kann ihn nicht verstehen. Es wird wohl eine Mischung aus Urdu und Paschtu sein, eine Sprache die hier im grenzübergreifenden Gebiet gesprochen wird. Ich zeige nach Westen, woher ich kam, und auf den letzten Stempel in meinem Pass. Er schaut ihn lange an und wundert sich über die vielen Eintragungen. Ich stehe in der Lehmhütte, Palmstroh gedeckt, drei mal drei Meter, in der er seinen Dienst tut. Ein grob gezimmerter Tisch und eine ebensolche Bank davor sind die ganze Einrichtung. Die Verständigung geht per Zeichensprache. So erfahre ich, dass es keinen Transport Richtung Herat gibt, und auch nichts, wo ich schlafen kann. Das kommt mir doch bekannt vor! Er bietet mir die Holzbank vor seinem Schreibtisch an. Auf diesem schmalen Brett soll ich also die Nacht verbringen? Muss ich wohl, denn es gibt nichts Anderes…
Nachdem ich mich etwas ausgeruht habe und die mühsame Konversation beendet ist, laufe ich durchs Dorf, versuche etwas zu essen aufzutreiben. Es gibt nur Naan, das dünne Fladenbrot, doch das ist wenigstens frisch. Ein Bächlein läuft durch die Gasse, die Hauptstraße mit den wenigen Hütten. Man schöpft daraus das Trinkwasser, spült Gemüse und Geschirr darin, und hundert Meter weiter hockt sich ein kleiner Junge über den Rand und vermehrt so noch das kostbare Nass. Das ist dörfliches Leben, so war es schon immer und so wird es hier auch noch lange bleiben. Zum Glück! Oder sollte ich diese Menschen bedauern? Ich weiß nicht, was besser ist für so ein Dorf, für ein ganzes Land, für die Welt. Das eine würde Stillstand bedeuten, das andere Fortschritt, aber diesen, wenn nötig, bitte nur in kleinen Schritten. Die Geschwindigkeit mit der der Westen alles verändert, ist auch nicht gut.

Ich sitze in der Abendsonne vor der Grenzstation, denke an das was hinter mir und an das was vor mir liegt. Es wird kühler, ich schreibe etwas und warte auf die Dunkelheit. Eine Frau schenkt mir ein paar Mandarinen, einfach so im Vorbeigehen. Später versuche ich mich auf der schmalen Bank zu arrangieren, tief einschlafen darf ich aber nicht, sonst falle ich runter. Eine Tür gibt es nicht, nur ein grober Sack hängt vor dem Eingang. So bin ich wenigstens etwas vor neugierigen Blicken geschützt. Die Nacht zieht sich lange hin, es ist kalt, ich schlafe kaum und alle Knochen schmerzen.

Am nächsten Morgen begrüßt mich ein strahlender Himmel, das Dorf erwacht zum Leben. Ich bin im Land der Afghanen. Wieder gibt es einen Tee, dazu den Rest vom Brot. Ein karges Mahl, wie es wohl bei vielen hier üblich ist. Ich warte und hoffe auf einen Transport in die nächstgrößere Stadt, nach Herat. Es kommt bald ein Baufahrzeug einer österreichischen Firma, die hier eine neue Straße baut. Ich brauche gar nichts zu sagen, werde aufgeladen und sitze hoch oben in der Fahrerkabine mit weitem Blick über die Gegend. Dieses Vehikel ist langsam, die Piste schlecht und ich werde ordentlich durchgerüttelt. Die Umgebung ist trostlos, nur wenige Dörfer liegen am Wege, oftmals von blattlosen, hohen Pappeln umstanden. Die Hochebene führt zwischen zwei Bergrücken hindurch. Kamelherden weiden hier und Dornbüsche bieten ihnen etwas Futter. Schäfer, in beigefarbene Wollmäntel gehüllt, hüten sie. Dunkle Nomadenzelte sehe ich im Vorbeifahren. Circa 15 Stück, die flach und breit gespannt, sich am Boden ducken, um so den kalten Winden aus den Bergen zu trotzen. Davor liegen große Haufen von Kameldung zum Feuern und Kochen, das einzige Brennmaterial in dieser fast baumlosen Gegend. Bunt gekleidete Frauen hocken vor den Zelten und Kinder und Hunde laufen uns nach. Wehrhafte Siedlungen tauchen auf, umgeben von einer Lehmmauer mit Rundtürmen an allen vier Seiten. Sie weisen schmale Schlitze auf zur Verteidigung der Bewohner. Das Familienleben oder das einer ganzen Sippe ist so vor der Außenwelt verborgen und auch geschützt.

Afghanistan liegt im Herzen Asiens, zwischen dem Iran im Westen und Pakistan im Süden und Osten. Nördlich grenzt es an China und die Sowjetunion mit dem Hindukusch und dem Amu-Darja als natürliche Grenze. Es war zu allen Zeiten Durchgangsland zwischen Ost und West, ein typisches Binnenland, ohne Anbindung ans Meer. Die alte Seidenstraße berührt auf ihrem Weg einige der Hauptumschlagplätze: im Norden das heutige Balch, ehemalige Hauptstadt der Provinz Baktrien, und Kandahar im Süden. Somit war es auch Schmelztiegel vieler Kulturen und Religionen. Handelsreisende brachten diese nebst ihren Waren aus fernen Ländern mit und verbreiteten sie auf diesem Wege. Hazaras, Nachkommen Dschingis Khans, besiedelten im 12. Jahrhundert die rauen Berghänge des Hindukusch im Norden. Paschtunen ließen sich im Osten nieder. Zarathustra, der Begründer der „Türme des Schweigens", wurde in Baktrien geboren. Alexander der Große kam im Jahr 332 v. Chr. in das Land und baute hier seine Garnisonstädte. Der Buddhismus fasste im Jahre 250 v. Chr., von Indien kommend, im Osten des Landes Fuß. Zur etwa gleichen Zeit ist auch die Klosteranlage von Bamiyan westlich von Kabul entstanden. Sie und die dazugehörenden ca. 30 und 50 Meter hohen Buddha-Statuen wurden leider im letzten Afghanistankrieg zerstört. Die Moslems kamen erst viel später ins Land. Neben der Hauptsprache Paschtu gibt es viele Dialekte. Ein Großteil der hier lebenden Menschen sind Nomaden, die Kutschis, die mit ihren Herden das ganze Jahr durchs Land ziehen. Im Südosten trifft man auf Belutschen, die diese wasserlose Gegend besiedeln. All die verschiedenen Volksgruppen eint ein sunnitischer Islam.

Brief an meine Eltern, Herat, 29. Mai 1966

„Dieses Land ist wohl das interessanteste, das ich je kennen lernte. Ich bin in Herat, eine der größeren Städte. Sie liegt am Hari-Rud, einem Fluss, der aus den nördlichen Bergen kommt. Hier scheint das Leben vor Jahrhunderten stehen geblieben zu sein. Brüchige Lehmhütten, Slums entlang des Flusses und Unrat, in dem die Ziegen wühlen. Die Menschen prächtig. Die Männer tragen weite Hosen, ein langes Hemd darüber, oft einen bunt gestreiften Mantel aus Wolle. Auf dem Kopf sitzt ein mit Perlen besticktes Käppchen, um das ein Turban gebunden ist. Viele von ihnen haben lange Bärte, sehen aus wie weise alte Männer. Es sind zusammen gewürfelte Minderheiten, die aus den Steppen des Nordostens im Laufe der Jahrhunderte eingewandert sind. Die Nachkommen des „Alten Griechen", der auszog die Welt zu erobern, sind hier sesshaft geworden, sind oft blauäugig und haben rötlich-blondes Haar. Sie alle haben sich im Verlauf vieler Jahrhunderte vermischt und sind so die heutigen Bewohner Afghanistans. Frauen sind in einfarbige, plissierte und auf dem Kopf ebenfalls durch eine Kappe zusammengehaltene, leichte Seidenumhänge gehüllt. Nur ein durchbrochenes Gitterfenster vor dem Gesicht, lässt die Augen erahnen. So sind sie vor allen Blicken geschützt. Außer einigen modernen Bauten gibt es in dieser Stadt nur Lehmhütten. Scheinbar schon ein Vorgeschmack auf Indien. Das Elend dort muss unermesslich sein, auch die Hitze von 47 Grad, wie ich gestern von Durchreisenden erfahren habe. Aber ich will jetzt nicht aufgeben und umkehren. Bleibe noch einige Tage hier, dann geht's per Bus über Ghazni, und Kandahar, zur Landeshauptstadt Kabul. Später weiter über den Khyber-Pass nach Peschawar und Lahore. Dann bin ich schon in Pakistan. Leider kann ich von dort nicht nach Delhi, wegen der Streitigkeiten mit Kaschmir. Muss über Karachi per Schiff nach Bombay. Das verteuert die ganze Sache natürlich. Bis jetzt habe ich 260 DM ausgegeben. Indien wird auch billig, da man dort schwarz tauschen kann. Von Indien könnte ich eventuell weiter nach Malaysia, Singapur, Thailand, und die ganze Strecke auf dem Landweg wieder zurück. Nur dann eben durch den Süden der verschiedenen Länder. Ins Mittelmeergebiet komme ich schon noch mal, das sind, gemessen an diesen Ländern, keine Entfernungen. Höchstwahrscheinlich werde ich von Bombay aus gen Süden fahren, um die heißeste Zeit auf Ceylon zu verbringen. Nächste Adresse ist Bombay!

Jetzt werde ich diese sympathische Stadt erkunden und den Menschen bei ihren Alltäglichkeiten zusehen. Mit ihnen auf bunten Teppichen in kleinen Çayhanen sitzen, den heißen Tee schlürfen, und mich treiben lassen in dieser, so ruhigen, wohltuenden Atmosphäre."

Vom Herat-Hotel ziehe ich los, steuere den Marktplatz an. Ich komme vorbei an den Überresten der Festung, dem einstigen Zentrum der Timuriden. Sie wurde errichtet im 9.und 10. Jahrhundert. Ihre Mauern aus Lehm sind von Wind und Regen ausgewaschen. Auch Reste der Moschee aus dem 12. Jahrhundert sind noch zu sehen. Die Nacht habe ich unter Bergen von Decken verbracht, aber jetzt genieße ich die warme Sonne und den blauen Himmel. Ich habe ihn selten so tiefblau erlebt wie hier. Das liegt wohl an der Höhe und an dieser Wüstengegend, wo einfach die Luft noch klar und rein ist, keine von Menschen gemachte Verschmutzung sie trübt. Die Bewohner sitzen in der Sonne in ihren malerischen Umhängen, tausendmal geflickt. Auch ich verweile hier, sitzend auf einer Mauer, und betrachte das Leben um mich herum: Die Frauen, die durch die Gassen schreiten, von denen man nur die Umrisse bemerkt, den stolzen Schritt erahnen kann. Die Kinder, die hier spielen und ihre kleineren Geschwister auf dem Rücken tragen. Den Reiter auf seinem Esel, wie er mit grünem Turban im Lichtschatten des Torbogens erscheint. Malerische, biblische Bilder ziehen an mir vorbei, bleiben im Gedächtnis haften, unterstützt durch das eine oder andere Foto.

Gegen Mittag hocken auf dem Platz die Brotverkäufer, haben ihre dünnen, ovalen Fladenbrote auf einem Sack liegend, ausgebreitet. Sie kommen frisch und warm aus den runden Lehmöfen und man sieht noch die Fingerabdrücke auf jedem. Die runden Öfen, in die Erde eingelassen, werden mit Holz vorgeheizt und wenn die Wände die richtige Temperatur erreicht haben, klatscht man den dünn ausgerollten Teig an die Innenwände. Nach ein paar Minuten kann man sie abnehmen oder sie fallen von selbst herunter. An anderer Stelle werden Altkleider verkauft. Unter den Arkaden des Marktes sitzen die Schneider und nähen auf Bestellung. Sie hocken in der Sonne auf den typisch indischen Betten, die man hier schon sieht. Das sind Holzgestelle aus gedrechselten Füßen, die Liegefläche mit Seilen aus Kokosfasern bespannt. Ich habe später auf meinen Reisen durch das Nachbarland viele Nächte darauf verbracht. Die Menschen haben Zeit, halten ein Schwätzchen und genießen den Moment in der wärmenden Mittagssonne, denn in der Nacht wird es wieder kalt. So kann man hier auch die bunt bestickten Afghan-Jacken kaufen, die in den sechziger Jahren durch die Hippiebewegung nach Europa kamen. Gerade in diesem Land und in Indien haben sich die frühen Traveller wohlgefühlt. Ein Paradies für Aussteiger! Damals war es eine regelrechte West-Ost-Bewegung. Ich selbst habe von diesem Trend eigentlich erst viel später erfahren.

Wenn ich heute an Herat, an Afghanistan denke, ist dieses Land für mich das Symbol des friedlichen Miteinanders unter so vielen Völkerschaften, die hier zusammengewürfelt leben. Ich habe nie auf meinen Reisen so gutmütige, zufriedene, glückliche und lachende Menschen kennengelernt. Es geht eine Ruhe von ihnen aus, die auch auf den Fremden überspringt. Trotz aller Strapazen des Reisens in der damaligen Zeit bleibt Afghanistan mit eines der beeindruckendsten Länder, die ich durchstreift habe, auch noch in späteren Jahren. Heute denke ich mit Wehmut an die Zeit zurück, mag mir gar nicht vorstellen, wie dieses Land jetzt verwüstet und geschunden ist und leidet – vor allem die Menschen, die hier leben.

Die Basare, aus Lehm gebaut, die Decken holzgestützt, bieten alles, was man braucht. Die Gassen winden sich eng und kurvig durch das Labyrinth der Hütten und kleinen Lädchen. Sie halten im Sommer die Sonne fern und im Winter die Kälte draußen, die von den rauen Bergen kommt. Sie öffnen sich manchmal nach oben und lassen den Himmel hereinschauen in die staubflirrenden, schmalen Gänge. Und wenn dann noch ein Esel oder sogar ein Kamel von weit herkommt und Waren bringt, wird es eng. Dann kann man sich nur an die Seite drücken und aufpassen, dass man nicht umgestoßen wird. Hier wird alles angeboten, von Lebensmitteln bis zum Kamel- oder Eselsgeschirr, oftmals mit den typischen blauen Glasperlen verziert. Auch die bestickten Afghan-Jacken und die Kappen aus Karakul-Fellen werden hier angefertigt. Rote Teppiche bedecken die Podeste, auf denen man in den winzigen Çayhanen sitzt. Hier bekommt man aus oft geflickten, bunten, chinesischen Teekännchen den wärmenden Trank. Gerade am Nachmittag, wenn die Sonne tiefer steht, nicht mehr in die Gassen dringt, es kühler wird, genieße ich, mit den alten Männern auf den Bänken sitzend, diese Tee-Zeit. Der Fremde gehört ganz selbstverständlich dazu und wird auch hin und wieder eingeladen. Für mich sind die Tage hier, an diesem so friedlichen Ort, ein bisheriger Höhepunkt meiner Reise.

Bus, Herat-Kandahar, 700 Kilometer, 200 AFS
„Steppe, Wüste, Hitze, Hotel-Achmed-Scha, 25 Afs, Müde."

So lautet die kurze Notiz in einem kleinen Heftchen, wo ich in jetzt kaum noch lesbarer Schrift die Strecke festgehalten habe. Es gibt nicht viel zu beschreiben auf diesem Abschnitt. Der Bus ist hochbeladen mit Säcken und Bündeln, einem Fahrrad, und ein lebendiges Schaf hat auch noch Platz. Die Sitze eng, die Männer in lange Mäntel gehüllt, denn die Fahrt geht durch die kalte Nacht. Bei einer Çayhane wird kurz angehalten, die Männer verschwinden auf der einen, die wenigen Frauen hocken sich auf die andere Seite des Busses. Und wo soll ich hin? Ich trage kein weites Gewand was alles verdeckt! Vielleicht ergibt sich später eine Möglichkeit. Jetzt gibt es erstmal etwas zu essen und einen heißen Tee dazu. Es ist ödes Land, Stein und Geröll, durch das ich fahre, unterbrochen von den wenigen Dörfern mit ihren Getreide-Windmühlen, die typisch sind für diese Gegend. Jetzt, zur Zeit der Steppenwinde, drehen sich die strohbespannten Flügel rasch im Wind. Sie mahlen das Korn, welches in den fruchtbaren Tälern gedeiht.

Heute ist der 31. Mai 1966, vor einem Monat bin ich von zu Hause aufgebrochen. Solange habe ich gebraucht, um hierher zu kommen, nach Kandahar, in die am südlichsten gelegene Stadt Afghanistans. Wo Karawanen auf der alten Seidenstraße nicht nur Waren von Ost nach West transportierten. Auf der auch Religionen und Kulturen unterwegs waren und sich mit den Händlern ausbreiteten, auf fruchtbaren Boden fielen. Neben Balch im Norden ist diese Stadt ein Hauptumschlagplatz für Waren aus dem fernen China.

Da reiten sie auf Eseln, von weit herkommend, an Markttagen in die Stadt, um ihre Waren anzubieten. Stolz sitzen sie auf ihren Tieren, zu beiden Seiten die rotbunten Teppichtaschen voller Waren, noch ein Kind hinten drauf, und die Frau muss laufen. Junge Mädchen laden mich in ihren von Mauern umgebenen Innenhof zum Tee. Hier legen sie ihr umhüllendes Gewand ab, zeigen sich in bunten Röcken und weiten Pluderhosen. Sie sind sehr aufgeschlossen, sprechen etwas Englisch und ich erfahre, dass sie vor zwei Jahren das erste Mal wählen durften. Es erstaunt sie, dass ich alleine unterwegs bin, sie fragen, wo mein Mann ist und ob ich Kinder habe. Es ist schwierig, ihnen darauf eine Antwort zu geben, es ist nicht nur die Verständigung. Wenn man als Frau alleine unterwegs ist, hat man schnell Kontakt zur weiblichen Bevölkerung, kann so einen Teil des Familienlebens erfahren, kann hinter die Mauern gucken. Fremde Männer haben keinen Zutritt in diese häusliche Abgeschiedenheit. Natürlich bekomme ich auch Kontakt zu Männern, die sind eher neugierig oder folgen ihrem Beschützerinstinkt, was meistens der Fall ist. Ich habe immer und überall viel Hilfe erfahren, oftmals auch von Polizei und Militär. Sie haben mir so manche Fahrt zu abgelegenen Orten oder sogar in Sperrgebiete ermöglicht, entweder aus Nettigkeit oder um mich zu beschützen.

Bunt ist das Leben in den Basaren. Barbiere sitzen im Schatten einer Mauer, wo ihnen eine Spiegelscherbe, eine Blechdose mit Wasser und ein Messer für ihre Dienste genügen. Hier finde ich auch die Gasse der Glasbläser, die mit einfachen Mitteln das grüne und blaue „Herat Glas" herstellen. Perlenschnüre und bunte Wolltrotteln schmücken das Zaumzeug ihrer Tiere. Solche Perlen könnte ich zu Hause doch auch verarbeiten. Also beschwere ich meine Tasche mit vielen bunten Glaskugeln. In den Çayhanen bereitet man in großen Kupferkesseln das heiße Wasser zu. Hier sitze ich täglich bei den Männern, genieße den Tee, lausche ihren Geschichten, auch wenn ich sie nicht verstehe. Ihre Gestik ist leise, behutsam, dezent. Höflich rückt man zusammen, bietet dem Fremden Platz, akzeptiert ihn – auch mich als Frau. Man trifft sich in diesen kleinen Buden, spielt ein Brettspiel und lässt die Gebetsschnur durch die Finger gleiten und den Blick in die Ferne. Bei Sonnenuntergang versammeln sie sich vor den Toren der Moschee, ziehen die Schuhe aus und beten zu Allah in langen Reihen kniend. Ich sehe die verschiedensten Typen: Tadschiken, Belutschen, Hazaras, Paschtunen und auch wild aussehende Stammesfürsten vom östlich gelegenen Khyberpass. Er bildet den Übergang nach Pakistan und in das Tal des Indus. All diese Völker sind im schiitischen Glauben vereint und leben friedlich zusammen. Sicher gibt es hin und wieder auch Stammesfehden, aber die sind dann örtlich begrenzt.

Weiter führt mich mein Weg nach Kabul, der Landeshauptstadt am gleichnamigen Fluss auf einer Höhe von 1800 Metern. Wieder bin ich per Bus unterwegs, denn dieses Land besitzt keine Bahn. Die Straße führt durch das Tal des Tarnak-Rud, einem Nebenfluss des Helmand. Sie windet sich entlang der Gebirgszüge, die sich im Gipfel des Koh-e-Baba auf der Höhe von Kabul treffen.

Ghazni, die Residenz der Ghaznaviden, gegründet im 11. bis 12. Jahrhundert, liegt auf dem Weg, ehemals eine bedeutende Stadt der muslimischen Lehre, der Koranschulen und Moscheen. Zu sehen sind noch die beiden Minarette mit glasierten Ziegeln und einem Band umlaufender, kufischer Schrift, Überbleibsel der größten Moschee des Landes. Ich sehe sie natürlich nur vom Bus aus im Vorbeifahren.

Tage in Kabul, 3. Juni 1966

Bald habe ich Kabul erreicht. Es liegt in einem grünen Talkessel, umringt von hohen Bergen, die in heller Eintönigkeit die Stadt umschließen. Ich sehe nur einige Hochhäuser, sonst säumen Lehmhütten die Ufer des Flusses, der die Stadt durchteilt. In den eiskalten, rauschenden Wassern aus den Bergen wird das Gemüse gewaschen, etwas weiter die Wäsche, und auch die Tiere nehmen ein Bad in den Fluten. Im Hintergrund ziehen sich ganze Wohnviertel terrassenförmig die sanften Hügel hoch. Sie sind aus Lehm gebaut, kubisch und flach, stapeln sich übereinander, und so kann man auch die Dächer des Vorderhauses nutzen. Hier werden Vorräte gelagert, Getreide zum Trocknen ausgelegt und ein wenig Brennholz gestapelt.

Mein billiges Hotel liegt im Basar, also mitten im Leben und Treiben der Altstadt. Jeden Tag durchstreife ich die Gassen der Silberschmiede, Wollfärber, Kesselflicker, Teppichhändler und Gerber, die
aus den Fellen Jacken und Mützen machen. Aus einer Seitengasse
locken jetzt am Abend verführerische Düfte. Ich folge ihnen, denn
ich habe Hunger. Hier wird Hammelfleisch am Spieß gebraten, auf
offenem Holzkohlefeuer, welches mit einem Palmwedel zur Glut
entfacht wird. Ich muss über einen Tisch steigen, um mich auf die
Holzbank zu quetschen. Bei schummerigem Licht kommt ein Afg-
hane nach dem anderen in diese schmuddelige Essensbude. In großen Töpfen wird Suppe gekocht aus den Knochen und Köpfen von
Ziegen und Hammeln. Später liegt das Abgenagte unter den Tischen,
und fette Ratten flitzen über den Boden und werden auch noch satt.
Zum Glück sieht man bei diesem Licht nicht allzu viel. Aber ich
habe mich schon im Verlauf der Reise an ähnliche Dinge gewöhnt,
an Schmutz und Ungeziefer. Irgendwann macht es einem nicht mehr
viel aus. Die meisten hier essen diese Suppe aus einem Blechnapf, in
den Fladenbrot gebröckelt wird. Es ist die billigste Speise, die Suppe
der Armen. Sie essen mit den Fingern, einer friedlich neben dem
anderen sitzend. Ihre bärtigen Gesichter mit den malerischen Turbanen sind in der Dunkelheit kaum zu erkennen. Vom gegenüber-
liegenden Bäcker kommt das frische Fladenbrot, mit dem man das
Fleisch vom Spieß herunterschiebt. ½ Afs kostet so ein Spieß = 2 ½
Pfennige. Es hat mir selten so gut geschmeckt wie an diesem Abend.
    Ich versuche Geld zu tauschen für Pakistan und Indien. Natürlich
auf dem schwarzen Markt. Habe erfahren, dass im Silk-Market, dem
Stoffbasar, der beste Kurs geboten wird. Dieser wird von den Sikhs
betrieben, der Kriegerkaste aus dem Norden Indiens. Die Händler
haben sich im Rund einer alten Karawanserei ihre Lädchen eingerichtet. Ich fange zaghaft an, will nicht gleich preisgeben, wie viel
ich tauschen möchte. Es sind schwierige Verhandlungen, habe schon
einige Händler gefragt, bekomme Kopfschmerzen. Inzwischen ahnen
sicher alle, um welche Summe es sich handelt. Ich bin noch nicht zufrieden mit den Geboten, frage weiter und lande am Ende der Shops

bei einem alten, ehrwürdigen Mann, der sehr vertrauenserweckend aussieht. Man bittet mich in den Laden, ein langer, niedriger Tisch, an den Wänden Rollen bunter Seidenstoffe. Junge Burschen stehen herum, barfuß, auf dem mit weißen Decken ausgelegten Boden. Er ist gleichzeitig Verkaufstheke, denn alles findet im Sitzen statt. Ich ziehe die Schuhe aus und muss mich zu dem Alten setzen auf ein niedriges Höckerchen. Es kommt erst einmal ein Tee und unter dem Tisch wärmt ein Lehmofen mit glühender Holzkohle meine kalten Füße. Dann gebe ich die Summe bekannt, zu dem Mann habe ich Vertrauen. Der genannte Kurs ist gut. Einer der Jungen läuft los und kommt bald darauf mit Bündeln von Rupien zurück. Erst jetzt zeige ich mein Geld, und so geht es Zug um Zug. Ich zähle nach und alles stimmt. Das war eine anstrengende Sache, mir dröhnt der Kopf. Ich bleibe noch eine Weile sitzen, muss erst einmal wieder zu mir kommen. Inzwischen ist es dunkel geworden, und mir graut es vor dem Weg zurück ins Hotel. Jeder hier weiß, dass ich viel Geld bei mir habe. Nach herzlichem Abschied gehe ich los. Ob mir jemand folgt? Ich muss am Fluss entlang, schaue mich dauernd um, gehe flott, die Straßen sind fast leer und ich komme unbehelligt in mein Zimmer. Verriegle die Tür, schiebe noch eine Kommode davor und schlafe recht unruhig. Das war eine riskante Aktion! Jetzt habe ich für die nächsten beiden Länder wenigstens für den Anfang einheimisches Geld.

Ich besuche auch das einzige Museum des Landes, wo ich die Elfenbeinarbeiten aus dem nördlich gelegenen Begram bewundere und etwas über Kanischka, dem Kushan-Herrscher erfahre. Es soll noch Reste seines Palastes etwas weiter nördlich im Hindukusch geben. Hier sehe ich auch Abbildungen der großen Buddha-Statuen im Tal von Bamiyan. Auch die Eisenbahn, die der fortschrittliche König bauen wollte, aber er wurde vorher ermordet. An der Hauptpost, wo ich einen Brief meiner Eltern erhalte, treffe ich einen älteren Deutschen, der an der hiesigen Werkkunstschule unterrichtet. Ich werde zum Essen eingeladen. Man verwöhnt mich mit Brötchen, Butter, Leberwurst und Käse. Das gab's bei mir zuletzt zu Hause, und das liegt lange zurück. Ein Supermarkt macht's möglich.

Tagebucheintrag: Ausflug nach Ghazni

„Früh aufgestanden, sieben Uhr, Bus nach Ghazni. Kamelkarawanen, Frauen in rot-schwarzen Gewändern, die Haare in viele kleine Zöpfchen gebunden. Sie tragen spiralförmig nach unten sich drehende Pluderhosen und erinnern an das Gewand von Kanischka. Braungoldene Berg- und Hügelketten zu beiden Seiten der Straße. Fruchtbare Oasen und Lehmdörfer. Um zehn Uhr in Ghazni, esse in einer Çayhane Hammelsuppe mit Brot, auf dem Teppich sitzend. Der Basar zieht sich unterhalb der Burg hin, ist sehr malerisch. Nomadenfrauen aus der Gegend sind zum Einkauf in die Stadt gekommen. Männer bieten Schafshäute zum Verkauf an, hier werden die hübsch bestickten Jacken hergestellt. Ich will mir die beiden Minarette, achteckig mit arabischen Schriftbändern und Lehmziegelmosaik, ansehen. Im 12. Jahrhundert errichtet von Sultan Massud III., heute nur noch in halber Größe zu bewundern. Ich sehe sie in der Ferne, laufe los. Ein Soldat vertritt mir den Weg, es ist militärisches Sperrgebiet. Nach langem Palavern gibt man mir polizeiliches Geleit. Per Gaddi, einer typischen Pferdekutsche, geht's in wilder Fahrt an der zerfallenen Festungsmauer und an Militärquartieren entlang. Dann stehe ich vor diesen, immer noch imposanten Resten einer wohl mal riesigen Moschee oder Koranschule der Ghaznaviden-Dynastie. Sie sind aus luftgetrockneten Ziegeln erbaut und mit blaugrünen Fayencen bedeckt. Der Polizist wartet geduldig und bringt mich zurück zur Hauptstraße. Ich bedanke mich herzlich für diese nette Geste. Später finde ich nach langem Warten einen Wagen, der mich zurück nach Kabul bringt. Die Abendsonne taucht die Berge ringsum in goldenes Licht, ein schöner Abschluss dieses Tages."

Westlich von Kabul liegen die buddhistischen Höhlen und Kolossal-Statuen von Bamiyan aus dem ersten bis sechsten Jahrhundert n. Chr. Ich versuche, dort hinzukommen, finde auch einen Bus, der die Strecke hin und wieder fährt. Es sind circa 200 Kilometer ins Landesinnere, in ein grünes Tal. Dort konnten sich die Mönche, es sollen einige Hundert gewesen sein, zurückziehen und in dieser Abgeschiedenheit ihren Glauben leben. Sie haben in mühevoller Arbeit zwei 30 und 50 Meter hohe Statuen aus dem weichen Tuffstein geschlagen. In den umliegenden steilen Felswänden bauten sie ihre Meditationshöhlen und Klosterzellen. So waren sie vor Verfolgern sicher.

„Morgen soll ein Bus gehen. Aufstehen um drei Uhr nachts, um vier bin ich an der Haltestelle. Es ist stockdunkel und kalt. Einige vermummte Gestalten sitzen schon drin. Über Bündel und Säcke krieche ich hinein in den vorsintflutlichen, alten Bus, der so niedrig ist, dass man im Sitzen mit dem Kopf gegen die Decke stößt. Wie soll das bloß bei Schlaglöchern werden? Dass es keine bequeme Reise wird, habe ich geahnt! Nach einer Weile setzt sich der Bus stöhnend und in allen Fugen ächzend in Bewegung. Vor der Ausfahrt des Platzes bleibt er stehen, und der Fahrer ruft laut mitten in die Nacht: „Bamiyan"! Tote könnte er wecken, aber es ruft nicht mehr Fahrgäste auf den Plan. Heute will scheinbar keiner mehr zu den Buddhas in das fruchtbare Tal. Ein zweiter Fahrer kommt und manövriert den alten Kasten wieder in die Parklücke. Der Motor wird abgestellt, ein paar Männer steigen aus und hocken sich draußen hin. Ich versuche zu schlafen, es ist kalt und eng. Überall auf den Dächern der umstehenden Lastwagen liegen Männer in dicke, rote Steppdecken gehüllt, es sind wohl die Fahrer dieser Trucks. Nachdem sich zwei Stunden nichts getan hat, steigt einer nach dem anderen aus und trottet davon, verschwindet irgendwo in den noch dunklen Morgen. Auf mein Fragen hin bekomme ich zur Antwort, dass man wegen der acht bis zehn Fahrgäste nicht nach Bamiyan fährt. Es müssen mindestens 40 sein. Wo die allerdings Platz finden sollen, ist mir ein Rätsel! Wohl oben auf dem Dach, als Bekrönung der Ladung? Ich kann über das ganze Abenteuer nur lachen, gehe zurück ins Hotel und schlafe weiter. Der drei Tage dauernde Ausflug ist vorzeitig beendet! Schade!"

Hätte ich damals geahnt, dass diese einmaligen Zeugen buddhistischen Klosterlebens zerstört werden, hätte ich nicht so schnell aufgegeben. Wer konnte diese Entwicklung der Zeit und der Gesellschaft vorausahnen? Damals niemand! Da war noch Frieden im Land, diesem Land der ewig lächelnden Afghanen! Das zeigt mir wieder einmal, man soll nie zu schnell aufgeben oder etwas aufschieben.

Sonntag, das heißt Freitagmorgen in Kabul. Alles hat sich in die besten Kleider gehüllt. Die Männer tragen bunt bestickte Westen und saubere Turbane. Wenn sich Freunde treffen, fallen sie sich um den Hals, küssen sich auf beide Wangen und leiern mehr oder weniger die üblichen Begrüßungsfloskeln herunter. Das dauert manchmal Minuten. Im Basar wimmelt es von Männern, Frauen sieht man wieder nicht. Ich muss mich durch die Menge drängen, vorbei an Mützen- und Steppdeckenverkäufern und Männern, die gebrauchte Kleidung anbieten. Den letzten Abend verbringe ich in meiner Pinte bei Kebab und Naan und trinke in einer noch dunkleren Çayhane den letzten Tee. Die Menschen sind einfach nett, das macht mir den Abschied von dieser Stadt nicht leicht. Ob ich noch einmal hierherkommen werde?

Abstecher in den Norden nach Mazar-e-Sharif

Die folgenden Beschreibungen stammen aus meinem Tagebuch, ich habe sie fast wörtlich übernommen:

„Von Kabul nach Puli Khumri. Wecken: 5.30 Uhr, packen, per Bus zum Busplatz. Trinke Tee und habe frisches Brot, dazu gibt es Trauben, das übliche Frühstück der Menschen hier. Sitze neben dem Fahrer, ein guter Platz. Um sieben geht's los, zunächst durch flaches Land, Steppe. Um die Dörfer herum Ackerbau: Mais, Reis und Baumwolle. Langsam geht's bergauf, herrliche Gebirgslandschaft, in die Ausläufer des Pamir. Kleine Steindörfer kleben wie Schwalbennester an schroffen Hängen. Immer neue Ausblicke tun sich auf, immer höher schraubt sich der alte Bus die gute Straße hinauf. Hier bildet der Amudarja die natürliche Grenze zu Russland und auch der vielbeschriebene Karakorum Highway verläuft nördlich der

Route. Es geht durch kilometerlange Steinschlagabdeckungen und dann auf 3800 Metern Höhe durch den Tunnel des Salang Passes. Hier oben ist es lausig kalt. Ein Autowrack liegt am Wege. Es geht entlang des Kunduz Flusses: grüne Täler, Dörfer, Jurten. In dieser fruchtbaren Gegend, die von Gebirgsbächen gespeist wird, leben Tatschiken und Uzbeken. Ihre Hauptsiedlungsgebiete liegen weiter im Norden, jenseits der Grenze. Sie gehören zu den Minderheiten im Land. Paschtunen stellen die größte Bevölkerungsgruppe. 15 Uhr, Puli Khumri. Polizeistation, Hotel, sitze vor Çayhane auf Teppichen bei Kebab und Tee.

Nächster Morgen, Frühstück im Ort. Langes Warten auf Taxi nach Surkh Kotal. Amerikanerin begleitet mich. Es ist nicht mehr viel zu sehen vom Kanischka Palast und dem Feuertempel auf der Spitze des Berges. Teilweise führen breite Stufen hinauf, sonst geht's über Lehmgeröll. Rutschig! In der Gegend lagern überall Nomaden in ihren dunklen Zelten. Warten auf Bus nach Kunduz. Großer, amerikanischer Wagen nimmt uns mit. Rast bei Kebab und Brot im Kiefernhain. Unsere Begleiter, alles Musiker, holen ihre Instrumente hervor und fangen während der Fahrt an zu spielen. Herrliche Gegend. Am grünen Flusslauf entlang verlassen wir langsam die Berge, die in endlose Steppen übergehen. Kunduz, ein modernisiertes Städtchen, ist erreicht. Die Straßen gesperrt, man erwartet den Besuch eines Ministers. Die Männerwelt hat sich versammelt. Hier sind sie alle vertreten, die in den umliegenden Tälern zu Hause sind: ein Konglomerat verschiedenster Turkvölker aus den Steppen Asiens. Das Hotel lausig. Ich teile mir mit der jungen Frau das Zimmer. Bummel durch die Stadt mit ihren Teppichläden. Abendessen in gemütlicher Pinte. Lernen einen älteren Herrn kennen, der uns am nächsten Morgen mit nach Mazar-e-Sharif nehmen will. Im Hotel will die Polizei unsere Pässe sehen.

Im Dunkeln verlassen wir das Hotel und warten in der Teestube auf den Fahrer. Um 6:30 Uhr geht's los. Es ist noch sehr kalt. Sitze hinten im offenen Jeep, hülle mich in meine Afghan-Jacke. Wir müssen eine Umleitung fahren durch die Wüste. Feinster Staub wirbelt auf und kommt als dicke Wolke in den offenen Wagen. Ich kann nichts mehr sehen und kaum noch atmen. Wir sehen aus wie Mehlwürmer, von oben bis unten weiß. Es geht weiter auf schlimmster Wüstenpiste. In Aybek kauft unser Gastgeber Kebab und hinter dem Dorf an einem Wassergraben essen wir zu Mittag. Es schmeckt herrlich. Unser Fahrer betet nach dem Essen. Die Piste wird immer schlimmer. Panne, Radwechsel, Tee-Stop. Ich fliege hin und her, kann mich nur mit Mühe festhalten.

Durch eine tiefe Schlucht stehen wir plötzlich vor einer Oase, Tashkurgan. Wir beschließen, hier zu bleiben, und man bringt uns noch zur einzigen Herberge. Man schenkt uns den Rest der Trauben und eine Melone. Mache einen Bummel durch das Dorf, aber der Basar ist schon geschlossen. Das Leben hier beginnt früh und endet frühzeitig, da es keinen Strom gibt. In einer Pinte auf dem Boden sitzend, gibt es herrliches Pilaw, Reis mit Rosinen und in der Mitte versteckt ein Stück Hammel, sehr knochig, sehr fettig. Ein Polizist begleitet mich zurück ins Hotel. Ist diese Begleitung Fürsorge oder wegen der nahen Grenze zu Russland erforderlich und angeordnet? Ich lasse es geschehen."

Gehe ins Dorf, der Basar erwacht langsam zum Leben. Malerische Lehmhäuser, runde Kuppeln, saubere, überdachte Gassen. Wenig Licht fällt durch Öffnungen in den Gewölbedecken und malt so Schattenbilder an die Lehmwände. Wollfärber verarbeiten das fertige Garn zu hübschen Bändern. Schmiedegesellen schwingen zu dritt den Hammer. Ein junger Bursche bringt mich zum Hamam, dem öffentlichen Bad, und zeigt mir später sein Haus. Hier sind die Frauen unverschleiert und lassen sich gerne fotografieren. Eine malerische Holzbrücke führt über einen Bach, der die einzelnen Häuser mit Wasser versorgt und auch die fruchtbaren Felder im Tal wässert. Außerhalb des Dorfes schaue ich mir den alten Palast an und die nahegelegene Karawanserei. Sie heben sich farblich kaum von der lehmgelben Umgebung ab. Von beiden sind nur noch ausgewaschene Mauern übriggeblieben. Wind, Regen und eisige Kälte im Winter haben nicht viel von der früheren Pracht erhalten. Dass diese Mauern so vielen Jahrhunderten getrotzt haben, kann ich nur bewundern. Trotz ihres Zerfalls bieten sie noch ein zauberhaftes Bild mit ihren verwaschenen Konturen als Silhouette gegen den stahlblauen Himmel. Eine junge Frau sitzt im Schatten der Mauer und zündet für die Männer die Wasserpfeife an. Ihr Lächeln schenkt sie einem besonders hübschen, jungen Afghanen.

Fahrt nach Mazar-e-Sharif per Bus, flaches Land, Wüste. Am Stadtrand halbfertige Häuser, dann komme ich in die Altstadt. In der Mitte liegt das Hauptheiligtum, die große Moschee. Sie ist Ali, dem Schwiegersohn Mohammeds, geweiht und somit auch der bekannteste Pilgerort im gesamten Norden. Ein Polizist begleitet mich auf der Suche nach einem Hotel. Man hat mich anscheinend immer im Blick!

Am anderen Morgen geht's per Jeep nach Balch, dem alten Baktra, der ehemaligen Hauptstadt Baktriens, Haltepunkt an der Seidenstraße. Dschingis Khan machte die Stadt im 12. Jahrhundert dem Erdboden gleich.

Heute ist Markttag, und entsprechend viele Menschen bevölkern den Basar. Sie kommen von überall her aus den umliegenden Gebirgstälern. Auf ihren bunt geschmückten Kamelen, Mulis und Eseln reiten sie in den Ort. Erhaben und stolz sitzen sie auf ihren Tieren, Uzbeken und Tadschiken, in ihren gestreiften und wattierten Mänteln, mit einem Gürtel gehalten. Auf dem Kopf der gewaltige, farbige Turban. Ich fühle mich in diesem Marktflecken um Jahrhunderte zurückversetzt, in archaische oder biblische Zeiten. Es geht sehr gemütlich zu in den engen, etwas dunklen Gassen. Man steht herum, hält ein Schwätzchen, sitzt in der Teestube und ganz nebenbei erledigt man seine Geschäfte. Außerhalb des Basars, auf einem freien Platz steht die Moschee. Mit ihrer blau, gelb, grün glasierten und geriffelten Kuppel hebt sie sich gut vor dem Blau des Himmels ab. Sie stammt in ihren Ursprüngen aus dem 15. Jahrhundert. Alte hocken malerisch davor an der Mauer. Der Marktplatz bietet ein buntes Bild. Die verschiedensten Volksstämme, die hier zusammentreffen, kommen aus dem Norden, der an den Karakorum Highway grenzt. Aber auch Hazaras aus den Steppen der Mitte kommen hierher. Melonen, Obst und Getreide, buntes Zaumzeug für die Tiere, handgearbeitete, bestickte Schuhe und Stiefel werden angeboten. Etwas abseits findet ein Viehmarkt statt. Über dem Platz hängt eine Staubglocke. Geschäfte werden per Handschlag besiegelt, hier gilt noch das Wort und die Stammesehre ist allen heilig. Fleischverkäufer breiten auf dem Boden ihre Waren aus. Im Vorbeigehen surren ganze Fliegenschwärme in die Luft. Diese Bilder haben sich seit Jahrhunderten nicht geändert. Gaukler und Märchenerzähler kommen zu den Märkten, finden hier ihr Publikum und eine gute Einnahmequelle. So werden Überlieferungen weitergegeben, dienen dem Bewahren alter Geschichten und der Unterhaltung. Sie vermitteln aber auch die neuesten Nachrichten. Denn in den weit abliegenden Tälern gibt es keine Elektrizität, somit auch keine Kommunikation. Die ländlichen Märkte sind für die Nomaden die einzige Informationsquelle und der Zugang zu Dingen des täglichen Lebens.

Außerhalb der Stadt liegt ein riesiges Gräberfeld und zeugt von der einstigen Größe und Bedeutung dieser Stadt unter der Herrschaft Timurs. Sie war auch Halte- und Sammelpunkt der Karawanen von Ost nach West, ein Knotenpunkt auf der Seidenstraße. Ich darf nicht alleine gehen, man gibt mir einen Polizisten mit. Die meisten Gräber sind zerfallen. Die Ziegel werden wieder zu Lehm, ein ewiger Kreislauf, es geht nichts verloren. Nomaden haben sich im Schatten der alten Stadtmauer in Zelten und Jurten niedergelassen. Etwas zögerlich komme ich näher, schaue mich um, die Hunde liegen weit entfernt. Frauen kommen aus dem Zelt und laden mich zum Tee. Ich hocke mich zu ihnen auf den Teppich, der am Eingang liegt. Im Hintergrund summt der Samowar, der stets bereitsteht für den Tee, den man hier bei jeder Gelegenheit trinkt. Ich habe mich auch schon an die Eintönigkeit des Essens gewöhnt: zum Frühstück Tee, Brot und, wenn möglich Trauben, zu jeder anderen Tageszeit Kebab oder Leberspießchen mit Naan. Hin und wieder gibt's eine Melone, die in den Oasen gedeihen, ganze Berge davon liegen am Straßenrand.

Nun hocke ich hier bei den Frauen, die Verständigung ist mühsam, es gibt außer ein paar Handzeichen nur ein Lächeln. Und das versteht jeder, es öffnet oftmals Türen und manchmal auch Herzen. Die Afghanen sind sehr aufmerksam, hilfsbereit und ritterlich und sie lachen gerne. Manchmal denke ich, sie sind wie große Kinder. Ich fühle mich in ihrer Gegenwart geborgen. Die Frauen um mich herum sind sehr aufgeschlossen und die Kleinen sehr hübsch. Babys werden zusammengeschnürt wie ein Paket oder eine Mumie, sie können sich nicht bewegen. Vielleicht will man dadurch verhindern, dass sie im Zelt herumkrabbeln und sich am offenen Feuer verletzen, während ihre Eltern sich draußen um das Vieh kümmern. Wir hocken da, einer schaut den anderen an. Welche Fragen mögen wohl jetzt durch ihren Kopf gehen, sie an mich richten? Ich kann es mir vorstellen. Kann nur versuchen durch Zeigen und Zeichen und die paar Brocken, die ich gelernt habe, verbunden mit Mimik nicht ganz stumm dazusitzen. Ob sie überhaupt eine Vorstellung davon haben, dass es außer ihren Tälern in denen sie leben, durch die sie mit ihren Herden jahrein jahraus ziehen, noch etwas anders gibt? Ihre Welt dreht sich um Familie, das Vieh und gute Weidegründe.

Heute, ein halbes Jahrhundert später, hat sicher auch die neue Zeit in ihr Leben Einzug gehalten in Form von Handys oder sogar TV. Damals war ihre Welt noch begrenzter, waren das die Hänge des Hindukusch. Wo das Vieh grasen kann, wo sie Wasser finden, wo sie ihre Zelte aufschlagen können, abgewandt von den rauen Winden. Daran wird sich nicht allzu viel geändert haben, nur jetzt hat sich ihr Blick auf die Welt geweitet, aber ihre Lebensweise ist gleichgeblieben. Einzig die Jahreszeiten zwingen sie, ihre Täler zu verlassen zu größeren Wanderungen. Dann ziehen sie mit allem, was zu ihrem Hausstand gehört, in den Süden, in tiefer gelegene Gebiete. Noch leben sie in einer anderen Welt, sind zufrieden, wenn sie genug zu essen haben und ihre Tiere ausreichend Futter finden. Sie gehören zur großen Gruppe der Kutschi-Nomaden, die das ganze Jahr unterwegs sind.

Augenblicke, wie hier zu sitzen, bei diesen Menschen, mit ihnen

Tee zu trinken, lassen mich alle Mühsal vergessen, die solche Erlebnisse erst möglich machen. Es sind die Geschenke, die einem auf Reisen einfach so zufallen, die man nicht planen kann, in die man hineinstolpert. Ohne festes Ziel, aber vor allem ohne Zeitbegrenzung bekommt man mehr Kontakt zu den Einheimischen, zu ihrem Umfeld.

Das kann man nur erleben, wenn man sich dem Augenblick überlassen kann, nicht getrieben wird, auch nicht von begleitenden Freunden. Deswegen reise ich am liebsten alleine und mit den ortsüblichen Verkehrsmitteln, bis heute auch noch ohne unterstützendes Handy. Es ist oftmals eine Herausforderung, Strapazen sind es fast immer. Aber man wird vielfach belohnt. Man muss auf solchen Reisen viele Abstriche machen, sich von jeglichem Komfort verabschieden, darf auch keine Erwartungen haben, darf nicht ängstlich sein. Erst dann ist man frei und bereit für das Neue, Fremde, was wir ja suchen auf Reisen und was uns gefangen nimmt! Deswegen bin ich aufgebrochen, mir die Welt anzusehen. Ein gewisses Risiko gehört dazu, es ist nicht immer alles gesichert. Auch einfach mal spontan entscheiden, drauflosfahren ins Ungewisse, wie diese Tour in den Norden.

Oder, wie jetzt zum Beispiel, einfach drauflosschreiben, wenn vage und diffuse Erinnerungen auftauchen und an die Oberfläche wollen. Sie dann ganz schnell festhalten, sie müssen erst einmal da stehen in groben Zügen, auf Papier oder auf dem Display, können mir dann nicht mehr entwischen. Korrigieren und daran herumfeilen kann ich später. Wenn ich lange überlege, einen Satz schön und richtig zu formulieren, ist der Gedankenblitz, das Wesentliche schon wieder davongesaust, und ich gucke nur noch hinterher.

Doch zurück zu den Nomaden und zum Tee. Ich habe lange bei den Frauen gehockt, die Sonne steht schon tief und ich muss aufbrechen. Bedanke mich und ziehe weiter. Vor einer Jurte sitzt ein spinnendes Mädchen, streunende Hunde in der Nähe knurren mich an. Der Polizist, der mich begleitet, beruhigt sie. Zurück in Balch kehrt jetzt Ruhe ein nach dem Markttag. Ich sitze in der Çayhane und esse leckere Leberspieße. In den Gassen ist es schon dunkel und so gehe ich in Polizeibegleitung zurück zum Hotel. Ich schlafe bald ein unter Bergen von wärmenden Decken zu Füßen des Hindukusch. Morgen werde ich zurückfahren nach Kabul. Es wird wohl zwei Tage dauern, denn nicht jeden Tag fährt ein Bus. Vielleicht finde ich ja einen Wagen, der mich mitnimmt…

Zurück in der Hauptstadt besorge ich mir das Visum für Indien, kostenlos, für drei Monate, auch die Buskarte Kabul-Peshawar für 120 Afs. Morgen verlasse ich dieses so interessante Land. Es geht durch eine grandiose Bergwelt, den südlichen Hindukusch mit den Ausläufern des Safed-Koh. Die Piste führt durch grüne, fruchtbare Täler und an einem türkisblauen See entlang, ein märchenhafter Anblick.

Über Dschalalabad und Landi Kotal bin ich in acht Stunden an der Grenze. Jetzt befinde ich mich im Stammes- und Sippengebiet der Paschtunen. Sie leben in unzugänglichen Bergdörfern nördlich des Khaiberpasses. Festungsartige Familienburgen sehe ich im Vorbeifahren. Von hohen Mauern umgeben, mit schmalen Öffnungen in den Türmen sind sie von der Außenwelt total abgeschottet. Sie leben von Herstellung und Vertrieb handgefertigter Waffen, die sie bei Sippenstreitigkeiten auch einsetzen. Für mich sehen diese Männer im Bus um mich herum sehr wild aus, sie tragen weite Pluderhosen, Turbane, immer Bärte und auch immer Waffen in den reichverzierten Ledergürteln. Es ist nicht ganz ungefährlich, durch diese Gegend zu reisen, denn es gilt noch das Gesetz der Blutrache unter den Stämmen. Aber in diesem Bus fühle ich mich sicher. Hier muss jeder Wegezoll zahlen, auch der Fahrer bleibt nicht davon verschont. Über ungezählte Serpentinen windet sich der altersschwache Bus zwischen dunklen Felsen und schroffen Bergrücken hinauf zur Passhöhe. Dieses Nadelöhr, der vielumkämpfte Khaiberpass, ist seit jeher vom Westen kommend das einzige Einfallstor zu den Schätzen Indiens. Hier zog mancher Heerführer durch in das fruchtbare Tal des Indus und weiter nach Osten. Die Handelswege der Seidenstraße verliefen weiter nördlich. Der Pass war immer, neben Herat und

Kandahar, die einzige Möglichkeit, auf dem Landweg aus Afghanistan heraus zu kommen. Die Fahrt endet am Grenzposten Torchham, ich sehe ein paar Hütten und eine Flagge. Bald bin ich in Peschawar.

Pakistan und die Industal Zivilisation

Pakistan ist erreicht, jetzt trennt mich nicht mehr viel von Indien, und auch nur noch zwei Stunden von Peschawar, einer lebendigen Stadt in Nähe der Grenze. Es erwartet mich ein Völkergemisch. Paschtunen und Belutschen aus dem Südwesten, Pakistanis verschiedenster Stämme, Moslems indischer Abstammung und Menschen, die ich nicht einordnen kann, beleben die Marktstraßen. Mittelpunkt ist die große Moschee mit den weitläufigen Säulenhallen aus rotem Sandstein erbaut.

Hier habe ich schon den Eindruck in Indien zu sein, die Mogul-Architektur hat sich bis hierher ausgebreitet. Viele Völker und Kulturen hinterließen in diesem fruchtbaren Tal des Indus ihre Spuren. 2600 bis 1800 vor Christi entstand hier die erste so genannte „Industal-Civilization". Sie ist in den Überresten von Harappa und Mohenjo-Daro zu bewundern und später auch in Taxila.

Buddhisten verbreiteten ihren Glauben, gründeten Klöster, Brahmanen lehrten den Hinduismus, Kanischka errichtete sein Greco-Buddhistisches Reich im Nordwesten. Hunnen kamen aus den weiten Steppen im Norden und zerstörten, Mongolen eroberten, und die Engländer annektierten. All das fand statt und vollzog sich von den Hängen des Karakorums bis hinein in die fruchtbaren Ebenen des Indus. Ein jeder gründete hier sein Reich, eroberte alles ringsumher, wurde sesshaft. Alle bauten sie, hinterließen ihre Monumente, ihre Religionen, ihr Wissen, ihre Kultur. Sie kamen, blieben eine Weile, bis sie irgendwann vertrieben oder einverleibt wurden und ihre Reiche wieder zerfielen. Aus diesem Konglomerat haben sich die heutigen Länder und Städte, ihre Lebensweisen, Kunst und Kultur entwickelt. Von all dem ist die Essenz, sind ihre Bauwerke und Geschichten übriggeblieben und teilweise erhalten. So kann man sich gut diese Vielfalt der Völker und Religionen vorstellen. Auf den bunten Märkten wie dem Qissa-Khwani-Basar eilen all die Nachfahren untergegangener Reiche an mir vorbei. Er ist die Hauptachse im alten, verwinkelten Stadtteil. Händler aus allen

Gruppen, stolze Nomaden, Kulis, die schwere Holzkarren schieben, magere Inder, nackte Kinder, heilige Kühe, Krüppel und Bettler bevölkern die Gassen. Schon die ganze Vielfalt des indischen Subkontinents stürmt hier auf mich ein, bietet einen Vorgeschmack auf das Nachbarland. Die typischen Betten stehen vor den Hütten, auf offenem Feuer wird gekocht, frische Kuhfladen sind zum Trocknen an Mauern geklatscht. Auch die eine oder andere Kuh macht sich in den Gassen breit und magere Hunde liegen schläfrig im Schatten. Waffen, hergestellt in den rauen Tälern des Khaiberpasses, werden neben buntem Geschirr für Tiere angeboten. Der hier und im Nachbarland gefundene Lapislazuli wird in den hinteren Stuben der kleinen Basarlädchen verhandelt.

Ich lasse mich treiben durch diese Vielfalt, durch dieses Gewimmel von Menschen und Tieren, von Straßen und Gassen und Waren aller Art. Mir begegnen auf jedem Schritt die vielen Gesichter Asiens, Ausdruck hundertfältiger Zeitgeschichte. Sie spiegelt sich auch in Kleidung und Gesten der Menschen, in der Art ihrer Begrüßung, in ihrem Handwerk, im Bau ihrer Moscheen und Medresen, auch in ihren Grabbauten wieder. Vieles ist offensichtlich, anderes versteckt sich, da muss man genauer hinsehen, um es zu entdecken. Soviel Überliefertes, bewahrt und eingebunden in die heutige Zeit. Und ich gehe als Fremder mitten darin spazieren, fühle mich wie auf einer Zeitreise. Muss versuchen, das alles zusammenzubringen und zu verstehen, die Fäden zu knüpfen vom Früher zum Heute, von jahrhundertealten Traditionen zum modernen Jetzt. Ich kann nur an der Oberfläche kratzen, mich mit dem äußerlich Sichtbaren befassen. Für mehr Verstehen müsste ich länger bleiben. Aber mich treibt es ja weiter bis ins bunte Indien!

Auch jetzt hier im Basar. Das Licht fällt durch die Ritzen der mit Reisig überdeckten Gassen. Der Staub tanzt und glitzert in den Sonnenstrahlen, wirbelt um mich herum und hüllt mich ein. Ich höre das laute Rufen der Händler und der Maultiertreiber, die sich durch die Enge zwängen. Alles ist lebendig, wieselt durcheinander, es sieht nach Chaos aus, funktioniert aber wunderbar. Die kleinen Imbissstände, die Teestuben, der Schuster, der sich in irgendeiner Ecke niedergelassen hat, und zur Mittagszeit die Brotverkäufer gehören zu diesem Bild. Aber auch Arme und Kranke, Bettler und Krüppel, die ihren Platz am Rande gefunden haben und von den Gaben der Gläubigen leben. Es gehört zu den Pflichten eines Moslems, den Armen zu geben. Da ich schon seit Wochen unterwegs bin, habe ich mich Armut und Elend langsam genähert, auch schon auf meiner ersten Reise per Roller. Ich kann nicht sagen, dass ich mich daran gewöhnt habe, aber es macht mich nicht mehr so betroffen wie am Anfang. Vielleicht ist es auch eine Art Selbstschutz, den man automatisch entwickelt, sonst könnte ich das alles wohl nicht ertragen. Bin auf der Reise etwas „härter" geworden, lasse das ganze Elend nicht mehr so nah an mich heran. Bettelnden Kindern gebe ich manchmal etwas Obst. Die, die auf der Straße leben, werden vielfach nicht beachtet. Vor allem die Leprakranken, die früher vor den Eingängen der Moscheen und Tempel saßen, sind heute fast ganz aus der Öffentlichkeit verschwunden. Es gibt besonders in den Städten jetzt eine bessere medizinische Versorgung.

Seit 1947 existiert dieser Staat nach der Abtrennung von Indien, geteilt in West- und Ostpakistan. Der Westen, ein schmaler fruchtbarer Streifen, der im Norden von der Gebirgskette des Karakorums begrenzt wird, und im Süden, im tropischen Delta des Indus, an die Arabische See grenzt. Im Norden eisige Kälte, im Süden, feuchtwarme Tropen.

Peshawar ist nicht nur die Stadt der Händler, sondern auch die der Lehre, die an der Punjab-Universität Schüler zu Agronomen ausbildet. Heute ist die Stadt uns besser bekannt durch die 20 Jahre währenden kriegerischen Konflikte mit dem Nachbarland und dem Eingreifen des Westens. Das nicht weit entfernte Islamabad wird in Zukunft die neue, moderne Hauptstadt des Landes sein. Sie ist einfach so in die Wüste gesetzt worden.

Nicht weit entfernt besuche ich die Ruinen von Taxila, antike Stätten, Überbleibsel buddhistischer Architektur und Lehre. Gegründet im sechsten Jahrhundert v. Chr., war es die Hauptstadt des greco-buddhistischen Gandara- Reiches, gelegen im Punjab, dem fruchtbaren „Fünfstromland". Ich wandere durch das Feld alter „Stupas", sie wurden aus dem grauen Stein dieser Gegend erbaut. Es sind Bauwerke in Glockenform, errichtet über einer Reliquie des Gautama Buddhas, der, aus dem Norden Indiens kommend, diese Lehre verbreitete. Der größte thront auf einem Hügel und ist weithin sichtbar. Nur wenig ist erhalten geblieben und findet sich in der Arbeit der Künstler in Form von Mauern, Stuckreliefs, Terrakotten und Skulpturen, die ich auch in den Vitrinen des kleinen angeschlossenen Museums finde. All das liegt einsam im unwegsamen Gelände, kein Zaun oder Kassenhäuschen, was Einhalt gebietet. Damals waren diese Ausgrabungen noch für jeden frei zugänglich, man kann einfach so hineinspazieren, wie ich an diesem Nachmittag. Es wird Abend, eine dunkle Wolkenwand bildet sich im Süden, Wind kommt auf, ich gehe wohl besser. Fange an zu laufen, schnell, immer schneller, über Geröll, durch Bachläufe und Gebüsch. Blitze zucken vom schwarzen Himmel, Donner kracht in die Stille, es wird unheimlich. Trockengewitter und ein urplötzlich auftretender Sandsturm kreisen mich ein. Ich renne jetzt fast um mein Leben, aber kurz vor dem Wolkenbruch, in dem sich die ganze Energie entlädt, bin ich in der sicheren Jugendherberge. Es war trotz dem Schreck der letzten Stunde ein tolles Erlebnis, Taxila und das Tropengewitter.

In Lahore kann ich mich über die Weiterreise informieren und bekomme im Museum auch Hinweise auf die antiken Stätten von Harappa und Mohendje-Daro. Es liegt an der Bahnlinie, die von hier durch den Sind bis ins fruchtbare Delta im Süden führt. Ich kann auch fast nach Indien hinüberschauen, aber nicht nach drüben gehen, die Grenze ist zu! Wegen anhaltender Streitigkeiten mit Kaschmir. Ich muss den Umweg über Karachi machen. Das bedeutet für mich: 1200 Kilometer 3. Klasse mit der Bahn, und das bei 43 Grad im Schatten!

Brief an meine Eltern, Lahore, 14. Juni 1966

„Liebe Eltern, herzlichen Dank für euren Brief so voller guter Vorschläge und Besorgnis, die aber wirklich nicht angebracht ist. In diesen Ländern ist es nicht gefährlicher als in den arabischen. Nur ist es eben anders: schmutziger, ärmlicher. Man wird hart gegenüber all dem Elend, und das ist, glaube ich besser, als wenn man Mitleid empfindet, und selbst darunter leidet. Die Grenze nach Indien rüber ist geschlossen, ich muß runter nach Karachi. Von dort weiter nach Bombay, Madras, Ceylon, Malaysia, und auch nach Thailand. Zurück eventuell über Ost-Pakistan und Indien. Die ganze Tour soll etwa vier Monate dauern, natürlich mit einigen längeren Aufenthalten an kühleren Küsten. Hier ist es tropisch, 45 Grad im Schatten, feuchtwarm. Nachts kann ich kaum schlafen. Nehme Malaria Tabletten, fühle mich bis jetzt ganz wohl. Gestohlen wurde mir noch nichts. Werde auch den Irak, Syrien, Libanon und Ägypten besuchen, da ich ja für diese Länder das Geld schon eingetauscht habe, es hier aber nicht loswerde. Mit meinen, mir verbliebenen 1150 DM müsste ich diese vier Monate bestreiten. Mein Tagebuch weist schon jetzt große Lücken auf, da ich bei der Hitze einfach nicht im Stande bin etwas zu tun. Ich muß mich sehr zusammen reißen, um das Wichtigste zu sehen, sonst haben all die Strapazen ja keinen Sinn. So raffe ich mich jetzt auf, und besuche trotz der Hitze die Wazir-Khan-Moschee, wo viele Hundert Gläubige in weißen Gewändern auf dem Boden hocken und ihre Gebetsübungen vollziehen. Auch das Fort sehe ich mir an, damals noch kein Weltkultur Erbe. Hier ist schon Indien, die Menschen dürr und mager, Bettler in Lumpen gehüllt sehe ich überall. Großrädrige plumpe Wagen von Wasserbüffeln gezogen, trotten im Schatten uralter Bäume auf den Wegen dahin. Kühe liegen überall auf den Straßen, obschon es hier überwiegend Moslems gibt. Die wenigen Autos fahren um sie herum und respektieren so die Religion aus dem Nachbarland. Die Städte überbevölkert, Straßen, Plätze und Gassen voller Menschen, Staub und Schmutz wo man hinschaut. Busse und Bahnen haben Frauenabteile und sind überfüllt. Heute war ich in der Altstadt: schlafende Men-

schen in Moscheen, zum Skelett abgemagerte Frauen. Verwahrloste Kinder. Kleine, die noch Kleinere auf dem Rücken tragen und mir ihre dünnen Ärmchen entgegenstrecken. Oft rennen ganze Scharen hinter mir her. Ob ich das auf Dauer aushalte? Adresse bis 30. Juni Bombay, und später 15.Juli Madras.
Für heute herzliche Grüße Eure Ursula"

Tagebucheintrag, 16. Juni 1966

„Gluthitze strömt durch die offenen Fenster meines Abteils auf der Fahrt nach Karatschi. Der Fahrtwind ist genauso heiß. Um mich herum magere Gestalten. In schmuddeligen Dhotis die indisch stämmigen, in weite Pluderhosen mit langem Hemd darüber die Pakistanis. Ich sitze wohl im falschen Waggon, denn ich sehe keine Frauen, wo es doch extra diese: „For Ladys Only" Abteile gibt. An der nächsten Station kann ich umsteigen. Jetzt ist buntes Leben um mich herum. Frauen, tief verschleiert, in dunklen Umhängen, einige wenige tragen bunte Saris, das sind dann wohl die Hindufrauen. Sie sitzen mit untergeschlagenen Beinen auf den Bänken und mustern mich ungeniert. Körbe, Kisten und Bündel versperren die Gänge. Dazwischen noch die Kinder, die sich ängstlich an ihre Mütter drücken. Auch höre ich irgendwann das Gackern eines Huhnes unter der Bank. All das ist nur ein Vorgeschmack auf die vielen Tage und Nächte, auf die tausende Kilometer in Zügen, die mich monatelang durch den indischen Kontinent tragen werden. Züge, deren Räderrattern mich so manches Mal in den Schlaf begleiten, wenn ich auf hölzernen Gepäckbrettern mein Lager bereite. Es ist wirklich nur ein VORgeschmack!!! Menschen steigen ein und aus, es ist ein ständiges Kommen und Gehen. Dazwischen die vielen Händler die kleine Snacks, Wasser, Tee und undefinierbare Medizin anbieten. Bettler, blinde Sänger an Kindeshand geführt, zwängen sich noch durch die Menge, schauen mich mit großen Augen an und strecken mir ihre Hände entgegen. Im Zug vielfältiges Leben, draußen die Eintönigkeit der Wüste oder grüne Täler, wenn der Indus nicht weit ist. Er ist, wie alle großen Flussläufe, die Sicherung des Lebens überhaupt. Wenn er genügend Wasser aus den Bergen in die Ebene sendet, muss das Volk nicht hungern, gedeihen Reis, Mais und viele Früchte und das Vieh findet grüne Weiden.

Multan ist erreicht, eine der größeren Städte. Hier hält der Zug für längere Zeit. Auf dem Bahnsteig viele Menschen, unter anderem auch Pilger und sogenannte heilige Männer, die in ihren orangen Gewändern mit Wanderstab und Bettelschale durch das Land ziehen. Sie besuchen sicher die wenigen verbliebenen Heiligtümer der Hindus. Bin nun schon viele Stunden unterwegs, auch die Nacht war nicht gerade erholsam, so beschließe ich, in Mohenjo-Daro zu unterbrechen.

Diese antike Stadt wurde circa 2800 vor unserer Zeitrechnung gegründet und war neben Harappa eine der ältesten Siedlungen im Industal. Durch Versanden hat sich der Fluss verlagert, sodass die Ruinen heute etwas abseits liegen, umgeben von Salzsümpfen. Man kann sie nur zu Fuß oder per Tonga, einer Pferdekutsche, erreichen. Auf dem Weg dorthin begegnen mir Ochsenkarren mit massiven Holzrädern, wie sie vor 4000 Jahren hier schon üblich waren. Solche Miniaturwagen sehe ich in dem kleinen angeschlossenen Museum, auch aus dem örtlichen Lehm geformte Muttergottheiten, die zu den ältesten figürlichen Darstellungen überhaupt gehören. Bei Grabungen fand man hunderte von feinst gearbeiteten Rollsiegeln, auf denen Könige, Elefanten, Zeburinder, Krokodile und auch Schrift dargestellt ist. Auf diese Weise hat man wohl Verträge unterzeichnet und „besiegelt"! Sie sind teilweise in Stein geschnitzt oder aus Lehm geformt und gebrannt, wie auch die Mauern dieser Stadt, und sind Zeugnis einer hochstehenden Kultur. Die Ruinenreste sind an einen Hügel gelehnt. Oben krönt ihn ein Stupa aus der Kushan Zeit, etwa 200 n. Chr. Im Schatten einer antiken Mauer halte ich Mittagspause, esse Brot und Tomaten, finde eine glasierte Perle und ein Steinmesser im Sand. Die Ruinen dehnen sich weit aus, das meiste aber liegt noch unter Schutt verborgen, sicher auch noch Fruchtbarkeitssymbole, Spielzeug, bemalte Krüge und Vasen. Ich bin ganz alleine hier, nur Kinder treiben ihre Ziegen durch die antiken Straßen dieser Stadt. Ringsum ist es staubig, sumpfig, der Boden mit Salz bedeckt und Schilf bewachsen. Es gibt viel Wasser, Grün, bunte Vögel, Schakale, Reis- und Baumwollfelder. Der Rückweg zu Fuß ist mühsam. Männer mit langstieligen Hacken auf der Schulter kommen mir entgegen. Ich muss vorbei an fahrendem Volk in provisorischen Strohhütten, Kindern mit Nasenringen, wild aussehenden Typen mit wirren Haaren und finsteren Gesichtern. Diesiger Abendnebel steigt auf, es riecht nach Stroh, Feld, Tieren und Rauch, nach einem langen Arbeitstag. In der Ferne ein herrlicher Sonnenuntergang, in den ich hineinwandere, der diesen so vollen Tag abschließt. Ich erlebe hier eine, wie später so oft, typisch indische Abendstimmung: quietschende Ochsenkarren von Zeburindern gezogen, die langsam dahintrotten auf dem Weg ins Dorf. Sie hinterlassen Staubfahnen, die sich ausbreiten, sich mit dem Rauch der Kochfeuer mischen und im Abenddunst verlieren, eine milde Decke über den harten Tag legen. Dazu höre ich von Ferne die letzten Vogelstimmen. Wenn die Feldarbeit getan ist, die Hitze nachlässt und man nach Hause geht, legen sich abendliche Stille und Ruhe über alles. Wie oft habe ich diese Szenen, diese Stimmungen im ländlichen Indien erlebt, wandere jetzt beim Schreiben in Gedanken durch diese Gegend und in den Abend. Es ist eines dieser Bilder, die für mich zu dem Land gehören, zu meinem „Indien", auf der anderen Seite der Grenze gelegen.

Thatta und die Sufis

„Zur nächsten Bahnstation sind es zehn Kilometer. Schmutzigster Zug nach Thatta, nachts kalt, hustende und spuckende Männer. In Thatta Holz- und Lehmhäuser mit den hier üblichen Windfängen zur Kühlung gegen die Sommerhitze. Enge Gassen, Elendshütten am Stadtrand. Schlafe in billigem Hotel, Toilette furchtbar, kein Wasser. Von hier aus Wanderung nach Makli-Hill, ein drei Kilometer langes Ruinenfeld, errichtet im 15. bis 16. Jahrhundert. Tausende von Gräbern und Grabbauten bedecken den Hügel, Arme und Reiche, Krieger und Wesire und ganze Familienclans liegen hier begraben.

Die Einzelgräber bestehen aus mehrstufigen länglichen Aufbauten aus Sandstein. Bei den Gräbern der Frauen sieht man den zu Lebzeiten getragenen Schmuck in Stein gemeißelt, wie Arm- und Fußreifen, Ketten und Ohrgehänge. Den hier dargestellten Schmuck sehe ich auch bei den Frauen in der Provinz Sind, zu dem dieses Gebiet gehört. Die Silberschmiede stellen ihn heute noch nach alten Mustern her. Bei den männlichen Gräbern sind es die verschiedensten Kopfbedeckungen und Suren aus dem Koran, festgehalten für die Ewigkeit. Zwischen diesen Einzelgräbern stehen auch noch größere Bauten, kleinen Moscheen gleich, wie das Kuppelgrab des Mirza-Isa-Khan, mit prächtigen, verzierten Eingangstoren im floralen Design. Am Eingang zum Grab des Abdullah-Shah-Sabi hocken Bettler und Musikanten auf dem Boden. Es muss ein ganz besonderer Heiliger sein, der hier verehrt wird. Vielleicht ist es auch das Grab eines Sufis, eines Mystikers, Anhänger einer der vielen Sekten, die sich um den Glauben Allahs ranken. Gerade in Pakistan verehrt man diese außergewöhnlichen Männer. Alljährlich strömen die Pilger zusammen, werden Zeltstädte errichtet, finden an den Gräbern Feste zu Ehren der Sufis statt. Mit Tänzen und Musik und vielleicht auch mit Hilfe von Drogen fallen die Gläubigen in Ekstase und drücken so die Verehrung dieser herausragenden Männer aus. Ich ziehe meine Schuhe aus und lege mir ein Tuch über den Kopf, so darf ich den Innenraum betreten. Der Sarkophag ist mit einem schwarzen Tuch und vielen Blumen bedeckt, Räucherstäbchen verströmen einen süßlichen Duft. Ein Mann liegt auf dem Boden. Betet zu Allah, sein Rufen wird lauter, drängender, geht von Stöhnen zu Schluchzen und wilden Schreien über. Er schlägt sich mit der Faust auf die Brust, dass es dumpf dröhnt, wälzt sich vor dem Sarkophag auf den Fliesen und steigert sich in einen an Besessenheit grenzenden Zustand. Die Musikanten werden immer lauter, die Töne scheinen sich zu überschlagen und setzen die Umstehenden in spürbare Verzückung. In welch religiöses Ritual bin ich da geraten? Ich ziehe mich zurück, will als Fremde diese Hingabe an den Heiligen nicht stören. Ein bärtiger Alter sitzt weltentrückt und unbeweglich in einer Ecke. Alte

Frauen schlafen im Nebengebäude auf schmierigen Matratzen oder sind beim Kochen. Ich verlasse diese Gräberstadt, die von vielen gut gekleideten Moslems besucht wird. Lasse die Toten ruhen und die Lebenden zurück und mit ihnen auch die Mystik, die über diesem Ort zu liegen scheint. Oh unergründliche Glaubenswelt. An einem Teich ruhe ich mich etwas aus. Über mir in den Bäumen hängende Vogelnester. Indische Streifenhörnchen flitzen herum, Papageien und bunte Vögel leisten mir Gesellschaft auf meinem Weg zurück nach Thatta."

Karatschi

Per Bus nach Karatschi. Bin im Delta des Indus gelandet, es ist feucht warm. Je näher ich der Stadt komme, umso mehr sehe ich von diesen bunt bemalten Lastern. Man sieht florale Motive, aber auch Suren aus dem Koran, welche die hölzernen Aufbauten und die Karosserie verschönern. Dazu kommen noch die roten und schwarzen langen Wolltrottel, die rechts und links am Spiegel hängen und im Wind flattern. Im Innern zieren Gardinen und Glitzerzeug die Scheiben und die Fahrerkabine. Sie sind der ganze Stolz der Besitzer und werden in mühevoller Kleinarbeit geschaffen. Es sind überhohe, schwankende Ungeheuer, die sich auf den Straßen tummeln und auch manchmal im Graben landen. Überladungen und Schlaglöcher sind schuld daran. Der Verkehr wird dichter, ich nähere mich einer Millionenstadt.

Komme total verdreckt hier an, konnte seit Tagen nichts mehr waschen. Es wird immer wärmer, man setzt mich am Empress Market ab, bei der Salvation Army, der Heilsarmee. Es ist schön, nach langer, langer Zeit mal wieder ein sauberes Zimmer und fließendes Wasser zu haben. Mache große Wäsche, diese Gelegenheit muss ich nutzen. Um den Markt herum herrscht emsiges Leben und Treiben, alles wird auf der Straße angeboten, auf Tüchern ausgebreitet. Auf dem Obstmarkt Früchte, die ich noch nie gesehen habe. Es ist der Treffpunkt der Bettler und Krüppel, ich sehe sie jeden Morgen auf dem gleichen Platz hocken. Hier habe ich viel zu erledigen: Die

Überfahrt nach Bombay, Post, Päckchen und Filme absenden. All das dauert Tage und so lerne ich auch die Stadt kennen. Die wenigen Hochhäuser mit den von Reklameschildern zugepflasterten Fassaden und die staubigen Gassen. Überall die auffallenden roten Flecken auf dem Boden, auf Gehwegen und in den Häusern. Ich denke an Blut, doch irgendwann sehe ich, wie jemand ausspuckt und diese Flecken hinterlässt. Ab da achte ich genauer auf die Menschen und stelle fest, dass sie ja etwas kauen und ihre Zähne rot gefärbt sind. Später fallen mir auch die kleinen Stände auf, wo dieses Zeug verkauft wird. Es sind Blätter eines Strauches. In die wird ein Stück Betelnuss und eine weiße Paste gestrichen, das Ganze zusammengefaltet, in den Mund geschoben und darauf herum gekaut. Nach einer Weile spuckt man den Saft aus, egal wo man gerade steht. Der Genuss betäubt, stillt den Hunger, färbt die Zähne rot und macht vielleicht auch ein wenig glücklich.

Hauptstraßen enden immer wieder in Sandwegen. Hier haben sich die Armen ihre Hütten aus Lehm gebaut. Die noch Ärmeren leben noch weiter am Rand, in zusammengeflickten Unterkünften aus Blech, Brettern und Plastikplanen. Zähe Lebenskraft lässt sie überleben, in Hitze und staubiger Trockenheit oder wenn die Fluten des Monsuns ihre Hütten umspülen und alles unpassierbar machen. Hier gibt es weder Wasser noch Elektrizität und auch keine Müllabfuhr. Kleine Rinnsale inmitten der Gassen sind Abwasserkanal und Toilette gleichzeitig. Am Abend vertreibt der Duft von Reis mit Curry oder von Jasmin und Sandelholz den Geruch von Schmutz und Armut. Und wieder hat ein Tag das Leben weitergehen lassen in Stolz und Würde, auch wenn das Umfeld anders aussieht. Ich lande auf meinem Streifzug im Hafen, wo die riesigen Überseeschiffe liegen, auch das der Britisch-Indien-Line, mit dem ich in einigen Tagen das Land verlassen werde.

Heute bin ich bei Familie Quadri eingeladen. Werde abgeholt nach „Saudabad", einer Flüchtlingssiedlung, von Saudi-Arabien für die mohammedanischen Flüchtlinge aus Indien gebaut. Die Familie wohnt in einem Reihenhaus, bestehend aus Wohnraum, einem

Schlafraum, einer winzigen Küche, in der auf dem Boden gekocht wird, und einem kleinen Innenhof. Alles ist sauber und ordentlich. Ich werde, wie so oft bei solchen Gelegenheiten, in der ganzen Verwandtschaft „herumgereicht", zum Abendessen eingeladen, und dann per Bus zurückgebracht nach Karatschi. Am anderen Tag holt Herr Quadri mich ab, um mich zum Rundfunk zu fahren. Dort will man mich interviewen. Werde x Leuten vorgestellt. Man spielt mir Volksmusik vor. Werde dann über Zweck und Inhalt meiner Reise befragt. Ich rede einfach drauf los in meinem ungenügenden Englisch. Erkenne später meine eigene Stimme nicht auf dem Band. Ich weiß auch nicht mehr, was ich den Leuten alles erzählt habe, jedenfalls bekam ich 12,50 DM als Honorar. So schlecht kann es also nicht gewesen sein.

Der Direktor des Rundfunks lädt mich am nächsten Tag zu einem muslimischen Polterabend ein in eine der vornehmsten Familien Karatschis. Ich ziehe mein buntes Kleid an, das Beste, das ich habe. Das Haus liegt in einem Vorort und ist mit Tausenden von Glühlämpchen geschmückt. Im hinteren Garten ist schon die Festgesellschaft versammelt, Männer und Frauen getrennt. Die Frauen barfuß, auf dem mit Decken und Kissen ausgelegten Boden hockend, die Männer daneben auf Stühlen. Ich komme mir in dem Moment etwas schäbig vor in meinem Reiseoutfit. Kostbare Seiden-Saris neben reichbestickten Punjabi- Dresses bieten ein buntes Bild. Die natürliche Schönheit der Frauen wird durch den kostbaren Schmuck noch unterstrichen. Die Blüten im Haar duften mit den Jasmingirlanden um die Wette. Inmitten all dieser Pracht hockt die Braut in einem knallroten, bestickten Gewand mit Stirn- und Kopfschmuck angetan. Freundinnen leisten ihr Gesellschaft. Das Mädchen ist etwa 16-17 Jahre alt. Der Bräutigam sitzt etwas entfernt, umgeben von weiblichen Familienmitgliedern. Sie zerren an seinen Armen und nehmen ihm das Versprechen ab, immer der Diener seiner zukünftigen Frau zu sein. Erst dann lassen sie ihn los. Das Ganze geht unter Scherzen und Kichern vor sich, angefeuert durch die Zurufe der Gäste. Der Braut werden an diesem Abend Handinnenflächen und Fußsohlen mit Henna in floralen Mustern verziert, dem Bräutigam die Geschenke überreicht und das Brautpaar später offiziell den Gästen vorgestellt. Dann wird zum kalten Büffet gebeten. Es wird auch Besteck gereicht. Trotzdem essen die Damen und Herren, die wirklich die oberste Schicht vertreten, mit den Fingern. Das schockiert mich! Monate später in Indien habe ich dafür mehr Verständnis. Mit Volkstänzen und Musik klingt das Fest aus. Für mich war dieser Abend ein Erlebnis, aber ich kam mir auch etwas verloren vor. Der Direktor bringt mich zurück zu meiner Unterkunft.

Mein Schiff hat zwei Tage Verspätung, so fahre ich noch nach Chaukhandi-Hill, einem Gräberfeld, den Belutschen zugeschrieben. Dieser Stamm lebt überwiegend im Süd-Westen Pakistans. In der Nähe haben sich Nomaden niedergelassen, ihre dunklen Zelte aufgeschlagen. Sie kommen von den Höhenzügen und aus der Wüste, um in den Städten ihre rotbunten Teppiche anzubieten, gefertigt aus dem Haar ihrer Herden.

Brief an meine Eltern, Karatschi, 21. Juni 1966

„Liebe Eltern, ein letzter Gruß aus Pakistan bevor es morgen per Schiff nach Indien geht. Eine teure Angelegenheit! Europäerinnen können nur 1. oder 2. Klasse reisen, anscheinend müssen unbeschreibliche Zustände auf dem Deck herrschen. Die British-Indian-Line ist die einzige Verbindung ins Nachbarland, fordert horrende Preise und zu allem auch noch die Bestätigung des offiziellen Geldwechsels. So kostet dieser kleine Sprung 125 DM. Karatschi ist ziemlich teuer, wohne bei der Heilsarmee für 3 DM, die teuerste Unterkunft bis jetzt. Die Stadt ist groß, laut und schmutzig. Sie macht wie alle Städte hier einen englischen Eindruck. Die Pakistani sind freundlich und hilfsbereit, aber oft sind es auch Gauner. Ich muss einfach aufpassen. Das Klima tropisch-feucht-warm, wenn man ein Teil 2 Tage anhat, stinkt es säuerlich nach Schweiß. Die Wäsche wird auch nicht mehr trocken. Hier ist im Moment Mango-Zeit, eine herrliche, eiförmige Frucht, saftig und lecker. Auch gibt es überall europäische Kaffeehäuser, wo natürlich nur Männer sitzen. Das Essen ist verteufelt scharf. Wie ich eben von Kanadiern hörte, soll es in Südindien und auch auf Ceylon herrliche Strände geben, werde irgendwo einige Zeit bleiben und mich erholen. Ich wundere mich, dass es mir immer noch so gut geht, keine Ruhr, keine Infektionen oder sonst etwas. Toi toi toi! Bin mal gespannt, wer mir nach Bombay geschrieben hat. Meine nächste Adresse ist Colombo und Madras, bis 15-20. Juli. Hier sind in jedem Zimmer, in Cafés, Geschäften, auf Bahnsteigen und in Zügen überall große Ventilatoren, in deren Nähe man es aushalten kann, wenn nur das ganze Elend nicht wäre! So gibt es Frauen mit Kindern, die irgendwo an einer Mauer liegen und dahinsiechen. Die unbeschreiblichsten Krüppel begegnen mir, sie laufen auf den Händen und die Beine wachsen direkt aus dem Rückgrat nach oben in die Luft. Grauenvoll! Oder sie leiden an Knochenschwund, haben nur ein Loch, wo mal die Nase war, kann ihnen bis in den Hals sehen, sie haben Lepra. Durch Züge und Busse gehen andauernd Bettler. Ich hoffe, daß ich Euch nicht so sehr aufgeregt habe durch diese Schilderungen. Ich wünsche, dass es Euch so gut geht wie mir. Ganz liebe Grüße Eure Ursula."

Per British-Indian-Line nach Bombay

Habe eben die Nachricht bekommen, dass das Schiff angekommen und zum Auslaufen bereit ist und ich um zehn Uhr im Hafen sein muss. Jetzt muss ich mich beeilen. Das Hafengelände ist riesig, wo liegt mein Schiff? Doch dann zeige ich mein Ticket, und das hilft mir, durch dieses Chaos von Trägern, Karren, Waren, Berge von Tauen, schimpfenden und schreienden Menschen zu kommen. Der Hafen international. Die unterschiedlichsten Typen aus verschiedensten Ländern sind zu sehen. Vor dem Schiff ein Tisch, ein paar Beamte in Uniform, ein großes Buch und ein paar Stempel, hier bin ich richtig. Hier fängt auch schon die unerlässliche indische Bürokratie an, mit langwierigen Pass- und Zollkontrollen. Alles wird genau untersucht, Pass, Impfbescheinigung und meine Reisetasche. Um 17 Uhr geht es dann endlich los. Ich bin auf dem Weg nach Indien in dieses große, unbekannte Reich der vielen Götter und Tempel. Bin gespannt und neugierig. Ich hoffe auch, dass mir die Hitze nicht zu sehr zu schaffen macht. Aber erst einmal liegt ja diese Fahrt vor mir durch die Arabische See. Mit zwei Mädels teile ich die kleine, saubere Kabine, stelle mein Gepäck hinein und sehe dem Treiben an Bord zu und dem Ablegen des großen Potts. Er schiebt sich behäbig aus dem Hafen. Ich lasse Pakistan hinter mir und damit auch die Welt der Moslems, die Wüsten, die hohen Berge und die kalten Nächte. Aber auch die unbeschreibliche Großzügigkeit der Menschen in den zurückliegenden Ländern. In Indien habe ich es mit einer anderen Mentalität zu tun, viel ärmeren Menschen, geprägt vom Hinduismus und einer Vielzahl von religiösen Richtungen. Ob ich das alles verstehen werde? Ob ich mit den veränderten Bedingungen klarkomme? Langsam bleiben die Hafengebäude zurück, werden kleiner und nach Stunden ist auch von der Küste nichts mehr zu sehen. Ich weiß aber, dass es am Delta des Indus entlanggeht und später am Golf von Kuachchh. Auch Dwarka liegt in Nähe der Grenze, ein Hindu Pilgerort, den ich 50 Jahre später, auf einer meiner letzten Indienreisen, besuchen sollte.

36 Stunden wird die Fahrt dauern. Irgendwann ruft ein Gong zum Abendessen. Ich ziehe mich um und werde an den Tisch des Kapitäns geführt, umschwirrt von etlichen Obern. Das Essen ist europäisch. Ich genieße es und schlage mir ordentlich den Bauch voll, zeige bei Vorspeise und Hauptgang auf alles, was auf der Karte steht, das kleine Wörtchen „or" ist mir unbekannt. Oder doch nicht? Die anderen am Tisch werden sich gewundert haben, aber das ist mir in dem Moment egal. Die Unterhaltung findet auf Englisch statt, jeder erzählt, dabei kommt ein Whisky nach dem anderen, und ich falle später selig und müde ins Bett. Am anderen Morgen genieße ich den Sonnenaufgang über dem Meer und auch wieder die Mahlzeiten an Bord. Schaue mich auf dem Schiff um, aber ich komme nicht weit, denn der Zugang zu den Decks ist mit einem hohen Gitter versperrt. Hier haben sich die Passagiere der unteren Klassen auf den Bootsplanken niedergelassen, unter ihnen auch ein paar deutsche Jungen. Sie kommen an die Absperrung, wir unterhalten uns. Sie sagen mir

auch, dass sie nicht genug zu essen dabeihaben. Später versuche ich etwas zu organisieren und reiche es ihnen durch die Stäbe. Die See ist ruhig, ich erwische einen Liegestuhl und genieße die Sonne, abgemildert durch den Fahrtwind, Am nächsten Morgen legt der Dampfer an, ich bin in Indien, dem vorläufigen Ziel meiner Reise, wo ich eigentlich gar nicht hinwollte.

Bombay, Indien

Es ist nicht viel zu sehen von diesem Kontinent, von Bombay. Land und Stadt verstecken sich in einem Dunstschleier, ich sehe nur das weitläufige Hafengelände vor mir. Wieder eine endlose Einreise-Bürokratie. Doch dann ist der Stempel im Pass, Indien kann erobert werden, nur der Regen hätte mich nicht begrüßen müssen!

Das Hafengelände weitläufig, außerhalb ein Bus, der mich ins Zentrum bringt. Ich lande auch hier bei der Salvation-Army. Ein luftiger, langer Schlafraum mit offenen Arkaden im ersten Stock ist für die nächsten Tage mein Zuhause. Suche mir ein Bett am Ende des Raumes, nehme meine erste Dusche, die nicht lange erfrischt. An der Westküste hat der Monsun begonnen, die Regenzeit, die bis in den August dauert und dann weiterzieht um den Kontinent herum. Die Unterkunft und vier europäische Mahlzeiten am Tag kosten 4 DM, äußerst billig! Will in den nächsten Tagen diese Stadt erkunden. Werde mich auch im Museum und bei der Tourist-Information umschauen, um etwas mehr über das Land, seine Menschen und seine Kultur zu erfahren. Denn ich weiß ja überhaupt nichts, bin mit leeren Händen hier angekommen, habe nicht einmal einen kleinen Reiseführer. Stehe ganz unvorbereitet und auch unbeeinflusst hier am Eingangstor zum indischen Subkontinent. Kann ganz unvoreingenommen das Land erkunden. Ich komme mir vor wie ein Kind, welches auf Entdeckungsreise seines Lebens geht, alles ist neu, alles zum ersten Mal.

Ich bin dann doch überrascht über die Fülle von Infos, die ich bekomme: eine gute Landkarte, die alle Staaten farblich wiedergibt. Auch einige Prospekte über die einzelnen wichtigen Tempelorte und Pilgerstätten in diesem Staat Maharashtra, zu dem Bombay gehört. Mit diesen Informationen kann ich in ein paar Tagen die Reise durch dieses Riesenreich beginnen.

Drei Monate ist mein Visum gültig. Diese Zeit werde ich auch brauchen, um einmal um das „Dreieck Indien" zu kommen, auch mit einigen Abstechern ins Landesinnere. Es sind immerhin vom Himalaya bis in die Südspitze, dem Kap Komorin, ca. 3000 Kilometer.

Von West nach Ost im Norden dürften es genauso viele sein. Eine ungeheure Landmasse, die ich da zu bewältigen habe.

Ich werde durch eine jahrtausendealte Kulturgeschichte wandern, werde viele Tempel mit ihren Götterfiguren bestaunen, werde durch Staub und Hitze fahren, mich in die überfüllten Züge drängen, und, um Geld zu sparen, mir die Nächte auf den harten Gepäckablagen um die Ohren schlagen. Werde mich auf bunten Märkten herumtreiben, durch Wüstengebiete und den tropischen Süden fahren und dort an der Ostküste die südindischen Tempelfeste erleben. Viele Stunden werde ich den Pujas, den Opfer- und Gebetshandlungen in den diversen Tempeln, beiwohnen. Werde mit den Gläubigen stundenlang auf harten Steinböden hocken und den Gesängen und heruntergeleierten Gebeten der Brahmanen lauschen. Nächte in Aschrams auf dem blanken Boden schlafen und mit den Pilgern vom Bananenblatt essen. Das alles liegt vor mir und wartet darauf, entdeckt, bestaunt und erlebt zu werden.

Der erste Brief aus Indien an meine Eltern, Bombay, 26. Juni 1966

„Liebe Eltern.

Über Eure Post habe ich mich sehr gefreut, auch dass es Euch gut geht. Ihr macht Euch zu viele Sorgen, es kann mir hier eigentlich nichts passieren. Es gibt gute Bahn-und Busverbindungen, also kein Autostopp. Bahn ist sehr billig, 1000 Kilometer: 8 DM (Schwarzmarktkurs). In fast allen kleineren Orten gibt es *Resthouses*. Werde von hier aus nach Goa an die Westküste fahren und mir den Südzipfel Indiens besonders gut ansehen. Dann nach Ceylon (Sri Lanka). Eventuell von Colombo nach Penang oder Singapur. Wenn das nicht klappt, beschränke ich mich nur auf Indien, Ceylon und Nepal. Irgendwo an der Westküste oder auf Ceylon mache ich eine längere Pause. Dann geht's rauf an der Ostküste entlang nach Kalkutta und natürlich einige Abstecher ins Landesinnere. Von dort nach Nepal, Kathmandu, und in die Himalaya Dörfer. Das sind in groben Zügen meine Pläne, ob das alles so klappt?

Sitze auf der Terrasse des „Britisch-Museums" bei einer Cola und schreibe. Stunden habe in den kühlen Räumen verbracht, mir einen Überblick der verwirrenden Glaubenswelt der Hindus verschafft. Mir schwirrt der Kopf von all den Tempeln in unterschiedlichen Stilen, Zeit-Epochen, errichtet unter der Herrschaft verschiedener Reiche und Dynastien, die sich mehr oder weniger lang behaupten konnten. Geweiht den Tausenden Göttern, ihren Gemahlinnen und Abertausenden Inkarnationen. Es ist eine unüberschaubare Vielfalt diese Götterwelt Indiens. Alle haben sie unaussprechliche Namen. Wie soll ich da durchfinden, die Zusammenhänge erfassen? Die Namen sind mir aber im Laufe von vielen Jahren und Reisen im Land sehr geläufig geworden. Eindeutig einzuordnen sind nur die drei Hauptgottheiten: Brahma, Vishnu und Shiva.

Jetzt dröhnt mir nur noch der Kopf von so viel „Indien" und ich bin froh, hier draußen etwas zu mir zu kommen. Von unten dringt der Geruch von Räucherstäbchen zu mir herauf, sie werden in den Tempeln abgebrannt. Gestern war ich in der Altstadt am „Gateway of India", dem Wahrzeichen der Stadt an der Hafeneinfahrt. Erbaut von den Engländern auf einer Landspitze im Westen. In den Straßen und Gassen findet man überall versteckt kleine Tempelchen, die von den Gläubigen zu jeder Tageszeit aufgesucht werden. Ich darf sie betreten, muß aber die Schuhe ausziehen. Es ist eine fremde Welt. Götterfiguren aus Stein, Silberbeschlagen, mit Blütenkränzen behangen, die die Gläubigen niederlegen. Sie küssen die Erde und werfen sich lang auf den Boden, tupfen sich rote und gelbe Farbe auf die Stirn. In den Gängen sitzen heilige Männer und lesen aus den Schriften. Ich muß mir hier einen Indienführer und die Bhagavad Gita, die indische Götterlehre, (in Sanskrit und Englisch) kaufen, um wenigstens einen kleinen Einblick in die verwirrende Glaubenswelt, und damit auch das tägliche Leben der Inder, zu bekommen.

Der Verkehr auf den Straßen ist unbeschreiblich, Autos, wild hupend, Rikscha-Fahrer, die im Laufschritt den überdachten Wagen an zwei Stangen und auf zwei Rädern hinter sich herziehen. Der Mittelstand läßt sich so transportieren, durch menschliche Zugkraft! Da-

zwischen Karrenschiebende Kulis, die alle möglichen Waren gela-
den haben, oftmals hochaufgetürmt. Bettler auf den Gehwegen oder
Frauen mit kleinen Kindern, die scheinbar auf der Straße leben. Die
in Lumpen gehüllt dahocken, auf einem Feuer ihren Reis kochen
und die Kleinen mit verlausten und verfilzten Haaren im Vorbeigehen die Hand aufhalten. Überall liegen Kranke und Krüppel mit
Bettelschalen die um Gaben bitten. Ich muss aufpassen, nicht über
sie zu stolpern. Dazwischen Taxis, Radfahrer und Fußgänger, ohne
sichtbare Regeln, ein wildes Durcheinander, ein funktionierendes
Chaos, ein Lärm, nicht zu beschreiben. Habe noch nie so viel quirli-
ges Leben und so viel Elend gesehen!

Heute war ich am Strand, das Wasser ist schmutzig. Kaufte mir
eine Kokosnuss, ganz frisch, voller Milch, für 0,25 DM, Indien ist
äußerst billig. Bin gegen Cholera, Pocken und Typhus geimpft und
nehme jede Woche eine Malaria Tablette. Bis jetzt geht es mir gut.

Für heute liebe Grüße Eure Ursula."

Ausgeraubt in Bombay! Eine Welt bricht zusammen!

Mit dem letzten Satz im Brief an meine Eltern war ich wohl zu vor-
eilig. Am nächsten Morgen sah das ganz, ganz anders aus! Wenn ich
jetzt daran denke, wird mir fast noch übel, und mein Herz schlägt
schneller: Man hat mich beklaut, alles ist weg, bis auf 100 DM!!!
Was mache ich jetzt? Ich stehe da, ohne Geld, in dieser Millionenstadt, in Indien, so weit weg von zu Hause, alleine! Wie konnte das passieren?? Wo ich doch immer so vorsichtig bin! Sitze auf
der Bettkannte, die Gedanken fliegen durcheinander, ich versuche
sie zu ordnen, mich zu erinnern, es kann ja auch gar nicht sein, ich
kann es nicht fassen! Es gibt nur eine Erklärung: wegen der Hitze
habe ich mehrmals am Tag geduscht und dabei meinen Geldbeutel,
den ich immer um den Leib getragen habe, nicht wieder umgelegt,
ihn in meine Umhängetasche gesteckt und am Abend wohl nicht
wieder angelegt. So stand diese Tasche in der Nacht neben meinem
Bett. Ich fange an zu suchen, ich merke, wie Angst in mir aufsteigt,
sie überrollt mich wellenartig! Ich werde hektisch, krame alles aus,

auch meine Reisetasche, obwohl ich genau weiß, dass das Geld da nicht sein kann. Sitze da, fange an zu heulen, durchsuche immer und immer wieder alle meine Sachen, kann es einfach nicht glauben. Ein Schock!!

Jetzt bin ich genauso arm wie die da draußen, in diesem Indien, was ich erobern wollte. Wie soll es weitergehen? Kann ich meine Reise fortsetzen oder muss ich zurück? Aber wie? Ohne Geld? Nein!! Auf keinen Fall zurück!! Ich weiß nicht wie lange ich so dagesessen, wie oft ich noch meine Sachen durchsucht, wann ich es endlich begriffen habe!

Was soll ich jetzt machen? Polizei? Durchsuchung meiner Mitbewohnerin? Das Deutsche Konsulat? Aufgeben? Und immer noch kann ich es nicht glauben und suche zum wiederholten Mal! Als ich mich etwas beruhigt habe, gehe ich nach unten und melde es dem Vermieter, der schickt mich auf das zuständige Polizeirevier, der „Colaba Station". Dort wird alles zu Protokoll genommen, genau aufgelistet und die näheren Umstände erfragt. Dann kommt der diensthabende Beamte mit mir zur Salvation-Army und durchsucht das Gepäck meiner Mitbewohnerin. Es ist mir sehr peinlich. Man findet natürlich nichts.

Jetzt bleibt mir nur noch die Deutsche Botschaft als Ausweg, als Hilfe. Mit der Verlustanzeige gehe ich also los. Welche Hoffnung habe ich mir eigentlich gemacht? Was habe ich erwartet? Ob sie mir Geld geben für die Weiterreise? Natürlich nicht! Das einzige Angebot: ein Flugticket zurück nach Deutschland. Die 1200 DM hätte ich später in Raten abstottern können. Das ist das Hilfsangebot der Botschaft. Für mich gibt es kein langes Überlegen, ein Rückflug kommt überhaupt nicht in Frage. Ich hatte nicht sechs Wochen gebraucht, um unter all den Strapazen und Entbehrungen hierher zu kommen, um dann zum ersten Mal zu fliegen und in einigen Stunden zu Hause zu sein? Damit ist diese Reise zu Ende, und ich habe erstmalig in meinem Leben einen Haufen Schulden! Nein, das will ich nicht! Ich weiß nicht mehr, was in meinem Kopf vorging nach dieser Mitteilung, aber ich bin fest entschlossen zu bleiben und mich irgendwie durchzuschlagen. Wie, wusste ich selbst noch nicht. Ich weiß auch nicht mehr, wie ich den Rückweg zu meiner Unterkunft geschafft habe, das ist mir alles entfallen. Auf jeden Fall kann ich gratis weiterhin dort wohnen, da die Ermittlungen ja noch laufen. Aber ich mache mir keine allzu große Hoffnung! Irgendwie wird die Reise weitergehen, werde ich auch das schaffen. Meine Eltern dürfen das nicht erfahren, auf gar keinen Fall! Als erstes verkaufe ich einige meiner Farbdiafilme auf dem Schwarzmarkt. So habe ich etwas mehr Geld in der Hand. Ich erkundige mich bei indischen Banken über die Möglichkeit eines Geldtransfers. Dann schicke ich meinem Bruder und einer Freundin ein Telegramm und bitte sie, mir jeweils 100 USD über „American Express" an eine bestimmte Bank nach Trivandrum im Süden, und nach Delhi zu schicken. Als das alles erledigt ist, kann ich eine Woche später die Stadt verlassen. Das heißt für mich aber, äußerst sparsam zu leben, von Reis und Bananen und in den billigsten Herbergen zu schlafen oder in Zügen. Sparen an allem, wo ich nur kann. Die verbliebenen 100 DM müssen bis in den Süden reichen. Ich bin mir sicher, dass alles klappt, auch die Überweisung, mache einen groben Plan und will als erstes zu den Höhlentempeln von Ajanta und Ellora.

Bahnfahren in Indien: Eine Erfahrung

Lange Schlangen stehen in der Viktoria Station an den Schaltern der dritten Klasse. Der Bahnhof, ein Gebäude aus viktorianischer Zeit, aus der Zeit der Engländer, die bis 1948 in diesem Land herrschten. Eine riesige Bahnhofshalle, in der Tausende von Menschen auf dem Boden liegen und auf ihre Züge warten. Sie haben sich mit ihren Bündeln auf dem Pflaster niedergelassen. Viele von ihnen schlafen. Ich muss mir einen Weg durch diese Massen bahnen, über sie hinwegsteigen bis ich am richtigen Schalter bin. Lange Schlangen umgeben mich. Hier setzt ein Schieben und Drängeln ein und ich stehe mitten in diesem Pulk. Von rechts und links und überall her kommen die braunen Arme und versuchen, mit dem Geld in der Hand, eine Karte zu bekommen. Der Bahnbeamte sitzt geschützt und gelassen hinter dem vergitterten Schalter. Es gibt nur eine kleine Öffnung, durch die alles abgewickelt wird. Ich stehe eingequetscht zwischen den Männern und muss irgendwann auch meine Ellenbogen einsetzen, sonst habe ich keine Chance, an eine Karte zu kommen. Dazu muss ich auch noch mein Gepäck im Auge behalten. Endlich habe ich es geschafft, ich habe die Karte nach Aurangabad, meiner ersten Station, zu den buddhistischen Höhlen von Ajanta und Elora, in der Hand. Aber damit bin ich noch nicht im Zug. An der Sperre wird die Karte gelocht und ich kann den Bahnsteig betreten. Auch hier das gleiche Bild: eine Menschenmenge, die mit mir auf den Zug wartet. Inzwischen habe ich erfahren, dass es Ladys Abteile gibt, stelle mich also dorthin, wo die meisten Frauen stehen, und warte. Für mich wird es nicht langweilig, ich fahre ja zum ersten Mal mit dem Zug durch Indien. Ich frage immer wieder, zeige meine Fahrkarte, ob ich auch auf dem richtigen Bahnsteig stehe, denn die Schrift kann ich nicht lesen. Es dauert lange und so schaue ich mich um, sehe Frauen in ihren Saris in den verschiedensten Farben, die Kinder bei der Hand. Männer in weißen Dhotis, Tüchern, die um die Taille geschlungen sind, mit Turbanen auf dem Kopf. Sehe auch die ersten Sadhus, Pilger, die das Land durchwandern zu den heiligen Orten ihrer Verehrung. Mobile Verkaufsstände bieten Wasser und Tee an. Und dann kommt der Zug, er fährt langsam ein, in die Wartenden kommt Bewegung. Schon im Fahren werden die Abteile gestürmt, die Bündel durch die vergitterten Fenster geschoben und die Aussteigenden zur Seite gedrängt. Trauben von Menschen bilden sich vor den schmalen Türen. Wie soll ich da hineinkommen? Ich warte ab, bis sich das Ganze etwas beruhigt hat. Steige dann mit meiner Tasche auf der Schulter vorbei an den auf dem Boden Hockenden über all das Gepäck und bin wenigstens im Zug. Ich stehe noch, orientiere mich, blicke über die Köpfe der Frauen. Sie haben sich auf den Holzbänken und in den Gängen niedergelassen, hocken dort dichtgedrängt. Aber oben auf den Gepäckbrettern ist noch Platz, so hieve ich meine Tasche hinauf und klettere hinterher. Ein Ventilator, eingegittert direkt neben mir, wirbelt die heiße Luft durcheinander, bringt aber keine Kühlung. Es ist eng hier oben, stoße mit dem Kopf unter die Decke. Die Reisetasche am Fußende, die Umhängetasche dient als Kopfkissen und mein Leinenschlafsack zum Zudecken. So richte ich mein Lager, verbringe hier die erste Nacht. Es sollten noch viele folgen, durch die Provinzen, durch Dörfer und Städte und entlang der Gebirgszüge und der heiligen Flüsse. Von hier oben schaue ich auf das Durcheinander unter mir, es dauert bis sich alle eingerichtet haben für die nächsten Stunden. Der Zug fährt langsam an, holpert und schlingert und stampft im Rhythmus der Räder in die Nacht. Irgendwann wird es ruhig um mich herum, die Müdigkeit fordert ihr Recht, ich schlafe ein. Aber nicht tief und fest, denn ich muss auf mein Gepäck achten. Mit schmerzenden Gelenken erreiche ich am anderen Morgen Aurangabad. So habe ich mir Bahnfahren in Indien nicht vorgestellt!

Die Höhlentempel von Ajanta und Ellora

Noch eine kurze Strecke per Bus und ich bin in Ajanta. Stehe vor dem langgestreckten Halbrund einer schroffen Felswand mit den Höhlentempeln. Von buddhistischen Mönchen im 2. Jahrhundert v. Chr. bis ins 6. Jahrhundert n. Chr., aus den grauen Hängen geschlagen und über Jahre und Zeiten in Vergessenheit geraten. Sie wurden erst bei einer Jagd um 1820 wiederentdeckt. Es sind insgesamt 29 Höhlen. Davon fünf „Chaitya Hallen", in denen sich die Gläubigen zum Gebet versammelten. Die anderen, die „Viharas", dienten den Mönchen als Klosterzellen. Die Gebets- und Mönchshallen sind von außen nach innen aus dem Felsüberhang in mühevoller Arbeit herausgeschlagen. Da diese Gegend am Verlauf der Seidenstraße liegt, gab es reiche Kaufleute, die dieses ganze Unternehmen finanzierten, um sich den Segen Buddhas zu sichern. Hinter einer figürlich reich gestalteten Außenwand betritt man das Innere der zumeist länglichen und tief in den Felsen reichenden Halle. Im diffusen Licht des Raums, von Säulen umstanden, sehe ich einen liegenden Buddha, der die ganze Seitenlänge einnimmt. Ein wunderschönes Lächeln liegt auf dem Gesicht des Erhabenen, der ins Nirwana, in die ewige

Unsterblichkeit, eingegangen ist. Im hinteren Bereich steht der Stupa, umgeben mit Figurenfriesen. Das Deckengewölbe ist unterteilt in Kassetten, die mit zart-farbenen Freskomalereien gestaltet sind und aus dem Leben des Religionsgründers erzählen. Ich lasse mich treiben, von einer Klosterhöhle zur anderen, sehe im mystischen Dämmerlicht all die vielen Figuren aus Stein gehauen. Sie erzählen vom Leben des Buddhas, der gütig auf die Gläubigen und auch auf mich herabschaut. Diese ersten Informationen entnehme ich den kleinen Heftchen, die ich mir in Bombay beim Tourist-Office besorgt habe. Das ist ja erst einmal alles, was ich in Händen habe, woran ich mich orientieren kann. So verbringe ich den ganzen Tag hier, es sind nur wenige Gläubige, die diesen Ort besuchen, beten und Blumen niederlegen.

Bei meinem letzten Besuch 2010 sah das total anders aus. Da wurde man die letzten Kilometer mit Shuttle-Bussen hingekarrt und war von Touristengruppen umgeben, überwiegend Einheimischen.

Ellora in der Nähe, ist ähnlich gestaltet, ist aber allen drei Hauptreligionen gewidmet. Über einen Zeitraum von 500 Jahren gestalteten Buddhisten, Hindus und die Jains diese Tempel zu Ehren ihrer Religionsstifter und Götter. Alle drei Glaubensrichtungen führen ihre Ursprünge auf die Veden zurück. Dieses Nebeneinander zeugt von der großen Toleranz der Hindus. Alle Heiligtümer sind Höhlen oder vom natürlichen Fels überhangene, offene Säulengänge mit teilweise vier Meter hohen Statuen.

Bis auf den Kailasanatha Tempel, der freistehend aus dem Felsmassiv gearbeitet wurde. Man fing oben an, ließ die Außenwände des eigentlichen Tempels stehen und auch die figürliche Innenausstattung. Man schuf begehbare Galerien und freistehende Säulen und auch Elefanten, die den Eingang bewachen.

Durch einen schmalen Torbogen betritt man dieses Heiligtum, steht erstaunt vor dem Tempel, der sich nach oben verjüngt. Sieht bewundernd die Vielfalt der Götterfriese, die Säulen und die Skulpturen aus Stein, die sich die Wände emporranken. Nach oben schauend, sehe ich den blauen Himmel, der alles überwölbt. Ich entdecke an einer Wand ein aus dem rosa Granit geschlagenes Gesicht mit einer Art Mitra, die in den Felsen übergeht. Es könnte ein Bodhisattva sein, ein Jünger Buddhas, der mir freundlich zulächelt. Dieses Lächeln werde ich nie vergessen und es wird mich auf meiner ganzen Reise begleiten.

Müde vom Schauen mache ich mich auf den Rückweg und besuche noch die Grabmoschee des Großmoguls Aurangzeb im nahen Khuldabad. Das Grab ist mit einer grünen Decke bedeckt, in die Suren des Koran in Goldschrift eingewebt sind. Ein alter Mann, der Hüter des Schreins, erzählt mir Geschichten des Herrschers aus der Moguln Zeit. Mir ist ja alles fremd und so lerne ich jeden Tag mehr von diesem Land, seinen Göttern und Tempeln.

Von Aurangabad führt mich ein Bus zur Festung Daulatabad. Die zum Teil noch gut erhaltenen Mauern erstrecken sich weit in die Ebene. Die Festung selbst ist durch einen Irrgarten von Gängen fast uneinnehmbar. Nur das Viktoria-Minarett ist von der Moschee erhalten. Weiter den Hügel hinauf komme ich zum Tempel. Im Säulenvorhof sitzt ein alter Mann mit langem Haar und schreibt. Im Heiligtum hocken Männer und Frauen um einen länglichen Stein, der den Gott Shiva darstellen soll; das Shiva Lingam, das Symbol der Männlichkeit, dem Werden und Vergehen alles Irdischen. Sie häufen Blumen darauf, begießen das Ganze mit Wasser, küssen den Stein und brechen in laute Rufe aus. Vor dem Allerheiligsten, einem kleinen Raum, der im Dunkeln liegt, sitzt der Priester mit freiem Oberkörper und kahl geschorenem Kopf. Er tupft den Gläubigen mit roter und gelber Farbe einen Punkt auf die Stirn und gibt ihnen „Panchagavya", das heilige Getränk der Hindus, in die hohle Hand zu trinken. Ich lerne: „Panch" heißt fünf, und so ist dieses heilige Wasser aus den fünf Produkten der Kuh hergestellt: Milch, Butter, Sauermilch, Kot und Urin. Die Kuh ist den Indern heilig! Sie gibt Milch. Ihre „Hinterlassenschaft" wird gesammelt, mit Häcksel vermischt, zum Trocknen an die Hauswände geklatscht. Diese runden Fladen sind oft das einzige Brennmaterial, denn Holz ist sehr teuer. So nebenbei ist die Kuh auch noch die Abfallbeseitigung. Auf meinen frühen Reisen durch dieses Land gab es noch kein Plastik, alles wurde aus natürlichen Materialen gemacht und somit auch von Kühen, Schweinen oder Hunden entsorgt.

Der Priester beträufelt mit diesem heiligen Wasser auch den im Säulenvorraum aus Stein gemeißelten Stier und betupft ihn mit roter Farbe. Später sitzen die Priester auf dem Boden und zählen die Rupien, die sie von den Besuchern erhalten haben und nehmen auch einen Teil der Opfergaben mit.

Im nahen Aurangabad besuche ich das Bibi-ka-Maqbara, das „Kleine-Taj-Mahal". Es ist der Vorgängerbau der weltberühmten Grabanlage der Mumtaz Mahal, der Gemahlin Sha Jahan in Agra. Es ist später Nachmittag. Heute, am Sonntag, strömen gut gekleidete Inder zu dem Kleinod. In dieser Stadt leben noch 40 % Moslems. Entlang der zerfallenen Stadtmauer haben sie ihre Hütten gebaut, kleine Gärten in den ehemaligen Wassergräben angelegt. Ziegen weiden im Schatten der Ruinen. Für mich ist es Zeit weiterzuziehen.

Tagebucheintrag, Badami

„Ein Zug dritter Klasse, zweiter kann ich mir nicht leisten, bringt mich in zwei Nächten und einem Tag nach Bijapur, an den Ausläufern des Decan-Hochplateaus gelegen. Die Sonne geht gerade auf, als ich auf der Holzbank, meiner Schlafstätte, erwache. Strecke den Kopf zum Fenster hinaus und erblicke auch schon die Grab-Bauten von Bijapur, einer ehemaligen Mogulstadt. Ich gebe mein Gepäck in den „Clock-Room" zur Aufbewahrung, bis ich eine Unterkunft gefunden habe. Wenig später treibt es mich trotz Müdigkeit in den Ort. Das Gol-Gumbaz, ein riesiger Grabkuppelbau, liegt direkt an der Stadtmauer. Das Grabmal des Muhammed-Adil-Shah, 1627 bis 1657, ist von einem kolossalen Dom überwölbt. Das eigentliche Grab ist einfach gehalten, ohne jeden Schmuck. Eine Galerie, die jeden noch so leisen Laut bis zu elf Mal zurückwirft, führt von innen um die Kuppel herum. Von einem der Türme hat man einen herrlichen Ausblick auf die vielen Baudenkmäler der Stadt. Ich sehe Moscheen, Paläste, Pavillons und Gräber, dazwischen liegt der Ort verteilt. Eine Stadtmauer mit acht Toren begrenzt das Ganze, in deren Schatten sich heute Lehmhütten, Quartiere von Wanderarbeitern und staubige Basarstraßen ducken. Das Resthouse ist sauber. Tagsüber ist es schon sehr heiß. Nachts kann ich noch schlafen, nur wenn das Moskitonetz kein Loch hat – die Biester finden doch alle dieses eine Loch. Auf meinen Wanderungen begegnen mir Lamani-Frauen in bunten, weitschwingenden Röcken mit bestickten Oberteilen, schweren Glöckchenanhängern in den Haaren und Elfenbeinreifen bis hinauf zum Ellenbogen. Bunte Steinketten schmücken den Hals und schwere Silberreifen die braunen Füße. Viele Pilger hocken auf dem Rasen, denn heute ist ein Hindu Feiertag, er wird von allen begangen, auch von den Moslems. Frauen laden mich zum Picknick ein. Genau so offen begegnen mir auch die weiß gekleideten Männer in der Juma, der Freitagsmoschee. Auch hier leben noch viele Moslems friedlich mit den Hindus zusammen.

Später legt sich Abenddunst über die staubigen Gassen, und die Kochfeuer werden angezündet. Von der Pumpe wird das Wasser geholt, die Kinder damit übergossen, und die Männer kommen mit Ochsengespannen und Holzpflügen von der Feldarbeit zurück. Die Hitze des Tages lässt nach und die Gassen und Plätze beleben sich. Kinder spielen im Staub, und Kühe und magere Hunde liegen mitten im Weg und alles fährt um sie herum. Fahrendes Volk mit bemalten Gesichtern, heiligen geschmückten Kühen, mit Glöckchen behangen, ziehen durch die Gassen. Andere führen einen Götterschrein mit sich, und eine junge Frau schlägt dazu die Trommel. Es sind Märchenerzähler, Gaukler oder heilige Männer, die über Land ziehen. Der eine oder andere bleibt stehen, streichelt die Kuh oder verbeugt sich vor dem kleinen, tragbaren Altar. Es ist ein Durga Schrein, die Göttin sitzt hinter Gitterstäben und ist mit Blüten geschmückt. Dabei wechseln auch einige Paisa in die aufgehaltenen Hände. Auf dem Weg zum Ibrahim-Rauza-Tomb werde ich von Tönen angelockt. Musikanten begleiten einen blumengeschmückten Jungen von circa acht bis zehn Jahren, hoch zu Ross. Da hier viele Moslems leben, nehme ich an, dass man das Fest der Beschneidung begeht. Die Bevölkerung ist sehr arm, ein Tagelöhner verdient zwei Rupien am Tag, das sind 60 Pfennige. Gehe durch den Abend, voll von Eindrücken, zurück zu meinem Hotel, schreibe und versuche zu schlafen. In meinem Zimmer flitzen die Geckos herum, und in den alten Bäumen vor den vergitterten Fenstern turnen die Affen. Gestern war doch einer so frech, und stibitzte mir blitzartig die halbe Banane aus der Hand. Bananen und einfacher Reis sind für die nächsten Monate meine Hauptnahrung, beides billig und nahrhaft."

Am anderen Tag bringt mich ein Bummelzug weiter in den Süden. Er ist langsam, hält an jeder kleinen Ortschaft, es geht gemächlich zu. Das Land grün mit Palmen in Nähe der Dörfer und Reisfeldern, die zum Teil unter Wasser stehen. Bei jedem Halt tritt der Station Master vor die Tür der Bahnstation, oft nur eine Lehmhütte, schlägt mit einem Stock an eine Eisenstange und hält eine Fahne in der Hand. Diese wechselt er im Näherkommen des Zuges, der langsam einrollt, mit dem Lokomotivführer. Ein Sadhu, behangen mit Ketten und Ringen, steigt zu. Seine Haare verfilzt und zu einem dicken Knoten verzwirbelt, er muss wohl schon lange unterwegs sein. Diese Wanderer von einem Heiligtum zum anderen kann ich nach so kurzer Zeit noch nicht einordnen. Werden sie wirklich von ihrem Glauben getrieben, all die vielen Tempelorte zu besuchen, oder machen sie sich ein schönes Leben auf Kosten ihrer Mitmenschen? Die alte Frau mir gegenüber kaut Betel und spuckt in Abständen den roten Saft gezielt durch die vergitterten Fenster. Ihre braunen Zahnstümpfe lachen mir entgegen. Ein frommer Hindu wirft beim Überqueren des Krishna-Flusses Münzen hinein und flüstert dabei Gebete. Es wird schlagartig dunkel, und ich richte mein Lager auf den Gepäckbrettern. Die Nacht ist kühl, ich mummle mich ein in alles, was meine Tasche hergibt. Lasse mich vom Rattern der Räder in leichten Schlaf rütteln, und muss aufpassen, nicht herunterzufallen. Aus meinem Dämmern merke ich irgendwann, dass wir stehen. Die Bummelzüge müssen warten, bis die schnelleren vorbei sind, da die Strecke nur eingleisig ist. So steht man dann oftmals für Stunden und wartet die Verspätungen auf der Strecke ab. Das ist üblich bei den Fahrten dritter Klasse mit diesem billigen Verkehrsmittel. Das können sich auch die Ärmsten leisten. Zeit hat man. Zeit ist Leben. Zeit ist Jetzt. Hier merke ich das jede Minute. Ich kann bei diesem Stillstand oder dem langsamen Dahinfahren wunderbar die Landschaft, die Dörfer, die Menschen vor ihren Hütten, die aufgeschichteten Kuhfladenhaufen am Gleisrand entdecken. Oder das Korn, zum Trocknen auf Planen ausgebreitet, und Bauern bei der Arbeit sehen. Langsam sein, hat auch Vorteile. Man nähert sich Dingen anders, respektvoller, man muss sie sich gewissermaßen verdienen. Ich habe mich durch langsames Annähern auf dem Landweg hierher behutsam den Veränderungen gestellt. Habe mich darauf einlassen können, auf Menschen, Kultur und Geschichte, auf Armut und Elend. Aber auch noch nach vielen Jahren und Reisen durch dieses Land, haut mich die Armut doch manchmal noch um. Wenn ich an einer Kreuzung stehe, mich ein kleines Mädchen mit seiner verstümmelten Hand am Ellenbogen zupft, sich bückt und meine Sandalen küsst, dann weiß ich nicht, wo ich hinsehen soll, was ich machen soll. Es erschüttert mich, ich bin beschämt und traurig. Soll ich diesem Kind helfen? Mit Rupien? Soll ich damit das Betteln fördern? Später habe ich immer etwas Obst in der Tasche und gebe es in solchen Situationen. Früher wurden Kinder von ihren Eltern verstümmelt und so auf die Straße zum Betteln geschickt. Diese Art des Unterwegsseins braucht Zeit und auch die Bereitschaft, Herausforderungen anzunehmen. Eine Reise, wie ich sie über so lange Zeit gemacht habe, ist eine auf allen Gebieten täglich neue Erfahrung, auch heute noch.

Normale Reisende werden hineingeworfen durch schnelles sich Nähern mit dem Flieger, in ein Land wie Indien, in die extremen Unterschiede zu Europa. Man hat keine Zeit zum Eingewöhnen, kann sich nicht darauf einstellen. Wird von all dem Elend schon auf der Fahrt vom Flughafen ins 5-Sterne-Hotel umgeworfen, von dem, was man aus dem „Air-Conditioned-Bus" sieht, abgemildert noch durch getönte Scheiben. Dann wohnt man, abgeschirmt von jeder Realität, schick im Palasthotel mit viel Grün und Wasserspielen. Alles ist bestens organisiert, es bleibt keine Zeit für Unvorhergesehenes. Tagesausflüge, geführt und behütet, lassen dann mal an der Oberfläche dieses Landes schnuppern. Das sind die schönen, bunten Bilder, die von einer solchen Indien-Reise im Gedächtnis bleiben. Und diese Leute sagen dann, sie waren in Indien, sie würden es kennen! Ja, sie waren in dem Land, aber waren sie auch wirklich bei dem Volk, bei den Armen, in Staub und Hitze und für längere Zeit? Haben sie mal die 3. Klasse Zugbank mit ihnen geteilt oder in den Ashrams mit ihnen auf dem blanken Boden geschlafen und das Essen von einem Bananenblatt genommen? Nein! Sie waren abgeschirmt von all dem, dafür haben sie ja schließlich bezahlt. Zudem hatten sie keine Zeit. Dieses Land kann man auch in Teilbereichen nicht in 14 Tagen machen.

Aus diesen Gedanken schwenke ich jetzt beim Weiterschreiben zurück ins Jahr 1966. Bin wieder im Zug, der nach Stunden des Wartens weiterrollt, durch die Nacht bis in den Morgen. Die Räder quietschen, ein Ruck, ich werde wach, wir halten. Ich vergewissere mich mehrmals, ob ich in Badami bin. Nur wenige Leute steigen aus. Vor dem Bahnhof ein Ochsenkarren. Er nimmt mich mit bis in den Ort, es sind fünf Kilometer. Die Bahnstationen liegen oftmals weit außerhalb der kleinen Ortschaften. Es dämmert, Schlagloch-straße. Uralte, knorrige Bäume bilden seitlich eine schemenhafte Begrenzung. Ich fahre in den Morgendunst, der so typisch das Land überzieht. Nur der heller werdende Horizont über den Bäumen lässt den kommenden Tag erahnen und zeigt die Richtung an. Ich sit-ze hinten auf dem Karren, bin müde von der Nacht, hänge meinen Gedanken nach. Stille, nur unterbrochen vom Quietschen der massiven Holzräder und dem trägen Trappeln der Hufe. So zuckele ich langsam in den Morgen, in den neuen Tag. Und so wie jetzt, noch Wochen und Monate lang durch die Zeit, durch Dörfer, durch das Leben der Menschen, die mir begegnen, durch Geschichte und Ge-schichten: durch Indien.

Dieses Land hat alles, verkörpert alles, ist so vieles: Es ist umwerfend schön, hektisch, bunt in Farben, laut, manchmal auch ganz leise, immer chaotisch, hingebungsvoll, fromm, leidensfähig, uralt, weise und beseelt, mystisch in den Tempeln, unergründlich, über-bevölkert, schweißtreibend, interessant, geheimnisvoll, ergeben im Schicksal, und immer wieder aufs Neue faszinierend, es ist einfach Indien, unverwechselbar Indien. Das sind meine Eindrücke und Empfindungen schon nach so kurzer Zeit. Werde ich es am Ende dieser und späterer Reisen, begreifen, verstehen? Oder wird es sich mir entziehen, weil es so gewaltig ist, so viel fordernd, Kultur und Glaube so alt sind, dass man es mit westlichem Denken nicht fassen kann?

Durch das gleichmäßige Geräusch der Ochsenhufe werde ich ein wenig eingelullt und auch hinweggetragen von der Straße und der Realität. Überlasse mich Gedanken oder Hirngespinsten. Was mich befällt an diesem Morgen auf der Straße sind nur winzige Augen-blicke des Erspürens einer anderen, einer tieferen Ebene. Vielleicht ist es auch nur eine Ahnung von etwas, wo man nur ganz losgelöst heranreicht. In diesem seltenen Moment habe ich das Gefühl, ich könnte Indien verstehen, es begreifen, was wohl gar nicht zu greifen ist. Wo Ahnung schon zu viel ist. Wo man das Diffuse festhalten möchte, sich diesem Gefühl überlassen.

Aber dann ist dieser Moment vorbei. Ich werde zurückgeholt in die Wirklichkeit, in das Jetzt, in das sanfte Trippeln der Hufe im Sand, in das heller-Werden des Tages. Diese Gedanken und Emp-findungen hatte ich hinten auf dem Ochsenkarren auf der einsamen Landstraße, auf dem Weg in den Morgen. Vielleicht haben aber auch nur Müdigkeit und Hunger, ein überforderter Körper diese Bilder an die Oberfläche gebracht. Denn woran konnte ich sparen, eigentlich nur an den Schlafstellen und am Essen. Die mir verbliebenen 100 DM müssen bis in den Süden reichen! Dort erreicht mich hoffent-lich das Geld meines Bruders, durch American-Express transferiert. Ich hoffe, hoffe, hoffe, dass es auch klappt! Sonst weiß ich wirklich nicht mehr weiter! Inder überlassen alles Geschehen ihren Göttern, fügen sich, nehmen ihr Schicksal an. Wohlwissend, dass sie es verursacht und damit verdient haben. Aus westlichem Denken müssen diese Menschen total unglücklich sein in ihrem offensichtlichen Leid, man möchte ihnen helfen. Aber es ist ja gottgegeben, die Folge ihres vorherigen Lebens, und damit kann man nicht hadern.

Badami ist erreicht, die ersten Hütten schemenhaft am Wege. Ein neuer Tag liegt vor mir. Wieder legt die aufgehende Sonne ihr Rot und Gelb über das erwachende Land, wie seit Urzeiten. Sie beginnt und bestimmt den Tagesablauf, der sich im dörflichen Indien seit Jahrhunderten nicht geändert hat und so schnell auch nicht ändern wird. Wo Männer und Frauen getrennt noch im Dämmern mit dem Wassergefäß in der Hand auf Felder oder hinter Büschen verschwinden, um ihre morgendlichen Bedürfnisse zu erledigen. Wo dann später vor den Hütten die Chapati gebacken werden, die Kuh oder die Ziege am Straßenrand angepflockt wird, der Dung eingesammelt, zu runden Fladen geformt und getrocknet wird. Der Hof wird gefegt, die Betten herausstellt und die Baumwolldecken gelüftet. Ein Kind auf der einen Hüfte, der Wasserbehälter auf der anderen, oder auf dem Kopf, so gehen die Frauen frühmorgens zur Wasserstelle. Dort steht man an, hält ein Schwätzchen oder streitet sich um den Platz und geht mit den neuesten Nachrichten des Dorfes wieder nach Hause. Das wiederholt sich Tag für Tag, im Rhythmus der Jahreszeiten, der Ernten und des Monsuns. Auch die örtlichen Tempelfeste bestimmen den Ablauf des Jahres und damit den Lebensrhythmus. Um solche Eckpunkte gruppiert sich das Dasein der Menschen. Ausnahmen sind Wallfahrten zu wichtigen Festen und Pilgerstätten und werden oftmals von ganzen Dorfgemeinschaften durchgeführt. Man mietet Busse oder auch Lastwagen mit offener Ladefläche und zieht so von einem Heiligtum zum nächsten, hat sein Kochgeschirr dabei und nächtigt in Aschrams, den Pilgerherbergen. Diese sind den größeren Tempeln angeschlossen. Kinder werden in diese Abläufe und in die Kasten hineingeboren, werden schon früh zu den Tempeln geführt und wachsen in diesem sich immer wiederholenden Kreislauf auf.

Im Touristen Bungalow finde ich Unterkunft. Er liegt etwas abseits, umgeben von einem Garten. Die Hitze steht in den Räumen, und Moskitos schwirren durch die Luft. Ich ruhe mich etwas aus, dann geht's los.

Bei den Tempeln von Badami, Pattadakal und Aihole

Ich wandere über staubige Dorfstraßen zu den Höhlentempeln der Chaulukya aus dem 7. bis 8. Jahrhundert. Sie liegen an eine Hügelkette gelehnt in der Nähe. Im Dorf weiße Häuserwürfel, Misthaufen vor den Türen, schwarze Schweine, die den Abfall fressen. Man findet sie auch unter den kleinen „Häuschen auf Pfählen stehend", mit Säcken verhangen oder aus Wellblech gezimmert. Sie stehen am Rande des Dorfes, werden bei Bedarf aufgesucht. Bei meiner ersten Nutzung dieser „Freiluftangelegenheit" notgedrungen, war ich sehr erstaunt ob der Grunz-Geräusche unter mir. Ein Kreislauf der Natur, oder „Recyceln" würden wir heute sagen. Frauen sitzen vor den Eingängen und drehen die dünnen Beedi Zigaretten, die sich auch die Ärmsten leisten können. Man kauft sie oftmals einzeln. Zeburinder, Wasserbüffel und Ziegen, sind an der Hauswand angebunden. Steile Stufen führen zu den offenen Tempelhallen. Aus dem rötlichem Fels geschlagen, bilden sie mehrere offene Kammern mit wunderschönen Skulpturen. Auf einer Seitenwand dieser Höhlen ist der tanzende Shiva mit 18 Armen dargestellt. Mit dem Höhersteigen zu den vier Caves bietet sich mir ein schöner Blick auf den Ort, den Wassertank, die Wäscherinnen auf den Stufen und die kleinen Tempel in der Umgebung. Im Talkessel hallt das Klatschen der Wäsche auf die Steine vielfach zurück. Wasserbüffel genießen das Bad im grünlich schimmernden Gewässer, nur Augen und Nase sind noch zu sehen. Ebenso die kleinen braunen Jungen, die sich mit viel Geschrei hineinstürzen. Diese Tempelteiche bilden besonders in Südindien den Mittelpunkt des dörflichen Lebens. Setze mich zu den Frauen an den Teich, wo sie ihre Saris hochgeschlagen haben, mit den Beinen im Wasser stehen und ihre Töpfe mit Sand und Seife scheuern. Später begegne ich zwei Alten, die übers Land ziehen, mit bunt geschmückten Kühen. Sie locken aus einfachen Flöten schrille

Laute hervor. Wandernd ziehen sie von Tempel zu Tempel, lassen ihre Kühe streicheln und bekommen manchmal ein paar Paisa dafür. Am Bhootanaatha Tempel sitze ich lange im Schatten mit Blick auf den See, worauf sich allmählich das Abendlicht legt. Zurück im Dorf esse ich in einer schummerigen Spelunke zu Abend, Reis und Gemüse, und falle dann todmüde ins weiche Bett. Ein seltener Genuss auf dieser Reise!

15. Juli 1966: 6:30 Uhr aufstehen, zu Fuß zum Kleinbus, der mich nach Pattadakal und Aihole bringt. Quetsche mich auf die hintere Bank „for Ladies", niedrig und schmal, für Europäer kaum geeignet. Ich weiß nicht, wohin mit meinen Beinen. Ehe ich mich zurechtgeruckelt habe, hockt auch schon eine Frau mit Kind dazwischen, die Sache ist erledigt. Wie soll ich das während der drei Stunden Fahrt aushalten? Der Bus füllt sich mehr und mehr, zuletzt hängen Trauben von Männern zur Tür heraus. Sie halten sich innen an einer Stange fest, stehen mit einem Fuß auf dem Einstieg, der andere baumelt frei in der Luft. Einige halten sich an der Tür fest. Der Beifahrer und gleichzeitig Kassierer hockt im offenen Fenster, die Beine nach außen, und umklammert mit einer Hand den Dachgepäckträger. So kann er jederzeit abspringen und noch mehr Menschen einsammeln. Bevor es losgeht, werden an einem Schrein Räucherstäbchen geopfert. Das ist bei dem „Overloaded" auch nötig. Mit dem Segen der Götter kommen wir hoffentlich heil an. Jetzt sind mindestens 50 Personen im Bus zusammengequetscht, der vielleicht für 20 ausgerichtet ist. Das ist nichts Ungewöhnliches bei Fahrten über Land. Frauen hocken dichtgedrängt um mich herum auf dem Boden, keiner kommt mehr rein oder raus. Kinder werden, an einem Arm hängend, über die Köpfe der Passagiere hinweggereicht, bis alle bei ihren Müttern sind. In diesem Land sind die Kinder sehr geduldig, man hört sie selten weinen. Eine wilde Fahrt beginnt, schlechteste Straßen, grüne Landschaften, Ziegenherden versperren den Weg. Strohhüttendörfer, kleine Verkaufsstände unter uralten Bäumen sehe

ich im Vorbeihuschen. Auch Sonnenblumenfelder, Palmenhaine, Ochsengespanne beim Pflügen. Landleben!

Gegen zehn Uhr taucht Pattadakal auf, ein kleines, staubiges Dorf inmitten der Tempel. Bewohner haben sich ihre Bleibe zwischen die der Götter gebaut und nutzen die kleineren Schreine als Ställe oder Lager für das Viehfutter. Die meisten Bauwerke stammen aus der Chaulukya Periode von 640 bis 780 n. Chr. Damals waren die Tempel im Dorf verstreut, heute liegen sie eingerahmt von grünen Rasenflächen und einem Zaun. Das Dorf musste weichen. Es gibt auch ein Museum und eine Kasse.

Auffallend ist der Tempel in länglicher Form, mit abgerundeter Cella und einem äußeren Säulenumgang. Im Virupaksha Tempel beobachte ich Frauen mit Wasserkrügen und Ghee, geschmolzener Butter in kleinen, unglasierten Tonschälchen. Sie gehen jeden Morgen und auch am Abend zur offenen Vorhalle des Tempels, in der ein riesiger „Nandi", ein Stier, das Reittier des Gottes Shiva, verehrt wird. Er ist bedeckt mit einem bunten Tuch und behangen mit Girlanden, geflochten aus gelben, stark duftenden Tempelblumen. Dort opfern sie. Einige Stufen führen hinauf. Über dem Eingang hängen Glöckchen aus Messing, die jeder Gläubige anschlägt, um sein Kommen dem Gott anzukündigen. Seitlich brennt ein Öllämpchen und Räucherstäbchen verbreiten ihren süßlichen Duft. Zu beiden Seiten Steinpodeste, die mit wunderschönen Flachreliefs gestaltet sind. Ich sehe Darstellungen von Tänzerinnen mit geschmeidigem Körper und bezauberndem Gesichtsausdruck. Auch die Säulen, die den offenen Pavillon tragen, sind von oben bis unten mit feinsten Skulpturen bedeckt.

Ich verweile lange hier und betrachte das, was um mich herum geschieht, natürlich aus diskreter Distanz. Eine der Frauen gießt jetzt Wasser über das Haupt des Stiers, wäscht dieses und fängt das so geheiligte Nass wieder auf. Das, was danebengeht, bildet auf dem nicht gerade sauberen Boden eine Pfütze, aus der später die Gläubigen trinken. Andere reiben etwas Ghee auf die Stirn des Kolosses aus dunklem Basaltstein. Ein kleiner junge scheint Nandi besonders zu mögen, indem er sich lang auf den Boden wirft und diesen mit der Stirn berührt. Der Priester, ein Brahmane mit der weißen Schnur über dem nackten Oberkörper, hockt seitlich vor einem Tablett. Darauf Schälchen mit rotem und gelbem Puder, Räucherstäbchen und ein Gefäß mit heiligem Wasser. Auch die graue Asche aus verbranntem Kuhdung gehört zum Puja, der morgendlichen Opferhandlung. Mit Rot, Gelb und Grau wird die Stirn der Besucher betupft, das Wasser über Kopf und in die aufgehaltenen Hände geschüttet und mit dem Ghee-Licht wird in kreisenden Bewegungen Nandi gehuldigt. Dafür fallen dann ein paar Paisa auf das Tablett, hin und wieder auch eine Rupie. Zu dieser Zeremonie gehört auch das mehrmalige Umrunden Nandis, sich Verneigen und nochmals mit erhobenen Armen die Glocken zum Klingen bringen. Das morgendliche Opferritual ist beendet. Und dann geht man ins Dorf zurück, der Tag geht weiter, mit den immer gleichen Abläufen und alles, was kommt, müssen die Götter verantworten. Man hat seine Pflicht getan, hat sie wieder für einen Tag gnädig gestimmt und alles in ihre Hände gelegt, ob Gutes oder Böses. So eine Einstellung ist doch ganz praktisch, man betet und opfert jeden Tag und damit ist man die Verantwortung los, kann alles auf den Willen und die Gunst der Götter schieben.

Plötzlich werde ich aus diesen Betrachtungen und meinen Notizen gerissen. Von Musik und Trommellauten angelockt, komme ich zu einer Dorfhochzeit. Das Brautpaar steht vor der Hütte, ein Kreuz hängt über dem Eingang, es sind Christen. Ein etwa zehnjähriges Mädchen und der Mann, 20, tragen Blütengirlanden um den Hals. Beide tragen die übliche Kleidung der Dörfler: Sie einen dunklen Baumwollsari, er einen weißen Dhoti, ein weißes Hemd. Ich nähere mich langsam, weiß nicht, ob ich hier nicht störe. Viele Menschen hocken auf dem Boden vor der Hütte. Nein. Man bittet mich hinein in den einfachen Raum, an der Wand ein paar Haken und einige Heiligenbilder. Ich stehe etwas dumm herum, kann mich nicht verständigen. Doch! Ich zeige auf die Bilder an den Wänden und dann auf mich. So gebe ich ihnen zu verstehen, dass auch ich Christin bin. Jetzt geht ein Lächeln über ihre Gesichter. Während ich noch da stehe, knien sich nacheinander Braut und Bräutigam und zwei Frauen vor mir nieder, berühren mit ihren Händen den Boden, erheben sie gefaltet zu mir und bekreuzigen sich. Mir ist nicht ganz wohl in meiner Haut, ich würde mich am liebsten unsichtbar machen. Aber einfach weglaufen geht jetzt nicht. Ich lächle, lege meine Hände im indischen Gruß aneinander, bedanke mich so und wünsche diesem jungen Paar alles, was ihnen die Götter in ihrer großen Güte gewähren. So kann ich mich dieser berührenden Situation langsam entziehen. Oft ist ein Lächeln die einzige Verständigung. Wieder draußen, lädt mich der Brautvater zu einem selbstgebrannten Reisschnaps ein. Da stehe ich nun vor dieser Hütte, am Rande eines indischen Dorfes, bei diesen Menschen, die da immer noch sitzen und mich anschauen. Wahrscheinlich warten sie auf eine einfache Mahlzeit, die zur althergebrachten Zeremonie dazugehört. Je nach Kaste oder Stand wird bei solchen Anlässen das ganze Dorf eingeladen und beköstigt. Traditionen kann man nicht übergehen, an ihnen wird festgehalten, auch wenn viele sich das nicht leisten können. Langsam gehe ich weiter, nochmals die Hände zum Gruß aneinandergelegt und den Kopf geneigt. So verabschiede ich mich auch ohne Worte von den Menschen aus dieser mir fremden Welt, in die ich zufällig für einen kurzen Augenblick getreten bin, die mich aber noch eine Weile beim Durchstreifen der verstreut liegenden Tempel beschäftigt. Doch auch nach solch zufälligen Begegnungen in diesem Tempeldorf, muss ich jetzt an den Rückweg denken.

Wie oft habe ich mich auf den Wanderungen durch dieses Land aus solchen „Bildern" fast gewaltsam losreißen müssen, weil der letzte Bus fährt oder der Zug, weil es dort keine Unterkunft gibt, weil ich weiter musste. Das alleine Reisen gibt mir aber Zeit und Möglichkeit, zu solch überraschenden Augenblicken. Die bleiben nachhaltig im Gedächtnis!

Jetzt zieht der Abend in dieses Dorf. Man verrichtet die abendlichen Tätigkeiten und überlässt sich der kommenden Kühle. Ich habe es nur für einen kurzen Moment gestreift, bin für einen Augenblick in das Leben der mir begegnenden Menschen getreten.

Ich warte auf den Bus, er kommt und ist voller Pilger. Die Frauen fallen in einen monotonen Singsang, der die ganze Fahrt anhält. In Badami ist Wochenmarkt, der reinste Ameisenhaufen, ein gern besuchter Ort, auch von Bettlern und Wandermönchen. Diese Stadt lebt. Man kommt aus der Umgebung, kauft Obst, Getreide und Gemüse für die ganze Woche, besucht den Tempel, trifft Freunde oder Familie. Lässt sich auf der Straße in Windeseile passend zum Sari eine Bluse nähen, alle nach einem Einheitsschnitt für eine Rupie. Auch Haareschneiden und Rasieren, auf dem Boden hockend, gehört zu einem Markttag. Im Dämmern werden überall die Öllämpchen angezündet, ein fantastisches Bild! Im Abendlicht und dem darin tanzenden Staub ziehen die schwerfälligen Ochsenkarren hoch beladen mit Menschen und Waren, heim in die Dörfer, in ihren Alltag. Denn so ein Markttag ist für viele immer der Höhepunkt der Woche. Ob es ein guter Tag für sie war? Für mich jedenfalls war es ein unvergesslicher, bei den Tempeln von Pattadakal und Aihole und bei der Dorfhochzeit.

Wandern durch Vijayanagara-Hampi

Vor mir liegt wieder eine Nachtfahrt auf dem Weg nach Hampi. Sie erspart mir das Geld für eine Herberge. Die verbliebenen 100 DM schmelzen dahin. Ankunft in Hospete um 4:30 Uhr morgens. Den Rest der Nacht verbringe ich im Warteraum „second class" des Bahnhofs. Man darf ihn nur mit gültiger Fahrkarte benutzen, es wird kontrolliert. Bei mir als Ausländerin macht man eine Ausnahme. Die Sessel sind besetzt, so lege ich mich auf den Tisch zum Schlafen, denn auf dem Boden laufen die Ratten herum. Vögel nisten im Ventilator und Geckos sind auf Futtersuche. Nach Toilette und Dusche im schmuddeligen „Retiring Room" bringt mich ein früher Bus nach Hampi, der Hauptstadt der Vijayanagara Herrscher, dem letzten Hindu-Königreich vom 13. bis zum 16. Jahrhundert. Es liegt eingebettet an den Ufern des Tungabhadra Flusses, der sich seinen Weg durch das Labyrinth der großen, runden, abgeschliffenen Felsbrocken sucht. Das heutige Dorf liegt malerisch zwischen den Felshügeln, den Tempelbauten, Palmen und den grünen Gärten in der Flussebene. Ein weitläufiges Gelände, bedeckt mit den Überresten der Profan- und Sakralbauten des Palastes und der vielen Heiligtümer. Hier heißt es laufen, laufen ohne Schatten. Die Ruinen liegen über Kilometer verstreut im hügeligen Gelände, unterbrochen nur von Reisfeldern und runden Felsen, als ob ein Riese Murmeln gespielt hätte. Vorbei am Wassertank, über eine säulenbestandene Prozessionsstraße liegt der weitläufige Achyutaraya-Tempel vor mir. Durch den hohen Gopuram, das Eingangstor, betrete ich das riesige Geviert, in dessen Umfassungsmauer der eigentliche Tempel liegt. Ich bin ganz alleine hier, ich schaue mich lange um, es ist meine erste größere, freistehende Tempelanlage mit reichem Figurenschmuck. In der Nähe ein kleiner Schrein, wo ich einen Sadhu treffe, der gerne fotografiert werden möchte. Sie sind oftmals ganz schön eitel, diese „frommen Männer". Ein Hirte treibt seine Herde durch eine enge Schlucht, wobei mir einer der Ochsen auf den Fuß tritt. Am nahen Flussbett kann ich ihn kühlen und auch die Pilgergruppe beobachten, die gerade angekommen ist. Ein offener Lastwagen hat sie hierhergebracht. Auf den Felsen legen sie ihre Bündel ab und lassen sich nieder. Frauen und Männer wechseln geschickt ihre Kleidung und das Ausgezogene wird am Ufer gewaschen. So nimmt man selbst ein Bad, legt dann die nassen Saris auf die warmen Felsen zum Trocknen. Andere stehen und halten jeder an einem Ende, die langen, farbigen Stoffbahnen in Wind und Sonne. Sie sind im Nu trocken. Ein buntes Bild, wie sie so da stehen auf den rosa Granitfelsen, wo ihre farbenfreudigen Tücher als Farbtupfer für mein Foto dienen.

Jetzt tobt eine Klasse junger Mädchen heran, alle in ihrer blauweißen Schuluniform. Schnell haben sie mich entdeckt. Sie lassen sich im Gelände nieder, kramen ihre Henkelmänner hervor und bieten auch mir daraus an. Ich bin im Nu von ihnen umringt. Sie versuchen sich in ihrem wenigen Englisch, kichern und lachen und ich muss aus allen Picknickdosen probieren. Gern greife ich zu, manches ist sehr scharf, anderes süß, aber alles sehr lecker. Bin froh darüber, denn bis zum Abend im Dorf, ist es noch lang. Am nahen Ufer liegen runde Körbe von circa zwei Metern Durchmesser. Sie sind aus Bambusgeflecht und mit Teer abgedichtet. Es sind Boote, mit denen man über den Fluss setzen oder auch eine kurze Strecke durch die Gegend schippern kann. Ein uralter Baum steht am Wege, die unteren Äste über und über mit Stofffetzen behangen, einfach in die Zweige geknüpft. Es ist ein Kinderwunsch-Baum, wie mir später Studenten erzählen. Bunt geschmückt steht er da und zeugt vom größten Wunsch so vieler Frauen. Denn je mehr Kinder, umso besser ist die Altersversorgung gesichert. Im Weitergehen bietet mir ein Mann eine Kokosnuss an. Sie kostet 0,15 Pfennige! Von dem mit Früchten behangenen Fahrrad ist nicht viel zu sehen. Mit gekonntem Hieb seines scharfen Messer, trennt er ein Stück der Nussschale ab, steckt einen Strohhalm in das Loch und gibt sie mir. Die weißliche Milch ist erfrischend. Zum Schluss schlägt er sie in zwei Hälften. Ich schabe, die feste Schale als Löffel nutzend, das noch weiche Fleisch aus der Nuss. Auch das schmeckt köstlich. So gestärkt trete ich den langen Rückweg an und sitze, in den Abend versunken, auf den warmen Felsen nahe des Dorfes. Sehe den Kindern beim Spielen zu und der Sonne, wie sie allmählich Säulen und Felsen immer roter werden lässt, auch die Spitzen des Virupaksha Tempels und hinter fernen Hügeln verschwindet. Morgen wird sie, wie jeden Tag aufs Neue, alles mit ihren Strahlen überziehen: Die zauberhafte Landschaft, die Tempel, Mauern, Säulen und Palast-Reste, die Zeugen einer großen Vergangenheit des letzten Hindureiches im zentralen Indien. Auch die einfachen Hütten wird sie mit ihrem Licht streifen und die steif gewordenen Glieder der Schläfer erwärmen. Dann bin ich lange weitergezogen durch die Nacht Richtung Küste, nach Goa. Sie wird mich begleiten auf meinen Wegen durch dieses faszinierende Land, mir noch manchen Schweißtropfen von der Stirne rollen lassen und manchen Morgen und Abend mit ihren Strahlen vergolden. Oder sich vom bald nahenden Monsun vertreiben lassen. Mich lockt jetzt das ferne Gebimmel zur abendlichen Puja zu Ehren Shivas in den Tempel. Er ist von einer hohen Mauer umgeben, mit

261

Gopurams an den vier Eingängen. Ich ziehe meine Sandalen aus und lasse mich mit den zahlreichen Gläubigen, die auch von Kühen begleitet werden, in das Heiligtum schieben. Viele der Pilger haben schon ihre Bettrollen unter den Arkaden aufgeschlagen und sich darauf niedergelassen. Andere eilen mit Opfergaben in den Händen zum offenen Pavillon, wo Nandi auf einem Sockel sitzt. Um ihn herum stehen Dutzende von rußgeschwärzten Gheeschälchen, die jetzt entzündet werden. Bananen und Blütenkränze werden niedergelegt. Man umkreist den Hauptschrein mehrmals, steckt Räucherstäbchen in Steinritzen, schlägt eine Glocke an und verneigt sich vor dem Lingam, der phallusartigen Darstellung des Gottes Shiva. Ein Brahmane hockt vor dem Allerheiligsten und nimmt Schalen mit Opfergaben entgegen, segnet sie und gibt einen Teil davon den Gläubigen zurück. Affen turnen geschickt auf Dächern und um Säulen herum und stibitzen alles, was fressbar ist. Auch Ratten werden von den Resten satt. Doch jetzt kommt tatsächlich ein Elefant dahergetrottet. Rüssel und Kopf sind mit roten und weißen Farbornamenten bemalt. Die Pilger berühren seinen Rüssel, dieser streicht über deren Haupt und segnet sie auf diese Weise. Dafür bekommt der Mahut, der Elefantenwärter, einen Obolus. Ich hocke mich in eine Ecke und schaue noch lange diesem frommen Treiben zu, denn bis zur Weiterfahrt am späten Abend habe ich noch Zeit.

Goa, ein Paradies

30 Stunden Bahnfahrt, mehrmaliges Umsteigen, viel Warten dazwischen. Um 23 Uhr soll es losgehen, Richtung Westen nach Goa in die ehemalige portugiesische Enklave. Die Slow-Train kommt mit zwei Stunden Verspätung, so bleibt Zeit, die Eindrücke des Tages festzuhalten. Viele Tagebuchseiten, Briefe an meine Eltern und Notizen über die indische Götterwelt sind auf Bahnhöfen, in Wartehallen oder auf zugigen Busbahnhöfen entstanden.

Ich finde Platz im Frauenabteil, klettere auf die mir schon vertrauten Bretter und schlafe nach dem schönen, aber auch anstrengenden Tag gleich ein. Ganz wegdriften darf ich aber nicht, sonst verpasse ich meinen Anschlusszug. Mit Umsteigen in Hubli und langem Aufenthalt bin ich gegen 14 Uhr in Londa. Per Bus in herrlicher Fahrt von der Decan-Hochebene hinunter an die Küste. Es wird immer heißer und schwüler. Bin todmüde. In Margao stoppe ich einen Wagen, der mich zum letzten Zug nach Panjim bringt. Nochmals ein paar Stunden Bahnfahrt.

Angekommen am späten Nachmittag, suche ich das Tourist-Office auf, um eine billige Unterkunft zu finden und mir Kartenmaterial über diese Provinz geben zu lassen. Mit den jungen Frauen komme ich schnell ins Gespräch, erzähle auch von meinem Missgeschick in Bombay. Die Drei sind erschüttert. Es ist Freitagabend, und sie fahren am nächsten Tag in ihre Dörfer, verbringen das Wochenende bei ihren Familien. So bieten sie mir an, diese Nacht in ihrer gemeinsamen Unterkunft zu verbringen, um dann am nächsten Morgen mit einem der Mädels in ihr Heimatdorf zu ihrer Mutter zu fahren. Das Angebot nehme ich natürlich dankend an, mal wieder eine Nacht in einem richtigen Bett! Bald ziehen wir los, es ist nicht weit. Das einzige Mobiliar: Strohmatten, Bettrollen, Koffer, Bücher und Kleidung auf Haken an der Wand. Auch ein indisches Bett, aber statt der weichen Kokosseil-Bespannung sind es hier grobe Bretter. Das Bett ist für mich gedacht, darauf soll der Gast schlafen. Wir erzählen noch lange, essen etwas und dann richten sie mir das Lager: Laken und Handtücher werden auf die groben Bretter gepackt, viel weicher werden sie dadurch auch nicht. Mein Luftkissen kommt unter den Rücken und die Umhängetasche unter den Kopf. Das Licht wird ausgeschaltet und jede fällt in den Schlaf. Ich höre das Atmen aus verschiedenen Ecken kommen, bis ich selbst hinübertrudele. Einige Stunden muss ich wohl schon geschlafen haben, als ich plötzlich aufwache. Alles ist still, ein diffuses Licht herrscht im Raum und lässt Umrisse nur schwach erkennen. Ich setze mich auf und wage nicht weiter zu atmen. Neben mir im Bett, unbeweglich – mein Gott, wie kommt sie hierher? Ich starre bloß auf die geschlängelte Linie an meiner rechten Seite. Mein Herz klopft hörbar, lauter und lauter. Ich schwitze. Eine Bewegung und sie packt zu. Ob sie giftig ist? Meine Angst wird immer größer, wie lange halte ich das noch aus? Wenn doch nur eines der Mädchen wach würde! Aber ich höre nur gleichmäßige Atemzüge. Mitten in diese Stille hinein schreie ich: „Neeta, eine Schlange! Licht!" Ich bin durch meine eigene Stimme erschrocken, und gleich mehrere Mädchen fahren auf, stürzen zum Lichtschalter und starren mich an. Und mit angstweiten Augen beim Aufleuchten des Lichts sehe ich meine Schlange ganz unbewegt und friedlich neben mir: ein dunkelroter Streifen in einem hellen Handtuch, welches mir Sita als Unterlage gegeben hat. Ich brauche lange, um mich von diesem Schock zu erholen. Die Nacht war dann auch bald vorbei, und nach herzlichem Abschied von den netten Mädchen fahre ich mit Neeta in das Dorf ihrer Mutter. Ein altes Holzhaus, zwischen Kokospalmen, nicht weit vom Meer. Ich bekomme jetzt doch ein weiches Bett und die typisch indische Dusche steht bereit, ein Eimer mit Wasser und eine Blechdose als Schöpfkelle. Damit überschüttet man sich von Kopf bis Fuß. Mit der Mutter kann ich mich nicht verständigen und so dient dann die Zeichensprache oder die Übersetzung der Tochter zum Verstehen.

In Goa gibt es viele Christen. Heute ist Sonntag, ich gehe mit Mutter und Tochter in die nahe Kirche. Dort treffe ich die Nachbarin meiner Gastgeber, eine deutsche Frau. Sie war verheiratet mit einem Portugiesen und kam in den Wirren des Krieges mit einem der letzten Schiffe, die Lissabon verließen, hierher. Ihr Mann ist vor einigen Jahren gestorben, Kinder hatte sie keine. Wir freuen uns beide, wieder einmal deutsch zu sprechen. Nach einer Weile lädt sie mich in ihr Haus ein, es liegt nicht weit von Neetas entfernt. Und sie kennen sich auch. So verabschiede ich mich am anderen Morgen von meinen netten Gastgebern mit dem Versprechen, sie mit Frau „De Sousa" zu besuchen.

Ich siedle um in ein herrschaftliches Haus, welches den ganzen Charme der spanisch-portugiesischen Mittelschicht der damaligen Zeit ausstrahlt. Schwere, dunkle Möbel, blank polierte Holzdielen, Holzwände und Petroleumleuchten, die von der Decke hängen. Ein großer, dunkler Tisch bildet den Mittelpunkt des Hauses. Dazu die typischen Sessel, auf deren langen Armlehnen man die Beine hochlegen kann, um dann entspannt stundenlang zu erzählen oder zu schmökern. Ein eigenes Zimmer mit einem schmiedeeisernen Bett, ganz, ganz weich und riesig und ein eigenes Badezimmer gehören jetzt mir. Jeden Morgen steht da ein Eimer mit warmen Wasser! Welch ein Luxus! Wie schön hier zu sein bei dieser warmherzigen Frau, die mich verwöhnt und wie ihre Tochter behandelt. Das Haus liegt mitten in Kokoshainen, die zum Grund und Boden gehören. Ich kann das Meer rauschen hören und bin glücklich.

Brief an meine Eltern, Velsao, 18. Juli 1966

„Ich bin im Paradies gelandet, in einem winzigen Ort in der Nähe Margaos. Tag und Nacht hört man das Rauschen des Meeres das jetzt im Monsun, wild aufgewühlt ist. Baden ist unmöglich in dieser Zeit, es gibt gefährliche Unterströmungen. Seit einigen Tagen regnet es fast ununterbrochen, die reinsten Wolkenbrüche. Die aus Lehm erbauten Hütten der Einheimischen liegen zwischen Bananen- und Mangostauden und unter hohen Kokospalmen verstreut. Es sind zum großen Teil Christen, die hier leben und die Ländereien bewirtschaften. Die Frauen arbeiten auf den Reisfeldern, oft bis zu den Knien im Wasser stehend. Die Männer, Fischer, haben nur ein schmales Tuch, welches mit einer Schnur in der Taille gehalten wird. Sie laufen fast nackt herum. Kinder haben nur ein Kettchen um den aufgedunsenen Bauch. Hunde und die niedlichen schwarzen Schweine gehören zum Dorfleben dazu. Sie fungieren teilweise als Müllabfuhr und fressen alles. Hier haben alle Menschen Läuse und sie suchen sie sich ungeniert gegenseitig vom Kopf.

Ich bin froh, hier zu sein, bei Frau De Sousa, auch wenn ich im Moment an das Haus gefesselt bin. Werde verwöhnt mit leckerem Essen und kleinen Ausflügen in die nähere Umgebung. Sonst würde ich vielleicht in irgendeinem schäbigen Hotel festsitzen und den Dauerregen abwarten müssen. Die umliegenden Reisfelder sind grün, und trotzdem befürchten die Menschen eine schlechte Ernte. Und das bedeutet wieder Hunger und Tod. Goa ist übersät mit alten Kirchen der Portugiesen. Die Wände sind mit Grünspan überzogen und vom Urwald überwuchert. Auch alten Hindu-Tempeln ergeht es nicht anders. Die Bewohner sind sehr aufgeschlossen und teilweise modern gekleidet. Seit 1961 gehört Goa zur indischen Union und wird von Delhi aus verwaltet, aber es kämpft um seine Unabhängigkeit. Das Land ist nämlich sehr reich, und so möchte Indien es sich einverleiben. Die Goanesen sind mit der Regierung Delhis unzufrieden. Die Preise klettern sprunghaft in die Höhe und viele Portugiesen verlassen das Land. Hier gibt es noch kein elektrisches Licht und kein fließendes Wasser, zum Haus gehört ein Brunnen. Am Abend werden im ganzen Haus die Petroleumlampen angezündet. Dann kommen die Fliegen, Moskitos, auch riesige Falter und anderes, nie gesehenes Getier, welche die Lichtquellen umflattern. Bleibe bis zum 25. hier, dann geht's endgültig gen Süden über Mysore-Cochin-Trivandrum zum Kap Komorin und nordwärts nach Madras, wo ich Eure Post erwarte, liebe Eltern. Es gibt ja so viel zu sehen im Süden, sodass ich wohl erst am 15. August in Madras sein werde. Ich wollte mich ja irgendwo gründlich ausruhen, das konnte ich jetzt hier, Ruhe und prima Essen. Mir geht es gut, wie Ihr seht, und wie geht es Euch?
Herzliche Grüße Eure Ursula"

Die Tage vergehen auch in einem Paradies viel zu schnell. Heute kommt etwas die Sonne durch. Bald beginnt die Kokosernte, viermal im Jahr werden sie reif. Bei den heftigen Monsunstürmen fallen viele Palmen um und zerstören teilweise die Hütten die darunter stehen. Hier ist es so feucht, dass alles schimmelt, Schuhe, Lederriemen und alles, was man nicht jeden Tag trägt. Die Wäsche braucht zwei bis drei Tage zum Trocknen. Allmählich muss ich an die Weiterfahrt denken, obwohl Frau De Sousa mich gar nicht gehen lassen möchte. In Mußestunden und vom Regen gefangen, habe ich versucht, einen Bericht über die Tage hier, das Erlebte und die Fischer, zu schreiben.

„Die Schwarz-Weiß-Roten von Goa"

„Schwarz ist ihre Hautfarbe, vielmehr ein dunkles braunschwarz, weiß ihr Turban und das Hemd, das sie tragen, und rot der schmale Streifen Stoff, mit dem sie ihre Blöße bedecken, die Fischer von Goa. Dieser ehemalige, kleine Streifen Portugal liegt an der Westküste. 450 Jahre haben sie den Zwergstaat regiert. Jetzt will Indien ihn haben, alles ändern: die Besetzung der oberen, guten Stellen in der Verwaltung und die Einfuhrbestimmungen. Als Tourist merkt man von alldem nichts. Alles sieht so friedlich aus, die Menschen lächeln, sie singen bei der Arbeit, feiern ihre Feste. Christen, Hindus und Moslems, jeder nach alter Sitte oder alle zusammen. Aber das Volk murrt, wer weiß schon, dass es hier Lebensmittelkarten gibt, dass Zucker fast unerschwinglich geworden ist, obwohl das Zuckerrohr vor der Haustür wächst. All diese Probleme deckt jeden Tag ein strahlend blauer Himmel zu, zu all dem wiegen die Kokospalmen ihr stolzes Haupt und schweigen. Vom Strand her, der sich kilometerweit an diesem Land entlangzieht, erklingt frühmorgens der Gesang der Fischer. In diesem Rhythmus werden die Netze eingeholt. Sie leisten Teamwork, diese drahtigen, dunklen Gestalten. Die Netze vom Fisch befreit, legt man sie zum Trocknen auf den weißen Sand. Frauen mit Körben kommen, um den Fang auf den nahen Märkten zu verkaufen. Sie tragen frische Blütenkränze im schwarzen Haar, den schweren Korb auf dem Kopf und feilschen laut beim Verhandeln der Preise. Über Mittag liegt der Strand verlassen da. Nur mir kommt es in den Sinn, bei der Hitze jetzt die Ruhe und Weite und das Meer zu genießen. Mein Blick kann herumwandern, über das Wasser gleiten, über den weißen Sand und von Palmkrone zu Palmkrone springen, um sich dann in der Weite des Strandes zu verlieren. Auch die schwarzen Boote berührt er, die aus einem Stamm gefertigt sind, sowie die runden Paddel, die sich als Silhouette vom Himmel abheben. In Jahrhunderten haben Meereswogen aus Muscheln feinsten Sand gemahlen. Mit diesem Sand und kleinen Fischen düngt man von Zeit zu Zeit die Kokospalmen, neben Reis die Haupterwerbsquelle der Bewohner. Man trinkt die Milch der Nuss, das Fleisch wird geraspelt und zum Fetten der Speisen verwandt. Aus den äußeren Faserschalen werden Seile gedreht, die Palmwedel schützen die Hütten vor Regen und die Stämme werden zum Hausbau verwendet. Somit kann man alles verwerten. Das Meer und der Strand, die Reisfelder und Kokospalmen machen das Leben dieser Menschen aus. Am Abend neigt sich die Sonne dem Westen zu, die Fischer kommen aus den Hütten, einer nach dem anderen, um ihre Boote flottzumachen, zu neuem Fang auszulaufen. Ein sich immer wiederholender Ablauf, Tag für Tag, ihr ganzes Leben lang."

Meer, einsame Strände, Palmen, Reisfelder, Lehmhütten, Fischer, dunkle Boote, Marktfrauen, Kinder, schwarze Schweine, weiße Kirchen und Kapellen, Tempel, bunte Märkte, lächelnde Menschen, Frau de Sousa, und über all dem ein blauer Himmel oder dunkle Monsunwolken, das ist für mich Goa, mein Paradies auf Zeit. Jetzt muss ich es verlassen, gehe noch einmal an den Strand, bedanke mich ganz herzlich für die schönen, umsorgten Tage hier, und ziehe weiter.

Nächstes Ziel: Halebid und Belur

Heute breche ich endlich auf! Frau De Sousa packt mir noch Verpflegung ein und der Hund Polli und Philomena, die mich umsorgte, kommen noch mit zum Bus. Polli ist ganz unruhig. Er wittert, dass ich fortgehe. Der Abschied ist kurz und herzlich, ich kann dieser Frau gar nicht genug danken, sie war wie eine Mutter zu mir. Ihre letzten Worte „Ich habe so schöne Tage durch Sie gehabt" werde ich so schnell nicht vergessen. Es geht durch flaches Land, Reisfelder, Palmenhaine, die Sonne scheint sogar hin und wieder. Ich fahre entlang der Küste, kleine Buchten, palmenbestanden, wechseln mit goldenem Sand und Felsklippen. Männer pflügen im knietiefen Wasser mit Holzpflug und Büffelgespann. Frauen mit bunten Ketten um den Hals arbeiten auf den Feldern. Sie haben krauses Haar und sind sehr hübsch. Zum Schutz gegen den Regen tragen sie Hüte aus Strohgeflecht. Die Straße ist nur zum Teil asphaltiert, der Bus bleibt fast im aufgeweichten Schlamm stecken. Büffelherden versperren oftmals den Weg. Es geht in die Berge, fast urwaldmäßig ist die Gegend. An einer kleinen Lehmhütte stoppt der Bus, ich trinke Tee, die anderen Passagiere essen Reis aus winzigen Schälchen. Der Tee kostet acht Paisa, das sind drei Pfennige. Um 18:30 Uhr bin ich endlich in Sirsi, einer kleinen Stadt. Mit den Menschen dränge ich mich unter einem Dach von schwarzen Schirmen in den Fleisch- und Fischbasar. Schwärme von Fliegen schwirren im Vorbeigehen auf. Ich muss zum Inspektion-Bungalow der drei Kilometer außerhalb liegt. Man sagt mir, es gibt keinen Platz, aber auf mein Drängen hin bekomme ich doch ein Zimmer, sogar umsonst. Ich schlafe gut.

Grauer Himmel, Wasserbäche, nasskalt, das ist das Bild, welches sich mir beim Blick aus dem Fenster bietet. Und so bleibt es auch. Ich habe kalte Füße, der Monsun ist noch nicht zu Ende. Ich hoffe, dass ich nicht auf seinen Spuren durch dieses Land reise, dass ich ihm einmal entwische.

Ich warte wieder einmal auf den Zug. Der Stationsmaster der winzigen Ortschaft Talguppa im Nordwesten der Mysore Provinz lädt mich zu Reis und Tee in sein Haus. „Die letzten Touristen", so sagt er, „waren vor einem Monat hier: drei Deutsche." Er bringt mich höchstpersönlich ins Abteil. Durchnässt steigen die Menschen ein, frierend und barfüßig. Der Zug fährt an, die Landschaft schleicht langsam vorbei, so als ob sie es nicht eilig hat. Ein grauer, wolkenschwerer, tiefhängender Himmel kündet noch mehr Regen an. Mit einigen Männern und Frauen teile ich die Holzbank. Es ist ungemütlich, kühl und feucht. Die Männer tragen schmuddelige, gelbbraune Hemden, kurze Hosen oder oftmals nur ein Tuch um die Lenden und einen Turban auf dem Kopf. Es ist Monsunzeit, niemand trägt Schuhe. Die Frau mir gegenüber sitzt in Hockstellung auf der Bank, eingehüllt in einem blauvioletten Baumwollsari, wie ihn die Landfrauen tragen. Den Zipfel hat sie über ihr glattes, schlicht nach hinten gekämmtes Haar gezogen. Ab und zu schauen die kleinen Ohrläppchen mit Riesenlöchern neugierig hervor. Sie hat wohl einmal schwere Ohrringe getragen. Ob sie sie gegen Reis eingetauscht hat? Die nackten Arme sind tätowiert, und es klappert bei jeder Bewegung von bunten Glasreifen. Eine Witwe darf keine Glasreifen mehr tragen, sie werden beim Tode des Mannes von der Verwandtschaft in tausend Stücke zerschlagen, zum Zeichen, dass auch das Glück zerbrechlich ist. Sie schaut mich an, über ihre Stirn verläuft ein breiter, roter Streifen, ein Zeichen der Hindus. Jetzt nestelt sie an ihrem Sari herum, dabei sehe ich, dass sie gar kein Baby erwartet, wie ich es erst glaubte. Rund um ihre Taille kommen kleine und größere Bündel zum Vorschein, alle kunstvoll aus Seitenstreifen des Saris geknotet. Aus einem Eckzipfel nimmt sie einige Geldstücke um ihrer kleinen Tochter Erdnüsse zu kaufen, die ein fliegender Händler anbietet. Dann öffnet sie das nächste Bündel und entnimmt ihm ein grünes Blatt. Aus einem anderen „Fach" zieht sie eine Betelnuss und eine kleine Dose hervor. Von dem Inhalt, trockene Blattstückchen, streut sie etwas in die linke Hand und zerreibt es mit den Fingern zu Staub. Um dem Ganzen den richtigen Geschmack zu geben, fügt sie noch eine weiße Paste hinzu. Zum Schluss werden alle Zutaten kunstvoll in das Blatt gewickelt, zu einem Dreieck gefaltet und in den Mund geschoben. Sie kaut darauf herum, mit Genuss und offenem Mund. Dabei schimmern ihre Zähne rot, gefärbt vom ständigen Betelgenuss. Alle paar Minuten spuckt sie den Saft in hohem Bogen zum Fenster hinaus. Sie unterhält sich lebhaft mit einem fremden Mann. Besonders die verheirateten, älteren Frauen sind sehr frei und in keiner Weise scheu. Weiter im Süden sehe ich noch die eine oder andere alte Frau ohne Bluse, nur das Tuch über dem Kopf verdeckt etwas ihre Brüste. Frauen sprechen mich oft an. Ich kann ihnen nur mit ein paar Brocken Hindustani antworten oder mit Handzeichen. Junge Mädchen werden noch immer von ihren Eltern verheiratet. Ausnahmen sind selten.

Es geht weiter durch grünes, hügeliges Land, unterbrochen von überschwemmten Feldern und kleinen Ortschaften. Der Zug hält lange an jeder Station. Es wird dunkel, und ich bekomme kalte Füße, ja, wieder mal kalte Füße, und das mitten im Sommer in Indien! Erst morgen früh bin ich dem südlichsten Zipfel dieses Riesenreichs, dem Kap Komorin, ein Stückchen näher gerückt. Mein Bett im Gepäcknetz ist schon bereitet. Das Fauchen und Schlingern des Zuges lässt mich bald einschlafen. Frühmorgens erreiche ich mein Ziel: Hassan. Seit ich im Landesinnern bin, hat es fast aufgehört zu regnen. Aber nachts ist es ganz schön kühl. In den staatlichen Guesthouses, die meistens sauber und preiswert sind, gibt es keine Decken. So müssen Anorak und Handtuch herhalten. Später geht es weiter nach Halebid und Belur.

Eine Fahrt auf indischen Straßen ist spannend, ist ein ständiges Hupen und Ausweichen der vielen Kühe und Wasserbüffel. Sie ziehen gelassen ihres Weges und auch beim Herannahen eines Busses gehen sie keinen Schritt schneller, schon gar nicht zur Seite. Auch Hunde, Esel und Hühner, Menschen zu Fuß oder auf Rädern, Wasser tragende Frauen und spielende Kinder bevölkern den Weg. Knarrende Ochsenwagen, bunt bemalt, mit schwerem Joch auf der Schulter des Zeburindes, tummeln sich auf dem schmalen, schwarzen Band der Landstraße. Dazu noch hin und wieder ein Auto oder einer dieser überladenen Government-Busse, mit denen ich unterwegs bin.

Ein Ausweichen zu den Seiten ist lebensgefährlich. Jeder fährt erst einmal auf den anderen zu, in letzter Sekunde wird entschieden, wer wem ausweicht. Natürlich gibt der mit den schwächeren Nerven nach. Das System kennt jeder und wendet es auch an. Ich habe mich schon an dieses regellose Durcheinander des Verkehrs gewöhnt. Es gibt relativ wenige Unfälle.

Bald bin ich bei den sternförmig gebauten Tempeln aus der Hoysala Dynastie. Entstanden 1170 unter dem ersten König, dessen Reich zur Blütezeit von Gadag-Betageri im Norden bis Madurai im Süden reichte. Sie stehen auf einem Sockel, auf dem man sie umrunden kann, und so ganz nahe an den wunderschönen Skulpturen-Friesen. Ich ziehe die Sandalen aus. Die Steine sind heiß, und so schaffe ich das nur auf Socken, sonst würde ich mir die Füße verbrennen. Über dem Eingang erhebt sich ein siebenstöckiger Gopuram, über und über mit Götterfiguren bedeckt. Der Tempel selbst weist am Fundament sechs umlaufende Friese auf: unten Elefanten-Prozessionen, darüber Maracas, krokodilähnliche Fabelwesen, Löwen und Gänse, Szenen aus dem Mahabharatha und dem Ramayana und zum Abschluss Rankenornamente. Jeder dieser Friese ist 15 bis 20 Zentimeter hoch. Darüber fast lebensgroße Götterfiguren, dicht gedrängt, eine neben der anderen. Reich geschmückt sind sie mit Ketten, Arm- und Fußreifen, kunstvoll gestalteten Haartrachten und Blütengirlanden, fein säuberlich in Stein gehauen. Ich kann nur staunen ob dieser Pracht, dieser Fülle und der detaillierten Darstellung. Wie viele Generationen müssen an diesen Kunstwerken gearbeitet haben. Wie mag der Hall all der vielen Meißel und Hämmer in den Tag geklungen haben? Manch Schweißperle ist mit in diese Arbeiten zum Wohlgefallen der Götter und zum Ruhme der Erbauer geflossen. Ganze Geschichten der indischen Mythologie können die Gläubigen hier „ablesen". Die Figurensprache ihrer Götterwelt verstehen sie, werden schon im Kindesalter damit vertraut gemacht und an die bildlichen Darstellungen herangeführt. Inderinnen in ihren farbenfrohen Saris stehen staunend vor den Skulpturenfriesen, benennen die Namen der Götter, berühren sie und führen dann andächtig die Hand zur Stirn. Manchmal legen sie auch eine Blüte zu Füßen der Gottheiten und bezeugen so Respekt und Hingabe. Im diffusen Licht des Inneren stehen fein gedrechselte Säulen aus schwarzem Basalt und tief in dunklen Altarnischen wird dem Gott Vishnu, hier mit vier Armen dargestellt, geopfert. Dort hinein darf ich nicht.

Außerhalb des Dorfes ist eine Frau beim Worfeln des Getreides. Sie wirft mittels eines flachen Korbes die gedroschenen Körner in den Wind. Der bläst die Spelzen davon und der Rest fällt zurück in den Korb. Früher gab es in jedem Dorf Dreschplätze, wo Ochsen im Kreis laufen, ein flaches Brett ziehen, welches durch das Gewicht eines Menschen beschwert wird. Jetzt nutzt man die Straßen und den zunehmenden Verkehr. Man breitet das Stroh auf Plätzen oder auf Straßen aus, lässt die Ochsenkarren, Autos oder Busse darüber rollen. So werden nach und nach die Körner aus dem Halmen gedrückt.

Tagebucheintrag, Sravanabelgola

„Ich komme mitten in der Nacht hier an und lande nach langem Klopfen und Rufen in einer verflohten und verwanzten Herberge. Doch der Anblick am Morgen entschädigt mich für die endlose Busfahrt und die grausame Nacht. Nicht weit entfernt liegt das Heiligtum der Jains, eine der Hauptpilgerstätten dieser Religion in Südindien, Sravanabelgola. Die Jain sind besonders im Norden, in Gujarat, vertreten. Ihr Begründer Mahavira ist einer der 24 Tirthankaras, der Wiedergeborenen, der sogenannten Furtbereiter dieser Religion. Sie hat sich später in zwei Richtungen weiterentwickelt. In die der Digambaras, der „Himmelgekleideten", das heißt, der Nackten, und die der Shvetambaras, in weiße Tücher gehüllt.

Die Statue, aus einem riesigen Felsen geschlagen, verkörpert den letzten der 24 Religionsgründer, Gomateshwara. Er schaut mit 17 Metern Höhe weit über das Land und ist in Meditation versunken. So spürt er nicht einmal, wie die Vegetation sich in Form von Schlingpflanzen über die Jahre an seinen Beinen hochrankt. Die Anhänger dieser Religion sind strikte Vegetarier. Sie fegen bei jedem Schritt den Boden vor sich, um ja kein noch so kleines Lebewesen

zu töten. 640 Stufen führen auf den Felshügel an den Fuß der Kolossalstatue, ein mühsamer Aufstieg. Auf halbem Weg bietet sich
mir ein herrlicher Blick auf das kleine Dorf unter mir und den mit
weißroten Mauern umgebenem Tempeltank, dessen Wasser grün heraufschimmert. Mit Socken an den Füßen merke ich die Hitze der
Steine nicht so sehr. Einige kleine Tempelchen stehen unterhalb der
riesigen Statue. Zu Füßen dieses Kolosses und zwischen die Zehen legen Gläubige ihre Opfergaben: Kokosnüsse, Bananen, Reis
und Blütenkränze. Ein Jain-Priester, völlig nackt und nur noch ein
Skelett, weiht diese Gaben und gibt die Hälfte davon den Betenden
zurück. Ein Gehilfe drückt ihnen den roten Punkt auf die Stirn, und
die geweihten Blumen drückt jeder Gläubige einmal auf des rechte
und linke Auge. Auch ich bekomme einen roten Punkt und manchmal Blumen und Früchte von Priestern oder Gläubigen geschenkt.
Beim Betreten des Tempels auf dem Plateau träufelt mir eine alte
Frau mit einem Tuch Wasser übers Haar. Ich beobachte, woher sie
das Wasser holt. Sie geht von einer Statue zur andern, wäscht die
Füße und die Stellen, die die Pilger küssen und dieses vielleicht heilige, aber bestimmt nicht saubere Wasser wollte sie mir nochmals
aufs Haupt wringen. Aber das wollte ich nicht.

Andere sitzen in kleinen Gruppen auf dem Boden, lassen bei monotonem, sich immer wiederholendem Gesang Reiskörner, Blüten
und Wasser durch die Hände gleiten und opfern ihrem Gott. Das
geht so zwei Stunden lang. Gläubige und Priester begleiten mich
durch alle Tempel und Schreine und versuchen, mir alles zu erklären, halten dann aber auch die Hand auf. Nach Stunden verlasse ich
diesen beeindruckenden Pilgerort. Ich mache mich auf den Abstieg,
jetzt immer die grandiose Landschaft im Blick. Aber ich sehe auch
die vielen, mir entgegengestreckten Hände der Pilger und Bettler.
Überall begegnet mir das Elend Indiens: in Zügen, Bussen, auf der
Straße und vor den Tempeln. Überall strecken sich mir Bettelschalen
entgegen. Manchmal stumm und verschämt, hin und wieder auch
aufdringlich und fordernd. Gestern gab ich vier kleinen Mädchen,
die scheu die Hand aufhielten, je eine halbe Orange. Sie lächelten.

Manchmal kann ich aber auch nur ein Lächeln schenken, ich habe ja selber nur wenig!"

Krankheit und Elend

Bei meinen Fahrten über Land, per Bahn, Bus und zu Fuß durch Dörfer, durch Städte und Pilgerorte habe ich viel Armut und Elend gesehen. Das hat mich erschüttert und am Anfang auch arg mitgenommen. Ganze Familien leben auf der Straße, in Hauseingängen, in Parks, vor den Tempeln. Sie betteln, verstümmeln dafür manchmal ihre Kinder und schicken sie so auf die Straße. Männer haben hin und wieder Jobs für einen Tag und bringen am Abend eine Rupie nach Hause, um davon etwas Reis zu kaufen. Oftmals ist das die einzige Mahlzeit der Familie. Sie legen sich am Abend dichtgedrängt auf Kartons oder auf ein paar Lumpen nieder. An Hauswänden oder Zäunen befestigen sie Plastikplanen zum Schutz gegen Regen oder Sonne. Sie haben einen Topf, wo sie ihr Mahl bereiten und einen Krug, um an öffentlichen Stellen Wasser zu holen. Sie durchwühlen Abfalltonnen, von denen sie fortgejagt werden, um die Reste den heiligen Kühen zu überlassen. Oder sind es Unberührbare, die man verscheucht, um die man einen weiten Bogen macht, deren Schatten nicht auf höhere Kasten fallen darf? Sie verrichten die niedrigsten Arbeiten: öffentliche Toiletten säubern oder die Straße fegen.

Immer und überall begegnen mir Kranke, Krüppel, Pilger, abgemagerte Gestalten. Vor den vielbesuchten großen Tempelanlagen des Südens hocken sie in langen Reihen, einer neben dem anderen, eine Schale vor sich auf dem Boden. Sie rufen „Ma, Ma!" Mutter. Halten mir im Vorbeigehen ihre verbundenen Hände, ihre verkrüppelten Arm- und Beinstümpfe entgegen und bitten um ein paar Paisa oder Reiskörner. Einige von ihnen haben statt einer Nase nur ein Loch im Gesicht. Es sind Leprakranke, die hier auf eine milde Gabe der Tempelbesucher hoffen. Andere sind mit Geschwüren bedeckt und ihre Beine sind angeschwollen, sie haben Elefantiasis. Krüppel bewegen sich auf ihren Armen und Händen fort oder sitzen mit ihrem entstellten Körper auf Holzbrettern mit Rollen und schieben sich so vorwärts.

Auf Schritt und Tritt begegne ich auch diesem Indien – dem anderen, dem ungleichen, dem am Rande. Es ist nicht vertreten in den schönen, bunten Prospekten der Touristen-Informationen späterer Jahre, auch nicht auf der Seite der großartigen Kultur, der Kunst und Geschichte dieses Landes, der Tempel, der vielen Götter. Man findet es nicht an den endlos weiten Stränden des Südens, wo Palmen, blaues Meer und Sonne ein Paradies vorgaukeln. Es zeigt sich nicht im grazilen Gang der schönen Frauen, dem Kinderlächeln und dem Reichtum einiger weniger, die in Palästen wohnen.

Es hält sich abseits, ist da, gemahnt, ist leise und geduldig, gehört zum Leben in diesem Land. Alle wissen davon, sehen es, gehen vorbei. Sie wissen und glauben, dass die Taten jedes Einzelnen das Karma und die Art der Wiedergeburt bestimmen. So ist es die Folge des vorherigen Lebens und man ist selber schuld an seiner Situation. Mitleid oder Fürsorge ist den Vorübereilenden fremd. Von dem, was ich bisher über dieses Land, über die Religion erfahren habe, müsste ich das Verhalten der Menschen verstehen! Für mich ist es aber trotzdem oftmals unerträglich. Ich darf das alles nicht so nah an mich herankommen lassen, denn helfen kann ich nicht, würde nur selbst daran erkranken. Damit ist niemandem geholfen und so wende ich dann auch manches Mal den Blick ab; aus Verlegenheit, aus Selbstschutz.

Diese Bilder, die auch zu Indien gehören, die ich auf meinen ersten Reisen gesehen und erlebt habe, sieht man heute nur noch vereinzelt. Damals, 1966 war das der indische Alltag, gehörte dazu. All das hat mich nicht davon abgehalten, das Land immer wieder zu besuchen. Zuletzt 2019, mit 84 Jahren, den gesamten Norden und Westen, kreuz und quer, drei Monate lang. Indien hat sich sehr verändert während dieses halben Jahrhunderts. Abseits der Highways und ausufernden Millionenstädte, mit nahe beieinanderliegendem Glanz und Elend, gibt es immer noch das alte, das dörfliche, ländliche Indien, wie ich es in frühen Jahren erlebt habe. Man muss nur etwas abseits gehen aufs Land und Zeit haben.

Auf dem Weg nach Mysore

Diese Strecke lege ich per Bus zurück. Die Landschaft ist sehr abwechslungsreich, grüne Reisterrassen, teils abgeerntet, bewässert und zum Pflügen bereit. In kleinen Parzellen werden die Reissetzlinge vorgezogen. Dazwischen Kokospalmenhaine. Zuckerrohr, Bananen, Tomaten und Kichererbsen werden ebenfalls angebaut. Die Straße ist übersät mit Schlaglöchern, der Bus alt und klapperig und ich sitze eingequetscht zwischen Frauen und Kindern und ganz viel Gepäck. Menschen steigen ein und aus, der Bus verbindet die Dörfer und so geht das endlos den ganzen Tag.

Im Vorbeifahren sehe ich eine Ziegelbrennerei. Männer schichten in der Sonne getrocknete Lehmsteine auf zu riesigen, rechteckigen Türmen. An zwei Seiten lassen sie kleine Hohlräume, in die Holzstämme geschoben werden. Man setzt sie in Brand, für circa zwei bis drei Tage schwelt das Feuer. Dann braucht der Stapel fünf bis sieben Tage um auszukühlen und die Ziegel sind fertig. Sie werden verkauft, für 1000 Stück gibt es 650 Rupien. Damit der Brand gut gelingt, hängen rings um den Stapel kleine Stoffsäckchen an Stangen, mit Gaben für die Götter.

Auf diese Art zu reisen, mit Bussen über Land, lernt man am besten das urbane Indien kennen. Wir halten lange auf den Dorfplätzen, wo der Tempel steht und auch ein paar kleine Shops zu finden sind. Sie bieten Kleinkram an, Süßigkeiten für Kinder, billige Zigaretten für Tagelöhner und bunter Tand für die Frauen, wenn sie mal ein paar Rupien übrighaben. Kühe liegen herum, Kinder spielen, Frauen stehen an der Pumpe und Männer hocken auf Bänken vor der Teestube und schwatzen. Dörfliches Leben, wie schon immer und auch weiterhin. Auch wenn es oftmals unbequem ist – dieses Reisen – durch die Vielfalt der Eindrücke wird man für alles entschädigt. Das Leben, das an mir vorbeizieht, ist bunt, abwechslungsreich und immer aufs Neue spannend. Hier ist Langsamkeit kein Nachteil, ich kann Dinge länger im Blick behalten und auf mich wirken lassen, Szenen besser festhalten im Bildgedächtnis meines Kopfes und auch im Foto. Alles, was husch, husch vorbeifliegt, ist auch genauso schnell wieder vergessen, oder kommt gar nicht erst an.

Ich komme aber an. Von weitem grüßt schon Chamundi-Hill, ein Felskegel, der sich plötzlich am Fuß der Stadt erhebt.

Tagebucheintrag, Mysore, 1. August 1966

„Ich bin in Mysore nach vielen Stunden. Der Bus leert sich, ich kann mich wieder strecken. Der Busbahnhof ist riesig. Ich ziehe los, die Tasche auf der Schulter, die Sonne brennt, der Schweiß läuft. Jeder Hindu, der es sich leisten kann, nimmt eine Fahrradriksca, die oft hochbeladen ist, in die sich ganze Familien quetschen nebst Gepäck. Der arme, magere Mann hat nur sein Körpergewicht dagegen zu setzen und strampelt sich ab. Mir widerstrebt es, mich durch menschliche Anstrengung fortbewegen zu lassen. Ich habe ja auch kein Geld dafür.

Auf meinen späteren Reisen habe ich das von der anderen Seite gesehen und bin mit Hunderten dieser Vehikel durch die Städte und über Landstraßen gezogen. Einmal, um es bequemer zu haben, aber dann auch, um den Männern einen kleinen Verdienst zu geben. Sie arbeiten für den Riksca-Besitzer, müssen täglich eine bestimmte Summe an Miete zahlen. Erst wenn darüber hinaus etwas übrigbleibt, können sie damit ihre Familie ernähren. Zu einer eigenen Riksca wird es kaum reichen.

So laufe ich als Europäerin zum Unverständnis vieler und trotte durch die Hitze. Bald finde ich ein billiges Hotel in einer ruhigen Nebenstraße. Steile, schmale Stufen führen hinauf. Im Zimmer: ein indisches Bett, bestehend aus vier Beinen, zwei Längs- und zwei Querbrettern, dem Gestell, mit Kokosseilen bespannt. Für die Kleidung reichen ein paar Nägel an der Wand. Die Bettpfosten stehen in Blechdosen mit Wasser gefüllt zur Abwehr von Wanzen. Das hält diese Viecher aber nicht davon ab, ihre nächtlichen Opfer zu finden. Sie sitzen in den Ecken der Bettgestelle, der Matratzen oder lassen sich einfach von der Decke fallen und erreichen so ihr Ziel. Das heißt für mich, nichts auspacken sonst habe ich sie auch in meiner Kleidung. Ein Eimer mit Wasser und eine Dose zum Schöpfen steht neben dem versifften Klo. Das sind die Unterkünfte der ganz, ganz

Armen, die nicht wie andere auf der Straße schlafen wollen. Wo es keine Dak-Bungalows gibt, sind das auch meine Schlafstellen, neben vielen Nächten in Zügen oder in Klöstern.

Ich weiß nicht, ob das mit der Geldüberweisung nach Trivandrum klappt, also muss ich sparen wo es nur geht. Wenn man so durch dieses Land reist wie ich ist man dauernd in Tuchfühlung mit den Menschen und da springt schon mal so ein Tierchen über und freut sich über die Abwechslung in der Nahrung. So bleibe ich auch nicht von Flöhen, Wanzen, Kleiderläusen und auch Läusen verschont. Ich werde sogar nachts von einer Ratte in den Zeh gebissen. Wenn es mal wieder ein richtiges Bett gab, habe ich so tief und fest geschlafen, dass ich den Biss erst am anderen Morgen entdeckt habe. Ich weiß, dass es eine Ratte war, weil ich sie schon am Abend im Bad herumflitzen und in die offene Kanalisation verschwinden sah. Die Tür zwischen Schlafraum und Bad war durch Feuchtigkeit und Nässe unten weggemodert und hatte ein Riesen-Loch. Ratten gehören in Indien zum Alltag. Sie huschen an den offenen Abwasserrinnen entlang, tummeln sich in den Abfallhaufen und bevölkern die Flussufer, in die man den ganzen Müll kippt. Es sind oftmals stehende Gewässer, Kloaken. Viele Kinder die auf der Straße leben und schlafen, werden nachts von Ratten angefallen. Aber sie sind heilig und so haben sie keine Feinde.

Mache mich kurz frisch und auf geht's zum hoch über der Stadt liegenden, alten Wallfahrtstempel. Täglich, jeweils zur vollen Stunde, wird die Haupt-Göttin in feierlicher Prozession auf den Schultern der Brahmanen drei Mal um das Tempelinnere geführt. Ein Baldachin mit ausgefransten Silberroddeln erinnert noch an alte Pracht. All das ist noch nicht ganz vergangen, leuchtet wieder auf bei den großen Tempelfesten die jährlich, besonders im Süden, begangen werden. Wo sie die ganze Frömmigkeit und das bunt schillernde Leben des alten Indien entfalten. Trommeln und schrilles Schellengeläute reißt mich aus meinen Gedanken, bringt mich in das Hier und Jetzt zurück. Auch in eine Wirklichkeit, die anders aussieht, die gleich hinter der Tempelmauer beginnt. Mit Abfallhaufen und

Unrat, heiligen Kühen mit ihren Kälbchen, die darin wühlen, und abgemagerten, streunenden Hunden. Ein Mädchen mit zerzausten Haaren sagt immer wieder „Ma", Mutter, zu mir und streckt mir ihre Hände entgegen. Elend säumt die Wege die zum Heiligtum führen und mein Blick fällt auf Palastbauten und grüne Gärten unter mir.

Auf halber Höhe liegt der Nandi-Bulle, das Gefährt des Gottes Shiva, der neben Brahma und Vishnu die obere Trinität der indischen Götterwelt bildet. Ein Koloss aus schwarzem Basalt, behangen mit Schellenketten und Girlanden. Er blickt hinunter auf die Silhouette der Stadt von oben. Dazu gehören unten die Basare und die Menschen, das Leben. Die Straßen sind mit den typischen, mit Palmgeflecht überdachten Ochsen-Karren verstopft. Dazwischen bewegt sich die Menge, weißgekleidete Männer und Frauen in buntesten Saris, mit Blüten im Haar. Pilger mit langen Bärten und bemalter Stirn in rot und gelb gehen mit einer Blechdose von Laden zu Laden und bitten um eine Gabe. Ich gehe durch enge Gassen mit kleinen Tempeln, vielen Menschen, mit Ochsen, heiligen Kühen, die im Vorbeigehen gestreichelt werden.

Das Leben beginnt erst spät. Auf dem Marktplatz hocken die Frauen und bieten Obst und Gemüse an, säuberlich zu Häufchen aufeinandergetürmt. An anderer Stelle stehen offene Säcke mit Gewürzen. Es sind Farbtupfer in Gelb, Rot, Orange und Braun. Chili, Safran, Kurkuma, Pfeffer, alle Sorten von Curry, Nelken und Zimt verströmen bizarre Düfte und lassen meinen Magen knurren, ich habe noch nichts gegessen. Die Gasse der Großhändler ist verstopft von Ochsenwagen, von Karren ziehenden Kulis, die sich laut rufend durch die Menge zwängen. All das macht keinen gehetzten Eindruck. Blumenfrauen auf dem Marktplatz lächeln mir zu, Obstverkäufer wollen mir ihre besten Früchte verkaufen. Eine Frau, die gerade die Mülltonne nach etwas Essbarem durchsucht, wird fortgejagt, als sich eine Kuh nähert. Diese hat Vorrang! All das gehört zum Gesicht dieser Stadt, wie die beiden Palast-Elefanten, die allmorgendlich majestätisch durch das Gewühl des Basars schaukeln. Sie füllen fast die ganze Breite der Gasse aus und haben mich und meinen Fotoapparat schnell entdeckt. Mit erhobenem Rüssel kommen sie auf mich zu und verlangen ihren Obolus.

In den Grünanlagen um den Palast leben Familien und vor dem Eingang wollen mich kleine Bettelscharen einfach nicht loslassen. Es sind hübsche Kinder mit großen, dunklen Augen, sie haben das Lachen noch nicht verlernt. Man kann sie durch kleine Neckereien mehr beglücken als durch ein zehn-Paisa-Stück. Die Palastwache am Tor trennt konsequent diese beiden Welten und lässt niemand aus der „Armen in die Reiche", auch mich nicht. Ich brauche eine spezielle Genehmigung der Palastverwaltung. Zu welcher Seite der Wächter wohl gehören mag?

Der Maharadscha, ehemaliger Gouverneur des Madras-Staates, lebt heute mit der Maharani und seinen sechs Kindern, die privat erzogen werden, in einem Seitentrakt des Prunkgebäudes. Nur zu offiziellen Anlässen und zum im Dezember stattfindenden „Dussehra-Fest" entfaltet sich noch einmal die ganze Pracht des alten Indien."

Die Probleme des heutigen liegen auf anderer Ebene, eines davon sind die vielen Sprachen. Ich konnte vielfach an Bussen, Privatwagen, an Schaufenstern und öffentlichen Gebäuden lesen: „Hindi-Down" nieder mit Hindi, welches zumeist im Norden gesprochen wird, neben den 14 Hauptsprachen der einzelnen Staaten. Diese Unterschiede, Trennung von Nord und Süd, ist nur eine der vielen Schwierigkeiten, mit denen dieses Land in Zukunft zu kämpfen hat.

„Mein erster Weg ist wie immer in größeren Orten zur Post. Ein Brief meiner Eltern, nach langer Zeit. Musik kommt aus einem Haus nebenan. Ich folge ihr. Eine Hochzeit ist in vollem Gange, man bittet mich gleich hinzu. Die riesige Halle, mit Teppichen ausgelegt, beherbergt, auf dem Boden hockend, rechts die Frauen und links die Männer. Ich blicke über schwarze Köpfe und ein buntes Meer von blau, rot, gelb und grünen Saris. Alle Frauen haben Blüten im Haar und sind mit Goldketten geschmückt. Die Männer traditionell in weißen Dhotis und einem weißen Hemd. Auf dem Podium, mit Girlanden behangen, das Brautpaar. Sie 14, er 22 Jahre alt. Die Braut im goldbestickten dunkelgrünen Sari mit Ohrgehängen, Scheitelschmuck, Halsketten, Armreifen und Ringen. Er, wie die üblichen Männer, darüber noch eine dunkle Jacke und auf dem Kopf einen blau-grau-goldenen Turban. Ernste Gesichter schauen mich an, kein Lächeln deutet auf Vorfreude oder Freude hin. Das Mädchen weiß, dass es jetzt Eltern und Geschwister verlassen wird. In der neuen Familie wird sie eine untergeordnete Rolle spielen, die Magd der Schwiegermutter und des ihr fremden Mannes sein. Wenn sie Glück hat, akzeptiert man sie, sonst wird ihr Leben aus Arbeit und Kinderkriegen bestehen. Alle und alles ist diesem jungen Ding fremd, auch das Dorf, in das sie jetzt ihrem Mann folgen wird. Sie lässt ihr bisheriges Leben hinter sich, ihre Familie und Freundinnen, geht in eine ungewisse Zukunft. Auch zu einem Mann, den sie heute das erste Mal sieht und näher kennenlernt. Mit diesen Gedanken im Kopf, kann ich ihren starren Gesichtsausdruck verstehen! Der Brahmane breitet in Hockstellung vor ihnen Bananenblätter aus, legt fünf bis sechs Kokosnüsse darauf. Diese werden vom Brautpaar mit Reis bestreut, garniert mit Blüten und mit Öl beträufelt. Räucherstäbchen werden angezündet und vom Paar darüber geschwenkt, ebenso ein Silbertablett, auf dem heiliges Feuer brennt, vom Priester angezündet. Sich an den Händen haltend gehen beide zum nahen Tempel und kommen kurz darauf durch ein rotes Tuch miteinander verbunden zurück. Die Handlung ist vollzogen. Verwandte und Freunde kommen, streuen Reis über sie und behängen die Armen noch mehr mit Blütenketten. An die Hochzeitsgäste werden Betelnüsse und Süßigkeiten verteilt. Auch ich, als Fremde, bekomme etwas: zwei Kokosnüsse, Blumen und Gebäck. Vor dem nahen Tempel lässt sich das Paar fotografieren. Ich werde dann noch zum typischen Essen eingeladen. Vom Bananenblatt, auf den Boden gebreitet, isst man mit den Fingern der rechten Hand. Vorher reinigt man sie in einem Schälchen aus zusammengesteckten Blättern, gefüllt mit Wasser. Zum Reis gibt es zerlassene Butter, Gurken in Joghurt, Kartoffeln mit Zwiebeln, Böhnchen und anregende Kleinigkeiten, alles ziemlich scharf. Für mich ist es schwierig so zu essen, ich habe noch keine Übung darin. Meistens lasse ich mir zum Reis einen Löffel geben, sonst würde meine Mahlzeit ewig dauern.

Jetzt werden die Gäste in langen Reihen auf dem Boden sitzend, „abgefüttert", etwa 1000 an der Zahl. Zuerst die Männer, dann die Frauen. Zu diesem ganzen Vorgang spielt eine Kapelle ununterbrochen schrille und laute Musik. Vollgegessen und mit Nüssen beladen kehre ich zurück auf die Straße. So sehen also die Feste aus, bei denen sich die Familien finanziell total verschulden. Der althergebrachten Tradition ist somit genüge getan. Es war ein tolles Erlebnis für mich, ganz anders als die Dorfhochzeit in Pattadakal. Indien ist so schön, ich lerne es immer besser kennen und zähle jetzt schon die Monate, die mir noch bleiben.‟

Ich verlasse Mysore. Es geht über den Kaveri, einen der großen Flüsse Indiens, und schon bin ich am anderen Tag in Srirangapatna, auf einer Insel im Fluss gelegen. Ich sehe die Reste eines Festes: blütengeschmückte Skulpturen, ein Karussell und überall Berge von Abfall. An starren Stangen hängen niedliche, bunt bemalte Holzpferdchen. Sie werden von Menschenhand in Bewegung gesetzt. Die Wanderschausteller lagern in Zelten gleich nebenan. Frauen, bildhübsch, in weiten, bunten Röcken und engen Blusen, hocken vor dem Zelt. Ebenso Kinder mit schwarzgelockten Haaren.

Auf schlechter Straße rumpelt mein Bus in Richtung Süden an Palmenhainen und an Reisfeldern vorbei: abgeerntet, bewässert, gepflügt und neu bepflanzt, alle nebeneinander liegen sie da. Da man zur Erntezeit nicht genügend Arbeitskräfte zu Verfügung hat, auch wenn das ganze Dorf mithilft, verteilt man das Säen, Ernten und Vorbereiten der Felder gleichmäßig über das ganze Jahr. So fallen nicht alle Arbeiten auf einmal an, man kann sie zeitlich aufteilen. Im fruchtbaren Süden gibt es bis zu drei Ernten. Weiße Ibisse finden reichlich Nahrung in den frisch gepflügten Feldern.

Der Bus endet hier, ab jetzt muss ich den Rest des Weges zu den

Tempeln laufen. Bunt bemalte Ochsenkarren ziehen mit quietschenden, massiven Holzrädern an mir vorbei. Staub wirbelt auf und überzieht alles am Wegesrand. Da, auf einem Feld, lagern Pilgergruppen aus Rajasthan. Auf Holzkohlefeuern und Metallblechen werden Chapatis gebacken. Über dem Feld liegt Rauch und Kohlegeruch. In den offenen Fenstern des Busses nahebei hängt die Wäsche zum Trocknen. Der Guru, der diese frommen Leute begleitet, hockt etwas abseits unter einem Baum und meditiert. Sein Blick geht in endlose Ferne, in ein Nichts.

Am Straßenrand stehen uralte Bäume. An deren Fuß überall kleine Schreine mit Götterfiguren oder Stelen, auf denen Nagas (Schlangen) abgebildet sind. Fromme Gläubige haben sie mit roter Farbe bemalt und eine Blüte niedergelegt. Auch Bäume und markante Steine werden oftmals verehrt. Ich wandere schon lange, habe Hunger, aber außer ein paar Bananen gibt es hier nichts.

Somnathpur ist erreicht. Der Keshava-Tempel, im Hoysala Stil erbaut, liegt abseits von ein paar Hütten. Auch dieses Heiligtum ist über und über mit fein detaillierten Steinmetzarbeiten verziert. Schmale Friese, die Elefanten, Krieger, Löwen, Gänse und verschlungene Blütenranken zeigen, bilden den Sockel. Darüber die üppig gehaltene, vielfältige, hinduistische Götterwelt. An Hand ihrer Merkmale oder Tribute, kann der Pilger sie identifizieren. Sie erzählen ihm die mythischen Geschichten, die sich um all die Götter, ihre Inkarnationen, ihre dazugehörigen Gemahlinnen und örtlichen Untergottheiten ranken. So findet jeder für sich sein passendes Idol, zu dem er geht, opfert, sich verneigt, bittet und betet und auch mal eine Blüte niederlegt. Für mich ist diese Vielfalt verwirrend, sind die Figuren überladen bis ins kleinste Detail. Eine wahnsinnige Arbeit, die da geleistet wurde. Die Steinmetze vergangener Jahrhunderte müssen Meister ihres Fachs gewesen sein. Ähnlichen Schmuck tragen heute noch, regional unterschiedlich, die Dorffrauen an Arm- und Fußgelenken. Örtliche Silberschmiede halten an den uralten Traditionen fest.

Neben dem sternförmigen Heiligtum steht eine quadratische, offene Pfeilerhalle. Frauen in bunten Saris durchschreiten sie. Die Sonne scheint durch ihre zarten Gewänder und unterstreicht so noch ihren grazilen, aufrechten Gang. Nur wenige Besucher sind hier, ich entgleite in Zeiten, wo es noch keine Busse und Bahnen gab. Wo man noch zu Fuß über Land gezogen ist zu den Heiligtümern, so wie ich heute nur das letzte Stück.

Zurück in Mysore. Am Abend dann das Spektakel, der Maharadscha-Palast erstrahlt im Licht tausender Glühbirnen, aber das dauert nur kurz, weil das örtliche Stromnetz diese Verschwendung nicht aushält. Ganze Pilgerscharen sind in den Park geströmt, denn heute begeht man ein berühmtes Shiva-Fest. Sie opfern in den Tempeln, nur die Gheelichter erhellen die Gebetsstätten, ein unwirkliches Bild, denn der Rest der Stadt ist dunkel. Schöne Tage liegen hinter mir, morgen geht's nach Octakamund in die Berge, 2300 Meter hoch gelegen.

Die Schmalspurbahn bringt mich hinauf auf die Höhenzüge der Western Ghats, die von Nord nach Süd verlaufen und die Wasserscheide Richtung Osten bilden. Es geht vorbei an Tee-, Kaffee- und an Kautschukplantagen. Hier verbrachten Engländer damals die heißen Sommermonate. Langsam zuckelt das Bähnchen an den Hügelketten entlang und windet sich keuchend und schnaufend immer weiter hinauf durch den dichter werdenden Dschungel. Oben in Ooty, die Abkürzung für Octakamund, lerne ich eine deutsche Ordensschwester kennen. Sie gehört zum Waisenhaus St. Nazareth. Vom Baby bis ins heiratsfähige Alter werden sie hier aufgenommen, es sind nur Mädchen. Sie gehen in die Schule bis zur Abiturreife, werden auch von den Schwestern, verheiratet. Ein neues Haus ist seit Jahren im Bau, mit Hilfe von Misereor. Das alte Gebäude fällt fast zusammen. Bis zu 40 15-jährige Mädchen schlafen in einem Raum, kleinere bis zu 90, auf Strohmatten, die tagsüber zusammengerollt an die Wand gehängt werden. Die Kinder kommen von überall her, mit Verbrennungen, halb verhungert oder vom Vater verprügelt. Das Leben ist gefährlich in den Waldgebieten des Dschungels, da manchmal Elefanten und andere Tiere teilweise bis an die Hütten herankommen, auf der Suche nach Wasser.

Schwester Hilger begleitet mich auch zum Stamm der Todas, die in der einsamen Bergwelt leben. Sie folgen dem Matriarchat, leben in Hütten aus Holzbalken, Kuhmist, Bambusstangen und Gras. Ich erfahre von der Schwester viel über diesen Stamm: Die Frauen tragen Schillerlocken, sind in weiße Tücher mit bunten Streifen gehüllt. Männer mit langem, wallendem Haar gehen auf die Jagd und verrichten die Feldarbeit. Ihr Tempel ist von einem Stierkopf gekrönt. Sie haben ihre eigene Stammesreligion. Der Priester wird von der Bevölkerung unterhalten.

Nach zwei Nächten in dem Waisenhaus bedanke ich mich herzlich mit dem Versprechen, jedes Jahr zu Weihnachten zu schreiben und auch zur Fertigstellung der Schule beizutragen – dieser Kontakt ging über viele Jahre. Jetzt verlasse ich diese kühlen Höhen und bin wieder in der tropischen Ebene.

Mein Bus setzt sich um 23 Uhr in Bewegung, ist gepolstert, nicht überfüllt, und so schlafe ich bald ein. Dann, auf einmal, Stopp! In der engen Kurve liegt ein Laster, umgekippt. Die Straße glitschig und schmal, es gibt kaum Ausweichstellen. Ungeduldiges Warten. Gegen fünf Uhr, es ist noch dunkel, bin ich in Coimbatore. Endlich, gegen 6:30 Uhr geht's weiter, der Bus hat keine Fenster, nur Gitterstäbe. Ich sitze im vollen Zug, mein Hals schmerzt. Es wird allmählich hell, ich bin auf der Küstenstraße nach Kochi. Die Landschaft verändert sich. Dörfer und Hütten unter Palmen, hin und wieder das Meer zur Rechten und dazu die Sonne. Bin in Kerala, im tropischen südlichsten Bundesstaat, in einem Paradies.

In Ernakulam an der Malabarküste, bringt mich ein Boot auf die vorgelagerte Insel Kochi. Die Stadt wurde unter den Portugiesen reich durch Gewürze, die an den Western Ghats gedeihen. Hier bleiben die Monsunregen hängen und begünstigen so das Wachstum von Mango, Papaya, Zimt und Nelken. Über allem aber stehen die Kokospalmen, deren Früchte und Fasern verarbeitet werden. Mit all diesen exotischen Gütern wurden die Handelsschiffe beladen und vom hiesigen Hafen aus auf die lange Reise nach Europa geschickt. Erst bereicherten sich die Portugiesen, später die Holländer und zuletzt die Engländer an dem, was die Natur im Überfluss wachsen ließ. Jetzt ist Kerala der am besten entwickelte Bundesstaat der indischen Union, obwohl er nach Goa der kleinste ist. Dazu hat ursprünglich auch die frühe Christianisierung beigetragen. Schulen wurden von Missionaren gegründet und so ist dieser Bundesstaat der mit der höchsten Alphabetisierungsdichte. Man sieht viele Kirchen und etliche der Menschen tragen ein Kreuz um den Hals.

Ich lasse mich durch die engen Gassen der alten Viertel und entlang der Speicherhäuser treiben, wo heute noch die Säcke mit Gewürzen gelagert werden. Es riecht nach Zimt und Kardamom, nach Nelken und anderen duftenden Stoffen. Ich sehe am Ufer die alten, großen, chinesischen Fischernetze, durch die die Abendsonne ihre Strahlen schickt. Sie hängen an Holzbalken, sind am Ufer verankert, und dicke Steinbrocken bilden das Gegengewicht. Man senkt sie ins Wasser und nach wenigen Minuten werden sie wieder hochgehievt mit ein paar Fischlein darin. Doch manchmal sind die schwarzen Raben schneller und stibitzen den Fang.

Die Sonne legt ihre letzten Goldstrahlen über diese Idylle, lässt das Wasser in rotem Glanz erscheinen und mildert mit ihrem Verschwinden die Tageshitze. Ich lasse mich auf einem Balken nieder, schaue auf das Arabische Meer, schreibe in mein Tagebuch, dass ich fast am südlichsten Punkt angekommen bin. In einem Land, in das ich eigentlich gar nicht wollte; weil ich einfach immer weiter nach Osten gefahren bin. Wo durch Persien, Afghanistan und Pakistan, am Ende Indien vor mir lag. Dieses Land ist das ungeplante Abenteuer wert. Und ich schreibe weiter, dass das heute ein schöner Tag war, trotz aller Strapazen in der Nacht.

Aus Briefen, Kerala

„Von hier aus besuche ich den Periyar Nationalpark. Es sind nur Elefanten zu sehen und wenige Affen, aber die gibt es zur Genüge bei den Tempeln. Kerala ist ein herrliches Land, durchzogen von unzähligen Wasserarmen. Männer, die die schmalen Boote staken. Ein wahres Paradies! Auf den Wasserstraßen findet ein Teil des Handels statt. Ich mache große Strecken mit Booten. Gestern war ich am Strand, gleich umringt von einer braunen Meute. Frauen laden mich zu Chapatis ein und Fischer betteln. Bin sehr viel allein, habe seit Wochen keine Europäer gesehen. Die Inder hier unten sind sehr reserviert. Das Reisen ist völlig gefahrlos, gute Bahn- und Busverbindungen, wenn sie nur nicht immer überfüllt wären. Im Schatten ist es erträglich, 35 Grad, im Norden wird es wärmer sein. Bin am 22. August in Madras. Ein letztes Mal sitze ich an der Westküste Indiens am Strand, auf Felsen, im Schatten von Palmen. Schwarze Raben sind so frech und haben mir im Sturzflug ein Stück meines Brotes entrissen."

Backwater-Fahrt

Ich bin am Anleger der Boote, die von Alleppey ins südliche Quilon fahren. Wie überall im Land bekommt man an den Busbahnhöfen wie auch hier an der Anlegestelle allerlei Essbares. Kleine Hütten bieten in Fett gebackene Kartoffelküchlein an. Sie liegen aufgereiht und vorgebacken auf dem heißen Blech. Auf Wunsch werden sie noch einmal ins Fett geworfen und dann in einem Blätterschälchen mit würziger Soße serviert. Diese Schälchen werden aus frischen Blättern mit einem dünnen Stöckchen zusammengesteckt, in Form gepresst und getrocknet. So hat man ein stabiles Tellerchen für die kleinen Snacks nebenbei. Wenn man fertig ist, wird der Rest in die danebenstehende Mülltonne geworfen oder einfach auf den Boden. Bald macht sich eine der vielen Kühe darüber her oder ein hungriger Hund. Müllverwertung auf indisch!

Der Geschäftsnachbar nebenan bietet den leckeren, südindischen Milchkaffee an. Es wird ein starker Sud aus Kaffeemehl gekocht, dann mit heißer Milch aufgefüllt und in hohem Bogen mehrmals vom Gefäß zum Becher hin und her geschüttet. Er ist stark und schmeckt köstlich. Diese beiden, Kaffee und Küchlein, sind oft mein Frühstück oder auch Mittag- und Abendessen, wenn es nichts Anderes gibt! Beim Reisen durchs Land findet man an den Verkehrsknotenpunkten immer etwas zu essen, denn die Inder sind viel unterwegs, hauptsächlich zu den diversen Tempelfesten. Restaurants gibt es nur in größeren Orten und die sind nicht auf Fremde eingestellt, also Bananenblatt und Finger. Sonst bleibt vielfach nur der Bahnhofs-Imbiss, das heißt: Plain Rice und Bananen finde ich meistens und zu viel mehr reicht mein Geld nicht. Lasse mir noch zwei der leckeren Kartoffelpuffer einpacken, denn vor heute Abend gibt es nichts mehr.

Das Boot liegt im kleinen Hafen, der von uralten Bäumen überschattet wird. Ein schmaler Steg führt auf das Deck. Das Wasser ist bedeckt mit blau-lila Wasserhyazinthen, die die Strömung leicht hin und her driften lässt. Kleine oder auch größere Seelenverkäufer bringen am Morgen die Menschen aus den umliegenden Dörfern in die Stadt zu ihren Arbeitsplätzen. In Kerala wird alles auf dem Wasser transportiert. Um 10:30 Uhr geht es los, ich bin die einzige Fremde an Bord, freue mich auf diese Fahrt. Die Landschaft zieht langsam und beschaulich vorbei. Rechts und links der oft schmalen Kanäle beugen Palmen ihr Haupt weit über das Wasser. Dahinter, in endlosen Weiten das Grün der Reisfelder, nur durch schmale Dämme voneinander getrennt. Graue Büffel stehen bis zum Bauch im Wasser, Enten werden auf die Felder getrieben und finden hier allerlei Fressbares. Abends kehren sie im Pulk in ihre Gehege zurück. Schlanke, dunkle Boote ziehen vorbei, hochbeladen mit Kokosnüssen, Sand oder Gemüse. Manchmal hilft der Wind dem zerfledderten Segel aus Palmstroh und treibt das Boot an. Sonst wird es mit langer Bambusstange fortbewegt. Man stößt die Stange in den weichen Grund, läuft auf dem Boot entlang und treibt so den Kahn voran. Vom Boot aus zieht das Dorfleben an mir vorbei. Kinder laufen am Wasser entlang und rufen „Pencil, Pencil!", sie wollen immer Kugelschreiber oder auch die begehrten Plastikwasserflaschen. Die Fischer brauchen sie, um die herabgelassenen Netze an der Wasseroberfläche zu halten und zu markieren. Hin und wieder dümpeln dickbauchige Hausboote am Ufer. Eine luxuriöse Angelegenheit für Touristen. Ich genieße dieses langsame Dahingleiten durch eine zauberhafte Lagunen-Landschaft fernab jeglichem Verkehr. Bei den

Höfen liegen ganze Halden von Kokosnussschalen. Sie werden im Wasser eingeweicht, um die Fasern von der äußeren Schale zu lösen. Diese Fasern werden dann in Heimarbeit von Frauen und Mädchen zu Seilen gedreht. Ein Ende spannt man um einen Baum und am anderen wird per Kurbel gedreht. Diese haltbaren Stricke werden überall eingesetzt: von den Fischern und beim Zusammenbinden der Bambusgerüste beim Hausbau. Von der Palme geht also nichts verloren! Der Kanal wird breiter, in Reihen stehen die chinesischen Fischernetze neben der Fahrrinne.

Die Sonne wirft rötliche Schatten auf das Wasser und streift auch das Boot, mit dem ich in den Abend fahre. Ich nähere mich Quilon, meinem heutigen Ziel. Größere Pötte liegen jetzt in der Fahrrinne. Wild aussehende Gestalten schauen zu mir herüber. Vor allem die Bewohner Keralas haben sich mit den Seefahrern Sansibars und auch denen der arabischen Küsten vermischt. Sie alle sind auf den Meeren der Welt unterwegs und zu Hause. Die Sonne verschwindet hinter den Palmen, es wird kühler, die Kanäle öffnen sich zu breiten Seeflächen, und Quilon taucht am Horizont auf. Der Bootstripp ist zu Ende, ein wunderbarer Tag fast vorbei.

Tagebucheintrag, Trivandrum
Ich bin ganz aufgeregt. Stehe vor der Bank.

„Es hat geklappt! Bei der „Bank of India", in Trivandrum, bekomme ich die ersten 100 USD. Tausche etwas offiziell und hoffe auf gute Schwarzmarktkurse auf Ceylon. Jetzt brauche ich nicht mehr jeden Cent umdrehen, und kann auch mal wieder etwas Anderes essen als Reis und Bananen.

Beim Fotografieren einiger Schlangensteine, gerate ich in ein Aschram, ein hinduistisches Kloster. Einige Mönche mit langem, grauen Bart und ebensolchen verfilzten Haaren kommen gerade von einer Betteltour zurück, begleitet von gelbroten Fahnen und Schellenmusik. Sie fordern mich auf mit hinein zu kommen. Es findet die Geburtstagsfeier des Swami Abhedananda statt. 60 Jahre ist er geworden. Zwischen Tempelchen und Schreinen hat man aus Bambus-stangen eine Festhalle errichtet. Auf einem Podium sitzt der Swami mit anderen Brahmanen. Ein langer Bart und langes Haar geben ihm ein würdevolles Aussehen. Bekleidet ist er mit einem winzigen orangefarbenen Tüchlein. Zu seinen Füßen hocken seine Jünger und andere Gläubige. Es wird aus der Bhagavad Gita gelesen und gesun-gen, sieben Tage lang, im Wechsel: der Swami und die Brahmanen. Man führt mich in die Festhalle. Ich lasse mich zu den Frauen auf dem Boden nieder. Der Swami begrüßt mich, indem er die Hände faltet und an die Stirn hebt. Er hat durchdringende Augen. Ich folge eine Weile der Handlung, dem Lesen aus den Schriften und den Ge-sängen. Später bietet man mir an, über Nacht zu bleiben. Auf diese Weise lerne ich auch das Kloster und die Pilgerherberge kennen. Ich sehe natürlich auch die praktische Seite: eine kostenlose Nacht und auch etwas zu essen. Einige Frauen leben hier und so kann ich mit ihnen den Raum teilen. Eine von ihnen spricht schon seit 13 Jahren nicht mehr. Die Nacht verbringe ich auf dem blanken Boden, nur mit einer Bastmatte als Unterlage. Wieder eine „harte" Nacht. Morgens um vier ist die Ruhe vorbei. Schellengeläute, Trommeln und Gesang setzen ein, ziehen durch die Gänge und wecken mich unsanft. Man bedeutet mir, liegen zu bleiben. So kann ich dem Ge-sang und der Musik nur lauschen. Dazu der Duft der Tempelblüten, der Rauch von Gheelichtern und Sandelholz, der bis an mein Lager dringt. Gegen sechs Uhr gibt es Frühstück. Man sitzt in langen Rei-hen auf dem Boden, einer neben dem anderen. Tempelbesucher, Pil-ger, Asketen, weise Männer und auch einige Frauen. Und irgendwo dazwischen ich. Sie sitzen alle ganz entspannt da, nur ich weiß nicht, wohin mit meinen Beinen, denn ich darf meine Fußsohlen nicht in Richtung der anderen strecken. Das verbietet die Achtung vor dem Gegenüber. Als Teller liegt ein Bananenblatt vor mir, der Wasser-becher steht daneben. Es gibt Dosa, hauchdünne Pfannkuchen mit Kartoffeln gefüllt, und Kaffee. Das Mittag- und Abendessen wird auf gleiche Weise serviert: Reis, diverse Soßen, Kartoffeln und Jo-ghurt. Man mischt alles mit den Fingern und isst mit der rechten

Hand. Dann sitze ich lange am Tempelteich, lausche den Gesängen, schaue den Eichhörnchen zu und genieße die Ruhe um mich herum. Der Aufenthalt hier war sehr interessant und gibt mir Einblick in das Leben eines Aschrams. Ich bedanke mich herzlich für die Aufnahme und die Gespräche mit dem Guru, dem Lehrer. Das war eine tolle Erfahrung, Klosterleben in Süd Indien."

Auf dem Wag nach Colombo

Eine Nachtfahrt führt mich über Quilon, Madurai, Rameswaram und über die Adamsbrücke nach Talaimannar. Von hier geht's weiter zur Hauptstadt Ceylons, nach Colombo. Das heißt, weitere zwölf Stunden Fahrt liegen vor mir. Ich hänge im Zug herum, fühle mich elend, ausgepowert, mich interessiert nichts mehr. Die Landschaft zieht an mir vorbei, Palmwälder, flaches Land, zum Osten hin hügelig. Von all dem bekomme ich nur hin und wieder etwas mit, bin benommen, sehe alles wie durch einen Schleier. Eine kurze Meerenge wird überquert, die warme Feuchtigkeit nimmt zu und ich mag weder essen noch trinken. Dusele einfach so vor mich hin. Gegen zwölf Uhr bin ich endlich in Colombo. Es regnet und das Touristen Büro liegt am Rand der Stadt, also laufen. Auch die Jugendherberge ist weit. Für die alten Städte Polonnaruwa und Anuradhapura brauche ich eine Besuchserlaubnis. Auch für die Fotogenehmigung schickt man mich von einer Stelle zur anderen. Das erfordert lange Wege, endloses Warten in Büros, und alles in der feuchtwarmen Hitze dieser Tropeninsel. Ich bin ziemlich am Ende, möchte nur noch schlafen. Endlich habe ich das Hostel erreicht, man will mich nicht aufnehmen, mein Ausweis ist abgelaufen, aber nach langem Hin und Her bekomme ich doch ein Bett. Falle rein und bin weg!
Am anderen Tag habe ich Fieber und heftige Kopfschmerzen. Trotz Tabletten gehen sie nicht weg. Liege den ganzen Tag herum, weiß nicht, was mit mir los ist. Der Herbergsvater bekommt das mit, besorgt mir ein Taxi und schon lande ich im Government-Hospital.

Colombo, Warden 25, Bett Nr. 37

„Ehe ich es richtig mitbekomme, sitze ich in einem Rollstuhl, wehren ist zwecklos. Hinter Vorhängen untersucht man mich, lasse alles geschehen. Man schiebt mich in „Warden 25", eine lange offene Halle, die Frauenstation dritter Klasse.

„Bett Nr.37, eingeliefert im August 1966, Verdacht auf ?, Keine Ahnung, Status: Tourist, Country: Germany, Color: weiß".

Das bin ich! So steht es in der Krankenakte am Fußende meines Bettes, eines von 60 in diesem langen, offenen Raum. So schnell landet man also in einem Krankenhaus! Ich sitze auf der Bettkante, döse vor mich hin, bekomme aber noch mit, dass die Bettwäsche nicht sauber ist. Bitte eine Schwester in weißer Tracht und blaugestreifter Schürze um frisches Bettzeug. „Sie ist erst gestern gewechselt worden", bekomme ich zur Antwort. Nach langer Zeit gibt man mir wenigstens ein frisch bezogenes Kopfkissen. Da liege ich nun in voller Montur, eine „Weiße" unter dunklen Draviden-Frauen. Sie alle in uniformeller Kleidung: blauweiße Bluse und schwarz-weiß kariertes Tuch um die Hüften. Dieses Nachtgewand bekommen sie zur Verfügung gestellt. Die diensthabende Ärztin kommt bald und untersucht mich genauer. Durch Vorhänge kann man die einzelnen Betten abteilen und so etwas Privatsphäre schaffen. Sie teilt mir auf Englisch mit, dass man anhand der Fieberkurve herausfinden muss, was mir fehlt. „Die Labore streiken seit vierzehn Tagen", sagt sie mir, und so kann keine Blutuntersuchung gemacht werden.

Obwohl ich mich ziemlich elend fühle, muss ich über dieses Krankenhaus lächeln. Der Krankensaal, eine lange, offene Halle. Die Seitenwände niedrig, ein offener Dachstuhl, die Luft kann zirkulieren. In langen Reihen stehen die Betten zu beiden Seiten und auch außerhalb des Saals unter dem Dachvorsprung. Ich lege mich hin, schaue mich um. Große schwarze Krähen fliegen hin und her, schreien, lassen sich im Gebälk nieder, lassen auch schon mal was runterfallen, machen mir in den nächsten Tagen mehrmals aufs Kopfkissen. Ratten laufen über die Eisenträger im Dach und unter den Betten sehe ich manchmal ihre Schwänze verschwinden. Freche Spatzen picken die Krümel vom Boden oder von den uralten Nachttischen.

Auf meine Frage, wie viele Kranke es hier gibt, antwortet die nette Schwester: „Etwa vierzig Betten stehen in dieser Halle und zwanzig weitere an den offenen Seitengängen. Dann gibt es etwa dreißig „Floor-Patienten", die auf dem Boden unter den Bettreihen kampieren. Dazu gibt es noch einige Notbetten. Wenn ein neuer schwerer Fall kommt, muss irgendjemand sein Lager räumen."

Meiner Nachbarin passierte es, dass ihr Bett belegt war, als sie von der Toilette zurückkam. Niemand lehnt sich dagegen auf, sie sind froh, überhaupt aufgenommen und versorgt zu werden. Vielleicht habe ich ja auch jemanden das Bett weggenommen? Hier, wie auch in Indien, ist die Behandlung in der dritten Klasse, sowie sämtliche Arzt-, Arznei- und Verpflegungskosten frei. Alte Frauen und junge Mädchen bereiten sich Nacht für Nacht ihr Lager unter den Betten der anderen auf dem Steinfußboden: Eine Strohmatte und ein Kopfkissen ist alles. Sie sind es nicht anders gewohnt, so schlafen sie auch zu Hause oder auf der Straße! Am Ende der riesigen Halle sind Toiletten und Duschen. Ich suche diese Örtlichkeiten nur in dringenden Fällen auf. Es stinkt entsetzlich! Zum Glück liege ich nicht in der Nähe!

Helferinnen in weißen Saris gehen mit Kesseln auf einem fahrbaren Wagen von Bett zu Bett und verteilen Tee, Milch und Gemüsesuppe. Da ich keinen eigenen Becher habe, nimmt man die verbeulte Blechdose vom Nachbarn, ohne sie auszuspülen, und serviert mir so die Suppe. Wie viele Krankheiten ich wohl haben werde, wenn ich hier rauskomme? Zum Mittag- und Abendessen fahren zwei Schwestern die riesigen Alu-Töpfe von Patient zu Patient, schauen auf die Fieberkurve und hauen dann den Blechteller voll mit undefinierbarem Zeug. Wer Fieber hat, bekommt nichts. Gott sei Dank, so entgehe ich dem Essen. Auch zum Einnehmen der schon aufgelösten Tabletten wird für die ganze Halle nur ein Becher benutzt. Die Schwestern und Helferinnen sind sehr freundlich. All das Geschehen um mich herum bekomme ich nur in Momenten mit, weil mich immer wieder Fieberschübe wegdriften lassen. Die Hygiene ist gleich null. Man organisiert aber frische Wäsche durch die Jugendherberge. Ich habe wohl auch diverse Spritzen bekommen, kann mich nur schwach an große, blinde Glaskolben mit einer Riesennadel erinnern. Nach einigen Tagen lässt das Fieber nach. Anhand einer Blutuntersuchung, die ich privat vornehmen lasse, stellt man fest, dass ich Paratyphus habe, eine leichtere Form von Typhus, hervorgerufen wohl durch das Trinken unreinen Wassers in Indien. Damals gab es kaum destilliertes Wasser in Flaschen und so war ich auf das übliche in Restaurants und an Brunnen angewiesen. Ich schlafe viel, es geht langsam bergauf. Man macht mir, auf mein Bitten hin, in der Teeküche Spiegeleier und Kartoffelpüree. Das schmeckt! Nach zwölf Tagen werde ich entlassen, bin noch sehr schlapp und wackelig auf den Beinen. Ich bekomme ein Entlassungspapier, was ich aber nicht lesen kann, bedanke mich bei Ärzten und Schwestern. Zahlen muss ich nichts!

Durch den Herbergsvater organisiert, kann ich mich bei einer netten Familie weiter auskurieren. Sie leben am Stadtrand von Colombo, im Grünen, holen mich vom Krankenhaus ab und möbeln mich wieder auf. Ich schlafe sehr viel und Frau Piyadasa kocht herrliches Essen. Die beiden reizenden Kinder habe ich schnell ins Herz geschlossen. Sitze im Garten, lese in buddhistischen Schriften und schreibe in mein Tagebuch. Der Aufenthalt im Krankenhaus füllt einige Seiten meines Heftes. Nach fünf Tagen bin ich soweit, dass ich meine Reise fortsetzen kann. Verabschiede mich von der hilfsbereiten Familie und mache mich auf den Weg nach Kandy, wo ein Zahn Buddhas verehrt wird."

Ceylon

Der Buddhismus kam vor 2300 Jahren mit oder durch König Ashoka vom Norden Indiens in das Land. Später übernahmen die Cholas und Pandyas aus den benachbarten südöstlichen Hindu-Königreichen die Oberhand der Insel. Diese Dynastien wurden im 15. Jahrhundert von den Portugiesen, später den Holländern und zuletzt von den Engländern abgelöst. Alle Europäer wurden durch den Handel mit Gewürzen reich. So braut sich Geschichte zusammen, hinterlässt ihre Relikte, die wir Heutigen an diversen Orten bewundern können: Dagobas, buddhistische Reliquienschreine, Säulenhallen, stehende und liegende Kolossalstatuen und die Höhlentempel von Sigiriya. Nicht zu sehen sind das Elend und vielfältige Leid der Menschen, welche über Jahrhunderte hinweg diese Zeugen großartiger Kulturen geschaffen und dieses Land geprägt haben. Ich durchstreife die Orte und Geschichten als staunender Besucher auf Zeit. Länger hier sind die Ureinwohner, die dunkelhäutigen Draviden und die Tamilen, die von Indien aus den Norden der Insel besiedelten. Mit den im Süden ansässigen Singalesen bilden sie die beiden vorherrschenden Bevölkerungsgruppen.

Per Schmalspurbahn geht's hinauf auf sanfte Höhenzüge und durch die Hänge von Tee- und Kautschuk-Plantagen. Kandy, ein uralter Pilgerort, liegt mitten im dschungelartigen Herzen der Insel. Der Stupa, ein glockenähnliches Gebäude, ist um die eigentliche Reliquie, einen Zahn Buddhas, herumgebaut, die sogenannte Dagoba. In den zahlreichen Nebengebäuden wird an vielen Altären geopfert. Gläubige bringen Blütengirlanden und zünden Räucherstäbchen an. Sie erheben die Hände gefaltet über den Kopf und verbeugen sich. So verehren sie Buddha, ihren Guru, ihren Lehrer, ihr Vorbild. Im Buddhismus gibt es keinen Gott zum Anbeten. Am späten Nachmittag herrscht Gedränge vor den vielen Schreinen, und so werde auch ich mit den frommen Massen unsanft weitergeschoben und bin, ehe ich mich's versehe, wieder draußen.

In den höheren Lagen ist es etwas kühler und leichter Regen setzt ein. In der Nähe Kandys besuche ich einen deutschen, buddhistischen Mönch, der in einer Höhle lebt. Ich muss lange suchen in diesem unwegsamen Waldgebiet. Es ist ein Erdloch, in dem er haust, davor eine Feuerstelle und ein Krug mit Wasser. Ich hocke mich zu ihm auf den Boden und höre ihm zu. Er erzählt von den Weisungen Buddhas und vergleicht dazu auch Stellen aus der Bibel. Ich merke bei dem Gespräch, dass er oftmals nach Worten sucht, er lebt schon seit zehn Jahren in der Einsamkeit des Dschungels. Von den umliegenden Bauern wird er mit Nahrung versorgt. Es ist ganz still hier, bis mit einem Mal hunderte von Zikaden ihr Abendkonzert beginnen. Ich falte die Hände, neige den Kopf und bedanke mich so für das Hiersein bei diesem weisen Mann. Über Trampelpfade erreiche ich wieder Kandy und bin am Abend von der buddhistischen Gesellschaft zu Volkstänzen eingeladen.

Rummelplatz der Frömmigkeit

Über Nuwara-Eliya, den Erholungsort der Reichen aus Colombo, geht es runter Richtung Südküste zum Pilgerort Kataragama. Es ist ein besonders heiliger Ort für Hindus, Buddhisten und auch Moslems. Jeder geht in jeden Tempel oder auch in die örtliche Moschee. Es gibt kein Hotel, nur Pilgerherbergen. Ich finde Aufnahme in der Rama-Krishna-Mission. Schlafe auf dem Boden und esse mit vielen Pilgern in der offenen Tempelhalle. Ich bin umringt von Bettelmönchen, Armen von der Straße und Sadhus in orangefarbenen Gewändern und Bettelstab. Zum Erstaunen einiger sitze ich unter diesem buntgemischten Völkchen, vor mir der „Bananenblatt-Teller", daneben der Wasserbecher aus Metall. Junge Mönche gehen herum mit einem Eimer voller Reis, ein anderer mit Gemüsebrühe und der letzte mit verschiedensten scharfen Kleinigkeiten, die dem Essen den Geschmack geben. Man vermischt alles mit der rechten Hand, formt es zu einer Kugel und schiebt diese mit dem Daumen in den Mund. Später führt mich ein junger Swami, Schüler des hier verehrten Gurus, herum. Gläubige stehen in langen Reihen mit Opfergaben in den Händen vor dem Tempel. Ohrenbetäubendes Schellengeläute setzt ein, die Gaben der Wartenden verschwinden hinter einem Vorhang zum Wohle der Götter und auch sicher der Priester. Ein langer Zug Gläubiger setzt sich in Bewegung und geht von Tempel zu Tempel. Im Dämmern werden die vielen Öllämpchen angezündet. Zu besonderen Festen kommen Tausende in diesen Ort: Pilger, Gurus, heilige Männer, Asketen, Sektierer, Fanatiker, Scharlatane und Wunderheiler, aber auch viel fahrendes Volk. Sie alle tragen zur einmaligen Atmosphäre bei. Es herrscht Jahrmarktgetümmel, bunt und aufregend für mich.

Doch dann erlebe ich Dinge in Kataragama, von denen ich noch nie etwas gehört habe und es auch nicht geglaubt hätte. Die Menge bewegt sich zum Dorfplatz. Ich sehe Männer, die sich mit Silberpfeilen von 20 Zentimetern Länge Backen und Zunge durchstechen und den ganzen Körper mit Nadeln bespicken. Andere lassen sich an Schnüren und Angelhacken, die durch die Rückenhaut gestochen werden, an einem Gerüst aufhängen und schweben dort waagerecht über dem Boden. Das Volk huldigt ihnen, trägt sie unter Rufen durch die Menge zum nahen Tempel und lässt auch ein paar Paisa Stücke in die Bettelschale fallen. Ein magerer Mann sitzt auf einem „Nagelbett", dieses ist dicht beschlagen mit Nägeln, deren Spitzen nach oben weisen. Er sitzt dort mit untergeschlagenen Beinen und starrt teilnahmslos durch alles hindurch. Gegen Abend wird Holzkohle auf den Boden gestreut und angezündet. Sobald alles erglüht, laufen junge Männer barfuß darüber. Gleich nebenan liegen ganze Haufen von Glasscherben, auch sie werden mit bloßen Füssen betreten. Niemand verletzt sich dabei. So etwas habe ich noch nie gesehen!

Für mich ist es Ausdruck von Frömmigkeit, Wahn, von Ekstase: bunt, exotisch, fremdartig. Auch ein Hauch von Mystik haftet dem Ganzen an, von Nichtbegreifen und Nichtverstehen. Leider findet das ganze Geschehen am Abend statt, so kann ich diese Bilder nur im Kopf festhalten und sie mit hinübernehmen in meine reale Welt.

Tagebucheintrag, Ceylon

„Am nächsten Tag Stupas, Tempel, Opfertische, Öllämpchen, Blumenopfer, Dankesfähnchen in den Bäumen, Abfall, wo man hinsieht. Über all das legt sich der unaufhörliche Regen, überzieht das Land mit einem Dunstschleier, der Monsun hat jetzt auch Ceylon erreicht. Ich will per Autostopp nach Galle, ein junges Paar nimmt mich mit. Herrliche Küstenstraße, einsame Buchten, Palmen, Strand, Fischerdörfer, eins nach dem anderen. Idylle pur. Ein paar Tauchtage in Hikkaduwas Unterwasserwelt sind zugleich Ruhepause, bevor es weitergeht ins Innere der Insel. Ich verlasse Colombo bei strömendem Regen. In Dambulla ist das Resthouse zu teuer, wende mich an die Polizei, kann auf der kleinen Wache schlafen. Morgenwäsche am Brunnen, das halbe Dorf schaut zu! Frühstück auf der Straße, Bus nach Sigiriya. Der Felsen wächst abrupt aus dem Dschungel empor von einer Festung gekrönt (6. Jahrhundert n. Chr.). In den Höhlen erzählen die gut erhaltenen und restaurierten Fresken vom Leben Buddhas und der Mönche. Herrlicher Blick in die Weite, über den Urwald. Treffe eine Gruppe Pfadfinder aus Colombo, die mich in ihrem Bus mit zurücknimmt und auch zum Essen einlädt. Dafür wollen sie deutsche Lieder hören. Mit viel Warten und Umsteigen gelange ich am Nachmittag in das Dörfchen Aukana, wo ein herrlicher Buddha in einsamer Landschaft steht, und das schon seit Jahrhunderten. Aus dem massiven Fels herausgeschlagen, strahlt er Andacht und Würde aus, segnet die, die zu ihm gefunden haben auf ihren Wanderungen durch das Land. Vielleicht segnet er ja auch mich, wo ich doch von soweit herkomme? Am Abend ist Polonnaruwa erreicht, einer der wichtigsten Orte der Insel. Es gibt kein Hotel. Meine Unterkunft: billigste und dreckigste Pilgerherberge, harter Steinboden und Bastmatte. Eine grauenvolle Nacht erwartet mich mal wieder.

Aber dann der Morgen! Dunst, in den sich die Ruinen ducken, herrlich gelegen unter uralten Bäumen. Eine versunkene, stumme Stadt aus Stein, überwuchert vom Grün der Tropen, deren sichtbare Reste vom einstigen Glanz ihrer Erbauer zeugen. Gegründet im 10. bis 12. Jahrhundert n. Chr. als zweite Hauptstadt der Insel, weist sie Paläste, Audienzhallen, Stupen und Hindu Tempel auf. Es ist furchtbar heiß, ich laufe von Schatten zu Schatten. Einer der Stupas ist vollkommen mit Buschwerk überwachsen und sprengt so die rote Ziegelverkleidung. Einen anderen riesigen Ausmaßes, angefangen, unvollendet, vom Urwald verschlungen, kann ich nur als großes Rund erkennen. Im „Northern" Tempel alte Fresken. Das Zirpen der unzähligen Grillen schwillt zu einem Orkan an und passt zu Tropen, Dschungel und Ruinen. Durch diese Stimmung lasse ich mich treiben, stundenlang. An Stupas, Säulen, Reliefs und Buddhas vorbei, bis der Abend naht. Ich muss diesen Ort verlassen und versuche es per Anhalter. Eine junge Frau aus dem indischen „Tata-Clan" nimmt mich mit und lädt mich in ihr feudales Resthouse ein. So siedele ich vom Steinfußboden in ein herrlich weiches Bett. Glück muss man haben! Auch ein leckeres Essen wartet und ein gemütlicher Abend schließt sich an. Bin froh, mal wieder mit jemandem zu reden, nicht immer nur die kurzen Gespräche, die notwendig sind für Fortbewegung und Organisation. Man nimmt mich auch am nächsten Morgen mit nach Anuradhapura, wo ich im archäologischen Gästehaus unterkomme. Die Jetavanaramaya-Dagoba ist schon von weitem zu sehen, denn sie überragt mit ihren ehemals 120 Metern alle anderen Bauten auf diesem riesigen Areal. Busch und Strauchwerk hat sie eingehüllt, hat die Verkleidung gesprengt und sie so dem umliegenden Urwald angeglichen. Sie könnte auch ein Hügel in der Landschaft sein. Eine eigenartige Stimmung herrscht hier zwischen den Baumriesen, dem Gestrüpp, den Resten der Paläste und den Wassertanks. Viele Stufen führen hinab, und ich stelle mir buntes Badeleben vor. Ich bin alleine hier, höre den Gesang der Vögel und das ferne Rollen der Ochsenkarren. Hin und wieder zeugt eine Blüte oder ein abgebranntes Räucherstäbchen, zu Füßen eines Buddhas abgelegt, von inniger Verehrung, von einem einsamen Wanderer.

Auch ich wandere weiter, setze meine Reise fort. Verlasse diese Insel der Götter, die weiter die Zeit verschläft und unter dem alles überwuchernden Dschungel ihre Kostbarkeiten hütet. Bis neugierige Archäologen sie aus ihrer grünen Umarmung befreien, sie restaurieren, um sie Jahrzehnte später zu viel besuchten Touristenorten werden zu lassen. Als ich 2003, nach 35 Jahren, noch einmal hierherkomme, finde ich mich in wohlgepflegten Anlagen wieder, allen morbiden Charmes beraubt, erhalten und schöngemacht. Wo ist der alte Zauber geblieben, wo die Ausstrahlung dieser Andachtsstätten der frühen Jahre? Sie sind beraubt ihrer natürlichen Einbindung in Natur und Landschaft, auch der Frömmigkeit der Pilger und der Weisheit der Wandermönche. Denn für diese, für stille Besinnung, für Hingabe und Opfer ist jetzt kaum noch Zeit und Platz. Heute werden sie überflutet von Touristenmassen, die sie im schnellen Lauf und Stundentakt durchstreifen. Sie liegen nackt da, verbergen keine Geheimnisse mehr, legen gleich alles offen. Man kann nicht mehr auf Entdeckungsreise gehen. Natürlich ist es gut, dass sie erhalten werden für die Nachwelt, aber für mich sind sie ihrer Ausstrahlung entrissen, bloßgelegt ihres mystischen Zaubers."

Diese Gedanken bleiben zurück mit der Insel. Ich nehme den Zug nach Talaimannar und weiter nach Norden zurück nach Indien.

Rameswaram, mein erstes Ziel, ist einer der meistbesuchten Pilgerorte der Hindus, das „südliche Varanasi". Der Bahnhof quillt über von Menschen, sie kampieren in der großen Wartehalle und auf den Bahnsteigen. Es sind Tausende die hier auf ihre Züge warten oder einfach hier leben. Meine Tasche gebe ich zur Gepäckaufbewahrung und lasse mich mit den Besuchern treiben. Sie alle wollen zum großen Ramanathaswami-Tempel. Es ist kein Tempel, vielmehr eine Tempelstadt. Ein riesiges Areal von Tortürmen, 1200 Meter langen Säulengängen im Geviert, diversen Wasserbecken, düsteren Gängen, Räumen und Nischen, und in der Mitte das Allerheiligste im Dämmerlicht. Ich werde mitgeschoben, laufe barfuß über die spiegelglatten Steine, die Millionen nackter Füße poliert haben. Entlang der Säulen, die ringsum mit Götterskulpturen verziert sind, vorbei an den Wassertanks, wo die Gläubigen sich auf Stufen niederlassen, um ihr rituelles Bad zu nehmen. Es dauert lange, bis ich mich dem inneren Heiligtum nähere. Gruppen sitzen auf dem Boden, unterhalten sich, essen oder schlafen an den Fuß einer Säule gelehnt. Auch hier im Tempel findet das ganz normale Leben statt. Händler sitzen in langen Reihen zwischen Säulen und bieten alles an, was der Gläubige zum Opferritual braucht: Blütenkränze, Öllämpchen, Räucherzeug, Kokosnüsse, Pulver in verschiedenen grellen Farben, heilige Schriften und bunte Drucke von Götterbildern. Andenken und Kinderspielzeug bringt man von der Pilgerreise mit und Frauen erstehen die gläsernen bunten Armreifen.

Das Allerheiligste ist erreicht, ich darf nicht hinein, schaue nur zu, allzu lange kann ich nicht verweilen, denn meinen Nachtzug nach Madurai darf ich nicht verpassen. Am Ausgang finde ich meine Sandalen nicht, muss barfuß durch all den Dreck und Abfall und auch den getrockneten und zu Staub zerfallenen Kuhschitt! Solange ich keine offenen Wunden habe, macht das nichts. Endlich, da stehen sie. fein säuberlich auf Regalen. Ich mache mich auf zum Nachtzug nach Madurai."

In den Zügen Indiens

Der Bahnhof ist bald erreicht, stehe am Schalter, um meine Reisetasche zu holen. Lange Schlangen, Gedränge, Hände von allen Seiten. Endlich habe ich sie. Das gleiche am Ticketschalter. Inder haben keine Scheu vor Nähe oder Körperkontakt, sie drängeln immer und überall, es gibt zu viele Menschen. Mit dem Ticket in der Hand und der Tasche auf der Schulter bahne ich mir einen Weg an Frauen, Kindern, Schlafenden und riesigen Gepäckbündeln vorbei. Auf großen Umsteigebahnhöfen und in der Nähe vielbesuchter Pilgerorte herrscht das gleiche chaotische Bild.

Anhaltendes Hupen kündigt das Nahen des Zuges an. Langsam fährt er ein. Die Männer stürzen sich auf den noch fahrenden Zug, einen Fuß auf dem Trittbrett, die Hand am Haltegriff. So drängeln sie hinein, die Ankommenden haben kaum eine Chance, auszusteigen. Man versucht mit irgendetwas einen Platz zu belegen. In Bussen ist es der gleiche Ablauf. Das macht jeder so. Ich habe lange gebraucht, bis ich das kapiert, aber manchmal auch ignoriert habe. Ich warte vor dem Ladys-Compartment, muss mich hineinkämpfen. Endlich, ich habe es geschafft! Jetzt richte ich meinen oberen Platz. Frauen und Kinder liegen dichtgedrängt auf und unter den Bänken und in den Gängen. Es gibt auch keinen Weg zur Toilette, alles ist verstopft. Ich habe es auf meinen Reisen so eingerichtet, dass ich möglichst wenig diesen Ort aufsuchen muss, einmal aus Sicht der Hygiene und des Gestanks, aber auch das Schlingern und Hüpfen des Zuges lässt diesen Besuch kaum zu. Mir graut es vor der Nacht, aber ich muss sparen.

Apropos sparen. Ich habe immer, gebangt, wenn ich in den jeweiligen Landeshauptstädten mit einem nicht ganz rechtmäßig erworbenen Ausweis um eine Fahrkartenermäßigung bitten musste. Freunde haben mir ein „hilfreiches Papier" der Stadt Münster geschickt. Ich frage nach dem zuständigen Beamten. In Hallen mit vielen Tischreihen wird das britische Eisenbahnsystem verwaltet. Überall, auf Bänken, in Regalen und auf dem Boden stapeln sich Akten über Akten, der ganze Verwaltungs-Papierkram indischer Bahnen. An der Decke wirbeln Ventilatoren Luft und Schriftstücke durcheinander. Der ganze Vorgang dauert oft Stunden. Ich sitze, warte, es wird immer ungemütlicher für mich. Werde gefragt, ob ich Studentin sei, was und wo ich studiere, welches „Degree" ich habe? Ich, mit meinem Volksschulabschluss! Ich weiß, dass ich etwas mogele, fühle mich auch nicht wohl in meiner Haut, habe endlich das gewünschte Papier und mache mich aus dem Staub. Wieder etwas gespart, mein Geld muss noch bis Delhi reichen. Dort erwarte ich die zweiten 100 USD, wenn mir die Götter gewogen sind.

Tempelfest in Madurai

Es ist Mitternacht, Madurai ist erreicht. Die südindische Tempelstadt ist religiöser Mittelpunkt Tamil Nadus, der südöstlichen Provinz des Landes. Der große Tempel ist Anziehungspunkt Tausender von Pilgern, die den Schrein der „Sri-Meenakshi" besuchen. Es ist noch dunkel, ich stolpere durch die Bahnhofshalle, verbringe den Rest der Nacht auf dem runden Tisch im Warteraum zweiter Klasse. Auf dem Boden leben Mäuse und Ratten. In Madurai werde ich einige Tage bleiben, da ein großes Tempelfest bevorsteht: die Hochzeit der Göttin Meenakshi mit Shiva-Subramanya. Er ist einer der wenigen Tempel, in dem zwei Hauptgottheiten verehrt werden. Deshalb suche ich mir ein billiges Hotel.

Mein erster Weg führt mich zum Tempel. Die Stadt wimmelt von Menschen. Aus dem ganzen Land kommen sie hierher, um dem großen Event beizuwohnen oder ihre Geschäfte zu machen. Pilgerscharen, fromme Männer und ganze Familien leben im Freien, auf Straßen, in den Gassen und auch am Fuß der rotweiß gestreiften Mauern, die das ganze Tempelareal umzäunen. Von weitem sehe ich den hohen, von einer Vielzahl bunter Götter, Dämonen und Fabelwesen überwucherten Gopuram. Er ist einer der vier Eingangstürme, die ins Innere der riesigen Anlage führen. Sie überblicken weithin die niedrigen Lehmhütten zu ihren Füßen. Sandalen aus und Socken an, so betrete ich die glühend heißen Steine, die blankpoliert sind von Pilgerfüßen, die jahrein, jahraus diesen so verehrten Schrein besuchen. Der Tempel ist riesig mit offenen Höfen, Säulenhallen, langen Gängen, Wasserbecken, dunklen Räumen und dazwischen die bunt gekleideten Menschen. Sadhus in ihren orangefarbenen Gewändern mit riesigem, verfilzen Haarknoten auf dem Kopf, sitzen auf dem Boden, ihre Bettelschalen vor sich. In den offenen Höfen uralte Bäume, an deren knorrigem Wurzelwerk Stelen mit Nagas lehnen. Ich nähere mich langsam, beobachte alles, was um mich herum passiert. Ein Priester besprengt die Steine mit Wasser, die schwarz glänzen vom Butterschmalz, und betupft sie mit rotem Pulver. So zieht er von einem Altar zum nächsten. Auch ich ziehe weiter, bestaune die bunt ausgelegten Mandalas auf dem Boden. Menschen strömen zu ihren Lieblingsgöttern, berühren den Boden, beugen sich auf und ab und zünden Gheelichter an. Im Nachmittagslicht leuchten die rotbunten Saris der Frauen zwischen den Säulenreihen hindurch, die den Tempelteich umstehen. Ich lasse mich auf den Stufen nieder, die zum Wasser führen, und sehe den Badenden zu. Sie steigen hinab, tauchen dreimal unter, drehen sich mehrmals um, schöpfen mit der hohlen Hand Wasser aus dieser Brühe, lassen es über ihren Kopf fließen und trinken es auch. Zum Schluss füllt man noch ein Messinggefäß und nimmt es mit nach Hause, geheiligtes Wasser der Meenakshi aus dem Tempel von Madurai.

Ich werde von jungen Frauen in Englisch angesprochen. Wie immer wollen sie wissen, ob ich alleine reise, wie alt ich bin und ob ich verheiratet sei. Mein Alter sage ich ihnen, dass ich alleine bin, sehen sie, und die letzte Frage verneine ich, was sie sehr verwundert. Denn in Indien heiraten die Mädchen mit zwölf oder 14 Jahren. Sie sehen ihren Ehemann erst bei der Hochzeit, die schon vor langer Zeit von den Eltern arrangiert worden ist. Sie werden noch im Kindesalter, wenn Stand und Kaste es erlauben, verbandelt und verhandelt. Es ist mehr oder weniger eine Geschäftsbeziehung, die eingegangen wird. Die weitere Unterhaltung ist etwas mühsam. Nach „Safe Journey" und „Namaste", dem indischen Gruß bei zusammengelegten Händen, ziehen sie weiter.

Meine Neugier treibt mich jetzt durch lange, dunkle Pfeilerhallen, vorbei an unzähligen, in Stein gehauenen Skulpturen. Die indische Götterwelt geht ins Unendliche. Ganesha, der elefantenköpfige, dickbauchige wird von allen verehrt. Er ist einer der Lieblingsgötter der Inder, der Beschützer der Reisenden, Sohn von Shiva und Parvati – er verspricht Wohlstand. Aber da, in einer der Hallen steht ein Elefant, mit bunten Decken behangen und bemalter Stirn. Er tritt von einem Bein auf das andere, wiegt seinen riesigen Körper hin und her und lässt seinen Rüssel auf den Häuptern der Gläubigen ruhen. Sie legen ein paar Münzen in seinen Rüssel, Segen der Götter gegen Bares. Je näher ich dem eigentlichen Heiligtum komme, umso dichter wird das Gedränge. In das eigentliche Sanktum der Meenakshi darf ich nicht: "for Hindus only" steht da zu lesen. Der Hauptschrein, dunkel gefärbt vom Qualm der Öllichter, drinnen das Standbild der Göttin, verborgen hinter kostbarem Brokat. Der Boden davor blank poliert von den Sohlen der Gläubigen. Diese Steine haben so viel gesehen: Epochen, Könige und Herrscher, Ruhm und Elend. Die Ausstrahlung des Ortes versetzt auch mich in Andacht, beobachte aus der Ferne. Der Brahmane nimmt ihre Opfergaben entgegen, segnet sie und gibt einen Teil der Gaben wieder zurück. Ich wandere mit ihnen weiter von Schrein zu Schrein, von Gott zu Gott.

Junge Familien bringen ihre Babys zum Tempel. Schön herausgeputzt legen sie sie auf den Boden, breiten zerschlagene Kokosnüsse aus, stellen Gheelichter dazu. Bananenblätter mit kleinen Reishäufchen und diversen Körnern werden vorbereitet. Die Mutter fährt mit den Händen über die Flamme, führt sie dann über das Gesicht des Kindes, betupft es mit den verschiedenen Opfergaben. Die Angehörigen sitzen darum herum, das Baby weint und weiß nicht wie ihm geschieht.

An anderer Stelle werden kleine Götter, alle aus schwarz glänzendem Stein, mit bunten Schürzen behangen und mehrmals von den Gläubigen umrundet. Sie heben dabei immer wieder die erhobenen Hände vors Gesicht und sprechen Gebete dazu. Es sind die neun Planeten, die hier verehrt werden. Es ist faszinierend, die Hingabe in einem Moment und im nächsten: Schwatzen, Essen, Kichern, Schlafen, das gewöhnliche Alltagsleben. Kurz darauf stehe ich vor dem Schrein des Subrahmanya. Ich höre Gesang, folge ihm. Frauen sitzen in langen Reihen auf dem Boden, vor sich Öllämpchen und gefüllte Blütenkörbchen, auch auf Messingleuchtern brennen Feuer. Eine Frau singt vor und alle fallen in den Singsang ein.

Am Spätnachmittag kommen die Händler und lassen sich mit ihrem Tand, der zu einem Tempel- und Volksfest dazugehört, zwischen den Säulen nieder. An einem hohen Metalltor zündet ein Priester hunderte von Gheelichtern an. Alles trieft vom Butterschmalz und

Rauchschwaden durchziehen bald die Hallen. Überall an den Säulen blütengeschmückte Götter und Göttinnen. Müde vom vielen Laufen und Schauen lasse ich mich nochmals am Tempelteich auf den noch heißen Stufen nieder. Der Himmel färbt sich rot, die hohen Palmen, die über die Umfassungsmauer schauen, heben sich als Silhouette vom Abendhimmel ab. Ich lasse die Stunden und die Bilder an mir vorüberziehen, halte sie in Notizen fest und versinke wohl auch in eine schläfrige Müdigkeit nach der langen Fahrt im Zug.

Nachtgedanken

Anscheinend beschäftigt mich das Schreiben auch nachts. Mir kommen erläuternde Gedanken zu meinen Erlebnissen im Tempel von Madurai, die ich sofort handschriftlich festhalte wie in dieser Nacht zum 26. März 2021 und sie im Text wiedergebe.

„Indien ist so unergründlich, so vielschichtig, man kommt ihm vielleicht näher, wenn man im Tempel auf dem Boden sitzt und den Gesängen der Brahmanen lauscht. Sich hinwegtragen lässt vom Halbdunkel der Säulengänge, dem warmen Licht der Gheelämpchen, dem Getrappel der nackten Füße, dem Geruch von Sandelholz und dem der Fledermäuse im alten Gemäuer. Diesem typischen Tempelgeruch und der dazugehörenden Atmosphäre komme ich beim Schreiben manchmal sehr nahe, fast so als wäre ich mittendrin; sich fallen lassen in die Gebete, dem Verneigen vor den Göttern, dem Opfern der Pilger, dem Gesang der Brahmanen und der Musik, die von irgendwo aus dem Innern des Tempels kommt. Dann wird einem vielleicht, aber auch nur vielleicht, ein winziger Blick in die „Seele Indiens" gewährt.

Verstehen und begreifen kann man sie aber kaum, sie ist diffus, mit unserer Logik kaum zu ergründen, sie entzieht sich dem westlichen Denken. Wir leben mehr oder weniger an der Oberfläche, sind gefangen von den alltäglichen Dingen um uns herum. Achten zu sehr auf Äußeres, haben keine Zeit und Muße, uns auf nicht-Greifbares, Höheres einzulassen. Auf Indien, auf die Menschen, ihr Leben und ihren Glauben und somit auch in weiterem Sinne auf uns selbst. Ich habe versucht, einzutauchen in alles um mich herum, in diese Momente der Weltentrücktheit, sitzend im Dämmerlicht der Tempel. Habe stundenlang den Pujas gelauscht, dagehockt auf harten Steinböden, bis mir die Gelenke wehtaten! Habe auf irgendeine Erkenntnis gewartet, auf tiefere Einblicke in das, was dieses Land bedeutet. Es gab nur winzige Bruchteile von Zeit, wo ich glaubte, etwas näher der Seele Indiens gekommen zu sein. Oder war es nur ein Wunsch? Allein das sind kostbare Sekunden, die ich festhalten möchte, die sich aber nicht halten lassen, die auftauchen und wieder fort sind. Die mir aber eine Ahnung von der Tiefe, der Hingabe und dem Glauben der Menschen vermitteln.

In dieses Land kann man sich nur fallen lassen, ganz unvoreingenommen, frei, ohne Zwang, und warten, was mit einem geschieht, ohne Erwartung. Unser Bewusstsein ist zu sehr auf unwichtige Dinge festgelegt, auf Äußerliches. Wir müssen erst einmal die harte Schale der Gewohnheiten durchbrechen, um frei zu sein, um in tiefere, empfindsamere Schichten vorzudringen. Offen für Anderes, für Neues, auch für uns ganz Unverständliches. Das gelingt nur schwer und selten. In mystischen Räumen wie in den Tempeln Indiens kann man versuchen, ganz frei zu sein von Begierde und Begehren. Das sind Orte, die eine vage Vorstellung, ein Erahnen oder auch nur einen Hauch von diesem Land, von seinen Menschen und der opfernden Hingabe an die Götter und Dämonenwelt erfahren lassen. Auch vom Wissen um die Leidensfähigkeit, das Ertragen allen Elends, aber auch der bejahenden und umwerfenden Lebensfreude der Menschen. Sie leben mit der Hoffnung auf ein besseres Morgen oder Später, auf ein Wiedergeborenwerden in eine höhere Ebene. Wenn man nichts erwartet, ist man offen für alles, selektiert nicht, bewertet nicht, nimmt an und dankt den Göttern jeden Tag aufs Neue.

Später in Benares war ich dem, was Indien für mich ausmacht, etwas nähergekommen, damals an den Ufern der Ganga. Da hatte ich bereits Monate mit den Menschen gelebt, Tage in Tempeln und Ashrams verbracht, mit ihnen in Bahnen und Bussen gesessen und durch den Staub der Landstraßen gewandert. Auch mit ihnen gehungert, ihr Leben geteilt. Ich konnte dieses Land etwas besser verstehen. War dann auch vorbereitet und offen für diesen winzigen Moment, der mir in Varanasi begegnete und wiederfahren sollte. Davon aber später, im Reiseverlauf."

Soweit mein nächtliches Erinnern an den Tag und den Abend im Tempel von Madurai.

Ich sitze immer noch auf den Stufen zum Wasser, werde aus meinen Gedanken gerissen, es wird hektisch um mich herum, alles strömt in eine Richtung. Ich folge den Menschen. Allabendlich findet eine Prozession statt. Mit Gedränge, lautem Geschrei, Schellen und Trommel-Musik wird die Statue der Meenakshi auf den Schultern der Priester in den Sundareswarar Tempel getragen. Hier verbringt die Göttin die Nacht im Schrein des Gottes. Am anderen Morgen wird sie genauso lautstark wieder zurückgebracht in das eigene Heiligtum. Das ganze Spektakel wird von Hunderten von Frommen begleitet. Es wird geopfert und gebetet. Gläubige verneigen sich vor den verschiedenen Götterbildern oder werfen sich der Länge nach auf den Boden. Für mich ist das der bisherige Höhepunkt in Sachen Tempel, Götter, Pilger, Opferhandlungen, Blüten, Hingabe und fröhliche Frömmigkeit.

All das findet man in indischen Tempeln, im Leben der Hindus mit ihren Göttern, im jahrmarktähnlichen Geschehen. Ich bin am Ende überwältigt: ein Tag voller bunter Bilder, Gerüche und Geräusche, lauten und auch leisen, stillen, andächtigen. Für die Menschen auch Volksfest und Abwechslung vom Alltag. All das ist tief verankert in ihrer Religion, in ihren Festen und damit in ihrem Leben. In dieser Gewissheit verlassen sie den Tempel, haben den Göttern gegeben, was sie ihnen schuldig sind, gehen in ihr armseliges Leben zurück auf die Straße und sind froh, wenn es am Abend für eine Schüssel Reis reicht.

Ich ziehe voll von Eindrücken zu meiner bescheidenen Herberge, esse am Straßenrand eine Dosa, gefüllt mit würzigen Kartoffeln, und falle hundemüde aber glücklich in das harte Bett. Morgen heißt es früh aufstehen, denn die Prozession beginnt bei Sonnenaufgang. Sie findet nur einmal im Jahr statt, und ich habe das Glück, dabei zu sein!

Tempelprozession

Im Hotel wird es lebendig, ich mache mich auf den Weg, es ist noch kühl. Alle Menschen strömen in die gleiche Richtung, zum Tempel. An einer Ecke sehe ich die hohen, schweren Tempelwagen aus Holz, mit ihren Aufbauten und Skulpturen der vielen verschiedenen Götter. Auf der obersten Plattform stehen die, mit kostbaren Seidentüchern umhangenen und blütenbekränzten Idole. Auf massiven Holzrädern und an armdicken Stricken werden sie in Dreierreihen von hundert Männern in weißen Dhotis durch die Straßen und Gassen gezogen. Es ist Schwerstarbeit, diese Wagen zu lenken und überhaupt zu bewegen. Die Gläubigen sammeln sich in Tempelnähe und versuchen, einen guten Platz zu bekommen, von dem aus sie das ganze Spektakel beobachten können. Sie stehen auch auf den Flachdächern der umliegenden Häuser.

Das Gedränge wird dichter, je näher ich dem Heiligtum komme. Eine bunte Menschenmenge hat sich vor dem Gopuram versammelt. Dort ist wohl der Beginn der Prozession. Jetzt höre ich Musik aus dem Tempel kommen. Trommler und Flötenspieler führen den Zug an.

Als erstes erscheint der mit bunten Blüten und silbernen Ketten geschmückte, fette, graue, Tempelbulle, der begleitet wird von Brahmanen. Auf dem Rücken dieses wohlgenährten Zeburindes sitzt ein Junge, wild trommelnd. Dann folgen mit bunten Decken und Blumengirlanden behangene Kamele und Elefanten. Die Köpfe und Rüssel der Dickhäuter sind mit Farbe in grün, weiß und rot bemalt, Mandalas ähnlich. Langsam trotten sie ihres Weges, lassen sich nicht von der Menge aufhalten, die versucht, Rüssel oder Schwanz dieser heiligen Tiere zu berühren. Es folgt eine ganze Schar von Brahmanen, die kleine Altäre auf Stangen über ihren Schultern tragen.

Dann die schweren hölzernen Wagen, die kaum zu lenken sind und manche Hauswand beschädigen. Die Menschenmenge wird immer bunter, lauter und das Gedränge dichter. Sadhus und andere Pilger, von oben bis unten mit grauer Asche beschmiert und teilweise nackt, schieben sich durch die Menge. Wanderheilige tragen bemalte Holzkästen, kleine Schreine, wo hinter Gitterstäben örtliche Gottheiten thronen. Sie werden von vier Männern an Stangen getragen, und die Gläubigen huldigen auch diesen mobilen Altären und opfern im Vorbeigehen. Auch spindeldürre Asketen, fast unbekleidet, aber mit einem riesigen, verfilzten Haarknoten, mit Bettelschale, Wanderstab oder dem Dreizack des Gottes Vishnu, begleiten diesen Zug. Das ganze religiöse Bild Indiens zieht an mir vorbei, in all seinen vielfältigen Erscheinungsformen. Händler haben sich noch einen Platz in dem Gewusel gesichert und bieten alles an, was zu einem Volksfest gehört: Opfergaben, kleine Snacks, Kokosnüsse und bunter Flitterkram. Dazu Spielzeug aus Palmgeflecht für die Kinder und Glasreifen in allen Regenbogenfarben für die Frauen. Ich stehe und staune über die Pracht, die dieses bunte Indien zu bieten hat. Ein Rausch der Farben, ein Bild der Frömmigkeit, die Vielfalt der Götterwelt, ein Fest für die Sinne. Es ist mitreißend, überwältigend in seiner Lebendigkeit und Lebensfülle. Umwerfend für jeden, der das zum ersten Mal erleben darf. Ich habe schon viel auf dieser Reise gesehen, aber das hier ist wohl der Höhepunkt!

Es dauert Stunden, bis sich der Strom der Gläubigen einmal um den ganzen Tempelkomplex herumgeschoben hat. Mit Mensch und Tier, den schweren Wagen, den Priestern, mit Göttern und Halbgöttern, mit all den Weisen und Pilgern. Bettler, Kranke und Krüppel sitzen bescheiden am Rand des Geschehens und halten geduldig ihre Hände auf in der Hoffnung, an einem solchen Tag etwas mehr in ihrer Almosenschale zu finden. Nach Stunden, die ich hier sehend und staunend verbracht habe, entferne ich mich von diesem Pilgerzug und begebe mich zurück in die Ruhe des kleinen Hotels. Halte noch ganz frisch die vielen Eindrücke fest, ehe mir Details verloren gehen, entfallen oder von nachfolgenden Ereignissen überlagert werden.

Ich muss auch berichten von den bunten Märkten, der Tausend-Pfeiler-Halle und dem Swami, der mich zu einer religiösen Unterweisung in sein Ashram eingeladen hat. Dem folge ich gerne, kann dadurch etwas mehr über den Hinduismus erfahren. Ich habe ja keine Vorkenntnisse, alles kommt ganz frisch und unvoreingenommen zu mir.

Ein Diener führt mich zu ihm. Ich werde von einem sehr gut genährten Mann in einer offenen Halle des Ashrams empfangen. Er ist minimal bekleidet, sitzt auf einem Leopardenfell und Goldreifen schmücken seine Arme. Man bietet mir Platz auf den Stufen unterhalb seines Thrones an, also zu seinen Füßen! Ich komme mir etwas komisch vor in dieser Situation, muss zu ihm aufblicken. Er lässt sich auch mit „His Holiness" ansprechen. Das Gespräch oder besser die Unterweisung findet auf Englisch statt. Da meine Sprachkenntnisse etwas einfach sind, kann ich ihm in die weitverzweigte indische Mythologie nur schwer folgen. Er führt immer wieder Bibeltexte an, das erstaunt mich, er scheint auf dem Gebiet sehr bewandert zu sein. Nach Stunden der „Belehrung" frage ich ihn, ob ich ein Foto von ihm machen darf, er erlaubt es mir. So mache ich eines in Farbe und auch in schwarz-weiß. Dann bekomme ich noch ein einfaches Mittagessen, das übliche Tali, Reis mit verschiedenem Gemüse und scharfen Zutaten. Nach vier Stunden ist die Audienz beendet. Das war mein Ausflug in die „höheren Ebenen des Hinduismus"! Monate später, zu Hause, stelle ich fest, dass weder auf meinem Farbfilm, noch in schwarz-weiß dieser „Heilige Mann" zu sehen ist. Wie ist das möglich, die Bilder sind auch nicht als Lücke auf den Filmen vorhanden oder einfach nur Dunkel! Ob er wirklich dank seiner Kraft das bewirken konnte? In diesem Land ist anscheinend alles möglich.

Wieder zurück in der Alltagswelt lasse ich mich durch die Gassen der Blumenverkäufer treiben. Die Saris der Frauen konkurrieren mit der Farbigkeit der Blüten. Die Farben gelb und rot überwiegen dabei.

In der Nähe befindet sich auch die sogenannte „1000-Pfeiler-Halle", das Pudhu-Mandapam, in dem fleißige Schneider die Nähmaschinen surren lassen. Sie stammen alle von der Firma Singer. Sie nähen in Windeseile die Blusen der Frauen, die abgestimmt zur Farbe des Saris angefertigt werden.

Ich werde morgen weiterziehen. Aber vorher gehe ich noch einmal ins Heiligtum der Göttin und nehme Abschied von dieser Stadt und ihren vielen Eindrücken. Sitze am Wassertank, die Steine sind immer noch heiß von der Hitze des Tages. In der Abendsonne ziehen all die bunten Bilder dieses ungewöhnlichen Ortes noch einmal an mir vorbei. Fledermäuse umschwirren die hohen Eingangstürme, und Palmen bewegen sich leise im Wind. Die Sonne verschwindet hinter der Mauer, es wird etwas kühler, und die ersten Lichter gehen an. Zeit für mich aufzubrechen, die Bilder mit auf die Reise nehmen, bis sie durch andere, neue überlagert werden, aber nicht verloren gehen.

So habe ich auch heute, nach 55 Jahren, das eine oder andere Geschehen ganz real vor Augen, abgespeichert im besten Computer der Welt, dem Kopf. Da geht nichts verloren und kann auch nicht abstürzen wie so manches Mal beim Schreiben dieses Buches. Man kann es jederzeit wieder hervorholen!

Es ist erstaunlich, wie sich nach so langer Zeit und so vielem, was dazwischenliegt, jetzt Erinnerungen einstellen, die sogar kleinste Details zurückrufen und bildlich vor meinen Augen auftauchen. Nach einem halben Jahrhundert und neun Reisen in mein Lieblingsland, ist es eigentlich kein Wunder, dass mir so vieles im Gedächtnis geblieben ist.

Kurze Karte aus Tiruchirappalli

„Gestern habe ich Madurai verlassen, nachdem ich mir die Festprozession angesehen habe. Haushohe, schwere Tempelwagen, bunt geschmückt, werden fünf Stunden lang durch die Gassen gezogen. Elefanten, Kamele, Brahmanen, fromme Pilger und voran der heilige Bulle ziehen mit. Dazwischen Gaukler, Sadhus, wild aussehende

Männer, die in Ekstase geraten sind. Hunderttausende säumen die Straßen, ein einmaliges Erlebnis und ich mittendrin!"

Tempelstädte des Südens

Freue mich auf den Süden des Landes, Tamil Nadu. Hier finden sich die großartigen Tempelstädte, reihen sich aneinander. Vor mir liegen die ehemaligen Reiche der Cholas, Pandyas und der Pallavas. Sie haben uns die vielgliedrigen Tempelbauten von Kumbakonam, Kancheepuram, Chidambaram, Dharasuram und die Felsenheiligtümer an der Küste in Mahabalipuram hinterlassen. Auch Tirupati, wo fromme Hindus den Göttern ihre Haare opfern. Und nicht zuletzt der herrliche Tempelkomplex von Tangore mit seinen berühmten Bronzen. Ich habe zwar in Madurai ausführlich das Leben im Tempel erfahren, aber diese Heiligtümer stammen aus älteren Zeiten und sind somit interessanter in ihrem ganzen ornamentalen Schmuck und in ihrer Ausstrahlung.

Ich benutze den Nachtzug um der Hitze zu entgehen. Ausgehend von großen Städten, sind die Züge immer überfüllt. Je weiter man sich davon entfernt, wird das Reisen angenehmer, denn die Bahn ist das meist benutzte Verkehrsmittel Indiens. Mein Lager ist bereitet. Von den schlingernden und hüpfenden Bewegungen, vom Fauchen und Rattern des Zuges lasse ich mich in den Schlaf schaukeln. Manchmal fühlt es sich an, als ob der Zug aus den Gleisen springen will. Inzwischen ist mir diese Art des Reisens schon zur Gewohnheit geworden, habe ich mich an die Menschenmassen auf den Bahnhöfen, die Ratten, Kühe und Hunde auf den Gleisen gewöhnt. Auch der Dreck in den Retiring-Rooms und den dazu gehörenden Toiletten und Duschen machen mir nicht mehr viel aus.

Nicht gewöhnt habe ich mich an die kleinen Viecher, die mich nach und nach überfallen: Läuse, Kleiderläuse, Flöhe und Wanzen. So lassen sie mich auch in dieser Nacht nicht zur Ruhe kommen. Dazu weht der Nachtwind durch die offenen Fenster und gegen Morgen wird es empfindlich kühl. Zwischen Nacht und dem anbrechenden Tag rattert mein Zug in den neuen Morgen. Die Lock faucht dunkle Rußwolken in den Himmel, vermischt sich mit dem Dunst in der Ferne und löst sich auf. Ich klettere von meinem Schlafplatz, suche mir eine Lücke zwischen den am Boden Hockenden und strecke erst einmal meine steifen Glieder. Man rückt zusammen und bietet mir einen Platz an. Die Kühle weht zum Fenster herein. Es riecht feucht nach Feldern, nach Vieh und Kochfeuern. Auch nach den eingesammelten Kuhfladen, die mit Häcksel vermischt in der Sonne trocknen. Später werden sie zu Pyramiden aufgeschichtet, durch die der Wind wehen kann und dienen als Brennmaterial. Holz ist rar. Man kann von der heiligen Kuh alles verwerten: die Milch, den Urin für Tempelangelegenheiten, den Kot zum Brennen; und sie beseitigt nebenbei auch noch den Abfall.

Typisch die Morgenstimmung die in der Frühe über dem Land liegt. Besonders, wenn die aufgehende Sonne die Oberhand gewinnt und alle Schleier lüftet, den kühlen Fahrtwind erwärmt, der dann auch mich einhüllt und mich ganz wach werden lässt. So zieht die Landschaft langsam vorbei, noch in Dämmer gehüllt, lässt die Dörfer erwachen zu neuem Tagwerk.

Als erstes der Toilettengang auf die Felder. Im Anschluss wird den Göttern gehuldigt. Im Dorftempel oder an Opfersteinen, die überall an besonders heiligen Orten zu finden sind: an Flussläufen, unter alten Bäumen oder an Weggabelungen, uralte, überlieferte Opferstätten. Das Dorfleben nimmt seinen Lauf wie zu Urzeiten, denn hier hat die Neuzeit und damit das hektische Leben noch nicht Fuß gefasst. So schickt es schon früh am Morgen die Bauern auf die Felder, die Hunde auf die Gassen, die Frauen zum Brunnen und die Kinder auf den oftmals langen Schulweg. Sie kommen in Uniformen daher, laufen barfuß und tragen schwere Ranzen auf dem Rücken. Auch die kleinen, schwarzen Schweine sind schon unterwegs auf Futtersuche. Die einzige Kuh wird von einem Kind gehütet, die Betten gelüftet. Die kleinen Kinder in einer Schüssel stehend mit Wasser übergossen, mit den Händen abgestreift und die Haare gerichtet. Dann werden an offenen Feuerstellen auf einem Blech die dünnen Chapati gebacken, als Nahrungsgrundlage für den ganzen Tag. Dazu gibt es verdünnten Ayran, Sauermilch, oder etwas Gemüsebrühe zum Eintunken.

Indien ist ein bäuerliches Land, auch heute noch, wo doch schon vor Jahren die Technik in Form von Mobiltelefonen und Satellitenschüsseln Einzug gehalten hat. Bei heutigen Reisen durch das Land wundere ich mich, wenn in Bussen und Bahnen die Landfrauen, kaum sitzen sie, das Smartphone aus ihrer Bluse ziehen. Ich reise bis heute ohne, genauso wie auf der ersten Reise, die ich hier beschreibe. Man bekommt mehr Kontakt zu Menschen, wenn man nach Wegen, Herbergen und Abfahrtszeiten von Bussen und Bahnen fragen muss. Wenn nicht alles, von Google aufbereitet, abzulesen ist. Es entgeht einem viel mitmenschliche Kommunikation.

Im Zug wird es lebendig. Die ersten fliegenden Händler kommen beim Stopp ans Fenster und bieten heißen Tee an, durch die Gitterstäbe gereicht. Gefüllt in rote, unglasierte Keramikschälchen, die man, wenn sie leer sind, einfach zum Fenster hinaus auf die Geleise wirft. Dort zerschellen sie und werden wieder zu dem, was sie vorher waren, zu Erde und Staub. Für den Hunger werden kleine Snacks, in Bananenblätter gewickelt, angeboten. Im Zug preisen Händler fadenscheinige Arzneien an, lassen Proben herumgehen, weisen auf Beipackzettel hin, obschon die meisten nicht lesen können. Sie verschaffen sich per Megafon über die Geräusche des Zuges hinweg Gehör. Bettler, Krüppel und blinde Sänger ziehen durch die Abteile. Auch Kinder betteln, sie berühren die Füße der Reisenden und bitten so um eine Gabe. Sadhus verteilen heilige Schriften mit Götterbildern und erhoffen so ein paar Paisa, andere sammeln für einen neu errichteten Tempel. Mütter kaufen, in Tüten aus Zeitungspapier gerollt, ein paar Erdnüsse für die Kleinsten. Menschen steigen aus und verschwinden im Grün der Felder, die Bummelzüge halten an jedem kleinen Ort. Mir wird nie langweilig in den Zügen Indiens, es ist immer was los! Auch die Landschaft hat einiges zu bieten. Grüne Felder, Buschwerk, Palmen, zuckelnde Ochsenkarren auf staubigen Wegen, Wasserlöcher, Heuhaufen und natürlich das morgendliche Dorfleben im Vorbeifahren. Gegen Mittag bin ich in Trichy.

Mein erstes Ziel: der Felsen von Tiruchirappalli, gekrönt von einem Fort. 450 schweißtreibende Stufen führen hinauf und hinunter der Blick auf den Srirangam Tempel. Er liegt auf einer Insel im Kaveri River und ist dem Gott Vishnu geweiht, einer der größten und meistbesuchten Tempel in Süd-Indien.

Hoch sind die Tortürme, 73 Meter Götterfiguren, Dämonen und Fabelwesen, die zu Hunderten bunt nach oben ranken. Der Tempel, riesig, entstand im 12. Jahrhundert und wurde immer wieder erweitert. Lebhafte Basarstraßen führen dorthin. Ich trinke einen Kaffee, auf einem wackeligen Plastikstuhl sitzend mit dem obligatorischen Kartoffelküchlein dazu. Das ist mein Frühstück, ich weiß nicht, wann ich demnächst etwas zu essen finde.

Sandalen abgeben, Socken anziehen, die Steine sind heiß und glitschig vom heiligem Wasser, dem Öl oder dem Kot der Fledermäuse, die im dunklen Gemäuer hängen. So stapfe ich auch jeden Tag durch den Staub der Gassen, wo alles von der Sonne getrocknet wird: die Hinterlassenschaft der Kühe und Schweine, dem Federvieh und Essensresten. Nach ein paar Tagen ist alles zu Staub zermahlen, der bei jedem Schritt aufwirbelt und den man auch einatmet. Ein ewiger Kreislauf.

Lasse mich treiben durch Pavillons vorbei an Skulpturen, Göttern, Tänzerinnen. Typisch ist die „1000-Pfeiler-Halle", die von den Vijayanagar Herrschern angefügt wurde. Die Säulen sind mit Pferden und Reiterinnen verziert. Sie dient als Halle für Tempeltänze, auch als Herberge und Ruheplatz für Pilger. Heute noch lassen sie sich im Schatten nieder, essen hier ihr mitgebrachtes Mahl und legen sich anschließend auf die Steine nieder. Ich würde mich am liebsten dazulegen, aber in der Nähe wartet schon mein Bus nach Tanjore.

Kaum habe ich gefragt, ob es auch der richtige ist, geht's auch schon los. Ich sitze bei den Frauen, sie bewundern meinen Armreifen und wollen ihn sehen. So geht er durch den halben Bus, gleich redet jeder mit jedem. Die Landschaft ist grün und die Dörfer bestehen aus Palmstrohhütten. Am Abend bin ich in Tanjore und werde in meinem Zimmer von Mücken zerstochen.

Doch der nächste Tag belohnt mich mit dem wundervollen Tempel aus der Chola-Zeit. Die Dynastie herrschte einige Jahrhunderte über Süd-Indien, war damals die größte Seemacht. Sie überzogen das ganze Gebiet mit ihren Tempelbauten bis in die Niederungen des Kaveri Flusses. Der Brihadeshvara Tempel stammt aus dem 10. Jahrhundert und ist eines der großartigsten Bauwerke in Süd-Indien. Die berühmten Tanjore Bronzen kann man im etwas baufälligen Museum bewundern. Sie zeigen Shiva Nataraja als Tänzer im Feuer

Tanjore; Tempel; Bronzen; Kasten

„Ich mache mich zu Fuß auf den Weg, es ist noch kühl. Der Nachtwächter schenkt mir eine Jasminblüte. So ziehe ich los und bin bald am Wassergraben, auf dessen Stufen das rituelle Bad genommen und auch gleichzeitig die Wäsche gewaschen wird. Die Blüte ziert jetzt eine Ratte aus Stein, daneben eine Kaffeebude. Ein paar Plätzchen dazu reichen erst einmal für mein Frühstück.

Der Brihadeshvara Tempel liegt in der Morgensonne, ich habe viel Zeit, ihn zu bewundern. Große Figuren halten am Eingang Wache. Kleinere Reliefs stellen Szenen aus dem Mahabharata dar, einem frühen indischen Epos. Da, plötzlich ertönt Glocken- und Trompetenmusik aus dem Innern. Es wird zur neun Uhr Puja gerufen. Ich folge dem Klang und stehe vor dem dreieinhalb Meter hohem Lingam aus schwarzem Basalt. Vergoldete Nagaköpfe umringen dieses Fruchtbarkeitssymbol, dem die Inder immer noch viel zu intensiv frönen. Trotz Aufklärung und dem Propagieren auf großen Anzeigentafeln für die Zwei-Kind-Ehe. Die Menschenmassen auf den Straßen zeugen von der Unwirksamkeit dieser Reklametafeln. Wer will diesen Massen in Zukunft Arbeit und Reis geben?

Brahmanen im diffusen Dunkel zelebrieren den morgendlichen Ritus, singen dazu und leiern heilige Texte herunter. Ich sitze auf dem Boden, lausche den Gesängen und folge den Handlungsabläufen. Später kehre ich zurück in die gleißende Sonne, die jetzt die üppigen Skulpturen in Licht und Schatten taucht. Nischenwände zeigen verblasste Malereien. Sie stellen Szenen aus dem Tempelalltag dar. Setze mich in den Schatten und lasse die Jahrhunderte an mir vorbeiziehen: Pilger, die Tag für Tag ihre Götter besuchen, auf Erlösung aus dem Kreislauf der Wiedergeburten hoffen. Ich stelle mir Prozessionen mit heiligen Kühen und geschmückten Elefanten vor: Bilder, eingebrannt in das Leben, und die Geschichten der Menschen. Auch das 21. Jahrhundert wird trotz aller Technik diese Traditionen weiterbestehen lassen.

Dank weniger Besucher komme ich zum Schreiben. Plötzlich wird es laut, eine Klasse junger Mädchen tobt herbei. Jetzt haben sie mich entdeckt, die Ruhe ist vorbei, ich muss viele Hände schütteln, es kommen die Standardfragen. Wenn sie in Massen auftreten werden sie leicht übermütig, das ist auf der ganzen Welt so. Gegen Mittag verlasse ich den Tempel. Mein Weg führt mich an stinkenden Mauern entlang, wo Männer ungeniert im Schutze ihres Dhotis hocken. Es gibt keine öffentlichen Toiletten. Also bleibt ihnen nur die Straße oder ein Feld am Dorfrand. Auch Frauen sehe ich, den Sari etwas hochgezogen. Für mich ist es ein Problem, die Suche nach einer Toilette.

Etwas weiter liegt ein alter Mann auf dem Bürgersteig der nicht mehr in der Lage ist, seinen Unterkörper zu bedecken. Niemand nimmt Anteil. Vielleicht ist es ja ein Unberührbarer? Ich erinnere mich an Brahmanen, die sich mit weitschwingenden Armbewegungen ihren Weg frei bahnen, um ja nicht mit einer der unteren Kasten in Kontakt zu kommen. Früher musste alles, was Unberührbare berührt oder angehaucht hatten, in aufwendigen Zeremonien gereinigt werden. Bei meinen letzten Reisen ist mir das nicht mehr aufgefallen.

Das indische Kastenwesen ist auf den Brahmanismus zurückzuführen. So bilden die Brahmane die Spitze in diesem System, es folgen Krieger und der Adel, die Kshatriyas. Dann kommen die Vaishyas, das Volk der Händler und Bauern, und auf der untersten Stufe sind die Shudras zu finden. Auch farblich gibt es Unterschiede. Die helleren Arier, die vom Norden in das Land einfielen, haben die Herrschaft übernommen und die Ureinwohner, die dunklen Draviden, zurückgedrängt in südlichere Gebiete. Die dunkelsten dürfen die niedrigsten Dienste tun: die Straßen fegen, den Müll beseitigen und die öffentlichen Latrinen säubern. Und was das heißt, zeigen mir die vielen Überlandfahrten mit Bussen. Man kann diese Orte nur mit zugehaltener Nase aufsuchen oder einmal tief einatmen und die Luft anhalten. Hinsehen darf man auch heute nicht so genau! Es waren auf meinen frühen Reisen nicht zu beschreibende Zustände. Das gleiche gilt für die Züge!

Auf diesem Gebiet hat sich im Laufe von 50 Jahren sehr viel geändert. Doch immer noch findet man Elend und Schmutz, besonders in den Randgebieten der Megastädte und ihren immer weiter wachsenden Slums. Die Flüsse versiegen oder führen immer weniger Wasser, da die Industrien des Nordens zu viel davon verbrauchen. So werden sie zu Müllhalden, zu Plastikschwemmgebieten. Die Abfuhr in ländlichen Gebieten ist nicht gesichert. 1966 gab es noch keine Plastiktüten. Da kam jeder mit seinem mehrstufigen Henkelmann daher. Ob im Büro oder der Bauer auf dem Feld, alle haben sich auf diese Weise versorgt. In den Städten fahren auch heute noch die „Essens-Wallahs" auf ihren Rädern ganze Ladungen von diesen Henkelmännern in die Verwaltungszentren, um die Angestellten mit dem zu Hause Gekochten zu versorgen. Zu einer bestimmten Zeit werden die Gefäße von der Wohnung abgeholt, aufs Rad gepackt und im Eiltempo ausgeliefert. Diese „Zulieferer" wissen genau, welcher Henkelmann wem gehört.

Innerhalb eines halben Jahrhunderts hat sich viel geändert. Heute bekommt man von den Unterschieden der Kasten nicht viel mit. Es wird zwar immer noch innerhalb der gleichen sozialen Schicht geheiratet. Jetzt hat der finanzielle Status die religiös bedingte Unterscheidung übernommen. Aber die Armen sind weiterhin dazu verdammt, die niedrigsten Tagelöhner-Arbeiten zu übernehmen. Aus diesem Kastensystem kommen sie auch kaum heraus. Der Mittelstand, die Kshatriyas, hat die Geschäfte besetzt und die Bauern sind das geblieben, was sie immer waren, die Abhängigen vom Geldadel und den Großgrundbesitzern. Und darüber kommen die Beamten und die höheren Regierungskreise. Inwieweit die Brahmanen in den oberen Schichten eine Rolle spielen, ist mir nicht bekannt. Diese vorangegangenen Feststellungen habe ich auf meinen späteren Reisen durchs Land gemacht.

Von diesem Thema zurück in die nachlassende Hitze des Nachmittags zu den Tanjore-Bronzen. So steht in verstaubten Vitrinen mit vergilbten Schildchen der Herr des Tanzes „Shiva-Nataraja" Er steht auf einem Bein, unter sich der Dämon der Unwissenheit, so tanzt er mit fliegenden Haaren im Feuerkranz. Auch andere Kostbarkeiten sind lieblos in altersblinden Glaskästen zu sehen. Alles strömt Vergänglichkeit aus. Für mich war es ein wunderschöner Tag der Gegenwart hier in Tanjore."

In Kumbakonam, nicht weit von Tanjore gelegen. Straßenlärm und Muezzingesang weckt mich heute im Government-Hotel. Die Straße ist staubverhangen von den Rädern der Ochsenkarren, heute ist Markttag. Der Kumbheshwar Tempel liegt mitten in der Stadt, daneben der Potamurai Tempeltank, beide in der Morgensonne. Die bunten Häuser ringsumher werfen Spiegelungen auf das Wasser. An einem Teestall gibt es Frühstück. Ich sitze auf einem Plastikhocker am Metalltisch im winzigen Innern der Bude. Ein Junge, etwa zehn Jahre, geht dem Budenbesitzer zur Hand, putzt die Tische mit dem immer gleichen, schmuddeligen Fetzen, spült in einer Schüssel die Becher und fegt hin und wieder den Boden. Er bekommt dafür freies Essen und am Abend einen Schlafplatz auf dem Boden unter dem Tisch. So hat die Familie einen Esser weniger. Vielleicht bekommt er auch von dem einen oder anderen Gast ein paar Paisa, wie jetzt von mir. Ob er die behalten darf? Ein kindlich erstauntes Lächeln geht über sein Gesicht

Eine lange, überdachte Basarstraße mit kleinen Shops rechts und links führt geradewegs zum Tempeleingang. Rechts sehe ich neun Göttinnen, sie stellen die heiligen Ströme Indiens dar, Ganga, Sarasvati, Godaveri, Yamuna, Narmada und andere, deren Namen ich nicht kenne. Etwas weiter stehen in Dreierreihen die Planeten, dargestellt durch Göttinnen in schwarzem Stein. In der Vorhalle warten viele Gläubige auf den Brahmanen, der die Opferhandlung vollzieht. Er sitzt auf den Stufen am Teich, wirft Blütenblätter ins Wasser, verstreut Reiskörner auf dem Boden und Wasser aus blankgeputzten

Messinggefäßen über Kopf und Gesicht. Pilger können sie gegen Gebühr vollziehen lassen.

Einige Kilometer weiter liegt das Tempelkleinod von Dharasuram. Als ich aus dem Dorfbus steige, umringt mich eine Kinderschar, fasst mich an den Händen und begleitet mich zum nahen Heiligtum. Dann lassen sie mich alleine. Auch dieser ist ein Tempel aus der Chola-Zeit. Die letzten Sonnenstrahlen fallen auf die offene Tanzhalle und tauchen die feingeschnittenen Skulpturen in sanftes Licht. Um die Säulen verlaufen Miniaturdarstellungen verschiedener Tanzposen, Bilder von Göttinnen und der Ganga. Manche sind gerade einmal fünf Zentimeter groß!

Ich genieße die Einsamkeit und Ruhe und nehme die Abendbilder mit auf den Heimweg. Der letzte Bus bringt mich zurück nach Kumbakonam und setzt mich vor dem Hotel ab. Im Meenakshi Bhavan, einem Restaurant in der Nähe, bekomme ich mein Abendessen, das typische Thali: Reis, Gemüse und verschiede Kleinigkeiten. Alles ist sehr scharf. Mein Tagebuch wird um die heutigen Eindrücke reicher und ich um etliche Schweißtropfen leichter, das Wasser tropft sogar aus meinen Haaren, bis das Licht ausgeht: Stromausfall.

In Gangaikonda Cholapuram, wohin der Bus für 36 Kilometer zwei Stunden braucht, bin ich in der ehemaligen Hauptstadt der Chola-Dynasty. Der Tempel ähnelt im Aufbau den beiden in Tanjore und Dharasuram. Ein riesiger Nandi ist gen Tempel gerichtet. In die Zweige eines alten Baumes haben Frauen kleine, hölzerne, bunt bemalte Kinderwiegen gehängt und bitten die Götter, ihren sehnlichsten Wunsch zu erfüllen, ein Kind zu bekommen, am besten einen Sohn. In manchen Gegenden Nord-Indiens werden Mädchen bei der Geburt umgebracht, da sie nutzlos sind und die Heirat viel Geld kostet. Das ist zwar verboten, aber wer will das in entlegenen Gebieten kontrollieren.

Von hier weiter im schon überfüllten Bus nach Chidambaram. Ich sitze eingeklemmt zwischen Frauen. Eine hält ein Baby auf dem Arm, welches mal rechts und dann links gestillt wird, danach schläft es selig ein. Irgendwann macht mein Magen sich bemerkbar, oh

Gott, ich habe ja den ganzen Tag noch nichts gegessen! Es ist 19 Uhr, als ich ankomme. Ich kann mich kaum auf den Beinen halten, muss überall Halt suchen, um nicht umzukippen. Mein Kreislauf ist ziemlich down. In der Nacht Erbrechen. Danach geht's mir besser. Nehme zwei Lopedium und schlafe. Esse nur trockenen Reis und trinke viel. Im Moment ist mir der ganze Schmutz, Gestank, der Geräuschpegel und die Gerüche zuwider, ich bin wohl total überfordert. Das musste ja mal kommen! So, wie ich die letzten Monate gelebt habe: bis an Grenzen habe ich meinem Körper alles abverlangt! Irgendwann fordert er sein Recht. Dass es mir so lange so gut ergangen ist, ist ein Wunder. Ich muss in Zukunft besser auf mich achten, denn es liegt noch viel vor mir: der ganze Osten und der Norden werden noch hart und mir einiges abverlangen. Und dann die Rückreise durch alle Länder. Ich werde noch einige Monate unterwegs sein. Ich verschließe meine Ohren mit Stöpseln und schlafe ein. Schlafe auch noch den ganzen nächsten Tag. Schlafe, schlafe mich gesund!

Nach drei Tagen bin ich wieder soweit, das Hotel zu verlassen. Lebe die nächsten Tage nur von Bananen und Reis und besuche kurz den großen Tempel. Er ist Shiva geweiht und somit eines der meistbesuchten religiösen Zentren Süd-Indiens. Dieses wird ausschließlich von Brahmanen verwaltet. Alle anderen Tempel sind in staatlicher Hand. Deshalb wimmelt es von Priestern, alle bekleidet mit einem weißen Lunghi und der Schnur, die schräg über ihren nackten Oberkörper verläuft. Die Köpfe kahlgeschoren, nur ein Haarbüschel bleibt stehen und wippt bei jedem Schritt lustig hin und her. Ich sehe Alte und junge Knaben, Wohlbeleibte, Hagere, Hellhäutige und ganz Dunkle. Hochbetagte mit dicken Bäuchen schlurfen durch die Gänge, werden gestützt. Junge fragen mich nach *Woher* und *Wohin*. Andere liegen im Schatten, wieder andere übergießen Götterbilder mit heiligem Wasser und warten bis die Schelle zum Puja ruft. Sie kommen aus allen Richtungen und gehen in langer Prozession zum heiligen Schrein, nehmen die Opfergaben der Gläubigen in Empfang. Das Geld kommt in die aufgestellten und vergitterten Spendenkästen. Auch ich werde aufgefordert. Gegen Mittag schließt der Tempel. Ich lege im Hotel eine Ruhepause ein, schreibe, lese und plane die Weiterreise.

Tage im Ashram

Die Fahrt nach Tiruvannamalai zum Ashram des „Sri Ramana Maharshi" gestaltet sich äußerst mühsam. Die letzte Strecke geht es nur noch per Ochsenkarren in Richtung „Arunachala", dem Berg der Morgenröte. Auf dem Hügel die Pilgerherberge. Ich erhalte ein sauberes Zimmer. Kann mir in der Bibliothek Schriften über das Leben des Heiligen und Philosophen Sri Ramana Maharshi ausleihen. Versuche etwas in die Gedanken des „Eremiten", einzutauchen. Sitze im leeren Raum, nur das Bild des Meisters an der Wand. Niemand stört mich. Ich bin ganz still, versuche von der Spiritualität dieses Ortes etwas zu spüren. Vertiefe mich in die Aura die nach seinem Tod noch immer in den Räumen zu spüren sein soll. Aber ich spüre nichts, auch nicht nach einer ganzen Stunde. Um die Spiritualität Indiens oder eines Ortes zu erfassen, muss man länger im Land sein, länger verweilen, das unstete Wanderleben abstreifen, um erst einmal zu sich selbst zu finden. Das kann man nicht im Vorbeigehen. Dazu braucht es wahrscheinlich ein ganzes Leben, wenn wir westlich geprägten Menschen überhaupt dazu in der Lage sind. Mit einigen Schriften, mit Gesängen an den „Berg der Morgenröte, dem „Arunachala" beladen, ziehe ich nach drei beeindruckenden Tagen weiter.

Ein anderer Höhepunkt liegt auf meinem Weg nach Norden, Mahabalipuram, an der Koromandelküste mit seinem Shore Tempel, den fünf Rathas und dem Felsenrelief, die „Herabkunft der Ganga". All diese Bauwerke der frühen Pallava Dynastie stammen aus dem 7. bis 8. Jahrhundert. Hier lege ich auch einige Tage Rast ein. Ich lande in einem kleinen Guesthouse direkt am breiten Strand, wo noch die Fischer zu Hause sind. Viele Jahre später, als aus Mahabalipuram, Mamallapuram geworden ist, haben die Pauschaltouristen den ruhigen Platz erobert. Noch fahren sie täglich mit ihren schlanken Booten hinaus, holen in Gemeinschaftsarbeit den Fang ein und sitzen in der Abendsonne beim Flicken ihrer Netze. Der Fisch wird zum Trocknen auf dem Sand verteilt, wo noch in Dämmerung alle

Dörfler den Wassersaum für ihre morgendlichen „Geschäfte" aufsuchen. Das anrollende Meer verteilt und recycelt es wieder zu der Natur, aus der alles kommt. Nichts geht wirklich verloren, alle Materie wird in anderer Form in den ewigen Kreislauf zurückgeführt. So empfinden sich auch die Menschen als ein Teil dieser sich immer wiederholenden Abläufe und wissen, dass sie nur eine Weile an diesem Roulette teilhaben, um dann wieder in der großen Menge des Universums zu verschwinden. Das hat auch zur Folge, dass sie den Tod nicht als Ende von allem begreifen, sondern als den Anfang von etwas anderem, Neuem, vielleicht sogar etwas Besserem.

Wenn man so einfach nur dasitzt am Strand, rechts der Shore Tempel, auf der anderen Seite die Palmen, die sich dem Wind gebeugt haben, und keine Eile hat, kommen einem solche Gedanken. Man hat Zeit, die Reise und die vielen Eindrücke und Erfahrungen langsam an sich vorbeiziehen zu lassen. Dann merke ich, dass Indien schon etwas in mir hinterlassen hat, dass das Leben der Menschen mich zum Nachdenken gebracht hat. Frage: Wieviel kann ich später davon in mein normales Leben mitnehmen? Und wie lange hält das vor?

Es ist Abend geworden am Strand neben dem Tempel. Dessen Außenmauern jetzt von den Wellen umspült werden und der am nächsten Morgen wieder von der aufgehenden Sonne geküsst wird. Ein in Stein gehauenes Denkmal der Götter. Am anderen Tag bin ich bei den „Fünf Rathas" und verweile lange an dem großartigen Felsenrelief mit seinen Skulpturen, in dessen Felsspalte symbolisch die Ganga herabströmt. Alle in Stein gemeißelten Figuren eilen herbei, um dem göttlichen Spektakel beizuwohnen, auch ein hagerer Asket. Bis heute schallt das Hämmern und Klopfen der Steinmetze in den engen Gassen und so ist manche Figur der umliegenden Tempel vor Jahrhunderten in solch kleinen Werkstätten entstanden.

Für mich heißt es weiterziehen in die drittgrößte Stadt des Landes, nach Madras, dem heutigen Chennai. Zu Fuß ziehe ich durch den Morgen, wo schon die Müllabfuhr mit kleinen Karren unterwegs ist. Wo Hindufrauen die bunten Mandalas auf den sauberen Boden vor ihren Hütten malen. Sie sollen die bösen Geister abwehren. Der Bus steht schon bereit, und kurze Zeit später bin ich am Bus Terminal in Madras und finde auch bald ein preiswertes Hotel. Post von meinen Eltern erwartet mich hier nach langer, langer Zeit.

Brief an meine Eltern, Madras, 2. September 1966

„Hier ist es unerträglich heiß. Ich glaube, ich lasse alle anderen Länder fallen und bin etwa Ende des Jahres wieder bei Euch. Indien ist doch ziemlich anstrengend, allmählich fühle ich es. Auch bin ich fast immer alleine, treffe kaum andere Reisende. Kein Wunder, bei dieser Hitze und den Strapazen des Reisens auf eigene Faust und dann noch mit wenig Geld, das ist besonders hart, aber ich schaffe das schon, macht Euch bitte keine Sorgen. Seit Tagen ist der Himmel verhangen, so fällt jeder Schritt schwer. Madras ist die drittgrößte Stadt Indiens, liegt ganz im Grünen und hat viele stinkende Slums, besonders in der Nähe des Flusses, der die Stadt in die „Cantonment-Area" und die Altstadt teilt. Hier wimmelt es nur so von Kranken und Bettlern und tausenden von Obdachlosen, die am Straßenrand kampieren. Mir ist das nirgends so aufgefallen wie hier. Sie bevölkern zu hunderten die Hauptgeschäftsstraßen, sitzen in Reihen von 40 bis 50 auf dem Bürgersteig mit Lepra gekrümmten Fingerstümpfen und in schmierige Lumpen gehüllten Füßen. Ich sehe Menschen mit Geschwüren übersät auf dem Pflaster liegen. Niemand kümmert sich um sie. Im Norden soll es noch schlimmer sein. Mensch und Tier wühlen in Mülltonnen und auf Abfallhalden. Manchmal frage ich mich, warum ich mir das alles antue? Auch das gehört zu diesem sonst so schönen Land dazu. Jetzt habe ich Euch sicher Angst gemacht, aber ich passe schon gut auf und bin vorsichtig. Morgen geht es nach Tirupati, dann weiter an der Küste entlang Richtung Kalkutta, wo ich ungefähr am 10. bis 12. bin. Werde von Delhi wieder nach Bombay fahren, da sich die Streitigkeiten an der Grenze verschärft haben. Dann geht es über den Süden der anderen Länder heimwärts. Ich glaube, das reicht dann auch!"

Soweit der Brief.

Haare für die Götter

Per Bus durch grüne Reisfelder, plötzlich stopp, wir haben einen Platten. Alle drängen auf die Straße. Und dann hängen Trauben an den kurz anhaltenden Bussen. Ich habe keine Chance mitzukommen. Viel später kommt ein Ersatzbus und bringt mich nach Tirupati. Im Pilgerort Tirumala, auf einem Hügel gelegen, lassen sich die Gläubigen ihre Haare abrasieren, um sie im Venkateshwara Tempel zu opfern. Pilgermassen, viele mit Glatze, Männer, Frauen, Kinder, Babys. Finde keine Unterkunft, man vermietet nicht an Einzelpersonen, aus Sicherheitsgründen, da sich viele Hindus hier umbringen, nachdem sie alle Pujas im Tempel vollzogen haben. Ganze Klans und Dorfgemeinschaften ziehen zum Heiligtum oder lagern ausgesteckt zu Hunderten irgendwo auf ihrer Habe. Kokosnüsse werden zerschlagen, Gebete gesprochen, der Saft über den Kopf gegossen. Setze mich, schaue zu. Drei kleine, freche Rotznasen betteln und bekommen meine letzten Kekse. Ich muss diesen Berg der Frömmigkeit verlassen, sonst verpasse ich den Bus für die Weiterfahrt.

Murgas Fest

Der Bus ist brechend voll, eine Familie rückt zusammen. Der etwa zehnjährige Sohn spricht mich an und sagt mir, dass in Tiruppur, welches auch auf meiner Karte verzeichnet ist, ein Tempelfest stattfindet. Also steige ich nach kurzer Fahrt aus, aber ich komme nicht raus, da von außen die Massen nachdrängen. Dann ruft der Junge: „Ulla, Ulla, get out!" und so muß ich dann genauso rücksichtslos schieben wie alle anderen, um rauszukommen. Menschentrauben hängen am Bus. Ich verabschiede mich von der Familie und bin gleich mitten drin im Gewühle der Straßen und der Frömmigkeit. An den Ghats sind viele Badende und Betende. Links der bunte Gopuram und zu beiden Seiten der Gassen Verkaufsstände für den Tempelbesuch: Blütengirlanden, Kokosnüsse, Puffreis für die Fische im See und bunter Andenkentand. Winzige Essens- und Kaffeestände dazwischen. Überall liegen haufenweise die Sandalen herum. Musik erklingt und zwischen den Massen sehe ich den Schrein der Murga, der Hauptgöttin des Tempels. Blüten und Goldglitzer schmücken die Statue. Davor sitzt ein Priester und trommelt. Überall Pfützen mit Büscheln schwarzer Haare. Zum Glück muss ich hier nicht meine Sandalen ausziehen. Die Stufen zu den Ghats schmal und glitschig. Eine Musikgruppe nähert sich. In der Mitte ein Priester mit einem schweren Altar auf den Schultern. Er tanzt wie in Trance. Dann sehe ich einen Jungen, der drei Pfeile zwischen seinen Lippen hält. Die Atmosphäre ergreift auch mich, zieht mich hinein in diese Stimmung, die Musik, die Farben, das Gedränge, ich bin berauscht von all dem. Eine Gruppe Gläubiger hat sich um einen Brahmanen versammelt. Ein Junge schlägt den Gong, und ein anderer zwei Schellen dazu. Alle stehen auf den Stufen zum Wasser, der Priester und eine Frau, etwa 30 Jahre alt, in der Mitte. Der Brahmane hält eine Metallschale mit einem Gheelicht, weißgrauer Asche und diversen Pfeilen über den Kopf der Frau und spricht Gebete dazu. Die Frau wirft die Arme in die Luft, schreit, man gibt ihr eine Zitrone in die sie hineinbeißt und den Saft über ihren Körper verteilt. Dann hält man ihr ein Büschel mit grünen Blättern hin. Sie streift sie mit beiden Händen ab, stopft sie gierig in den Mund und kaut fast wie ein Tier. Ob sie betäubende Wirkung haben? Dann fällt sie auf die Knie, wird von den Umstehenden gestützt. Jetzt greift der Brahmane in den Mund der Frau, zieht an einer Seite, nimmt einen der spitzen Pfeile, und – dann muß ich wegsehen. Als ich meine Augen wieder öffne, steht auch sie da, mit drei Pfeilen durch Zunge und Backe gestochen. Kurz darauf ist ein etwa zehnjähriger Junge an der Reihe. Auch er lässt die Prozedur lautlos über sich ergehen und wird am Ende mit einer Blütengirlande geschmückt. Nach jedem dieser Rituale brechen die Umstehenden in laute Schreie aus.

Werde weiter von den Massen mitgerissen, für sie scheint das Ganze eine fröhliche, keineswegs ernste Handlung zu sein. Etwas weiter sehe ich ein junges Mädchen. Sie steht da, ihr Blick geht ins Leere, auch sie mit einem Pfeil im Gesicht. Frauen kommen, berühren die Füße der jungen Frau und erheben sich wieder. Ich frage das Mädchen, ob ich sie fotografieren darf, sie bewegt den Kopf mehrmals seitlich hin und her, was in Indien „Ja" bedeutet. Auch die Umstehenden bejahen meine Frage. Als ich dann skeptisch auf den Pfeil zeige, streckt jemand seine Zunge heraus, hält sie an der Spitze fest, und bedeutet mir so, dass der Pfeil durch die Zunge gestochen ist. Später erfahre, dass das eine besondere Verehrung der Göttin Murga darstellt und mit bestimmten Wünschen verbunden, praktiziert wird. Ich sehe dann viele Frauen, Mädchen und junge Männer, die etwas benommen von Angehörigen zum Tempel geführt werden. Alle haben sie dieses Ritual über sich ergehen lassen.

All das hätte ich nicht gesehen und erlebt, wenn der Junge im Bus mich nicht darauf aufmerksam gemacht hätte. So bin ich wiedermal mitten im indischen Tempelleben, im religiösen Glauben oder Aberglauben der Hindus gelandet. Trinke an einem der vielen Stände einen Kaffee, die Menschenmenge wird dichter. Da sehe ich einen Mann, der ein Metallgestell um sich herumträgt und in dessen Oberkörper Hunderte spitzer Pfeile stecken. Die Haut ist grau von Asche und auch er scheint in Trance verfallen zu sein. Diese Tempelfeste zeigen mir den tiefen Glauben der Inder, der vor allem in den Dörfern praktiziert wird.

Es ist Abend geworden, die Sonne versinkt. Die rotbunten Saris der Frauen spiegeln sich im Wasser, sie tauchen unter, setzen Blütenschälchen aus und füttern die Fische mit Puffreis. Ich lasse all diese Bilder vorbeiziehen, nicht wissend, ob es noch einen Bus nach Mahabalipuram gibt. Es ist lange dunkel, nehme meine Sachen und verlasse ganz, ganz langsam diesen Ort in Richtung Busstation. Ich habe es nicht eilig, möchte die Stimmung um mich her ausdehnen, denn ich weiß, dass ich das sicher nicht noch einmal erleben werde. Das sind Momente, wo man nur durch Zufall hineingerät und ahnt, wie kostbar diese sind.

Hyderabad

Ankunft fünf Uhr auf dem Bahnhof Kurnool. Rest der Nacht im Warteraum. Stations-Master besorgt Unterkunft im Tourist-Hotel, fünf Rupien, gut. Die Fahrt in die Stadt zieht sich am ausgetrockneten Flussbett entlang. Ich bin da, zwischen Moscheen, Minaretts und Palästen, Triumphbögen und unendlich vielen Rikschas und Fahrrädern. Am „Charminar" den vier Minaretts, bin ich im Orient. Die Frauen verschleiert und Männer tragen einen Fez. Die Fenster in den verwinkelten Gassen vergittert und die Türen blau gestrichen. Ich fühle mich in die arabischen Länder versetzt und das mitten im Herzen Indiens. Eine Stadt mit Atmosphäre. Besuche das archäologische Museum im Public Garden. Die Abende sind erträglich, aber in den Räumen steht die Hitze und erst gegen Morgen wird es angenehmer. Schlendere über den belebten Markt. Obst- und Gemüseverkäufer und auch mobile Zahnärzte und Haarschneider haben sich im Staub der Straße niedergelassen. Junge Mädchen schauen scheu hinter vergitterten Fenstern hervor. Was mögen sie denken, als sie mich sehen, ohne männliche Begleitung? Und sie, behütet und beschützt hinter Gittern. Oder sollte ich besser sagen gefangen, eingesperrt? Ich lächle Ihnen zu und ein verhaltenes wird mir zurückgesandt. Hier haben sich gerade zwei Welten für einen kurzen Moment getroffen. Von den Türmen des nahen Forts habe ich einen schönen Blick auf die umliegenden Kuppelgräber der Moslem-Fürsten. Im Schatten dieser Gräber verbringe ich einen interessanten Nachmittag im Gespräch mit aufgeweckten Studenten, die aus dem nahen Dorf Tee und Kekse und kühles Wasser besorgten.

In den Slums von Visakhapatnam

Eigentlich wollte ich meine Reise von Hyderabad in Richtung Kalkutta hier nicht unterbrechen. Visakh, wie man es hier nennt, ist neben Kalkutta im Norden und Madras im Süden der wichtigste Hafen an der Ostküste Indiens, mit eigener Schiffswerft und Ölraffinerien. Das Klima im Sommer ist feucht heiß. Abendliche Regen und Ge-

witter künden den nahen Monsun, der der Stadtbevölkerung Abkühlung bringt und den Bauern Arbeit auf den Feldern. Andhra Pradesh,
fast ausschließlich Agrarland, ist vom Regen besonders abhängig.
„In einigen Jahren", so erzählen mit junge Studenten der Landwirtschaft in Hyderabad, „wenn mal der Staudamm, das größte Projekt
Indiens dieser Art, fertiggestellt ist, ist das Land nicht mehr auf die
Hilfe anderer angewiesen."

Ein Bus bringt mich in die Metropole, die aus „Waltair" und „Visakh" zusammengewachsen ist. Sie legt sich um den natürlichen
Hafen und klettert die Hügel hinauf. In der schmalen Hauptstraße,
wo sich ein Geschäft und Lädchen an das andere schmiegt, steige
ich aus. Reges Leben und Treiben floriert hier. Handwerker ritzen
mit feinem Werkzeug Mantras, heilige Texte, in Blätter der Palmy-
rapalme oder formen Schirme daraus. Ich bin auf dem Marktplatz.
Ein buntes Bild aber auch Schwärme von Fliegen umgeben mich.
„MA, MA", rufen die Frauen und halten mir Mangos entgegen. Ihre
Baumwollsaris haben sie so gewickelt, dass die übliche Bluse ent-
fällt, und ihre bloßen Schultern und oftmals noch mehr zum Vorschein kommt. An Hand- und Fußgelenken tragen sie schwere Silberreifen mit filigranen Mustern. Jeder Landstrich hat eigene Muster
und Formen an denen die dörflichen Silberschmiede seit Jahrhunderten festhalten.

Ich bin mitten in den „Slums"! Ich sehe Elend, Schmutz, Krankheiten, Ungeziefer, denke an Unzufriedenheit, an Chaos und Ag-
gression. Aber ich habe das Gefühl, diese Menschen sind zufrieden.
Sie lächeln und wundern sich sicher, dass ich durch den Schmutz
stapfe, ihnen zuschaue, wie sie ihre Kinder baden und den, auf großen Tabletts liegenden Reis säubern. Ich sehe wie sie ihre Hütten aus
Plastikbahnen, alten Blechen und Matten flicken, ein wenig Schutz
gegen Sonne und Regen. Der anbrechende Monsunregen hat Wasserlöcher und Hütteninseln gebildet. Was machen diese Menschen,
wenn es anhaltend regnet? Dann versinkt alles noch tiefer im aufgeweichten Schlamm. Dann habe ich auf meinem Weg nach Kalkutta
und Nepal, sie sicher längst vergessen! Sie leben ihr Leben weiter

im Wechsel zwischen Sommerhitze und Monsunregen, im Hoffen auf eine gute Ernte oder einen Job und im Glauben an das Wohlwollen der Götter.

Eine lange und anstrengende Bahnfahrt bringt mich weiter in den Norden an der Ostküste entlang, in die Hauptstadt des Staates Orissa, nach Bhubaneswar.

Brief an meine Eltern, Bhubaneswar, 13. September 1966

„Liebe Eltern, bin heute in der Hauptstadt dieser Provinz angekommen. Die Nacht vorher habe ich im Bahnhofshotel verbracht, wo Ratten herum huschten. Der Schmutz wird immer schlimmer. Wie wird es erst in Kalkutta sein! Bin in 4-5 Tagen dort und freue mich auf Post von Euch. Zum Landesinnern ist es gebirgig, grün und wenig besiedelt. Hier beginnt der Urwald mit Großwild. In den unwegsamen Bergen treffe ich auf einen Stamm. Ich komme gerade zu einem Blutopfer im Dorftempel dazu. Zwei Ziegen werden geschlachtet und liegen dort in ihrem Blut, die Köpfe hat man vor einen kleinen Altar gelegt und brennt ein Feuer davor ab. Männer und Frauen in bunten Gewändern, beladen mit schwerem Silberschmuck stehen im Kreis herum. Ich darf die Frauen fotografieren, aber nicht das Opfern. Später schickt man mich weg, indem man zum Himmel zeigt. Vielleicht habe ich ihre Götter erzürnt? Aus großen, irdenen Gefäßen wird Reis an die Stammesmitglieder verteilt. Es ist der Stamm der Lombadi, der mit anderen in den unzugänglichen Hängen der Eastern Ghats lebt. Aber ohne eigenes Fahrzeug ist es fast unmöglich, weitere Stämme zu besuchen. Von hier geht's weiter nach: Puri, Konarak und Kalkutta. Dort erwarte ich Eure Post und bin am 10. bis 15.10.in Dehli".

Ich schaue mir die vielen alten Tempel in Bhubaneswar an. In die meisten darf ich als Ungläubige hinein, nur der Lingaraja Tempel bleibt mir verschlossen. Von dort weiter durch flaches grünes Land, Reisfelder, unterbrochen von Kokos- und Betelnusspalmen Richtung Küste.

Puri ist ein Pilgerort direkt am Meer. Hier findet jährlich ein acht-tägiges Tempelfest statt. Die Hauptgottheiten werden auf drei Wa-gen in einer 24-stündigen Prozession und unter dem Schweiß vie-ler brauner Leiber zum zwei Kilometer entfernten Sonnentempel gezogen und nach einer Woche wieder zurückgeführt. An diesem einmaligen Spektakel nehmen Tausende von Menschen teil. In der Festwoche sind 500 Köche damit beschäftigt, in den Küchen der Pilgerunterkünfte das Mahl zu bereiten, welches den Gläubigen kostenlos gereicht wird. Viele, die am Tempel vorbeigehen, werfen sich in den Staub und küssen den Boden. Andere füttern die fette, schwarze Tempelkuh mit den Resten ihrer Speisen. Krüppel liegen auf dem Boden und bitten mit lauter Stimme im Namen Gottes um eine Gabe. Musikantengruppen gehen von Geschäft zu Geschäft und erhalten ihren Obolus. Sie ziehen durchs ganze Land, von einem Fest zum anderen und haben so ihr Auskommen.

In Puri wohne ich in der Jugendherberge, direkt am Meer. Neh-me jeden Morgen mein Bad darin, und abends sitze ich am Strand bei Sonnenuntergang. Von hier aus besuche ich den nahegelegenen Sonnentempel von Konarak, in Form eines riesigen Tempelwagens gebaut. Er stammt aus dem 13. Jahrhundert, ist dem Gott Surya ge-weiht und hat die schönsten Steinplastiken die ich je gesehen habe, meist Tanz- und Liebeszenen. Am 19. September bringt mich eine Nachtbahnfahrt hierher in diese Riesenstadt.

Kalkutta – Metropole am Hugli

Ich fahre langsam durch die Vorstädte in die Hauptstadt Westbenga-
lens ein. Entlang der Schienenstränge haben sich die Ärmsten ihre
Hütten gebaut. Spielende Kinder, Ratten, Abfall, dazwischen die
überfüllten Vorortzüge, die langsam dahinschaukeln. Die Menschen
hängen an Türen und Fenstern und auch auf dem Dach sitzen sie
dichtgedrängt in langen Reihen, die sogenannte „Dachklasse". Haora ist Endstation, die Plattformen ein Menschengewirr. Dazwischen
die rot gekleideten Kulis, die unter riesigen Gepäckbündeln verschwinden, und sich, wie ich einen Weg durch die Menge bahnen.
Schlafende, in schmutzige Lumpen gehüllt, bevölkern die riesige
Eingangshalle. Zu Hunderten liegen sie hier.

Mein erster Weg, wie immer, zur Post. Lange schleppe ich meine
Reisetasche vom Bahnhof Haora kommend. Ich mische mich unter
die Menschenmassen und überquere den Hugli auf der langen Hän-
gebrücke. Unter mir das braune Wasser, was allen Unrat mit sich
nimmt und später ins offenen Meer spült. Die acht-Spur-breite Fahr-
bahn ist schon jetzt dem Verkehr nicht mehr gewachsen. Kalkutta ist
überbevölkert und der Verkehr ist chaotisch. Auf den Straßen tum-
melt sich alles, was sich bewegen kann: Fußgänger, Kulis mit hoch-
bepacktem Rücken, Gemüse- und Obstkarren schiebende Verkäufer,
trippelnde Füße der Rikscha-Lenker, Radfahrer, dazwischen Abgas
schmauchende Laster, Busse und wenige Automobile. Schmutz,
feuchte Hitze, eine Abgasglocke schlägt mir entgegen und legt sich
auch über Armut und Elend. Menschentrauben hängen an Bussen
und Trambahnen. Das ist Kalkutta, wie ich es in den ersten Stunden
nach meiner Ankunft erlebe. Nach all dem, was ich bisher gesehen
habe, wirft es mich doch um! Bin mittendrin in diesem Chaos von
Leibern, Geschiebe, Gedränge, von Vehikeln, Lärm, Gestank, Hitze
und Schmutz und verstümmelten, bettelnden Kindern. Muss immer
wieder am Boden Liegenden ausweichen, es ist anstrengend mit
meiner Reisetasche auf der Schulter.

Kalkutta hat zwei Gesichter: breite Boulevards mit Prunkbauten aus britischer Zeit und gleich daneben schmalste Gassen, wo das Elend zu Hause ist. Die sich ein Dach über dem Kopf leisten können, leben dicht gedrängt in baufälligen Hochhäusern, die anderen in Hütten auf Straßen und Plätzen oder auf Matten in Hauseingängen und entlang des Maidan, einer Grünfläche mitten in der Stadt. Kalkutta hat 1966 fünf Millionen Einwohner. Heute sind es circa 15 Millionen, das heißt in mehr als 50 Jahren hat sich die Bevölkerung verdreifacht!

Jetzt sitze ich auf den Stufen zur GPO, dem Hauptpostamt, und heule, keine Post von zu Hause! Da spricht mich ein älterer Mann an und fragt, ob er mir helfen kann. Er sieht, dass ich total fertig bin. Es ist Mister Saklot, der mir anbietet, einige Tage bei seiner Familie zu verbringen. Sein Auto steht gleich um die Ecke und so lerne ich hier eine Parsen-Familie kennen, Anhänger der Lehre Zarathustras, aus Persien kommend. Sie wohnen auf dem Dach eines Hochhauses, wo man durch Anbauten einige Räume geschaffen hat. Die Familie ist reizend und verwöhnt mich mit gutem Essen und einer sauberen Schlafstelle. Die Tochter, eine Malerin, zeigt mir die Stadt, und so lerne ich nebst dem Indien Museum, den Kalighat Tempel, auch die jungen Künstler dieser Stadt kennen.

Am Abend ein Spaziergang am Hugli entlang. Lastwagen kommen mir entgegen. Darauf junge Männer, die Figuren aus Stroh und Pappmaschee formen, mit Tüchern bekleidet und Glitzer behangen sind, durch die Stadt fahren. Laut singend halten sie am Fluss. Bei Fackelschein und unter Freudenrufen wird die Göttin Vishva-Karma in hohem Bogen ins Wasser geworfen und versinkt in den Fluten. Die Strömung trägt sie schnell davon und lässt sie untergehen, das Gute hat über das Böse gesiegt. Der Fluss nimmt die Gebete und Wünsche der Gläubigen mit auf die Reise und in den Indischen Ozean.

Ich muss mein Visum verlängern, in letzter Minute klappt es, denn in den nächsten Tagen wird gestreikt, alles ist geschlossen und man rechnet mit Ausschreitungen. Deshalb bin ich mit Käti zu Verwandten aufs Land gefahren, das Haus liegt direkt an den Ufern des Ganges. Der Fluss ist die Lebensader des Nordens. Er bringt das Wasser für die Reisfelder und die Hochseeschiffe durchs Delta bis nach Kalkutta. Träge und friedlich wälzen sich seine schokoladenbraunen Wassermassen dem Meer entgegen. Aber er hat auch ein anderes Gesicht, wenn eine Flutwelle ganze Gebiete überschwemmt und die Landungsstege wegreißt oder Boote von der Ankerkette löst. Doch sein gestriges Gesicht werde ich nicht vergessen: eine Leiche wird angetrieben, gelbbraun, aufgedunsen, ein erschütternder Anblick. Schwarze Raben sitzen auf dem Körper. Niemand macht sich die Mühe, die Polizei zu verständigen, um die Leiche zu identifizieren. Einem Toten wird kaum Beachtung geschenkt. Es kommt oft vor, dass Tote dem Fluss übergeben werden. Arme, die kein Geld für die Verbrennung haben, übergeben die Toten den Flüssen, vor allem dem Ganges. Der Anblick hat mich erschüttert, mir aber auch wieder vor Augen gerufen: Indien ist hart, ohne sentimentale Regung. Nach drei Monaten färbt dieses Verhalten auch auf mich ab. Das ist vielleicht besser so.

Am Abend gehe ich nochmals an den Fluss, jetzt liegen Boote am Ufer, ein friedliches Bild. So liegen Elend und Schönheit nahe beieinander. Später, als der Mond aufkommt und Tausende von Sternen über dem Wasser stehen, deckt wohltuende Dunkelheit die Grausamkeit mit einem gnädigen Mantel zu. Der Gesang eines Fischerjungen klingt wehmütig in die Nacht. Dieses friedliche Bild kann den anderen Eindruck nicht verwischen, er wird mir immer im Gedächtnis bleiben.

Nach einigen Tagen verwöhnt werden bei einem Zweig des Tatta-Clans, fahre ich zurück nach Kalkutta, vom beschaulichen Land zurück in das Chaos. Der Streik ist ruhig verlaufen und so plane ich meine Weiterreise über Bodhgaya. Ein herzlicher Abschied von den netten Parsen entlässt mich wieder in die harte Wirklichkeit einer zehnstündigen Bahnfahrt zum Zentrum des Buddhismus.

Ich bin in Bodhghaya, dem heiligsten Ort der Buddhisten. Hier hat Buddha sein fürstliches Elternhaus verlassen, hat unter dem Bodhibaum meditiert und ist zu der Einsicht gelangt, dass das Leben nicht nur aus Reichtum und Wohlbehütetsein besteht, sondern auch aus Elend, Hunger und Krankheit. Mich hat hier eine schlimme Bronchitis erwischt. Ich werde im Kloster von einem der Mönche mit Hühnersuppe und Medikamenten liebevoll versorgt und wieder auf die Beine gebracht.

Diese Barmherzigkeit und Achtsamkeit gegenüber allen Lebewesen zieht sich als Wesensmerkmal durch die buddhistische Heilslehre. Es gibt keinen Gott, der bestraft und wieder versöhnt, sondern man lernt und erfährt durch seine Taten Zufriedenheit, Menschlichkeit und Wohlwollen gegenüber allem was lebt: Menschen, Tiere, Pflanzen. Leider hat sich diese Religion in Indien nicht gehalten, obschon sie zu Ashokas Zeiten zur Staatsreligion erhoben wurde. Der zunehmende Hinduismus hat sie verdrängt, ist zur Minderheit geworden, dafür aber in den umliegenden Ländern zur führenden Glaubensrichtung aufgestiegen. Hier in Indien und auch auf Ceylon verkünden wenige Stupas von der Lehre Buddhas. Ein schönes Beispiel findet sich in Sanchi, welches auf meinem weiteren Weg gen Westen liegt. Aber erst einmal geht es zum Norden, nach Nepal zu Füßen des Himalaya, nach Katmandu.

Ein alter, enger Klapperbus bringt mich an die Grenze nach Raxaul. Ich verlasse die fruchtbare nordindische Ebene. Straße und Bus winden sich in engen Serpentinen die Ausläufer des Himalaya hinauf. Die Grenze ist schnell passiert.

Kurz darauf wird in einer schäbigen Herberge die Nacht verbracht. Früh geht es weiter. Es wird kälter und fängt an zu regnen, die schmale Piste verwandelt sich in eine braune, matschige, einzige Rutschpartie. Von der grandiosen Bergwelt ist nichts zu sehen. Der Blick reicht nur bis an den Rand der Holperpiste und zur nächsten Kurve. Am Abend nach langer, ermüdender Fahrt bin ich in Katmandu auf einer Höhe von 1400 Metern. Finde bald eine Unterkunft in einer der schmalen, dunklen Gassen. Die Häuser sind aus Lehmziegeln erbaut, mit niedrigen Eingängen und wunderschönen, holzgeschnitzten Türen und Fensterläden. Hier ist es nicht anders als in Indien. Überall Schmutz und Unrat auf den Wegen, die auch als öffentliche Toiletten dienen.

Am nächsten Morgen dann ein ganz anderes Bild, strahlende Sonne taucht den Hauptplatz mit seinen vielen Tempeln in Licht, darüber ein tiefblauer Himmel. Die Menschen zurückhaltend, in wollene Tücher gewickelt. Auf dem Boden hockend, bieten sie ihre wenigen Waren an. Die Tempel weisen Staffeldächer auf mit holzgeschnitzten Strebesäulen von einer Etage zur anderen. Ein langgestrecktes Gebäude ist der Sitz der Kumari, der Kind-Gottheit. Sie erscheint jeden Morgen an einem der vielen Fenster und zeigt sich den Gläubigen, es ist ein Mädchen von etwa zehn Jahren. Sie wird von Privatlehrern unterrichtet und darf den Palast nie verlassen. Buddhisten und Hindus verehren sie gleichermaßen.

Ich habe Glück, die Achttausender zeigen ihre schneebedeckten Häupter als weiße Spitzen. Es gibt viel zu sehen in dieser Stadt, in der noch ein König herrscht. In den dunklen Spelunken treffen sich abends die Hippies, die neben Goa auch dieses Paradies entdeckt haben.

Auf dem kleinen Platz in Katmandu

Es ist Abend geworden in der Stadt zu Füßen der Achttausender. Tempelchen und Schreine umgeben diesen lebhaften Platz. Ich habe mich hier niedergelassen. Um mich herum abendliches Treiben in diffuses Licht getaucht. Ein freundlicher Händler gibt mir eine zusammengeklebte Papiertüte, um darauf meine Gedanken festzuhalten. Tibetische Flüchtlingskinder umringen mich. Sie sind barfuß und frieren. Kühe und ein wohlgenährter, grauer Bulle holen sich bei den Gemüse- und Obsthändlern ihre Nahrung. Wenn der „Dicke" kommt, heben die Verkäufer blitzschnell ihre Körbe hoch, die an einer halbierten Bambusstange hängen und von Frauen und Männern auf der Schulter getragen werden. Sie tragen ihre Lasten über Tage aus den entlegenen Tälern auf die Märkte. Hoch aufgetürmt auf dem gebeugten Rücken in einer Kiepe, oftmals noch barfuß. Ein alter Tibeter schaut mir beim Schreiben zu.

Vom Tempel neben mir erklingt Geläute. Männer, Frauen und Kinder gehen hinein, schlagen mit den Händen an die Glocke, die über dem Eingang hängt. Sie drehen sich einmal um die eigene Achse, um die Geister zu verwirren. Vor dem niedrigen, wunderschön geschnitzten Holztor hockt eine alte Frau, die Tonschälchen mit Ghee füllt, einen kurzen Docht hineinsteckt und sie zum Verkauf anbietet. Rikscha-Fahrer warten auf Kunden, aber in Nepal geht man zu Fuß. Männer in ihrer traditionellen Kleidung, einer Art Dhoti, darüber ein Hemd. Ein wollenes Schultertuch ist Kälteschutz, Decke oder Tragetasche für persönliche Habe oder irgendwelche Einkäufe. Junge Leute, modern gekleidet, Bergbewohner aus dem umliegenden Dörfern in schweren dunklen Wollröcken vervollständigen das abendliche Bild. Ein Flötenspieler hat sich neben mir niedergelassen und spielt auf seinem Instrument. Seine Ware hat er selbst geschnitzt, und bietet sie zum Verkauf an. Der Kaufmann schließt seinen kleinen Laden und verlangt seinen Kugelschreiber zurück. Gleich besorgt mir ein Junge einen neuen.

Jetzt erklingt, wie allabendlich in vielen Tempeln, Musik. Trommeln, Schellen, Flöten geben den Rahmen zu den, sich immer wiederholenden Gesängen. Mich zieht es jetzt auch in den Tempel. Überall leuchten die Gheelichter, sie geben dem kleinen Tempel eine unwirkliche Atmosphäre. Es riecht nach Sandelholz, Gewürzen und dem Duft der Blüten. Götter und Göttinnen erscheinen im Lichterkegel und bezaubern mich mit ihrem Lächeln. Oft halten sie Blüten in ihren Händen, von Betenden niedergelegt, oder sind mit Girlanden bekränzt. Ich genieße diese Ruhe und lasse mich von ihr hinwegtragen, bis der Straßenlärm mich wieder aufnimmt, der immer noch in den quirligen Gassen herrscht.

Von den Holzbalkonen und den wunderbar geschnitzten Fenstern der niedrigen Häuser hängt die Wäsche zum Trocknen herab. Lächelnde Apsaras, diese himmlischen Wesen, findet man nicht nur an den Stützbalken der Tempel, sondern auch an den alten Häusern. Hin und wieder passiert es, dass man eine Dusche von oben bekommt, denn alles Nasse findet den Weg zum Fenster hinaus. Oft wird auch das Geschirr auf diese Weise gewaschen, da es keinen Abfluss, geschweige denn eine Toilette gibt. Der Gestank und Schmutz in den holprigen Gassen ist kaum vorstellbar. Wenn der Monsunregen auf alles niederprasselt, nehmen Straße und Gasse ein Schlammbad. Aber die Sonne, die heiß und stechend am blauen Himmel steht, trocknet alles wieder, und Mensch und Tier werden dann mit dem feinen Staub alles allzu Irdischen überzogen.

Eine faszinierende Stadt, dieses Katmandu. Alt und Neu; Mittelalter wehrt sich erfolgreich gegen die Neuzeit. Die Menschen leben ihr Leben in ihrem örtlich begrenzten Umfeld wie vor Jahrhunderten. Gestern ist nicht mehr wichtig, das ist Vergangenheit; auf die Zukunft hat man keinen Einfluss, die gewähren die Götter, wenn es so sein soll. Nur das Heute, das Hier und Jetzt, in dem man lebt, ist von Bedeutung. Sie sind unbekümmert, freundlich und haben Zeit. Über Kindergesichter huscht ein Lächeln, lässt ihre großen, dunklen Augen zu einem winzigen Schlitz werden. Sie spielen mit Murmeln, wo immer sich Platz dafür bietet. Mütter sitzen mit ihren Babys und größeren Kindern in Hauseingängen und suchen ihnen voller Hingabe die Läuse aus den Haaren, eine ihrer abendlichen Lieblingsbeschäftigungen. Alte Männer hocken mit angezogenen Knien auf überdachten Terrassen und eine Holzpfeife geht reihum. Ob sie auch Hasch oder Opium rauchen wie die Hippis, die hier im Katmandutal ihr Shangri-La, ihr Paradies, gefunden haben. Die grandiose Landschaft, die Freundlichkeit der Bewohner und das ungezwungene Leben lässt jeden Fremden mit Wehmut dieses Tal zu Füßen der erhabenen Bergwelt verlassen.

Aber ich bleibe noch etwas, da eine junge Deutsche mit Gelbfieber im Government Krankenhaus liegt. Aber nach einigen Tagen kann ich diese Stadt verlassen und sehe auch die Gebirgskette des Himalaya, deren Schneegipfel noch einmal aus der Ferne leuchten.

Wieder in Indien

Mit Bussen und Bahnen geht es weiter nach Nord-Indien, nehmen die grünen Ebenen des Ganges mich auf. Ab jetzt geht es westwärts in Richtung Heimat. Habe ich gerade an Heimat gedacht? Es ist ein Wendepunkt auf meiner Reise, wird aber auch ein Höhepunkt: Benares, Varanasi, beide Namen klingen geheimnisvoll.

Benares: Wo Sterben ein Glück ist

Diese heiligste Stadt Indiens liegt am heiligsten Fluss, dem Ganges, und jeder Hindu versucht hier zu sterben, in der Stadt Shivas. Damit seine Asche in den braunen Fluten der „Mutter Ganga" davongetragen, wieder zu neuem Leben wird – vielleicht zu einem besseren? Sie kommen hierher, oftmals mit letzter Kraft oder mit den letzten Rupien, um in den Sterbehäusern, die sich oberhalb des Flusses erheben, auf den Tod zu warten. Durch Zufall gerate ich kurz nach meiner Ankunft in eine solche Sterbehalle. Wo die Alten und Kranken dicht gedrängt am Boden liegen. Auf ein paar Lumpen sind sie gebettet, ein Wassergefäß steht neben ihnen, so verbringen sie hier ihre letzten Tage oder nur Stunden. Jeder weiß, der Ganges ist nicht weit, nur eine kurze Wegstrecke bis zu Erlösung von allem irdischen Leiden. Bei all der Mühsal des Lebens wartet jetzt ein Hinübergehen in eine bessere Welt, ins Nirwana.

Nach einer kalten Nachtfahrt bin ich hier angekommen, wohne oberhalb der Ghats im Gewirr der Gassen, die sich um den Goldenen-Tempel erstrecken. Ich verlasse früh meine Herberge, es ist noch kühl. Langsam taucht die Morgensonne alles in warmes Licht. Mein erster Weg führt mich zum Fluss, der sich breit dahinzieht bis in die Niederungen der grünen Reisfelder im Süden. Blumen- und Obstverkäufer säumen die Straßen. Schwarz verrußte Teekessel mit dem leckeren Gewürztee stehen auf Steinen am Rande der Gasse. Der Chai-Wallah wartet auf die ersten Pilger, die sich für ein paar Paisa daran erwärmen können. Betelnussverkäufer breiten ihre Waren aus und Handwerker offerieren ihre Dienste. Heilige Kühe liegen herum und turnende Affen begleiten mich hinunter ans Marnikarnika-Ghat. Sie werden abgelöst von einer Reihe von Bettlern. Einer hinter dem anderen sitzen sie auf den Stufen bis hinunter zum Fluss. Sie hocken hier jeden Tag auf den breiten Treppenfluchten, die das Ufer säumen und hinabführen zu den Badestellen. Es sind Leprakranke. Sie sitzen da, halten ihre Hände und Armstümpfe, ihre mit Geschwüren bedeckten Beine und ihre Bettelschalen den frommen Pilgern entgegen in der Hoffnung auf ein paar Paisa oder einige Reiskörner.

Ich lasse mich auf den oberen Stufen nieder, neben mir fromme Pilger, vor mir die braunen Fluten des Ganges. Am Morgen herrscht hier Bade-Hochbetrieb. Ich schaue auf die Menschen, auf die Priester, auf die bunten, zerfetzten Sonnenschirme, die das Ufer säumen. Auch auf die hochaufragenden Palastruinen, die maroden Mauern der Dharamsalas, auf Tempel und Schreine, die den Fluss begleiten und hoch in den blauen Himmel ragen. Es sind die Sommerpaläste der Maharadschas, der umliegenden Fürstentümer. Jeder dieser Feudalherrscher wollte sein eigenes Ghat und so gibt es derer viele, die das Ufer säumen. Glanz und Elend liegen hier nahe beieinander. Hinter dieser Front erhebt sich die Stadt mit ihren engen Gassen, unzähligen kleinen Tempeln, Götterfiguren und Opferstellen, die ich im Vorbeigehen entdecke. Dazu gehören auch die vielen Pilger, die Sadhus, die frommen Alten, die zum Sterben gekommen sind. Ebenso die lauten Händler und natürlich auch die heiligen Kühe, die die Straßen und Gassen bevölkern, durch deren Hinterlassenschaft man oft watet, entweder ganz frisch oder nach Stunden oder Tagen zu Staub getrocknet und zerbröselt. Aber da in dieser Stadt ja alles heilig ist, darf man das nicht so genau nehmen. Ein buntes, ein irres, ein mitreißendes Getümmel der Frömmigkeit, Hingabe und Geschäftemacherei!

Ich sitze hier schon eine Weile, blicke über das Treiben am Fluss. Auch auf die Badenden, die Wandermönche mit ihrem Stab, dem Bündel und einer Bettelschale, die nach langer Zeit ihr Ziel erreicht haben. Sie sind Monate oder Jahre, oftmals auch ihr ganzes Leben auf Wanderschaft, von einer Pilgerstätte zur anderen, zu heiligen

Flussläufen und deren eisigen Quellen, die im Himalaya ihren Lauf nehmen. Alle die hierhergekommen sind, versuchen sich durch ein Bad, durch dreimaliges Untertauchen im Wasser, von allem Übel, von allen Sünden rein zu waschen. Wenn sie so gereinigt sterben, erhoffen sie sich die Wiedergeburt auf einer höheren Ebene.

Im Schatten der Schirme hocken die Gläubigen, die sich dicht gedrängt um einen Brahmanen versammelt haben. Auf hölzernen Plattformen haben sie sich am Saum des Wassers niedergelassen. Der Priester hält auf Wunsch der Pilger eine Puja ab. Die Männer sind in Dhotis gehüllt und die Frauen sitzen in ihren nassen Saris auf Strohmatten und warten. Der Priester zermalmt auf einem flachen Stein Reiskörner und gelbe Linsen zu einer Paste. Mit zwei Fingern zieht er den Versammelten breite Streifen über die Stirn. Einige bekommen einen senkrechen Strich mit einem roten Punkt dazu. Dann werden die Gaben geweiht. Jeder nimmt von einem Blatt-Teller kleine, runde Dalkugeln in die linke Hand, tröpfelt einige Tropfen Ganga-Wasser darüber und legt den Kloß aufs Blatt zurück. Jetzt werden Gebete dazu gemurmelt, bis alle Kugeln geweiht sind. Zuletzt werden sie mit roter Farbe betupft, mit Blüten bestreut und danach ein Räucherstäbchen angezündet. Zum Schluss werden noch weiße Zuckerstückchen darauf geschichtet und das Ganze mit heiligem Wasser überschüttet. Die so geweihten Gaben werden unter Gebeten den Fluten übergeben. Die Zeremonie ist beendet und der Priester wird entlohnt. Ich vermute, dass diese Handlungen zum Ablauf der Leichenverbrennung gehören.

Das Gedränge auf den Stufen wird dichter, immer mehr Gläubige strömen zum Wasser. Auch Frauen in weißen Saris, als Witwen zu erkennen, tauchen unter und stehen mit gefalteten Händen bis an der Schulter im Wasser. Das Bild ändert sich von Minute zu Minute. Etwas weiter links sehe ich jetzt den Rauch der Verbrennungsstätten. Suche mir einen Weg durch das Labyrinth der schmalen Gassen, die mich am Goldenen Tempel vorbei wieder ans Ufer führen

Ich stehe etwas abseits und verfolge aus der Distanz das Geschehen. Kleine Boote bringen das Holz. Es wird an Ort und Stelle in lange, schmale Stücke zerschlagen und an die nächsten männlichen Angehörigen verkauft. Frauen sind bei der Verbrennung nicht zugelassen, um durch ihr Klagen das Verlassen der Seele aus dem Körper nicht zu erschweren. Das Holz wird zu beiden Seiten der zum Wasser führenden Treppe aufgeschichtet. Acht Männer bringen im Laufschritt gerade zwei Tote. Sie liegen auf einfachen Bambusbahren und sind mit roten und weißen Tüchern bedeckt. Es sind wohl ein Mann und eine Frau. Sie werden am Ufer ins Wasser getaucht und so gereinigt. Dann legt man sie auf den Holzstoß. Der älteste Sohn geht mit einem Büschel fünf Mal um den Toten herum zum Zeichen, dass der Körper wieder in die fünf Elemente zerfällt. Er holt das heilige Feuer vom nahen Tempel und steckt den Scheiterhaufen an. Die Verbrennungsdauer beträgt circa drei Stunden. In der Zwischenzeit lassen sich die nächsten Verwandten die Haare scheren, nehmen ein Bad im Ganges und kleiden sich in neue, weiße Tücher. Dann warten sie auf das völlige Verbrennen des Toten. Mit langen Bambusstangen stochern sie hin und wieder im Haufen herum und schlagen auf den zu Asche werdenden Körper ein. Alles verbrennt, nur der Schädeldecke können die Flammen nichts anhaben. Niemand klagt, trauert oder weint. Es ist das Ende und gleichzeitig der Anfang eines neuen Lebens. Die Asche wird in den Fluss gestreut und schwappt als hellgraue Schicht immer wieder ans Ufer. Oder sie wird in Steinkrügen in den Fluten versenkt und hinausgetragen Richtung Osten. Von dort kommt so viel Gutes, die aufgehende Sonne, die Leben bringt, Religionen, die sich vom Osten kommend verbreitet haben. Auch uralte Handelsrouten, die, über die Seidenstraße kommend, Europa erreichen. So hat die Ost-West-Bewegung viel Veränderung und Neues gebracht. Ich sitze hier, lasse mich vom frommen Treiben mitreißen. Es befällt mich eine angenehme Müdigkeit, ein Leicht-werden, ein Eintauchen in das, was um mich herum geschieht. Es lässt mich Indien verspüren, so intensiv, wie ich es auf der ganzen Reise nicht erlebt habe.

Indien und ich

In einem offenen Tempelchen, halb über dem Fluss gelegen, sitzt eine Gruppe Sadhus und isst aus Kürbisschalen. Einer dieser Sadhus lächelt mich an. Sein Gesicht ist von langem, weißem Haar umrahmt. Ich bin von ihm fasziniert, irgendetwas geht von ihm aus. Nach der Mahlzeit wäscht er seinen Bart im Wasser und richtet seine Sachen zum Aufbruch, eine Strohmatte, einen gelben Beutel und ein Seiteninstrument. Ich komme näher und deute auf die Sita. Er zeigt auf den Boden vor ihm, mich zu setzen. Er nestelt aus seinem Dhoti eine viereckige Tonscherbe und spannt sie unter die Seite. Dann zieht er von seinem kleinen Finger einen Stahlreifen mit dem er zum Zupfen der Seite den Takt schlägt. Jetzt fängt er an zu spielen, ganz verhalten. Leise Töne, vom Wind getragen, kommen zu mir herüber und lassen mich davondriften in andere Welten. Lassen mich aus räumlicher und zeitlicher Distanz all das schauen, was um mich herum geschieht, vielleicht auch tiefer eintauchen in das, was Indien bedeutet? Was ich immer irgendwie gesucht habe auf meinen Wegen durch das Land, durch die Dörfer, die Tempel und Pilgerstätten. Ich bin wie verwandelt, verzaubert, es geht etwas von diesem Mann, von diesem Moment aus, was ich noch nie erlebt habe. Ich sehe die Umrisse seines Gesichts sich vom hellen, sonnenbeschienenen Strom abheben.

Jetzt passiert etwas mit mir. Es ist die Atmosphäre um mich herum, die mich wohl bereit gemacht hat für dieses Losgelöst Sein. Für ein Eintauchen und Hinübergleiten in eine tiefere Ebene, die mir in all der Zeit, in all den Tempeln, bei all den vielen Göttern nicht widerfahren ist. Vielleicht habe ich ja so lange gebraucht, haben mich die Erlebnisse der Reise darauf vorbereitet: auf diesen einen Moment. Lassen mich tiefer in das, was Indien ist, schauen. Heben mich auf eine andere Ebene des Bewusstseins. Oder träume ich das alles, ausgelöst durch die Anstrengungen der letzten Monate, durch das Überfordern des Körpers, durch zu viel Indien? Werde ich mitgerissen von der Spiritualität des Ortes, der Gläubigen um mich herum, färbt all das auf mich ab?

Ich weiß nicht, wie lange dieser Moment gedauert hat, wie und wodurch ich wieder in die Wirklichkeit zurückgefunden habe. Ich sehe den Sadhu spielen, er schaut mich an und dann steht er auf und – ich kann mich nicht erinnern, wann und wohin er verschwunden ist. Vielleicht ist er über das Wasser davongelaufen. Vielleicht zieht er auch weiter auf seiner Wanderschaft nach Bodhgaya. Oder er hat sich ganz einfach aufgelöst wie die beiden Fotos des Swamis in Madurai, die einfach nicht auf meinem Film vorhanden sind. Mittlerweile glaube ich, in diesem Land ist fast alles möglich.

Der Zauber ist verflogen, die Gegenwart klopft wieder an. Ich komme zurück von ganz, ganz weit her und wundere mich, dass ich immer noch auf den Stufen sitze, immer noch die gleichen Bettler um mich herum sind. Die Rufe der Menschen neben mir, das Geläute der Schellen in den umliegenden Schreinen, das ganze bunte Beter-Büßer-Pilger-Leben hat mich in die Wirklichkeit zurückgeholt. Jetzt bin ich wieder voll da, sitze immer noch am Fluss und schreibe dies. Vom nahen Tempel erklingt das Anschlagen der Glocken und neben mir singt ein Brahmane zur Pujahandlung. Das Wasser plätschert zu meinen Füßen, und ein Hund leckt seine Geschwüre im Schatten der Stufen.

Diese Beschreibung „Benares" ist nur so aus meinen Erinnerungen geflossen. Verwoben mit den Texten aus Tagebucheinträgen und Briefen, die ich damals geschrieben habe. Wenn ich jetzt die Augen schließe, befinde ich mich noch auf den Stufen, sehe die Bilder so lebendig, wie sie damals vor 55 Jahren waren, so als ob ich es gerade eben erlebt hätte.

Dieses „Erleben" von Benares ist wohl der Höhepunkt meiner Reise durch Indien, so nahe war ich ihm noch nie! Ich glaube, man muss viel erfahren haben, durchs Land gezogen sein wie ich, arm wie die Armen, mit ihnen alles geteilt haben, um zu solch tiefem Einblicken in die Seele Indiens zu kommen, und sei es auch nur für einen winzigen Moment.

Lustvolle Götterwelt

Noch voll von den Eindrücken der letzten Tage verlasse ich diese Stadt und wende mich gen Westen, den alten Tempeln von Khajuraho zu. Durch staubige Landschaften bringen mich Busse hierher, zur früheren Hauptstadt des Chandella-Reiches aus dem 8. Jahrhundert. Sie liegen weitab in einer 1966 noch schwer zugänglichen, Gegend. Der Bus setzt mich irgendwo ab und ich muss viel fragen und laufen, bis ich sie endlich sehe. Die Tempel stehen auf einer erhöhten Plattform. Offene Vorhallen weisen ins Innere. Die Außenwände sind über und über mit Figuren bedeckt. Sie erzählen in mehrfach umlaufenden Friesen Geschichten aus dem Hinduismus. Zeigen Götter und Göttinnen in üppigen Formen, im reichen Schmuck, in der Hingewandtheit Liebender zueinander. Das Alltagsleben spiegelt sich in einigen Darstellungen, ein Mädchen schaut in einen Spiegel und schminkt sich, ein anderes zieht sich einen Dorn aus dem Fuß. Wieder andere frisieren sich das lange Haar zu einem Dutt. Auch erotische Elemente sind an den Mauern zu finden. Es ist ein Bilderbuch, in dem das Leben lesbar geworden ist, sich findet in all seinen Facetten, in all seiner Lust an Zweisamkeit. Es sind Geschichten, die die Gläubigen von den Wänden ablesen können.

Die Tempel liegen eingebettet im Staub des kleinen Weilers, zwischen ein paar Hütten, wo ich nicht einmal etwas zu essen oder zu trinken bekomme. Wo die Frauen mit Keramikkrügen über ausgetretene Pfade zum Brunnen gehen und die Männer die nahen Felder mit Holzpflügen und grauen Ochsen bearbeiten. Heute ist die ganze Tempelanlage eingebettet in Rasengrün, wohlgepflegt mit einem Zaun drum herum und einem Kassenhäuschen. Auch der verträumte Weiler hat sich gemausert zu einer Kleinstadt mit allen touristischen Angeboten.

55 Jahre liegen zwischen meinem ersten und meinem letzten Besuch 2019. Damals nicht mal was zu essen, heute Hotels und Restaurants und alle Infos, die man braucht.

Am späten Nachmittag bringt mich ein Ehepaar per Jeep zur nächsten Bahnstation nach Jhansi. Hier erwische ich noch den Nachtzug nach Sanchi, zu einer der ältesten und interessantesten buddhistischen Sehenswürdigkeiten: dem Stupa von Sanchi. Er liegt auf einem Felsplateau am Rande des gleichnamigen Dorfes.

In einem Dorf

Wie all die Hunderttausende ist auch Sanchi eines der Dörfer Indiens. Eines von den vielen, die ich auf meinen Wegen durch das Land kennen lerne. Sie ähneln sich alle in ihrem Gefüge, in ihren Strukturen. Sie sind Rückgrat und Seele Indiens, Träger und Bewahrer von Traditionen, die Weitergabe von Sitten und Gebräuchen. Mit überlieferten Ritualen, mit Alltagsabläufen, die alles bestimmen. Tempelfeste sind die Eckpunkte des Dorflebens. Eingebunden in eine jahrhundertalte Kultur, in Glauben und Kasten, in die die Jungen hineingeboren werden und Väter die angestammten Berufe weitergeben. Man orientiert sich nach Jahreszeiten und dem Monsun für die Bestellung der Felder. Man ruft die Götter, die Sterne und die Priester an, wenn Heiraten arrangiert werden. Auch heute noch. Fast immer im Kindesalter von den Eltern bestimmt, ausgerichtet nach Kaste oder Vermögen. So ist das Leben eingefügt in diese festen, seit alters her überlieferten Traditionen und Rituale. Alte geben alles an die Jungen weiter. So hat jeder seinen Platz in dieser Gemeinschaft, wird in Notzeiten auch von ihr aufgefangen.

Meinen Platz habe ich erst einmal in einem schäbigen Guesthouse gefunden, gelegen an der Hauptdurchgangsstraße.

Der Stupahügel von Sanchi

Ich mache mich früh auf den Weg, stapfe in morgendlicher Kühle die steilen Stufen hinauf, begleitet von uralten Bäumen. Da liegt es vor mir, das steinerne Halbrund, der Stupa, der über einer Reliquie des Buddha errichtet wurde. Weit schaut er in das Land, über die Felder, die grün oder abgeerntet in der flachen Landschaft liegen. Er kündet und blickt auf das Reich Ashokas, welches sich vom Osten zum Westen über den Indus bis in die rauen Gebirgszüge Afghanistans erstreckte. Er hat als Herrscher im 3. Jahrhundert v. Chr. dieses frühe Kloster gegründet und den Buddhismus zur Staatsreligion erhoben. Überall im Norden ließ er auf Säulen seine Edikte verkünden. Diese Säulen mit den vier Löwen am oberen Ende sind heute das Staatsemblem Indiens. Ich bin alleine hier oben. Die Ruinen der Klosteranlagen, die über dem Hügel verstreut liegen, deckt jetzt ein tiefblauer Himmel zu.

Der Hauptstupa ist von einigen kleineren umgeben. Ein Zaun aus Stein umrundet das große Halbrund und Toranas, hohe Tore, deuten die vier Himmelsrichtungen an. Sie sind reich geschmückt und zeigen das Leben des Erleuchteten. In feinsten bildhauerischen Arbeiten sehe ich das damalige Dorfleben abgebildet, sehe Jagdszenen, Flüsse mit Fischen darin, Musikanten, Elefanten, Pferde und Reiter. Menschen, die vor ihren Hütten sitzen, wie man pflügt und das Korn stampft. Und wie Buddha unter einem Bhodibaum sitzt, und den um ihn versammelten Bodhisattvas, seinen Schülern, die neue Lehre verkündet. Auch wie er das Rad der Lehre in Gang setzt, welche sich dann über die Jahrhunderte in vielen Ländern ausbreitet und sich bis heute erhalten hat. Der Buddhismus, eine friedliche Invasion Asiens, die Mensch und Kreatur achtet und die heute an vierter Stelle der Weltreligionen steht. Im Moment zeigt sich diese aber teilweise gar nicht friedlich wie im Geschehen des Rohingya-Problems im Norden Myanmars, wo buddhistische Mönche den Militärs in die Hände spielen.

Ich sitze auf einer Mauer, stelle mir die Gebete und den Gesang der Mönche vor. Ihr Rezitieren der heiligen Texte im Schatten des Stupas oder in den Klosterzellen beim Schein der Öllichter. Weit mag es über die Ebene gehallt und allem, was lebt, von der Güte des Gautama erzählt haben.

Die Sonne steht schon tief, ich verlasse diesen Ort. Müde und glücklich komme ich zu meiner einfachen Schlafstelle, lasse eine „Eimerdusche" über mich ergehen und mache mir Notizen vom heutigen Tag.

Der Weg nach Agra

Mein nächstes Ziel ist Agra. Es ist schon die dritte Nacht, die ich in Zügen verbringe. Tagsüber schaue ich mir die Sehenswürdigkeiten an und am Abend oder in der Nacht geht's weiter. Bahnhöfe sind mir im Laufe der Monate zum Teil „zuhause" geworden. Es erspart mir Zeit und Geld. Das Gepäck verbleibt tagsüber im Cloakroom.

Heute steht Agra auf dem Tagesprogramm. Wo Shah-Jahan, ein Enkel Akbars, seiner Mumtaz das schönste Grabmal aller Zeiten errichtet hat, das „Taj-Mahal", Ausdruck seiner großen Liebe. Aus weißem Marmor erbaut, leuchtet es in Vollmondnächten an den Ufern der Jamuna, eingebettet in Grün und überwölbt von Sternenbahnen. Es vermittelt eine Unwirklichkeit, eine Leichtigkeit, die es fast auflöst, schwebend, schemenhaft. Mit dem langsamen Näherkommen sehe ich die feinen Ornamente, die in Marmor eingelegten Blütenbänder aus Halbedelsteinen in leuchtenden Farben. Sie ranken an den Eingangsportalen empor und gehen in Schriftbänder über. Auf beiden Seiten wird das Grabmal flankiert von Moscheen aus rotem Sandstein. Der ganze Komplex wurde im 16. Jahrhundert erbaut. Direkt daneben an der Jamuna liegen die Verbrennungsplätze, angezeigt durch den aufsteigenden Rauch.

Heute werde ich mir eine Bleibe suchen, ich brauche mal wieder ein richtiges Bett. So lande ich im Süden der Stadt in einem kleinen Guest-House in Taj-Ganj, dem alten Viertel nahe dem Taj. Staubige Gassen durchziehen diese dörfliche Gegend, wo an jeder Ecke kleine Tempel und Altäre zwischen den Hütten versteckt liegen. Ein lebendiges Viertel, alte Stadttore, Handwerker, Blütenverkäufer und eine Hochzeitsgesellschaft zieht an mir vorbei. Mit Trommeln und Schellengeläute geht`s zum nahen Tempel.

Das Agra Fort liegt nicht weit mit seinen hohen Eingangstoren, Hallen, Marmorpavillons, den Springbrunnen und den immer wieder auftauchenden Blicken auf die Jamuna und das Taj im Dunst.
Nicht weit entfernt auch die Jumma-Masjid, umgeben vom lebendigen Markt. Ich sehe nur Menschenmassen in bunt und schwarz. Bunt die Saris der Hindu- und die in dunkle Gewänder gehüllten

Moslemfrauen, deren Viertel sich um die Moschee erstreckt. Endlich habe ich den Eingang gefunden, er liegt versteckt hinter Lädchen. Sandalen ausziehen, Tuch um den Kopf. So akzeptieren mich auch die älteren Moslems, die rotbärtig und mit weißen Käppis in ihren Verkaufsbuden nebenan sitzen und mich beobachten. Der Innenhof ist riesig und leer, nur Tauben stören die Stille, die den Lärm da draußen vergessen lässt. Später, bei einem Tee an der Straße auf einer wackeligen Holzbank, können meine Füße und Gedanken eine Pause einlegen. Dann geht es den langen Weg zurück zur Herberge an den Mauern des Forts vorbei, bis ich wieder im alten Viertel beim Taj bin. Es wird Abend. Affen turnen in den Bäumen und vom Fluss steigen die Nebel auf. Vom Dach meiner Bleibe habe ich einen nahen Blick auf das Grabmal, jetzt im warmen Licht, hingezaubert im Grün der Gärten. Es liegt im Dunst, überschaut die Dächer der einfachen Lehmhäuser und verbleibt so in den Herzen derer, die zu ihm gewandert sind auf staubigen Wegen durch dieses Land - wie ich.

Aufbruch zur Hauptstadt

Noch mit diesem Bild vom Taj vor mir begebe ich mich zum chaotischen Bahnhof, wo mich wieder einmal eine Nachtfahrt weiter in den Norden bringt zur Hauptstadt Indiens, nach Delhi.

Genauso chaotisch empfängt mich die Old-Delhi-Railway-Station. Dichtes Gedränge in den Hallen und auf dem Vorplatz. Und überall das gleiche Bild: Menschenmassen, Shops und Minishops, die sich hier angesiedelt haben, die die Hauptstraßen säumen und sich in engen und kleinsten Gassen verlieren. Nicht weit entfernt die Jumma-Masjid und das Rote Fort. In diesem alten Viertel finde ich eine Unterkunft. Sie liegt in einer der kleinen Seitengassen, die immer wieder auf den Chandni-Chowk, die Hauptader der pulsierenden Altstadt treffen. Die steile, wackelige Holztreppe führt in den dritten Stock, ein indisches Bett, eine Toilette und ein Eimer mit Wasser sind alles. Aber daran habe ich mich ja über Monate gewöhnt. Mir geht es im Moment nicht gut, der ganze Schmutz und dazu das Elend machen mir jetzt doch zu schaffen.

Das neuere, moderne Delhi liegt weiter im Süden mit dem Connaught-Place, dem Museum, den Regierungsgebäuden und Auslandsvertretungen. Hier tauche ich nur einmal auf, um mein Visum für Pakistan und Afghanistan einzuholen. Für den Iran und Irak bekomme ich es erst, wenn ich in Karachi meine Cholera-Impfung erhalten habe.

Die große Moschee erreiche ich zu Fuß. Sie liegt mitten in der Altstadt. Breite Stufenreihen führen hinauf zum Eingang. Die Mauern sind aus rötlichem Sandstein und die hochaufragenden Minarette tragen Kuppeln aus weißem Marmor. Offene Arkaden reihen sich im Quadrat um den riesigen Innenhof. Er fasst 20.000 Besucher. Mühevoll ist der Aufstieg auf eines der Minarette, von hier habe ich einen Blick auf das Leben in den Gassen unter mir: ein Gewusel von Fahrrädern und Rikschas, dazwischen flitzen noch die flinken schwarz-gelben Motorrikschas herum. Auch die alten Busse, mit denen ich unterwegs bin, zwängen sich noch durch, brauchen lange, sind immer überfüllt und stoßen Wolken von schwarzem Rauch aus. Es gibt auch Prachtstraßen mit eleganten Villen, viel Grün, von hohen Zäunen umgeben.

Der Verkehr ist irre, jeder fährt, wie er will, verschafft sich durch lautes Hupen Platz, manchmal sind es nur Zentimeter, die man dadurch gewinnt. Zu beiden Seiten der größeren Verkehrswege Elendshüttenviertel ohne Wasser und Strom, mit Abwasserkanälen in Gassenmitte, Keimstätte von Krankheit und Kriminalität. Eine riesige Menschen- und Verkehrsmenge wälzt sich durch die engen Adern des Herzens von Old-Delhi, dem Chandni-Chowk. Die Bürgersteige, überquellend von Menschen, ein unübersehbares, bewegliches Band aus Leibern und Waren. Und über allem eine kaum noch atembare Luft aus stinkenden Abgasen und öffentlichen Toiletten am Straßenrand. Aber auch Wohlgerüche von Sandelholz, Safran, Curry und Bergen von Blüten für die Tempel, die jeden Tag beopfert und beweihraucht werden müssen.

In der Hauptgasse kleine und kleinste Lädchen, bieten alles: Lebensmittel und Gewürze, Kupfer und Silberzeug, Werkzeuge aller Art, Bücher und bunte Bilder der verschiedenen Götter, die man sich zu Hause an die Wände hängt. Kleinste Ecken sind besiedelt von Chapati-, Zuckerkringel-, von Milch- und Teeverkäufern. Flickschuster, Barbiere, Besenmacher und andere Handwerker hocken auch noch irgendwo dazwischen und hoffen auf Kundschaft. So lebt einer vom anderen, denn alle und alles wird ja gebraucht und hält das Leben aufrecht. Der Unterschied ist nur, auf welcher Ebene es stattfindet: ganz unten, in der Mitte oder weiter oben. Das Leben derer, die sich in ihre luxuriösen Häuser am Rande der Stadt zurückziehen oder die eine Wohnung in heruntergekommenen Mietshäusern gerade noch bezahlen können. Übrig bleiben dann nur noch die Armen, die auch noch in der Nacht die Gassen bevölkern, weil das ihr Lebensraum ist, sie keinen anderen haben.

Humayuns Tomb und das Rote Fort streife ich nur am Rande, ich bin kaum in der Lage, etwas zu tun. Wechsele von meiner Herberge ins saubere „Birla Mandir", einem modernen Tempel mit

Unterkünften für Pilger. Ein Zimmer und die Malzeiten sind gratis. Schleppe mich zu einem Arzt, bekomme Vitamintabletten. Ich schlafe fast drei Tage ununterbrochen, wälze mich auf dem harten Bett und in der Hitze und weiß manchmal nicht, wo ich bin. Die Tabletten habe ich nicht vertragen, sie hinterlassen einen Ausschlag am ganzen Körper. Also, es geht mir richtig mies. Stehe nur auf, um an der Straße bei einem mobilen Verkäufer drei Cola auf einmal zu trinken. Muss noch zwei Visa besorgen, weiß nicht, wie ich das schaffen soll. Schleppe mich nach draußen, setze mich auf den Bordstein und warte auf einen Bus. Dann sitze ich drinnen und auf einmal, ganz plötzlich, von einem Moment zum anderen merke ich, es geht mir etwas besser, so als ob jemand einen Schalter umgelegt hätte. Bleibe noch einen Tag, ich habe die Visa und mache mich auf die Weiterreise. Ade smoky Delhi!

Brief an meine Eltern, Delhi, 8.Oktober 1966

„Liebe Eltern, ich muß mich doch aufraffen Euch zu schreiben, mir geht es in den letzten Tagen gar nicht gut. Ich glaube, dass sind die Auswirkungen der monatelangen Strapazen. Habe Kopfschmerzen, fühle mich elend. Macht Euch bitte keine Sorgen. Bitte drängt mich nicht, noch dieses oder jenes zu sehen. Ich habe mir vorgenommen, Mitte Dezember bei Euch zu sein. Mein Schiff geht am 15.10.von Bombay nach Karachi, von dort weiter nach Quetta. Danach durch Süd-Persien. Ich hoffe, dass ich mit dem „Wasserzug" durch Belutschistan fahren kann. Das würde mir den Umweg über den Norden durch Afghanistan ersparen. Von der süd-pakistanisch-persischen Grenze „Mirjaveh" über Isfahan, Shiras, Persepolis, Basra, Bagdad und rauf zur Südtürkei. Den Irak werde ich mir genauer ansehen. Dann zu Elisabeth, falls sie noch auf der Grabung in Pergamon ist. In München und bei Ingrid mache ich nur kurz Station und freue mich jetzt schon auf unser Wiedersehen. Benares war herrlich, sehr eindrucksvoll. Hier sah ich einen Teil aus dem Ramajana, einem 3000 Jahre alten Epos der indischen Götterwelt, in dem alle Herrlichkeit des alten Indien zur Entfaltung kam. Prächtig geschmückte

Elefanten, auf einem saß der Maharadschah, alte Kostüme, und die bunten Gewänder der Frauen. Verstanden habe ich natürlich nichts, aber das ist Indien, unverständlich, unbegreiflich, und unvorstellbar, man muss es erlebt haben wie ich. Die nächsten Orte sind Jaipur, Udaipur und dann Bombay. Ich versuche mich nicht zu sehr anzustrengen, es langsam gehen zu lassen."

Zukunftspläne

Ich habe mich noch vor Ende der Reise mit Zukunftsplänen befasst. Denn zum weiteren „Service" in meinem bisherigen Job habe ich keine Lust mehr, das soll nicht immer so weitergehen. Er hat mir natürlich bisher meine Reisen ermöglicht. Aber jetzt will ich meine künstlerischen Fähigkeiten irgendwie umsetzen. Das Kunsthandwerk Indiens und der anderen Länder hat wohl Eindruck auf mich gemacht, hat Ideen und Pläne in mir hervorgerufen. Aus diesen Gedanken ist wohl der folgende Brief aus Delhi an meine Eltern entstanden.

„Schade, lieber Vater, dass Du keine Anstellung mehr bekommst im Fach Kunsterziehung. Es muss halt auch so gehen, ohne stundenweise Anstellung. Ihr, bzw. wir haben das ja jahrelang geprobt, und Mutter weiß, mit wenig auszukommen. Unser beider Idee eines Kunstgewerbelädchens ist natürlich toll, aber die Finanzen? Es gehören dazu mindestens 10.000 DM, die ich nicht habe. Mit einem Geschäft würde auch meine Freiheit ein Ende haben. Ich würde sie ja aufgeben, wenn ich wüsste, dass es keine Pleite wird.

Ich müsste zwei Jahre ohne Unterbrechung arbeiten und jede Mark sparen. Außerdem müsste ich Schreibmaschinen- und Buchhaltungskurse belegen um überhaupt in geschäftlichen Dingen firm zu sein. Dazu käme noch ein Schnupperkurs in „Silberschmieden". Das gibt mir mehr Möglichkeiten in der „Kettenkunst". Auch Batik und Stoffmalerei wollen gelernt sein. Dazu noch Töpfer- und Emailarbeiten. Von Silberketten alleine kann so ein Laden nicht existieren.

Also, zwei Jahre sind erforderlich, um ein solches Unternehmen auf die Beine zu stellen, dann bin ich 36. Wer besorgt den Laden, wenn ich krank bin oder für Einkäufe nach Marokko, Tunesien oder Indien reisen muss? Und wer trägt den Verlust, wenn die Sache schiefgeht?

Obschon, so ein Lädchen mit Kunstgewerbe ist das Einzige, was mir wirklich Spaß macht, da kann ich endlich meine vererbten, handwerklichen Fähigkeiten ausleben, brauche nicht mehr den Leuten den Kaffee zu servieren! Zwei Sommersaisons in Grömitz, dann hätte ich das Geld zusammen.

Aber, wird man mich nicht gleich von „Amts wegen" nach dieser Reise zu irgendeiner Tätigkeit zwingen, da Ihr ja auf Sozialhilfe angewiesen seid und man sich an die Kinder hält?! Und so wird es dann weitergehen, d. h. mir wird wieder ein Teil meines Verdienstes für Euren Unterhalt abgezogen, wie bisher. Wenn ich in Grömitz arbeite, muss ich Euren ganzen Unterhalt tragen, weil ich dort viel zu viel verdiene in den Augen des Staates. Vor diesem Hintergrund ist ein Laden aussichtslos.

Kunst verkauft sich nicht sehr gut, ist ja nicht lebensnotwendig! Wir werden das alles zu Hause besprechen."

Soweit der Brief mit Ideen und Plänen kurz vor der Rückkehr 1966.

Diese ganzen Träume, Ideen, die Frage, wie ich mein weiteres Leben gestalten werde, hat sich durch einen Unfall in Marokko Ende 1969 ohne mein Zutun gelöst. Es kam einfach „jemand aus Australien um die Ecke zu mir ins Wohnzimmer", legte 108 DM für ein paar Ketten und Armbänder auf den Tisch und hat ab da mein Leben verändert.

Der Westen

Rajasthan liegt vor mir. Jaipur ist die bezauberndste Stadt Indiens, in der man sich um Jahrhunderte zurückversetzt fühlt. Die Menschen bunt und farbenprächtig gekleidet. Die Altstadt ist von einer Mauer umgeben, in die Tore führen, und alles ist aus dem rosa Sandstein erbaut, der aus den nahen Bergen kommt. Breite Straßenzüge teilen sie in Quadrate und enden immer wieder in sandigen Gassen. Hier bewundere ich das Hawa-Mahal, den Palast der Winde, wo die Haremsfrauen in luftiger Höhe hinter kleinen Öffnungen das Leben und Treiben auf der Straße beobachten konnten, wo es in versteckten Gassen noch die alten Havelis gibt, die palastähnlichen Häuser reicher Kaufleute. Außenwände und Innenräume sind von oben bis unten mit farbigen Malereien verziert. Kamele ziehen zweirädrige Holzkarren durch die Straßen, und hin und wieder trottet auch ein dekorierter Elefant daher. Man ahnt, die Wüste Thar ist nicht weit. Und so bringen die bunte Kleidung der Frauen und die ebenso farbfreudigen Turbane der Männer etwas Farbe in das Leben der Menschen und das Wüstengelb nahebei.

In der Umgebung gibt es Gräberfelder, aus goldenem Sandstein errichtet, mit filigranen Steinmetzarbeiten versehen. Es sind offene Pavillons, die auf Podesten stehen und die an den Außenwänden Reiter, Elefanten und Kamele zeigen. Innen weisen sie kleine Altäre auf. Beim Durchstreifen dieser Felder knurren Hunde mich an. Kommen dann zu mehreren, mit aufgerissenem Maul und laut kläffend auf mich zu. Ich schreie um Hilfe, kurz darauf werden sie von einem alten Mann vertrieben.

Auf dem Weg nach Udaipur unterbreche ich in Chittorgarh, wo der Tafelberg von einer Festung bekrönt wird. Das Ganze ist eingefasst von einer gut erhaltenen, kilometerlangen Mauer nebst Türmen. Ein steiler Weg führt hinauf auf das Plateau, übersät mit Palästen, Tempeln, Chhatris, Grabstätten und Siegessäulen. Diese sind gewidmet den vielen Schlachten, die hier im Laufe der Jahrhunderte unter den Rajputenfürsten stattfanden. Die Frauen dieser tapferen Krieger ließen sich oft lieber auf Scheiterhaufen verbrennen als unter einem anderen Herrscher weiterzuleben. Hier liegt auch der zum Ruhme der „Mira-Bay" erbaute Tempel. Eine Rajputenprinzessin, die sich nach dem Tod ihres Ehemannes ganz der Poesie widmete und deren Balladen heute noch in Rajastan gesungen werden.

Tagebucheintrag

„Hier auf dem Felsplateau treffe ich auf viele bunt gekleidete Dörfler, die in Scharen kommen, um diese geschichtsträchtige Stätte zu besuchen. Sie haben sicher noch nie einen Fremden gesehen, doch jetzt haben sie mich entdeckt. Laut das Lob einer Rajastan-Fürstin singend, kommen sie auf mich zu. Ich bleibe stehen, bin im Nu von ihnen umringt. Sie fallen nacheinander vor mir auf die Knie und berühren mit den Händen meine Füße, Frauen, Männer, Greise und Kinder. Mir fällt da wieder die Dorfhochzeit an der Westküste ein. Dabei murmeln sie den Namen der verehrten „Mira-Bay" und versuchen mir Geldstücke zuzustecken, so wie sie den Göttern im Tempel ihre wenigen Paisa opfern. Ich stehe da, stumm, will sie abhalten von ihrem Tun, aber wie soll ich das machen? Ob sie jetzt in mir eine „Erscheinung" dieser sagenhaften Frau sehen? Ob sie sich durch Besuche der Andachtsstätten, durch die Geschichte, durch Gesang und Gebete so sehr in die Vorstellung hineingesteigert haben?
Alle rufen voller Ehrfurcht den Namen *Mira-Bay*, nehmen ihre Sandalen und gehen zum nächsten Tempel. Später lassen sie sich zwischen den Ruinen nieder und kochen auf Kuhfladenfeuern ihr kärgliches Mahl. Dann ziehen sie weiter auf ihrem Pilgerweg, folgen ihren Göttern und auch der reichen Geschichte ihres Landes.
Für mich war es ein anstrengender Tag voll bewegender Augenblicke, ein Stück große Vergangenheit, gesehen und hautnah miterlebt. Mein Blick fällt auf die blauweiße Stadt unter mir und in den Abend. Am Bahnhof angekommen, stelle ich fest, dass man im Cloakroom den Reißverschluss meiner Tasche geöffnet hat. Es fehlt ein Seidenschal, eigentlich für meine Mutter gedacht. Der Dieb wurde scheinbar überrascht, denn die darunterliegenden Filme sind noch vorhanden."

Die letzten Tage in Indien, letzte Bahnfahrten werden mir jetzt fast zum Vergnügen, aber auch Wehmut schwingt mit. Nur eine kurze Strecke liegt noch vor mir bis Bombay. Durch viel Wasser und Grün geht es erst einmal nach Udaipur. Ganze Landstriche sind überflutet, stehen unter Wasser, der Monsun hat viel zum Grünen gebracht, aber auch viel Leid hinterlassen. Ich sehe Fotos von Überschwemmungen und lese von vielen Toten, Fluch und Segen.

Aber dann bin ich da, in der Stadt, die noch einen Maharadscha hat und dessen Palast auf den Pichola See schaut. Der Ort liegt eingebettet in den Bergen der Aravalli Gebirgskette. Die Palastbauten ziehen sich am Ufer entlang und türmen sich in Dächern, Kuppeln, in Audienzhallen und spiegelverzierten Sälen hoch hinauf. Auch kleine Tempelchen unter uralten, weitausladenden Bäumen säumen das Ufer, ein Tummelplatz der Affen. Die Glocken werden angeschlagen, Blüten gestreut und Räucherwerk entzündet. Die Düfte werden hinaufgetragen in mein Zimmer in der Altstadt, wo sich die oft zerfallenen Häuserkuben übereinanderstapeln und sich den Hang hinaufziehen. Ich genieße die Aussicht auf den See und die weißen Palastbauten auf der anderen Seite.

Engste Gassen umgeben den Jagdish-Tempel. Viele Stufen führen hinauf. Aus dem Inneren erklingen Musik und Gesang. Mehrere Musikanten hocken auf dem Boden vor dem Schrein und die Gläubigen ringsherum. Es wird gesungen und dazu in die Hände geklatscht. Eine Frau geht herum und reich allen Süßigkeiten. Die wunderschönen Friese der Außenwände liegen in der prallen Sonne, und der weiße Marmor ist fast durchsichtig und blendet mich. Sie zeigen stehende Göttinnen und Götter in verschiedenen Posen mit lieblichem Gesichtsausdruck. Darüber schmale Friese mit Abbildungen von Musikanten und Akrobaten.

Es ist schon dunkel am Gangouer-Ghat. Drei hohe Tore führen zu den Stufen am See. die Jugend trifft sich hier. Die Türmchen des Palastes werden von der Abendsonne angestrahlt und Hunderte von Tauben treiben ihr Spiel über dem Wasser. Ich sitze kurz auf den noch warmen Stufen und mache mich dann auf den Heimweg. Es war ein ruhiger, entspannter Tag, ich muss meine Kräfte für die weite Heimreise schonen.

Heute ist es ist sehr stürmisch und die Berge sind ganz klar zu sehen. Entdecke in den Wohngassen schöne Malereien an den Hauswänden, oftmals in Blau gehalten. Trinke ein Lassi, Sauermilch. Im nebenan liegenden Schrein wird eine Puja vorbereitet und Matten ausgelegt. Der Brahmane ist da, die ersten Gläubigen kommen, Frauen, Kinder und auch junge Männer. Die Sandalen werden von den Füßen gestreift, und der Boden vor dem Heiligsten geküsst. Der Priester schwenkt jetzt ein Bündel Räucherstäbchen vor dem Altar. Ein Junge bewegt dazu ein Haarbüschel im Takt auf und ab. Schellen werden aneinander und Glocken angeschlagen, dazu klatscht man. Später wird in kreisenden Bewegungen eine offene Gheeflamme vor dem Allerheiligsten geschwenkt. Das alles dauert eine halbe Stunde. Zum Schluss halten die Anwesenden ihre Hände über die Flamme, bekommen vom Priester heiliges Wasser aus einer großen Muschel in die offenen Hände geschüttet und führen diese dann über Gesicht und Haare. Dann werden Bananen und kleine Küchlein an alle verteilt. Jeder nimmt diese so gesegneten Gaben mit nach Hause. Es ist 18.30 Uhr, schon dunkel. Ich habe wohl gerade einer Abend-Puja zugesehen.

Bombay

Jetzt mache ich mich auf nach Bombay. Die letzte Nacht im Zug. So viele Male habe ich auf harten Gepäckbrettern mein Lager bereitet, hat mich Rattern und Schlingern, Fauchen und Stampfen in leichten Schlaf geschaukelt. Zum Glück bin ich immer heil angekommen: bei den Tausenden von Kilometern und dem veralteten Bahnsystem schon ein kleines Wunder. Ich hangele mich herab von meinem Schlafplatz und strecke meine Glieder. Der Zug wird langsamer, Bombay kündigt sich an mit seinen circa vier Millionen Einwohnern. Heute sind es mit den einverleibten Vororten 21 Millionen. Die ersten Vorstädte liegen im Smog. Elendshütten zu beiden Seiten der Gleise. Schienenstränge glitzern in der Morgensonne. Das Geräusch der vorbeifahrenden, überfüllten Vorortzüge ist mir so vertraut. Wir halten auf der Strecke und warten auf die Einfahrt. Huschende Gestalten zwischen den Schienen. Männer verlassen den Zug oder steigen zu. Die Sonne geht gerade auf, als ich in Bombay-Central einfahre. Die letzte Bahnfahrt, das Ende der Reise durch Indien. Es kommt jetzt viel zu schnell und mit voller Wucht. In den Monaten die ich hier beschreibe, waren viele Züge und Busse mein zeitweiliges Zuhause. Diese Reise hat mir so viel abverlangt, aber viel, viel mehr gegeben. Indien sollte mein Lieblingsland werden. Ich habe es noch weitere acht Mal besucht, zuletzt 2019, da war ich 84 Jahre alt. Der Zug rollt langsam ein, die Bremsen quietschen, mit einem Ruck kommt er zum Stehen. Alles drängt zum Ausgang. Da er hier endet, gibt es kein Problem beim Verlassen des Abteils. Mir ist etwas wehmütig zumute, aber diese Anwandlung wird durch die Gegenwart schnell vertrieben. Ich muss mich konzentrieren, mir einen Weg durch die vielen Menschen bahnen und auf mein Gepäck achten. Mit den Massen verlasse ich die Plattform, schiebe mich die Treppen zu den Übergängen rauf und runter und durch die Vorhalle. Stürze mich in das Getümmel, welches sich vor dem Bahnhof ergießt. Ich bin wieder in Bombay, der Kreis schließt sich. Vor vier Monaten angekommen, hat man mir hier mein ganzes Geld geklaut. Ich habe mich trotzdem auf den Weg gemacht, mich durchgeschlagen und es geschafft. Habe ganz Indien umrundet, fasst ohne Geld, mit etwa einem Dollar pro Tag. Das waren damals noch vier DM und schwarz getauscht, zwölf Rupien.

Als erstes brauche ich eine Unterkunft, und dann das Ticket für die Fahrt nach Karachi. Ein kleines Hotel nimmt mich auf, in der Nähe des feudalen „Taj-Mahal-Hotel" gelegen. Hier habe ich mir wieder Toilettenpapier geklaut. In den frühen Jahren gab es das kaum und wenn, konnte ich es mir nicht leisten. Die indische Art der Toiletten-Hygiene war mir zuwider. Die Gegend um das Gateway ist mir vertraut, auch die kleinen Tempel in der Altstadt und der lebhafte Markt. All dem werde ich Lebewohl sagen müssen. Bei der Schiffsagentur erstehe ich das Ticket: Bombay-Karachi, für 225 Rupien, Auslaufen am Samstag 15. Oktober 1966. Es sind nur zwei Tage bis dahin.

Indien: Ein Rückblick

Ich gehe noch einmal die alten Wege, auch am Marine-Drive entlang, und besuche den kleinen Tempel in der Nähe des Museums. In diesem viktorianischen Bau habe ich damals die ersten Infos über die verwirrende Götterwelt Indiens bekommen, über die vielfältige Kultur dieses Landes und die vielen Sehenswürdigkeiten. Unaussprechliche Namen der verschiedensten Inkarnationen der Hauptgötter Brahma, Shiva und Vishnu habe ich im Laufe der Zeit gelernt. Viele Stunden habe ich in ihrer Gesellschaft in Tempeln verbracht, habe tausende von lächelnden Göttinnen und Göttern gesehen, an Wänden und in Nischen, in kleinsten Verehrungsstätten bis zu den großen Pilgertempeln im Süden des Landes. Bunte Tempelprozessionen und religiöse Dorffeste habe ich erlebt, Marktgewimmel und einsame Wandermönche auf Wegen zu den heiligsten Orten des Hinduismus. Tage, nein, überwiegend Nächte in Zügen verbracht und mir tagsüber die Sehenswürdigkeiten angeschaut. Ich habe mich in Bahn und Busse gequetscht, mich oftmals hineinschlagen müssen, in den Pilgerherbergen auf dem blanken Boden geschlafen und die einfachen Mahlzeiten vom Bananenblatt genommen.

So habe ich Indien erlebt, erfahren, erwandert, erobert. Immer hautnah bei und mit den Menschen. Mit ihnen auch die lästigen kleinen Plagegeister geteilt wie Läuse, Flöhe, und Wanzen, auch Mäuse und Ratten, die überall herumhuschen. Habe es mir erkauft mit geringen Mitteln, habe viel auf mich genommen, weil es so interessant ist und jeder Mühe wert. Ich liebe dieses Land. Vielleicht gerade, weil es mir nicht leichtgemacht wurde, weiß ich es umso mehr zu schätzen. Ich werde wiederkommen!

Brief an meine Eltern, Bombay, 14. Oktober 1966

„Liebe Eltern, dies ist mein letzter Brief aus Indien. Ich hätte nie geglaubt, so lange in diesem Land zu bleiben und ich hoffe es noch einmal zu sehen. Ich bin jetzt doch etwas reisemüde. Bekomme gleich mein Schiffsticket für die Überfahrt. Freue mich schon auf diese zwei Tage und lasse mich verwöhnen mit europäischem Essen. Von Karachi aus geht es über Quetta nach Mirjaveh, dem Grenzort zwischen Pakistan und dem Iran. Weiter dann nach Isfahan, Poste Restante bis 1. November, später Bagdad, Irak. Bin etwa Mitte Dezember bei Euch. Habe in der letzten Zeit doch etwas Heimweh und bin dünn geworden. Das ist mein letztes Lebenszeichen aus diesem verdammt herrlichen Land. In sechs bis acht Wochen bin ich daheim. Ich habe schon jetzt Heimweh. Freue mich schon auf die türkische Küche und später zu Hause auf Milch. Zuerst werde ich Elisabeth in Pergamon sehen, dann Willy und Ingrid.
Ein letzter herzlicher Gruß aus Indien, Ursula"

Abschied!

Aufbruch, der letzte Tag! Ich begebe mich in den Hafen und finde auch bald den Liegeplatz des Schiffes. Die Ausreise geht schnell vonstatten. Ich muss mich auf die Abfertigung konzentrieren, die Abschiedsgedanken müssen warten. Der letzte Schritt auf indischem Boden den meine Füße so viele tausend Mal berührt haben: im Staub der Straße und bei Regen, bei Kälte und in sengender Sonne. Dann bin ich an Bord, habe die Erde Indiens verlassen. Sie bleibt unter mir zurück. An Deck angekommen, begrüßt mich Kapitän Rain und freut sich, mich nach Monaten wiederzusehen. Schnell ist die Kabine gefunden, für zwei Tage ein sauberes, weiches Bett und eine heiße Dusche!

Jetzt stehe ich an der Reling. Ereignisse und Erinnerungen überfallen mich, drängen ins Bewusstsein, fast wie ein Schwindel, ein schöner bunter Rausch. All die vielen Orte tauchen auf. Vom Start hier im Hafen bis in die Südspitze, dann die ganze Ostküste hoch bis Kalkutta. Durch den gesamten Norden wandern die Gedanken, bis in die Wüste Thar. Hier schließt sich dieser Kreis, der Blick geht zurück.

Indien im Schnelldurchlauf. Ein Bild vertreibt das andere, alles zieht mit Riesengeschwindigkeit durch meinen Kopf und an den Augen vorbei: all die Tempel, die Götter, die Menschen, Bahnhöfe und Busse, die Badenden am Ganges und auch die Sterbenden. Staubige Straßen und bunte Märkte, tausende heiliger Kühe, Kinder und Alte, Bettler und frommen Pilger, Sadhus und Scharlatane tauchen auf. Schönheit und Armut, Elend und ausgelassene Lebensfreude gehören dazu. Das ganze vielfältige bunte Leben, zusammengefasst in Blitz-Momenten, die jetzt ungeordnet vorbeihuschen, sich aneinanderreihen und zu einem großen Ganzen werden, zu Bild und Erinnerung: zu Indien. Auch Gerüche und Geräusche, Musik, Gesang und Verkehrslärm untermalen noch diese bildhaften Fetzen. Sie verstärken die Erinnerungen, runden sie ab zu dem, was dieses Land für mich über all die Monate war: etwas Einzigartiges, Einmaliges, nie wiederbringbares Erleben.

Wie lange habe ich wohl so dagestanden, mich meinen Träumereien überlassen, die mich zurückgetragen haben in einzelne Momente. Die mit der Zeit wohl immer blasser werden, wo nur die prägendsten Eindrücke überleben in der Flut neuer Erlebnisse. Ich bin froh, dass mich in diesem Moment niemand stört und in die Wirklichkeit zurückruft. Die kommt noch früh genug mit dem Organisieren der Weiterreise und allem, was damit verbunden ist an Auskünften und Genehmigungen. Denn ich will durch den unbekannten Süden

Pakistans, durch das Stammesgebiet der Belutschen, einem öden Landstrich, wo es nur Wüste gibt. Ob Busse oder eine Bahn sie durchqueren? Das werde ich vielleicht in Karachi erfahren.

Mein Blick fällt jetzt auf die Werften, die Schiffe am Kai und die Kulisse Bombays im Hintergrund. An Bord wird es hektisch, der Pott ist zum Ablegen bereit. Ich habe Indien verlassen, unter mir blubbert die Arabische See. Vor vier Monaten kam ich hier an, ahnungslos. Jetzt habe ich es in all seinen Facetten erfahren, es durchstreift, mir hart erkämpft. Es wird nachhaltig in meinem Gedächtnis bleiben, und ich werde es wiedersehen.

Wir legen ab, der zunehmende Dunst verschlingt die Stadt und das Land, lässt alles immer kleiner werden und meine Sehnsucht immer größer. Bald ist nur noch Wasser um mich herum, ein Gong ruft zum späten Frühstück. Nach Monaten wieder richtiges Brot, Butter, anderes. Ich genieße die Mahlzeiten an Bord, muss Kapitän und Offizieren von meinen Abenteuern berichten und werde wieder zum Whisky eingeladen. Die zwei Tage an Bord vergehen schnell, und am Morgen des 17. Oktober erreiche ich Karachi. Keine Zollkontrolle. Die Einreiseformalitäten gehen flott vonstatten. Den Hafen habe ich bald hinter mir und erstehe das Ticket nach Quetta. Auch Geld muss ich noch tauschen für die nächsten Tage in Pakistan.

Rückreise

Gerade habe ich meine Cholera-Impfung bekommen. Um durch den Süden Irans zu kommen, muss ich von Quetta nach Dalbandin, etwa 140 Meilen vor der iranischen Grenze. Wie mir andere Traveller sagten, ist es die "letzte Gegend der Welt". Nur „wilde Stämme" sollen hier leben. Ich höre jetzt, dass im Irak die Cholera ausgebrochen ist und man munkelt, dass man wohl ins Land hineinkommt, aber nicht wieder hinaus. Ich habe keine Lust acht bis zehn Tage oder noch länger in Quarantäne zu verbringen. Diese Bestimmungen können sich auch täglich ändern. Ich werde mich langsam an die Gegebenheiten herantasten und kurzfristig meine Entscheidungen treffen.

Die letzten Stunden verbringe ich am Bahnhof, wie so oft schreibend, und warte auf den Zug nach Quetta. Am Abend rollt er ein und wird gleich gestürmt. Jeder sichert sich seinen Platz für die Nacht. So sind im Nu alle Plätze belegt und ich muss erst einmal stehen, bis sich alles eingerichtet hat und man mir Platz macht. Eine Liegestatt gibt es heute Nacht wohl nicht. Es geht durch nicht enden wollende Vorstädte, riesige Ansammlungen von flachen Hütten aus Lehm, die sich vom Grün des Indus-Tals abheben. Nach Norden geht es durch die fruchtbare Ebene des Flusses, der sich hier zum Delta auffächert. Bald wird es dunkel, und man sieht nur noch hin und wieder Lichter, die vorbeihuschen. Der Zug wird immer voller und der kühle Nachtwind kommt durch die offenen Fenster hereingeweht. Ich versuche zu schlafen, bis dann in Sukkur der Zug noch voller wird und tief vermummte Gestalten sich noch irgendwo dazwischen quetschen. Die Nacht wird kalt. Das Industal bleibt zurück und mit ihm auch die frühen Siedlungsorte in der fruchtbaren Flussebene. In westliche Richtung geht es jetzt durch Berge und Wüsten. Am Morgen komme ich hier durchgefroren an, in Quetta, der grenznahen Stadt zu Afghanistan.

Brief an meine Eltern, Quetta, 21. Oktober 1966

„Jetzt sitze ich hier in dieser Wüstenstadt, 2000 Meter hoch gelegen, umgeben von goldbraunen Bergen. Bin in einer Missionsstation untergekommen. Die Nächte sind verteufelt kalt. Die Stadt ist sehr interessant, fast wie Afghanistan. Hier leben überwiegend Belutschen. Die Frauen tragen weite bunte Röcke und mit kleinen Spiegelscherben eingesetzte Oberteile. Die Haare sind geflochten und mit Silberzeug durchzogen. Auch an Armen und Füßen sehe ich schwere Reifen. Die Stadt ist einfach so in die Wüste gebaut, besteht aus ein paar Häusern um den Markt herum und verliert sich mit niedrigen Hütten in sandigen Gassen. Ich erfahre durch viel Fragen, dass der Zug nur bis Dalbandin geht, aber auch nicht jeden Tag. Ab da soll es mit Bussen weitergehen bis zur Grenze. Diese verläuft mitten in einem Niemandslandstreifen von ungefähr 100 Kilometern Breite. Dort muss alles aussteigen und auf den iranischen Bus warten, der hoffentlich kommt. Ich habe Leute gesprochen, die dort drei Tage festsaßen, ohne Wasser oder etwas zu essen. Werde genügend Proviant mitnehmen. Der Markt ist bunt und versorgt die umliegenden Dörfer mit allem Lebensnotwendigen. Von hier werden auch Kamele mit indischen Stoffen beladen für die farbfrohen Kleider der Frauen im nahen Grenzgebiet. Ich habe meine Fahrkarte. Morgen soll der Zug gehen, auf jeden Fall bis Dalbandin. Ich höre auch etwas über einen „Wasserzug" für die Weiterfahrt bis zur Grenze nach Mirjaveh oder Zahedan. Gerüchte kursieren, und je häufiger ich frage, desto bunter werden die Antworten. Wenn ich da bin, werde ich sehen, wie es weitergeht. Auf dem Platz vor dem Bahnhof höre ich Musik, werde Zeuge einer Hochzeit. Die Männer tanzen ausgelassen und die Braut muß 24 Stunden in einer dunklen Ecke sitzen. Sie ist von oben bis unten verschleiert. Später wird sie in das Haus ihres Mannes geführt und dort sehen sie sich zum ersten Mal. Der Brautpreis beträgt 600 Rupien, gleich 300 DM. Das erklärt mir der Besitzer der Çayhane in gebrochenem Englisch. Ich sitze hier in der Sonne, schreibe diese Zeilen als letzten Gruß aus Pakistan. Morgen starte ich zu einem Abenteuer, durch die Wüste Belutschistans. Nur ein Teil der Fahrt bis Dalbandin ist sichergestellt, der Rest – Fragezeichen! Von Kirman, der nächstgrößeren Stadt im Iran, weitere Nachrichten. Adresse im Moment: Isfahan, Shiras und Istanbul. Herzlichst Eure Ursula."

Quetta–Dalbandin

Es ist früher Morgen, der Zug setzt sich in Bewegung ist nur kurz und fast leer. Er wird von einem Polizisten begleitet. Ein strahlend blauer Himmel steht im Kontrast zum Gelb der Wüste und dem Braun der Berge im Hintergrund. Noch hat die Sonne keine Kraft den kalten Wind zu erwärmen, der durch die Abteile zieht. Es geht in Einöde, wo sich der Schienenstrang seinen Weg zwischen den Hügelketten sucht und ein kleiner Weiler in den Weiten zu sehen ist. Aber man muss schon genau hinsehen, um diese dem Boden angepassten Lehmkuben überhaupt auszumachen. Hin und wieder ducken sich auch die dunklen Zelte der Wanderhirten zwischen die Hügelketten oder an einem kümmerlichen Bachlauf entlang. Ich habe viel Platz im Abteil, nicht wie in den letzten Monaten, wenn ich an Indien denke.

Auch diese Wüstengegend hat ihren Reiz. Die Abstufungen der Farbtöne, vom gelben Sand über die dunkleren Streifen, die sich durch die Berge ziehen und mir von erdgeschichtlichen Zeiten erzählen. Der Zug hält oft, keine Station weit und breit. Mitten im Nichts steigen jetzt ein paar Gestalten aus und verschwinden. Irgendwo wird ihr Dorf liegen, hinter Hügeln verborgen, oder es sind nur ein paar Zelte ihr zu Hause. Bald habe ich den Eindruck, dass jeder den Zug halten lässt, wo er zu Hause ist. Ich fahre zwar durch ein oberflächiges Nichts, aber das ist scheinbar voller Leben, wo Nomaden mit ihren Herden am Fuß der Berge ein wenig Grün finden. Es sind Bachläufe, die hier Leben spenden, die es manchmal vom hohen Norden bis in diese urzeitlichen Trockengebiete schaffen und dann im endlosen Sandmeer versickern. Mir wird nicht langweilig auf dieser Fahrt. Die Distanz zwischen den beiden Orten beträgt 350 Kilometer. So fahre ich Stunde um Stunde, die Landschaft verändert sich kaum, auch später nicht auf der anderen Seite der Grenze. Da werden die südlichen Ausläufer der Dascht-e-Kavir und der Wüste Lut mich begleiten. Also doch die „letzte Gegend der Welt"? Es ist 22 Uhr als der Zug langsam in Dalbandin einläuft. Ein kleiner Wüstenort.

Die Nacht verbringe ich in einem schäbigen Hotel, ein netter Mitreisender zeigt es mir. Hungrig falle ich ins Bett. Morgen werde ich mich um die Weiterfahrt kümmern. Es ist kalt, und unter vielen Decken werde ich allmählich wieder warm.

Mit dem Wasserzug durch Belutschistan

Beim Aufwachen sehe ich nur Wüste, staubige Gassen und einen Schienenstrang, der nach Westen führt. Ich frage alle möglichen Leute, wie ich zur Grenze in den Iran komme. Man schüttelt den Kopf und wendet sich ab. Ich gehe zur kleinen Bahnstation. Auch hier bekomme ich kaum verständliche Auskunft, so als wolle man nicht so recht heraus mit der Sprache. Ich werde auch überall so komisch angeschaut. Vielleicht weil ich alleine unterwegs bin, im Stammesgebiet der Belutschen? Weil hier niemand die Grenze überquert, schon gar nicht als Frau? Oder man will mir sagen, dass es sehr schwierig ist von hier wegzukommen. Vielleicht ist es sogar gefährlich? Ich lasse nicht locker.

Es muss doch eine Möglichkeit geben im Süden über die Grenze zu kommen. Dann höre ich wieder „Wasserzug". Beim genaueren Nachfragen erzählt man mir, dass einmal in der Woche ein Tankzug die Dörfer an der Strecke mit Wasser versorgt, ein Güterzug mit Wassertanks, ohne Personenabteil. Man nennt mir auch jemanden, der diesen Zug begleitet. Nach langem Fragen und Nichtlockerlassen treffe ich auf einen wettergegerbten, alten Mann. Nach einigem Hin und Her bietet er mir an, auf der hinteren, offenen Plattform bei seinem kleinen Wärterhäuschen mitzufahren. Das Ganze läuft sehr geheimnisvoll ab, ich verstehe den Mann kaum und er will 20 Rupien. Ich erfahre, dass der Zug circa zwei Tage unterwegs ist und irgendwann in der Nacht an der Grenze in Mirjaveh ankommt. Es darf niemand wissen, dass ich mitfahre. Also werde ich als „blinder Passagier" durch Belutschistan fahren. Das ganze Unternehmen ist recht waghalsig und dann noch verbotener Weise! Es ist ein Abenteuer, wenn es dann, inschallah, klappt. Er gibt mir eindrücklich zu verstehen, dass das niemand erfahren darf, sonst bekommt er Schwierigkeiten. Worauf lasse ich mich da ein? Ich könne in der Nacht, während der Zug steht, sagt der Mann weiter und zeigt es mir, in seiner kleinen Wärterecke schlafen. Er selbst werde sein Lager auf der offenen Plattform aufschlagen.

Ich weiß heute nicht mehr, wie die Verständigung genau vor sich gegangen ist. Es war alles sehr komisch und geheimnisvoll, ich habe aber trotzdem volles Vertrauen zu diesem Mann. In zwei Tagen soll es losgehen. Vertreibe mir die Zeit mit Lesen und Schreiben und laufe auch einfach so ein Stück in die Wüste hinein. Tagsüber brennt die Sonne, und die Nächte sind lausig kalt.

Wüste

Am nächsten Morgen geht es los. Es ist noch nicht ganz hell. Ich schleiche mich zum Zug und werde erst einmal im kleinen Wärterhäuschen versteckt, bis der Zug aus der Ortschaft heraus ist und in offene Landschaft taucht. Danach ist wohl nichts mehr zu befürchten. Die wenigen Hütten bleiben zurück und der Schienenstrang sucht sich den Weg zwischen Bergketten im Norden und Süden, deren höchste Gipfel bei zweieinhalb und dreitausend Metern liegen. Die Sonne wärmt allmählich die kalte Nachtluft und lässt gegen Mittag die Hitze flimmern. Der Wind fegt helle Sandschleier über die Ebene. Er weht auch mir um die Ohren und setzt sich in Augen, Mund und Nase.

Nach einigen Stunden der erste Halt. Neben den Schienen stehen riesige, runde Wasserbehälter. Mit einem dicken Schlauch füllt man das Wasser in die Speicher. Der Schlauch ist nicht dicht, und so verrinnt viel im Sand. Der ganze Ablauf wird von einigen Leuten überwacht, die wohl aus der Gegend kommen. Ich kann aussteigen. Man nimmt kaum Notiz von mir. Das Ganze dauert etwa eine halbe Stunde. Dann geht es weiter in sandige Weiten. Hin und wieder tauchen in der Ferne dunkle Zelte auf, Belutschen mit ihren Herden – nur ich sehe keinerlei Grün. Der Alte hockt auf der schmalen Plattform, hat einen dreibeinigen Tonofen nach draußen gestellt, füllt Holzkohle auf und brutzelt in einer Pfanne Gemüse und einige Stücke Fleisch. Er sitzt dabei auf dem Boden und schaut in die Weite. Es riecht köstlich, auch nach allerlei Gewürzen, und lässt mir das Wasser im Munde zusammenlaufen. Die Sonne geht allmählich unter, färbt die umliegenden Hügelketten rosa und später rot. Zeit für das abendliche Gebet. Er rollt seinen kleinen Teppich aus, beugt sich nach Osten und verrichtet neben seinem Ofen die vorgeschriebenen Handlungen die er fünfmal am Tag zu Ehren Allahs vollzieht. Inzwischen ist das Essen fertig. Er häuft mir eine gehörige Portion auf einen verbeulten Aluminiumteller und reicht ihn mir. Dazu gibt es Fladenbrot. Der Zug fährt langsam. Ich setze mich auf das obere Trittbrett und lasse es mir schmecken. Die Gastfreundschaft der Moslems ist hier oberstes Gebot und kommt auch auf dieser Fahrt wieder zum Tragen. Dazu gehört auch, dass man alles miteinander teilt und zudem unter dem Schutz der Menschen steht, denen man sich anvertraut hat. Das gibt mir ein gutes Gefühl bei diesem abenteuerlichen Unternehmen. Diese Fürsorge für den Gast habe ich auf der ganzen langen Reise durch Indien vermisst.

Ich fahre in den Abend, in die Dämmerung, die Nacht, sehe die dunkler werdenden Gebirgszüge. Die letzten wärmenden Winde sind um mich herum, denn mit dem Dunkel werden sie kälter, ganz ohne Übergang. Eine Öllampe wird angezündet, eine Matte auf die Holzplanken gebreitet, mein Lager für die Nacht ist fertig. Der Zug kommt langsam zum Stehen, quietscht noch ein paarmal in seinem Gefüge, hält. Er steht mitten auf der Strecke, im Nichts. Rufe gehen hin und her zwischen Lockführer und Begleiter, dann kehrt Stille ein, unheimliche Stille, Wüstenstille. Noch spenden die hellen Dünen etwas Licht, doch dann ist urplötzlich finstere Nacht.

Der Mann schließt die Tür und wickelt sich draußen in einige Decken. Ich kann lange nicht einschlafen, lausche auf das, was mich umgibt, aber da ist nur eine lautlose Stille. Ich liege auf dem harten Boden im Wasserzug, in der Wüste, zwischen Afghanistan und dem Arabischen Meer - alleine. Ob irgendwann mal die Tür aufgeht? Nein! Trotz des Alten als Beschützer schlafe ich doch sehr unruhig. Kein anderes Lebewesen, nur der Lockführer, mein Beschützer oder ein nachtaktiver Wüstenbewohner.

Sich dieses Bild vorstellen ist schon ziemlich absurd und fast nicht zu glauben. Wahnsinn, was ich damals so alles gewagt, worauf ich mich eingelassen habe! Das war meine Art zu reisen, Schwierigkeiten meistern, das Schicksal herausfordern, mich selbst aber auch nicht schonen. Immer in Hoffnung und vertrauender Gewissheit, dass ich heil aus jeder Situation herauskomme. Auch aus dieser: als blinder Passagier in einem Zug in der Einsamkeit Belutschistans, im Niemandsland zwischen Pakistan und Persien.

Ich wache auf, sehe durch das kleine Fenster. Der Himmel ist überwölbt von Myriaden von Sternen, und ein breiter, heller Streifen zeigt den Verlauf der Milchstraße. Mir zieht die Kälte langsam in die Knochen, ich mache mich ganz klein, mummle mich ein, schlafe unruhig. Einmal wird mir auch von draußen ins Gesicht geleuchtet, das war wohl mein Beschützer. Stunden später begrüßt mich ein sonniger Morgen und entschädigt für die Kälte und den harten Boden. Ein lauter Ruck durchdringt die Stille, der Zug ächzt, setzt sich in Bewegung, rollt weiter gen Westen. Ich schäle mich aus meinen Sachen und genieße den frischen Fahrtwind. Der alte Mann bereitet gerade einen Tee und gibt mir dann auch einen Becher. Das tut jetzt gut und erweckt meine steifen Glieder wieder zum Leben.

Immer wieder Stopps zum Befüllen der Wassertanks. Manchmal sehe ich ein paar Leute oder Kinder kommen angelaufen, bleiben stehen, wenn sie mich entdeckt haben. So vergeht der Vormittag. An der nächsten Station versucht der Alte, mir etwas zu erklären, zeigt auf den Zug, auf die drei Tanks und auf seinen Arm. Wo ich aber keine Uhr sehe. Ich glaube, er will mir sagen, wie lange wir hier stehen werden. Dann kommt ein Kind angelaufen und mit diesem schickt er mich weg und zeigt in Richtung Norden, redet auch auf das Kind ein.

Schließlich gehe ich etwas zögerlich mit dem Kleinen. Denke an den Zug, mein Gepäck und sehe hinter dem nächsten Hügel ein Dorf: einige Lehmhütten, das Minarett einer Moschee und in der Ferne dunkle Zelte. Jetzt bin ich da. Das einzige feste Gebäude ist die Schule. Dort bleibt das Kind stehen, und gleich strömt eine ganze Schar Jungen und Mädchen heraus und hinterher der Lehrer. Ich werde in die Schule gebeten und zum Tee eingeladen. Die Schiefertafeln bleiben erst einmal liegen. Die Verständigung mit dem jungen

Mann erfolgt auf Englisch. Er ist erstaunt, dass ich mit dem Wasserzug gekommen bin und gibt das an die Kinder weiter: lebhaftes Stimmengewirr setzt jetzt ein. Ich muss viele der kleinen, braunen, mit Schorf überzogenen Hände schütteln und dabei immer an den Zug denken. Ich habe, wenn ich den Alten recht verstanden habe, eine Stunde Zeit. Der Mann erzählt mir, dass das Dorf 200 Einwohner hat und alle Kinder in die Schule gehen, hin und wieder auch die der vorüberziehenden Nomaden. Es gibt nur eine Klasse. Werde unruhig und verabschiede mich von der Klasse und dem jungen Mann und gehe zurück. Fange an zu rennen, als ich sehe, dass die Schläuche schon eingezogen sind. Komme atemlos am Zug an. Ob er mir davongefahren wäre?

Nächtlicher Grenzgang

Eintönigkeit auch am zweiten Tag und ein blauer Himmel im südwestlichen Zipfel Pakistans. In der Nacht soll ich den Grenzort Mirjaveh erreichen. Nur wann? Sitze noch lange auf der Plattform, bis der Wind zu kalt wird, und verkrieche mich in das Kabäuschen. Es ist jetzt tiefschwarze Nacht. Auf einmal kommt er mit Quietschen und Scheppern und dann mit einem polternden Vor und Zurück langsam zum Stehen. Ich muss mich erst an die Dunkelheit gewöhnen und kann dann viele Schienenstränge ausmachen. Es ist scheinbar die Endstation. Der Mann ist ohne ein Wort zu sagen auf und davon. Ich stehe oben auf dem Absatz, lausche. Kein Geräusch, nur der Zug, die Nacht und ich. Wohin sind Mann und Lockführer verschwunden? Ich sehe kein Dorf in der Nähe, keine Hütte, kein Licht, Nichts. Wo bin ich überhaupt? Ist das die Grenze? Mir geht alles Mögliche durch den Kopf und ich bekomme Angst.

Ich warte, rufe leise. Keine Antwort, nur Schweigen, nur Dunkelheit. Ich horche noch eine Weile. Meine Augen müssen sich erst an das Dunkel gewöhnen. Schnappe meine Tasche und steige die Stufen hinunter, gehe los. Aber wohin? Erst einmal Richtung Norden, im rechten Winkel zu den Schienen und der Richtung, aus der ich gekommen bin. Starte ins Leere. Stolpere über die Geleise, halte an, lausche, gehe weiter. Dann sehe ich ganz weit hinten etwas. Ob es ein Licht ist? Es verschwindet immer wieder. Kann die Entfernung nicht einschätzen. Auch kein Geräusch hilft mir bei der Orientierung. Ich taste mich weiter vor, immer auf der Hut, nicht über die Geleise zu fallen. Eine Taschenlampe habe ich nicht. Dann höre ich doch etwas, Hunde heulen von weit her. Es kommt aus der Richtung, in die ich gehe. Also bin ich anscheinend richtig. Aber heulende Hunde in der Nacht und ich alleine, das ist mir nicht geheuer. Ich bleibe stehen, warte ab, ob das Kläffen näherkommt. Nichts, es hört auf und ich stolpere weiter dem Lichtpunkt zu, jetzt deutlicher zu erkennen. Irgendetwas muss es ja hier geben, eine Station oder eine Bahnwärterhütte. Halte immer wieder an, spüre das Unheimliche, die Dunkelheit, mein Herz klopft! Ich bin wohl schon einige Minuten unterwegs als aus dem Diffusen helle Lehmmauern sichtbar werden und auch das Licht mit jedem Schritt näherkommt. Es fällt jetzt auch auf die blanken Schienenstränge vor mir und etwas später zeichnet sich eine Hütte mit offener Tür ab.

Bald stehe ich direkt vor dem Eingang. Setze meine Tasche ab. Mit einem „Salam-Aleikum" trete ich in den Raum. Ein Mann, ein Schreibtisch, eine Bank, ein Telefon. Der Mann starrt mich an wie einen Geist. Er braucht etwas, bis er zu reden anfängt, fragt nach meinen Papieren. Ich gebe ihm meinen Pass, er hält ihn falsch herum, ich drehe ihn und zeige ihm auch mein Visum. Aber er schaut sich erst einmal die vielen anderen Stempel an, hin und wieder auch mich. Das dauert. Dann fragt er mich wohl, woher ich komme und wie ich hierhergekommen bin. Das alles in einer Sprache, von der ich nur ein paar Brocken verstehe. Mit Zeichen versuche ich ihm zu erklären, dass ich mit dem Zug gekommen bin. All das zieht sich lange hin. Dann greift er zum Telefon, kurbelt ein paarmal und hat wohl jemanden erreicht. Inzwischen bietet er mir Platz an, und so sitzen wir und warten. Ein Mann und eine Frau, die sich nicht verständigen können, in einer Hütte, in Nacht und Wüste. Nach einer Weile kommt ein höherer Beamter in Uniform. Er spricht Englisch und so kann ich jetzt erklären, dass ich mit dem Wasserzug gekommen bin, dass ein älterer Mann so nett war, mich mitzunehmen, und ich plötzlich alleine dastand beim Halt des Zuges. Er hört sich alles geduldig an, lässt sich auch meinen Pass zeigen. Dann sagt er, ich könne die Nacht hier in dem Grenzhäuschen verbringen, und morgen würde man für den Weitertransport sorgen. Dann geht er und lässt mich mit dem Grenzposten alleine. Ich bekomme einen Tee und die Bank vor dem Schreibtisch als Schlafstelle zugewiesen. Er bleibt hinter dem Tisch sitzen, legt seinen Kopf darauf und verbringt so die Nacht. Die Hütte hat keine Tür, es ist kalt und bis zum Morgen sind es noch ein paar Stunden.

Ich habe die Strecke durch Belutschistan geschafft, bin durch diesen unwirtlichen Landstrich gefahren, von dem ich sonst nur in Abenteuerbüchern gelesen habe. Vor einigen Tagen wusste ich noch nicht, wie ich diese Strecke bewältigen sollte. Bin eigentlich recht stolz auf mich! Wenn ich diese Wüste durchquert habe, schaffe ich auch die weitere Strecke durch den Süden Persiens.

Die Nacht ist vorbei und erst jetzt sehe ich, wo ich gelandet bin, auf einem Verschiebebahnhof mit etlichen Gleisen und einigen Hütten in der Umgebung. Hier endet die Trans-Belutschistan-Bahn und alles muss auf die persische Seite wechseln, Menschen und Waren, denn das Schienensystem ist nicht in beiden Ländern gleich. Bevor ich aber diesen Ort verlassen kann, muss ich sechs Tabletten auf einmal schlucken, denn im Nachbarland Persiens, im Irak, ist die Cholera ausgebrochen. Und dorthin will ich ja. Dann organisiert man einen Trip zum grenznahen Ort Zahedan auf der persischen Seite.

Brief an meine Eltern, Kerman, Persien, 27. Oktober 1966

„Liebe Eltern, zu Eurer Beruhigung schnell diese Karte aus dem ersten größeren Ort in dieser unendlichen Wüste. Bin mit dem Wasserzug, der die paar Hütten entlang der Bahnlinie mit Wasser versorgt, von Dalbandin bis Miryaveh gekommen. Dann in der Nacht über die Grenze gestolpert. Später mit einem Quarantäne Wagen bis Zahedan. Seit Tagen fahre ich jetzt nur durch Wüstengebiete, trocken, gelbbraun, fast menschenleer. Erst mit dem Zug und dann ging's auf staubiger Schotter- und Schlaglochpiste am Rande der Wüsten Lut und Dasht-e-Kavir entlang hierher. Es liegen kaum Dörfer auf dieser 600 Kilometer langen Strecke, nur die Zitadelle von Bam konnte ich im Vorbeifahren aus der Ferne sehen. Freue mich auf Eure Post in Isfahan, wo ich einige Tage bleiben werde. Dort entscheidet es sich, ob ich in den Irak hineinkomme und ihn im Norden, Richtung Osttürkei, wieder verlassen kann. In dem Fall geht es von Shiras nach Ahvaz, Khorramshahr (Grenze Irak), Basra, Bagdad, Mossul. Natürlich besuche ich auch all die alten Stätten des Landes. Falls das nicht klappt, über Kermanshah, Hamadan, Täbris, Ankara, Istanbul, heim.

Die Ortschaften, durch die ich komme, sind nur in den Außenbezirken interessant, sonst gerade Straßen und dunkelgekleidete Menschen. Die Farbfreudigkeit Indiens fehlt mir. Bin etwa Ende November, Anfang Dezember bei Euch, freue mich sehr, herzlichst Ursula.“

Von Kerman sind es 700 Kilometer und 20 Stunden mit dem Bus bis Isfahan. Die Wüstenpiste holperig und der Bus übervoll. Die Fahrt ist aber trotzdem interessant. Ich kann vereinzelt kleine Oasenorte in der weiten Ebene erkennen. Mitreisende laden mich zu Essen und Tee ein. Unterwegs passieren wir ein Grabmal am Rand der Piste. Es ist wohl die letzte Ruhestätte eines Sufis, eines verehrten Heiligen der Shiiten. Ein alter Mann fängt an zu beten, alle Passagiere fallen in diesen Singsang ein. Dann fängt er an zu weinen, zu schluchzen. Er sitzt neben mir, trocknet sich mit einem geblümten Taschentuch die Tränen, die ihm übers Gesicht rollen. Vielleicht sieht er diese heilige Stätte zum ersten Mal und ist von seinen Gefühlen überwältigt. So geht es Stunden durch die Einsamkeit. Es dämmert schon, ich sehe Lichtpunkte in der Ferne, ich habe Isfahan erreicht.

In Isfahan

Die Stadt liegt in der Wüste, umgeben von Bergen, auf einer Höhe von 1600 Metern. Hier ist es schon herbstlich, die Bäume kahl und um 17 Uhr wird es dunkel. Tagsüber wärmt noch die Sonne. Ich wohne in der Jugendherberge, einem alten Palast, und bin der einzige Gast. Die Räume groß, die Dusche kalt und das Bett hart. Doch der nächste Morgen entschädigt für die Strapazen der letzten Tage und die vergangenen Nächte. Ich stehe auf dem großen Platz Maidan-I-Shah. Grüne Rasenflächen und Wasserspiele führen mich zur gleichnamigen Moschee, die am Ende des Parks liegt. Riesige Eingangstore und Minarette funkeln mit blaugrünen und gelben Fayencen in der Sonne. Ich tauche in ein Märchen aus 1001 Nacht, hier bin ich wieder mitten drin im Orient. Über mir die leuchtend farbigen Muster der Stalaktiten-Decken und die schlanken Schriftbänder, die sich an den Eingangsbögen hinaufziehen. Im Schatten sitzt eine Frau ganz in ihre dunklen Gewänder gehüllt. Dann öffnet sich ein großer Hof mit dem Reinigungsbecken und im Hintergrund die offenen Hallen des Gebetsraumes. Alles wird von der Sonne in Licht und Schatten getaucht und bizarre Muster entstehen auf den Fliesen. Über diesem Märchen wölbt sich ein stahlblauer Himmel. Um die Mittagszeit sind nur wenige Gläubige hier und so zeigt mir ein kleiner Junge den Aufstieg auf die Kuppeldächer der Moschee. Eine steile, schmale, ausgetretene Treppe führt hinauf. Ich stehe plötzlich im grellen Licht und kann einen Blick über die Stadt werfen. Sie besteht aus den Farbtupfern der Moscheen, den überwölbten Basaren und den angrenzenden Lehmhütten der Bewohner. Der Basar unter mir schlängelt sich wie eine Raupe bis zur Jumma, der Freitagsmoschee. Die Flachdächer der Stadt gehen in die Steppe über und diese ins Gebirge. In der Ferne von Wasserläufen durchzogene, grüne Felder, auf denen die verschiedensten Früchte angebaut werden. Der Zahend-Rud sorgt für die Bewässerung, wenn er denn genügend Wasser führt. Von hier oben sehe ich nur ein dürftiges Rinnsal, welches durch die vielbogige Brücke fließt.

Im Basar, dessen Hauptgasse von Kuppeln überwölbt ist, wird alles angeboten, was die Felder tragen und was von den Handwerkern des Landes hergestellt wird: von rotbunten Teppichen über Eselstaschen mit Trotteln und blauen Perlen verziert. Silberschmuck, Kupfer- und Messingarbeiten. Auch die feinen Miniaturmalereien der alten persischen Schule werden mir gezeigt. Ich muss mir hier eine Tasche kaufen, denn meine ist total durchgescheuert. Auch ein Paar feste Schuhe, denn auch sie fallen fast auseinander. Auf dem Heimweg durch die Türkei und später in Deutschland wird es Winter sein.

Habe mich heute den ganzen Tag im Basar aufgehalten und bin dann durch Zufall auf die runden Kuppeldächer der Hauptbasarstraße geraten. Hier haben die Wollfärber ihre rote und schwarze Wolle zum Trocknen auf Stangen gehängt. Durch die viereckigen Öffnungen in den Dachgewölben kann ich unter mir das Leben und Treiben der Menschen beobachten. Die Sonne fällt durch sie in die Gassen, und der feine Staub glitzert im Licht.

Von einem der Nachbardächer rufen junge Frauen mich zu sich. Ich turne über schmale Mauern und Stege und lasse mich bei ihnen nieder. Hier oben sind sie unverschleiert und tragen weite, bunte Hosen und lange Oberteile. Bald kommt dann auch der Begrüßungstee und Fragen fliegen hin und her, jetzt auf Englisch. Ich erfahre, dass sie nur in Begleitung eines männlichen Angehörigen das Haus verlassen dürfen und sich auch bei fremden Besuchern zurückziehen müssen. Sie sind für Haushalt und die Kinder zuständig. Die Eltern suchen den Ehemann aus und der wird dann auch geheiratet. Mit fremden Frauen dürfen sie Kontakt haben, so wie jetzt mit mir. So sitze ich eine Weile hier oben auf dem Dach, die Lehmsteine warm, und neben mir liegen die roten Paprikaschoten zum Trocknen in der Sonne. Irgendwann ist die Konversation festgefahren und so bedanke ich mich bei diesen aufgeschlossenen, jungen Perserinnen und steige hinab in die immer noch lebhaften Basarstraßen. Gegen Abend wird es kühler, und ich beziehe mein Bett in der Jugendherberge. Die klammen Decken muss ich erst mit meinem Körper erwärmen. Es wird früh dunkel, und der Abend ist lang, so schreibe ich noch etwas und halte die neuen Eindrücke in aller Frische fest.

Am nächsten Tag besuche ich Culfa, das armenische Viertel. Hier sind noch dreizehn alte Kirchen erhalten. Moscheeähnlich, mit Kuppeln und schlichten Ziegelsteinmauern außen. Innen Malereien mit

Darstellungen aus dem Leben Christi, mit persisch glasierten Ziegeln, Ranken und Blüten, Vögel und andere Tiere darstellend. Von der ältesten, der Erlöserkirche, habe ich einen schönen Blick auf den Stadtteil und die Berge. Die Khaju Brücke führt über den teilweise ausgetrockneten Zhayandeh-Rud. Dann besuche ich die verschiedensten Moscheen, die Sheikh-Lotfollah, erbaut im Jahre 1603 von den Safawiden, deren Kuppel sich im Wasser spiegelt. Drinnen verträumte Innenhöfe mit plätschernden Wasserbecken, wo nur Vögel zu hören sind und der Lärm der Straße draußen bleibt. Hier verweile ich einen Moment und genieße die Stille. Gehe zurück zur Jugendherberge, meine Hüfte und das linke Knie schmerzen. Die Strapazen der Reise machen sich schon seit einiger Zeit jetzt auch in meinen Gelenken bemerkbar.

Momenteindrücke, 26. Oktober 1966

„Madrasa Masjid-I-Shah. Eine herrliche blaue Kuppel und schlanke Minarette ragen in den wolkenlosen Himmel. Herbstlich gefärbte Pappeln kündigen den Winter an, der auf diesen Höhenlagen in der Wüste sehr hart ist. Im Basar hängen die Bilder des Kaisers, denn heute ist sein Geburtstag. Überall hängt die bunte Wolle zum Trocknen, es werden Hamamtücher daraus gefertigt, Tücher für die öffentlichen Bäder. Färber und Weber hocken auf dem Boden und essen alle zusammen Brot und Brühe aus einer Schüssel. Daneben Kinder am Brunnen und Frauen laden zu Tee auf ihr Dach und spulen dabei Wolle auf. Auf den blauen Kuppeln haben sich hunderte von Tauben niederge- und ihre Spuren hinterlassen. Hoch ragt das einzige Minarett der Ali Moschee von nebenan in den Himmel, gekrönt von einem Storchennest. Im Innenhof scheint die Zeit stehen geblieben zu sein. Frauen sitzen auf einem Podest und der Mullah auf einem Thron, dem Mirhab, und liest aus dem heiligen Buch. Einige der Frauen fangen an zu weinen, sie sind wohl gerührt von Worten und Suren aus dem Koran. Ein Alter schläft in einer Ecke in der Sonne. Ich würde jetzt auch gerne irgendwo sitzen und für einen Moment die Augen schließen. Sie mussten heute schon wieder so viel Neues aufnehmen. Außerdem knurrt mein Magen. Ich kaufe mir an der nächsten Ecke Brot und Käse und setzte mich damit in eine Çayhane. Draußen brodelt das Leben der Basarstraße, ein buntes Gemisch von Menschen, Städtern und vielen verschiedenen Volksgruppen vom Land. Auch die Bewohner der Wüste, die Belutschen, durch deren Gebiete ich gefahren bin. So defilieren sie alle an mir vorbei, die Nachkommen der Völkerschaften versunkener Reiche, wie die Tributpflichtigen an den Treppenaufgängen in Persepolis, meinem nächsten Ziel. Im Hof vom Grab des Imamzadeh-Ismail entdecke ich zwei wunderschöne Wasserbecken. Etwas weiter waschen Frauen an unterirdischen Gräben die Wäsche und noch ein Stück weiter ihr Geschirr, denn in den Häusern gibt es kein fließendes Wasser. Ich entdecke eine Ölmühle, von einem Kamel gedreht. Mit verbundenen Augen zieht es den schweren Mahlstein über die ausgelegten Oliven, Stunde um Stunde. Unten wird das Öl aufgefangen.

Es ist Abend geworden, ich bin hundemüde und meine Beine schmerzen, Zeit nach Hause zu gehen. Nach Hause, wo ist das, hier im Moment die „Auberge de la Jeunesse". Wie viele dieser „Zuhause" gab es auf der Reise? Es waren sicher Hunderte, die mir für eine Nacht oder ein paar Tage das Gefühl gaben, irgendwo angekommen zu sein, wie hier im herbstlich-goldenen Isfahan. Es war ein herrlicher Tag, einer von den vielen auf dieser Tour."

„Bin früh aufgestanden denn es steht eine schwierige und zeitraubende Fahrt an: nach Persepolis. Erst einmal per Bus ans Ende der Stadt. Ab hier versuche ich es per Anhalter. Langes Warten. Erster Wagen 40 Kilometer, mit dem zweiten bis Abadeh. Dann laufen. Nach langer Zeit hält ein Laster, später kurze Rast an einem Brunnen. Soweit ich sehe steinige Öde und interessante Dörfer. Ende auch dieser Fahrt. Eine Straßenwache hält den Bus nach Persepolis für mich an. Bei Sonnenuntergang bin ich dort, eine einsame Polizeistation, die Ruinen, kein Dorf. Wo soll ich schlafen? An diesem Polizei-Außenposten kennt man das wohl schon. Man macht mir ein paar Spiegeleier und bietet mir ein Lager auf dem blanken Boden der Station an."

Persepolis

Um 6.30 Uhr klopft es an der Tür. Morgentoilette am Wasserbecken vor der Station. Um sieben Uhr starte ich in die Ruinen. Ein herrlicher Morgen, noch kalt, dafür aber ein klarer, wolkenloser Himmel. Ich stehe vor den Eingangstoren des Palastes von Darius I. und seinen Nachfolgern Xerxes I. und II. und unterhalte mich mit einem der Restauratoren. Es sind Italiener, die hier im Moment arbeiten und ihr Camp etwas weiter entfernt haben. Dann stehe ich vor der Apadana-Treppe, wo verschiedene Nationen wie Meder, Babylonier, Ägypter, Skyten, Griechen und Inder in langen Reihen emporsteigen. Sie kommen auch mit Ochsengespannen, Streitwagen und Zeburindern. Sie bringen Opfergaben und Tribute und huldigen so Darius, dem Herrscher des Zweistromlands bis in die Ebenen des Indus. Alle tragen etwas in ihren Händen: Krüge, Schalen, Gewänder, Blumen, Schmuck. Auch mit Pferden, Kamelen, und Lämmchen, auf der Schulter getragen, steigen sie empor zum Herrscher. Perser und Meder und viele andere Nationen, sich friedlich an den Händen haltend und im Gespräch, bilden eine lange Prozession. Wunderschön und detailgetreu ist die Ausarbeitung der Köpfe, besonders der Haare. Einige tragen Ohrgehänge. Die Kopfbedeckungen sind nach Herkunft verschieden: Turbane, die Kopf und Hals bedecken, hohe runde Mederhelme, Spitzmützen mit langen Trotteln, flache Hüte und viel anderes ist zu sehen. Am Eingang des Hundert-Säulen-Saales ist der König auf seinem Thron dargestellt. Ein Diener hält den Krummstab über ihn, und darüber ist das Bild Ahura-Mazdas. Ein Mann mit langem Gewand, einem Ring in der Hand und breitausladenden Flügeln. An der Innenseite der Apadana, des großen Palastes, sind ganze Reihen von Kriegern aufgezogen, zum Teil bewaffnet mit Speeren und Schild. Die Sonne erwärmt allmählich die hellen Steine, und im Schatten einer Säule halte ich die ersten Eindrücke fest.

Bis zu den Felsengräbern des Darius, des Xerses und Attaxerses ist es nicht weit. Sie liegen senkrecht an einer steilen Felswand mit einer Reihe von figürlichen Reliefs über dem Eingang. Von hier oben hat man einen schönen Blick über die ganze Palastanlage.

Das Grab des Darius trägt eine der wichtigsten achämenidischen Inschriften, dreisprachig: (altpersisch, elamisch und babylonisch). Im Museum schreibe ich den folgenden Text in mein Tagebuch und gebe ihn hier wieder:

„Der große Gott ist Ahura-Mazda, der diese Erde schuf, der jenen Himmel schuf, der die Menschen schuf, der die Segensfülle schuf für die Menschen, der Darius zum König machte, zum König von vielen, zum Gesetzgeber von vielen. Ich bin Darius der große König, der König der Könige, der König der Länder aller Stämme. König dieser Erde auch fernerhin, des Hystapses Sohn, Achämenide, Perser, Sohn eines Persers, Arier, aus arischem Samen. Es spricht der König Darius: Nach dem Willen Ahura-Mazdas habe ich diese Länder erobert, außerhalb Persiens. Ich wurde ihr Herrscher, sie brachten mir Tribut, was ihnen von mir gesagt wurde, das taten sie, mein Gesetz das wurde gehalten in: Medien, Elam, Parthien, Areia, Baktrien, Sogdiana, Chorasnien, Drangiana, Arachosien, Sattagydien, Ghandara, Indien, die assyrischen Skyten, die Spitzhelme tragenden Skyten, Babylonien, Assyrien, Arabien, Ägypten, Armenien, Kappadokien, Sardes, Ionien, die Skyten jenseits des Meers, Skudra, die breitrandigen Hüte tragenden Ionier, Lybier, Äthiopier, Maker und die Karier". Soweit die Inschrift.

Hier treffe ich auch einen Deutschen wieder, den ich vor Monaten an der indischen Ostküste kennen lernte. Er wundert sich, dass ich es geschafft habe, mit dem Wasserzug zu fahren. Er selbst musste sich einen Jeep mieten.

Später per Laster und Bulldozer zu den Felswänden nach Naqsche-Rustam. Im Stein eingelassene Gräber der achämenidischen Großkönige und sassanidische Reliefs sind zu sehen. Sie liegen aber so hoch, dass man sie nur von Ferne sieht. In der Nähe gibt es auch einen Feuertempel, dessen Rund nur noch in Bruchstücken vorhanden ist. Kaschgai Nomaden in ihren bunten Gewändern haben in der

Nähe ihre dunklen Zelte aufgeschlagen. Nicht weit entfernt lagert das Vieh."

Für mich wird es Zeit, den Rückweg nach Schiras anzutreten. Bei Sonnenuntergang nimmt mich ein Zuckerrübenlaster die wenigen Kilometer mit zurück in die Stadt. Rot leuchten die Berge im letzten Sonnenlicht auf und Schiras liegt im Lichtermeer, die Stadt von Hafiz und Sadis, der Rosen und Nachtigallen.

Sarvestan, 31. Oktober 1966

Sitze im Moment mitten in der Wüste, südlich von Shiras auf dem Trittbrett eines Jeeps. Um fünf Uhr früh habe ich noch den einzigen Bus erwischt, der mich in eineinhalbstündiger Fahrt hierhergebracht hat. Die Dorfbewohner staunen mich an. Kaufe bei einem Händler Fladenbrot, an dem noch kleine Steinchen kleben, und Ziegenkäse, den der Mann mit bloßen Händen aus einem Ziegenbalg holt. Schwarze Haare stecken noch im Käse, das ist meine Morgenmahlzeit. Bin wieder mal bei der hilfreichen Polizei gelandet, wie so oft, wenn ich nicht weiterkomme. Habe mich nach dem Sassaniden-Palast erkundigt. Er soll sechs Kilometer entfernt liegen. Will mich zu Fuß auf den Weg machen, aber das lässt der Polizist nicht zu. So hocke ich mich in den Schatten und warte. Abwarten ist besser, als sich aufregen und ungeduldig werden. Irgendwas wird auch ohne mein Zutun passieren. Und siehe da, nach einer Weile kommt ein Jeep angerauscht, und man bittet mich einzusteigen. Zwei Soldaten, einer mit umgegurteten Pistole, kommen mit. In rasender Fahrt geht es durchs Dorf, dann in die Wüste. Nach kurzer Zeit sehe ich den Palast in der Ferne. Jetzt geht's querfeldein über Steine und Büsche hinweg. Plötzlich haben wir einen Fuchs vor den Rädern und in holpernder Fahrt geht's hinterher. Das schlaue Füchslein nimmt eine Linkskurve und ist gerettet. Das war die tollste Fahrt meines Lebens. Der Palast aus dem 5. Jahrhundert liegt einsam in der Gegend. Die Mauern aus mächtigen, rohen Steinen mit Kuppeln aus gebrannten Lehmziegeln. Heute kann man durch sie hindurch in den offenen

Himmel sehen. Er liegt da wie ein verwunschenes Schloss aus lang zurückliegender Zeit. Erbaut von den Sassaniden, schaut er über eine weite, baumlose Ebene.

Es geht zurück. Uns begegnen Qashqai-Nomaden. Frauen und Kinder sitzen auf dunklen Eseln mit rotbunten Teppichtaschen und Trotteln behängt. Unser Jeep hält plötzlich, wir haben kein Benzin mehr. Da stehen wir mitten im Nirgendwo, bis einer der Männer mit einem Kanister losläuft. Währenddessen sitze ich und halte meine Erlebnisse fest. Bald geht's weiter, ein tiefer Graben ist das letzte Hindernis auf dem Weg zurück ins Dorf. Bedanke mich herzlich bei den netten Polizisten. Der Mann aus der Çayhane besorgt mir einen Laster zurück nach Shiras. Vorbei am Maharloo-Salzsee, dessen Oberfläche weiß schimmert und die Stadt teilweise mit Salz versorgt.

Shiras und meine Filme

Nachdem ich mir die Umgebung der Stadt angesehen habe, erkunde ich die viel besungene Oase der Dichter Sadi und Hafiz. Sie erzählen in ihren Gedichten von Blumen und stillen Gärten, von Wasserspielen und Brunnen, von Rosen und deren Duft, vom Werben und der Zuneigung Liebender. Auch auf den wunderschönen Miniaturmalereien sind Gedichte und Geschichten verewigt. Eine zauberhafte Stadt mit viel Grün und Wasser. Mit dem Kontrast der herbstlichen Pappeln, die mit ihren silberschlanken Stämmen in den tiefblauen Himmel ragen. Mit sonnenbeschienenen Plätzen und heimeligen Innenhöfen, in denen ich bei Tee noch die letzten Sonnenstrahlen genieße. Der Winter ist nicht weit.

Ab Shiras kommt der lange Weg zurück in die Heimat, in die Kälte, in den Alltag, das Ende der Reise. 6000 Kilometer liegen noch vor mir per Bahn und Bus. Ob ich wegen der Cholera in den Irak kann, ist noch fraglich.

Eben habe ich erfahren, dass das nich geht. So wird mich mein Weg direkter nach Hause führen. Werde zurück nach Isfahan fahren und dann weiter Richtung Norden. Kaufe mein Ticket bei einer Busgesellschaft, die ihr Büro an einer der breiten Straßen der Stadt hat. Schade, ich wäre gerne noch durch das interessante Nachbarland gefahren, da die Kulturen der Perser ja auch das Gebiet des Zweistromlandes umfassen. So beginnt jetzt doch die Rückreise-Etappe, denn ich werde mich nirgendwo lange aufhalten.

Nachdem ich noch einmal die Basare, Moscheen und meine Lieblingsplätze besucht habe, gehe ich früh schlafen, denn der Bus fährt um sechs Uhr. Es ist noch dunkel, als ich am Haltepunkt ankomme. Der Wagen steht schon da, aber ein Monteur liegt unter dem Bus und repariert etwas. Drinnen sitzen schon einige Gestalten. Ich suche meinen Sitz, stelle die Tasche darunter und steige nochmals aus. Trinke an einem Stand eine heiße Milch, die oftmals auch neben Tee an den Haltestellen angeboten wird. Ich steh da, wärme mich an dem heißen Becher und sehe auf der anderen Straßenseite einen Briefkasten. Da müssen noch meine letzten Karten rein. Ich laufe los. Als ich am Briefkasten ankomme, sehe ich, wie sich der Bus in Bewegung setzt und an mir vorbeifährt. Ich schreie, winke, laufe hinterher, aber er hält nicht. Ich weiß, meine Tasche ist im Bus mit allem, was ich habe. Renne zurück zum Büro, frage aufgeregt, wohin der Bus gefahren ist. Man beruhigt mich, er ist nur zur Werkstatt, um ihn dort zu reparieren, also warte ich und mit mir noch einige andere Passagiere. Es wird allmählich hell, ich stehe da, es ist kalt, und ich denke an mein Gepäck. Gehe auf und ab und muss immer an meine Tasche unter dem Sitz denken und an die Gestalten im Bus. Ich frage wieder im Büro nach, man sagt mir, er kommt gleich zurück. Aber das will ich nicht abwarten. Ich werde unruhiger, bekomme Angst, habe ein ganz ungutes Gefühl. Ich lasse mir ein Taxi rufen und fahre zur Garage, wo der Bus repariert wird. Es dauert nicht lange und da steht er auch.

Ich stürme hinein, sehe unter den Sitz und - meine Tasche ist offen und --- leer! Alles ist weg, nur unten auf dem Boden ist noch eine Lage mit Prospekten aus Indien und eine kleine, hölzerne Figur. Meine Kleidung, meine Badetasche, worin auch meine belichteten Diafilme waren, ist weg. DAS IST DAS SCHLIMMSTE!!! All die vielen Aufnahmen, die ich auf dieser so strapaziösen Reise gemacht habe, sind nicht mehr da. (Jetzt, beim Beschreiben dieser Situation werde ich noch unruhig.) Ich stürze aus dem Bus, suche den Fahrer, zeige ihm meine geöffnete Tasche und bitte ihn, die Reisenden zu befragen, ob sie etwas gesehen oder beobachtet haben. Aber alles ohne Erfolg. Dann klettere ich selbst auf den Bus und untersuche auf dem Dach die einzelnen Gepäckstücke, nirgendwo ist etwas von meiner Kleidung oder sonst etwas von meinen Sachen zu sehen. Ich mache die Augen zu und kann es nicht glauben, ich habe nichts mehr außer dem, was ich anhabe. Zum Glück sind es die warmen Sachen. All die bildlichen Erinnerungen der Reise sind weg. Alles, was ich mir so mühsam erkauft habe, die Dokumentation dessen ist futsch!

In diesem Moment habe ich nur einen Wunsch, nach Hause, jetzt will ich nur noch nach Hause. Ich kann nicht mehr! Das ist einfach zu viel! Setze mich auf meinen Platz und warte, dass der Bus wieder zum Büro fährt, wo man auch Englisch spricht. Dort verlange ich nach der Polizei, die auch bald kommt. So lange kann der Bus nicht abfahren. Der Sachverhalt wird zu Protokoll genommen, ich nehme den Rest meines Gepäcks und muss mit aufs Revier. Die Busfirma wird für den Schaden aufkommen müssen. Ich bin total fertig! Wie kann man denn einen ideellen Schaden beziffern. Es ist, als ob jemand einen Teil meines Lebens gestohlen hätte. Man sagt mir, dass ich eine Woche vor Ort bleiben muss, bis die Untersuchungen abgeschlossen sind. Solange kann ich nicht weg. Inzwischen ist es warm geworden, viel zu warm für die Winterklamotten, die ich anhabe. Nach Stunden sind all die Formulare ausgefüllt und ich kann gehen, man will die Firma zu einer Geldstrafe verklagen. All das wird von der Polizei erledig – sie sind sehr hilfsbereit.

Es ist Mittag geworden, ich suche wieder mein kleines Hotel auf und versuche erst einmal, etwas zu schlafen, aber das hilft nicht viel, ich kann es immer noch nicht fassen. Der Geldklau in Bombay war ja schon schlimm, den habe ich verkraftet, aber dies ist fast noch schlimmer für mich. Ich habe mich so tapfer durchs Land geschlagen, habe alle Strapazen auf mich genommen, und jetzt das! Im selben Moment steht aber auch fest, ich muss noch einmal nach Indien, all die Orte noch einmal aufsuchen um die Bilder machen zu können, um sie in den Händen zu halten. Dann werde ich noch mehr aufpassen als bisher. Dieser Plan ist hier in Shiras im gleichen Moment geboren. Den habe ich später in die Tat umgesetzt und habe mich noch einmal auf den Weg gemacht. Habe die gleiche Route über all die Länder genommen und durch Indien. Ein Jahr hat die Reise gedauert.

Am anderen Tag war ich etwas beruhigt, kaufe mir das Nötigste, was ich für die Heimreise brauche. Laufe jeden Tag durch den Basar, durchwühle alle Stände der fliegenden Händler, die gebrauchte Kleidung anbieten. Vielleicht taucht ja irgendwo etwas von meinen Sachen auf und ich könnte so den Verbleib meiner Filme nachverfolgen. Doch das ist alles umsonst, ich werde mich wohl damit abfinden müssen. Ich weiß nicht mehr, was ich die letzten Tage in Shiras gemacht habe. Bekomme von einer Missionsstation etwas gebrauchte Kleidung. Die Polizei sagte mir nach einer Woche, dass sie die Sache nicht weiterverfolgen werden. Ich bekomme 50 DM als Entschädigung. Jetzt kann ich Shiras verlassen und nehme den zweiten Anlauf nach Isfahan.

Das ist kein schöner Abschied von den grünblauen Moscheen und der Dichter Sadi und Hafis. Auch nicht der alten Herrscher, der Perser und ihrer Ruinen von Persepolis, von Naqsch-I-Rostam und dem einsamen Wüstenschloss bei Sarvestan.

Es überkommt mich eine gewisse Leere und Traurigkeit, ein Ahnen um das Ende der Reise. Die mir Freiheit gab, die mich so viel Schönes hat schauen lassen. Die mir alte Kulturen, das Leben der Menschen in den diversen Ländern gezeigt und meinen Horizont mächtig erweitert hat.

Zu Hause empfängt mich wieder das tägliche Einerlei, die Verpflichtung meinen Eltern gegenüber, die finanziellen Probleme wie schon in meinem letzten Briefe angedeutet. Doch noch bin ich meilenweit von all dem entfernt, und vielleicht klappt ja doch ein neues Berufsleben mit einer gewissen Selbstständigkeit und somit auch Unabhängigkeit.

Mit diesen Gedanken und Erwartungen besteige ich erneut den Bus nach Isfahan, diesmal auf Kosten der Transportfirma. 600 Kilometer Pistenstrecke liegen vor mir, zwölf Stunden wird es dauern. Es geht entlang der Wüste Dasht-E-Kavier, einigen grünen Tälern und an erdfarbenen Siedlungen vorbei. Ein Nachtstopp in Isfahan und am nächsten Morgen mit einer anderen Busgesellschaft nach Teheran. Qom lasse ich liegen, diese heilige Stadt dürfte ähnlich sein wie Maschhad im Osten, ich möchte jetzt auf dem schnellsten Weg nach Hause!

Nach drei Tagen ist Teheran erreicht, ab hier geht's nur noch Richtung Westen. Auf altbekannten Wegen durch den Osten der Türkei. Wieder erlebe ich die Stadt des Schahs in der kalten Jahreszeit. Finde schnell ein billiges Hotel und begebe mich zur Hauptpost, aber kein Brief meiner Eltern. Ich durchsuche alle Fächer mit allen Buchstaben, aber nichts. Enttäuschung auch beim American-Express, das angekündigte Geld ist nicht da. Ich bin traurig, verkrieche mich ins Bett und versuche etwas zu schlafen, denn es liegen noch zig Stunden Fahrt vor mir.

Kurzer Brief an meine Eltern.

„Ihr braucht mich nicht weiter auslands-krankenversichern, denn Ende November bin ich schon in Deutschland, und dann kommt keine Kasse für mich auf. Zu Hause kann ich mich nicht freiwillig versichern, also kann ich auch keinen Arzt aufsuchen, den ich dringend brauche, es geht mir schlecht. Es sei denn, ich arbeite für ein paar Tage, um versichert zu sein. Aber dann bin ich in den Fängen des Sozialamtes, das sagen wird, wenn Sie einige Tage arbeiten können, dann auch weiterhin. Dann habe ich keine Zeit mich erst einmal zu erholen und eventuell meine Fühler nach einer anderen Tätigkeit auszustrecken. Vielleicht kann mein Arzt mich ja auch „so" behandeln und es später der Kasse melden? Besorgt mir bitte eine Tube Rheumasalbe, da mir sämtliche Knochen weh tun. Fahre morgen früh weiter per Bus nach Erzurum. Dies ist ein letzter Gruß aus Persien. Jetzt ist die Reise wirklich bald zu Ende, jetzt geht's nach Hause in Windeseile. Herzlichst Eure Ursula."

Am 18. November verlasse ich Teheran und begebe mich auf die lange Fahrt nach Erzurum. 30 Stunden Fahren, mit kurzen Pausen dazwischen. Ich möchte jetzt nichts mehr sehen, die Antriebsfeder ist ausgeleiert. Die Entwendung der Filme hat mir doch ganz schön zugesetzt.

Auf den höheren Lagen liegt schon der Winterschnee und Erzurum bietet auch diesmal wieder ein trauriges Bild. Hier werde ich eine Nacht verbringen, denn meine Beine sind vom langen Sitzen ziemlich angeschwollen. Nach weiteren 40 Stunden dritter Klasse Bahn habe ich dann auch die Ost-Westverbindung durch die Türkei geschafft. Am Abend des zweiten Tages bin ich in Izmir, am östlichen Ausläufer des Marmara Meeres. Asien liegt hinter mir und somit auch die 3200 Kilometer, für die ich von Shiras aus fast eine Woche gebraucht habe. In den nächsten beiden Tagen bringen mich Busse nach Pergamon, wo Elisabeth noch auf der Grabung arbeitet. Auf dem Burghügel falle ich ihr heulend in die Arme und sie bekommt als erste die ganze Freude, aber auch den aufgestauten Frust mit.

Von hier bin ich ins Ungewisse gestartet und bis Indien gekommen! Auf dem Burghügel, unter den beiden alten Kiefern zu Füßen des Pergamon-Altares, schließt sich der Kreis der Reise. Hier haben wir abends gesessen und vage Pläne geschmiedet, Richtung Osten, natürlich bei einer Flasche Sarap, dem türkischen Rotwein. Endlich kann ich mit jemandem über alles reden und meine Begeisterung loswerden, denn unterwegs waren solche Möglichkeiten rar. Ein Teil der Grabungscrew ist noch vor Ort, und so habe ich an den nächsten Abenden interessierte Zuhörer bei meinen Erzählungen. Dabei werde ich mit gutem Essen verwöhnt und es läßt mich am Abend entspannt einschlafen.

Nach einigen Tagen bin ich wieder in Istanbul. Sitze an der Galata Brücke in einer Çayhane auf dem schwimmenden Ponton. Letzte Sonne, letzte Stunden der Freiheit. Auf der anderen Seite taucht Asien in Nebelschleier, Kälte kriecht mir in die Knochen, ein Vorgeschmack auf den Winter. Die „Fehnerbahce" manövriert direkt vor mir und Möwen umschwirren dieses weiße Fährschiff. Hier unten am Wasser zwischen Alt- und Neustadt treffen sich an diesem Sonntagabend Fischer und Rentner, Junge und Alte, Arme und der Mittelstand zum Trik-Trak-Spielen. Die neuesten Zeitungen werden gelesen und anschließend wird darüber diskutiert. Dazu schlürfen sie den heißen Tee aus winzigen Gläsern. Die Wasserpfeife geht von Mund zu Mund, und große Fährschiffe kommen längsseits. Fette, zottelige Katzen schleichen zwischen den Tischen umher. Auf beiden Seiten gehen jetzt die Lichter an, ein Tag ist zu Ende. Ein letzter großer Schritt, die Rückkehr nach Europa und damit ins Alltagsleben, zu neuem Start und Schaffen. Lebewohl goldene Freiheit, ob ich Asien noch einmal betreten werde?

Kaufe mir mit dem letzten Geld die Fahrkarte für den „Orient-Express" bis München. 48 Stunden wird es dauern. Dort kann mein Bruder mir weiterhelfen. Nachmittags setzt sich der Zug in Bewegung, die letzte Fahrt. Jetzt sauber und ordentlich, mit Platzkarte und vielen Türken, die nach ihrem Urlaub im Heimatland wieder zu ihren Arbeitsstellen eilen, um den deutschen Wohlstand zu mehren.

„Heute sende ich Euch, liebe Eltern, den wirklich allerletzten Gruß aus der Ferne, aus Istanbul. Es ist komisch, wieder in Europa zu sein. Indien ist schon so weit weg! Gott sei Dank - oder schade! Haltet bitte einige Flaschen Milch bereit, und ich wünsche mir Apfelkuchen mit Sahne. Freue mich riesig auf unser Wiedersehen! Eure Ursula."

Das Ende der Reise

Ein kurzer Stopp in München und Karlsruhe und dann läuft der Zug in Münster ein, im Dezember 1966.

In der Bahnhofshalle stehen meine Eltern und die Klasse meines Vaters der Erich-Klausener-Schule. Mir wird ein Blütenkranz umgehängt, die Jungen bringen mir ein Ständchen und die Presse ist natürlich auch da. Ich weiß nicht, wie lange ich meine Eltern umarmt habe, aber dann gab es für alle im Café Bücker heiße Schokolade und Kuchen. Erst als das vorbei ist, kann ich ankommen, in ganz kleinen Schritten, und zögerlich, und erstaunt darüber, wie wohlgeordnet und sauber das hier alles ist. Auch daran muss ich mich wieder gewöhnen nach so langer Zeit des Vagabundenlebens.

Nachgedanken zu diesen Reisen, zu diesem Buch

Ich habe Zeiten- und Welten-Räume durchwandert. Bin in den vergangenen zehn Jahren von 58 bis 68 ca. einmal um den Globus gefahren, per Roller, Bahn, Bus, per Boot und auch zu Fuß. Habe die Welt mit den Augen der Jugend betrachtet, die mich auch heute, mit 87 Jahren, noch immer begeistert. Die in mir Fernweh hervorruft, wenn ich an sie denke. Reisen ist für mich nicht irgendwo ankommen. Ein festes Ziel, Urlaub, Sicherheit, Luxus, schöne Hotels und Strände. Nein! Reisen muss immer weitergehen, mit den Menschen unterwegs sein, das Land kennen lernen. Nicht wissen, wann und wo und ob man überhaupt heil ankommt.

Habe so viel Interessantes gesehen und erlebt. Andere Menschen und ihre Kulturen, viele Länder und extreme Landschaften habe ich durchfahren. Die Schönheit der Welt, aber auch das Elend gesehen. In lachende Kinderaugen geschaut und Armut und Krankheit erlebt. Habe mit den Menschen alles geteilt, die harten Bänke in Bahnen, und die Enge der Busse, den Staub der Landstraßen und derer gab es viele zu bewältigen, vor allem mit dem Roller. Auch die kargen Mahlzeiten habe ich, auf dem Boden hockend, mit ihnen geteilt. Ihre Feste gefeiert oder war staunender Zuschauer. Das ist Reisen für mich, wie ich es mag: Herausforderung und Abenteuer.

Während dieser langen Zeit habe ich das ganze bunte Leben in einem großen Teil der Welt gesehen. Jetzt bin ich etwas müde, muss erst einmal richtig ankommen. Werde erzählen, wieder den Luxus eines sauberen Bettes, vernünftiges Essen genießen. Werde mich auch um einen neuen Job kümmern und meine kunsthandwerklichen Arbeiten weiter vorantreiben. Denn auf Dauer will ich mich vom Joch des „alten Jobs" befreien.

Ich danke allen Menschen, allen guten Geistern und den Göttern Indiens, die mich behütet und beschützt haben.
Danke, sage ich auch hier zu Hause:

Ingrid und Elisabeth, Hildegard und Paul, Gabriele, Dorotea, Barbara, Emma, Kira, Bärbel und Dieter, Matthias, Marianne und Uli, Birgitt, Christoph, Ulla und Burkhard für ihre Unterstützung, ihr Anfeuern anzufangen und immer weiterzuschreiben.

ENDE

Mit dem Roller von Münster nach Malakal
1959–1962, ca. 15.000 km

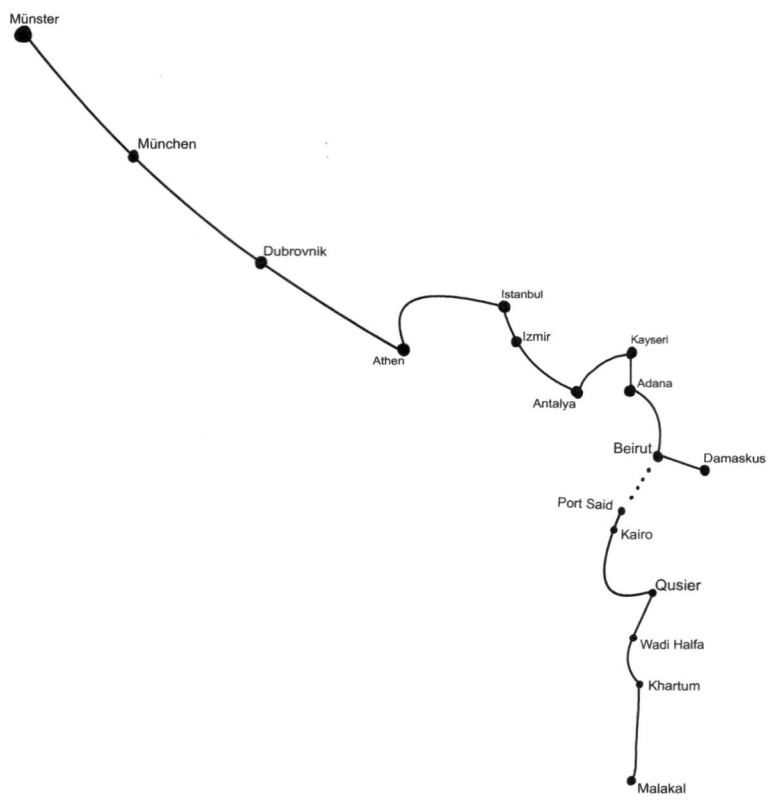

Auf dem Landweg nach Indien, ca. 30.000 km
per Bahn, Bus, Auto-Stop und zu Fuß

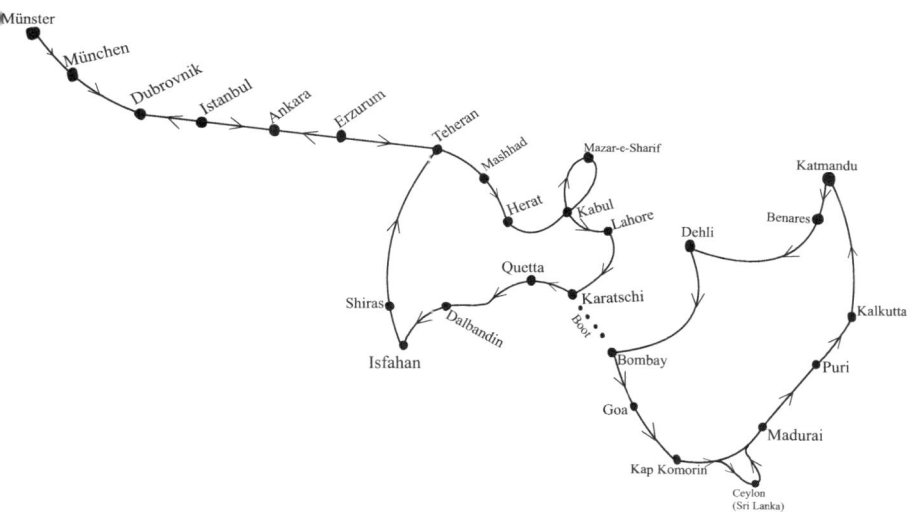